福建省民族与宗教研究所文丛

福建民族研究文集
FUJIAN MINZUYANJIU WENJI

福建省民族与宗教研究所 / 编

民族出版社

序

2013年3月17日，习近平总书记在全国人大第十二届第一次会议上当选为国家主席后的讲话中强调指出："实现中国梦必须走中国道路，必须弘扬中国精神，必须凝聚中国力量。""我们要巩固和发展最广泛的爱国统一战线，加强中国共产党与民主党派和无党派人士团结合作，巩固和发展平等团结互助和谐的社会主义民族关系，发挥宗教界人士和信教群众在促进经济社会发展中的积极作用，最大限度团结一切可以团结的力量。"福建各族人民深入学习贯彻习近平总书记系列重要讲话精神，紧紧围绕协调推进"四个全面"战略布局和建设新福建工作大局，树立和贯彻"五大发展理念"，着力落实中央、省委关于民族宗教工作的一系列重大决策部署。鉴于国内外形势复杂多变，民族宗教问题越来越受到社会各方的关注。在福建省民族与宗教事务厅的坚强领导下，经中共福建省委机构编制委员会办公室批准，福建省民族与宗教研究所在1986年2月成立的福建省民族研究室基础上，经过1997年2月和2013年2月两次更名、扩编、升格而来的。这既是对我们过去工作的肯定，更是对我们今后工作更高的期待，也是对我们的鼓励和鞭策。

机遇总是与挑战并存。如何应对未来工作对我们的挑战，如何才不辜负党和人民对我们的厚望，肩负起时代赋予我们的重任！古人云：千里之行，始于足下。我们要做好工作，有所作为，除了组织准备、物资准备和思想准备外，更要珍惜自己的优秀研究成果，做好资料的积累工作，为进一步开展学术研究、总结推广民族工作经验构筑好基础。因此，我所决定出版《福建民族研究文集》（以下简称《文集》）。

《文集》有两个功能：一是资料积累，二是培育人才。

首先，《文集》作为平台和园圃，发表在职的尤其是中青年学者的新作，培植幼苗，奖掖后进。从长远来说，也是一份很好的资料积累。其次，系统收集整理老一辈学者的研究成果和宣传报道，也是《文集》的重要任务之一。我所老一辈学者围绕党和政府的民族宗教中心工作，深入民族乡村和宗教活动场所进行调研，宣传报道，建言献策，为党政部门决策提供了科学的依据，也展示了福建省民族宗教工作新风貌，扩大了影响力，作出了自己的贡献。三十年来，几代学人薪火相传、默默耕耘，逐渐形成注重现状实际、兼顾基础研究、进行正面宣传的优良传统，取得了可喜成果。所有这些优秀的成果都是弥足珍贵的，但由于这些成果大都散见于各种报刊，加之岁月流逝，相当一部分已经不易查找。因此，有系统地将其重新集结出版，作为一份学术积累传诸后世，是十分必要的。

出版《文集》是一项关系到研究所今后民族宗教研究发展繁荣和学科建设的基础性工程，犹如百花园中一株新苗，不仅要求全所上下齐心协力，浇水培土，还需仰仗社会各界人士尤其是学术界同仁的关心、爱护和支持，使学术之树花繁叶茂、长盛不衰。

谢世清

2016 年 4 月 1 日

目　录

晚清闽东畲族乡村的乞丐问题
　　——以九通畲族村"禁丐碑"碑文为中心 …………………………………… 蓝炯熹/1

鹏霄榭：清代闽南一个回族文人社团 ………………………………… 蓝炯熹　刘冬/9

城市化进程中的福建回族社区
　　——以晋江市陈埭镇回族七村为例 …………………………………… 蓝炯熹/21

闽浙赣交界地：地理枢纽与畲民族共同体的建构
　　——以历史地理为视角 ……………………………………………… 蓝图　蓝炯熹/33

浅谈少数民族古籍档案保护工作 …………………………………………… 苏惠莹/57

清末民初的闽东畲族乡村教育 ………………………………………………… 刘冬/62

一部畲族谱牒文书的两岸亲缘
　　——金门蓝氏的福建漳浦族缘纪略 ……………………………… 谢世清　陈华/68

清代福建畲民"族规"面面观 ……………………………………… 谢世清　陈华/72

家谱揭开"崇安二蓝"身世之谜 ……………………………………… 谢世清　陈华/76

蓝氏是何时入闽的 ……………………………………………………………… 陈华/81

文化自觉：少数民族文化传承的内在动力 …………………………………… 黄淑萍/85

从科仪唱本看畲族的巫术文化 ………………………………………………… 陈华/90

言论少数民族致富　行谋民族地区发展
　　——习近平同志在闽期间关心少数民族和民族地区发展追述 …………… 黄淑萍/94

蓝光其人
　　——福州畲族先民考 ··· 陈华/100

福建省少数民族古籍丛书
　　——满族卷·概述 ··· 麻健敏　刘冬/105

闽东畲族文化地图
　　——传统文化与现代文明对接的过程 ··································· 蓝炯熹/109

畲民家族文化简论 ··· 蓝炯熹/129

从古籍看历代名人对畲族历史文化的关注 ································· 刘冬/142

近代闽东一个畲族村落的茶叶商帮（1874—1927） ······················ 蓝炯熹/152

闽东畲族传统文化特征 ··· 刘冬/164

清代福建畲族山区的社会治理 ··· 蓝炯熹/174

闽东畲族文化产业的个案分析
　　——以宁德市蕉城区上金贝"民族村寨游"为例 ······················· 刘冬/185

论闽东校园文化中的畲文化传承
　　——以福安市康厝中心小学为例 ······································· 刘冬/190

福建省农村文化建设语境中的民族文化建设和民族文化工作 ············ 蓝炯熹/195

新考工记：福安市凤翔畲族服装服饰技艺 ································· 刘冬/206

福建畲族百年叙事 ·· 刘冬/215

畲族传统文化中的汉民族文化影响 ··· 刘冬/228

福建少数民族传统体育现状及传承路径探析 ···························· 黄淑萍/236

近年来民族关系影响因素研究的综述 ····································· 黄淑萍/244

新考工记：凤洋畲族纻布制作技艺 ··· 刘冬/250

处州畲民历史迁徙考略 ··· 郭筱彦　张淼海/255

畲民历史迁徙过程中的族群意识窥探 ······························· 黄淑萍　陈华/261

目 录

如何做到文化保护与经济发展的和谐统一
　　——对少数民族特色村寨建设的思考 ······················· 黄淑萍/265

浅谈畲族家谱中的"行第" ······························· 陈华/270

关于福建省加强民族乡村文化建设的几点思考 ················· 张淼海/274

年龄组织
　　——台湾阿美男性的话语空间 ·························· 黄淑萍/279

巴地蓝氏家族的历史沧桑 ································ 陈华/284

福建回族的历史渊源 ··································· 陈华/290

朱熹蓝氏族谱题序辨伪 ································· 陈华/296

关于福建省少数民族乡村干部队伍建设的研究 ················· 黄淑萍/300

如何破解城市民族工作困境
　　——关于福建省城市民族工作的调研与思考 ················· 高静/307

福建省少数民族村农民增收研究
　　——以收入结构为视角 ····························· 黄淑萍/312

改革开放后闽台少数民族交流情况研究 ····················· 黄淑萍/325

福建省少数民族非物质文化遗产保护传承发展的现状及对策 ······· 郭筱彦/348

如何促进外来少数民族人口融入城市生活 ····················· 高静/370

完善行政事业单位内部控制制度研究 ······················· 杨德伟/375

我国会计信息失真原因与治理对策 ························· 杨德伟/380

我国企业应收账款管理研究 ····························· 杨德伟/385

行政事业单位防治"小金库"长效机制建设研究 ················ 杨德伟/390

晚清闽东畲族乡村的乞丐问题

——以九通畲族村"禁丐碑"碑文为中心*

蓝炯熹

乞丐现象,作为一个社会问题,历代文献中已有诸多记载。同时,晚近国内外学界也作了不少富有启迪的研究。① 本文以现存于闽东九通畲族乡村的清代"禁丐碑"② 为主要依据,探讨晚清畲族乡村的乞丐问题,并据前人研究,对其特点作一分析。

一、闽东畲族乡村"以弱凌弱"的流丐恶讨现象

福宁府(闽东)是福建畲族的最后迁徙地,也是最主要的聚居地,其所辖之宁德、霞浦、福安、福鼎诸县,均分布着众多的畲族村落。清代福宁府所属的官修地方志中或多或少都有关于畲族乡村与畲民的记载。③ 本文所依据的碑文,即从上述地区的畲族村庄收集而来。

本地区在道光年间以前,因地处偏僻,似不见有乞丐作恶。据碑文记载,从前的零星乞讨者,只要村民给其"饭米只钱",便"欣然而去"。④ 在康熙年间,"有从外邑至者,

---

* 原文载《民族研究》2007年第5期。
① 近年关于海内外中国乞丐问题研究的主要著作有:岑大利:《中国乞丐史》,台北,台湾文津出版社,1992;高永建:《中国古代乞丐》,北京,商务印书馆,1995;Hanchao Lu(卢汉超),Street criers;A Cultural History of Chinese Beggars. Stanford, Calif. Stanford University Press, 2005。研究论文更多,兹不列举。
② 禁丐碑:具体有道光二十六年霞浦县半月里畲族村《遵不永禁》石碑、道光二十七年霞浦县岭头畲族村《禁议不给》石碑、同治三年霞浦县上水畲族村《给示议禁》石碑、光绪三年宁德县长园畲族村《奉县告照》石碑、光绪十七年霞浦县磨石坑畲族村《出示严禁》石碑、光绪二十年宁德县海潮山畲族村《奉县告照》石碑、光绪二十六年霞浦县樟坑畲族村《给示严禁》石碑、光绪三十年宁德县琴田畲族村《奉县告照》石碑。
③ 其中较为详尽的是清光绪十年《福安县志》,该书卷3《疆域》中记载了福安35个都200余处畲族自然村村名。这是迄今所见清代地方志中罗列畲族村落最多的一书。
④ 琴田村《奉县告照》碑。(以下引用碑义,只用此简称,不再一一注出)

呼群引类，结庐于罡溪岭之麓。此辈手足拳曲，形体坏烂，恶气侵人，加以郡属笋蕨多出西山，贩者每携入溪渍洗，而癞者浴身浣衣踞其上流，渐有传染。人家畜狗往来饮溪水，亦毛尽脱落。"最后，邑人采取措施，"徙其人而火其居。迄今郡人无传染……"① 这似属偶发事件。然自道光年间以后，畲族各村，都受到恶丐骚扰，且有愈演愈烈之势。今列各碑所记情状如下：

半月里村《遵示永禁》碑载："邻村聚集为非作歹之徒，日则借名强乞，夜则潜窃田园五谷，延及人家、村中。农家受其扰害，较恐酿祸，则忍则畅胆，情难聊生。"

岭头村《禁议示给》碑载："远近有贼匪棍徒并恶丐流乞潜入村户，日则强乞撒赖，夜则横行穿穴，趴墙盗牵牛猪、牲畜、衣服，坐地分赃，外及田禾、穗稻、园蔬、地瓜、杂粮等件……更有棍徒恶丐强乞，名曰'喽啰'。每逢秋收之时，呼群蜂拥，私登田园、屋宅，恶化掏摸，更敢……逞强索勒，多稍不遂意，即推残疾者，赖诈逞凶夺取。更外来棍徒恶乞流入村户，妄作胡为窃取……村民遭害，苦不胜言，利匕陷害，情实难堪。"

上水村《给示议禁》碑载："远近恶丐流乞、不肖棍徒藏匿都内，偷窃村民等家中物件、田园五谷黍，妄作胡为窃取……强逞凶难容，以及开场赌卜、盗砍山林，松、杉、桐、楠、竹木、杂树、茶园、羊只，众多草木被扰不堪。"

长园村《奉县告照》碑载："最惨者稻麦、地瓜尚未成熟，农民不忍动手，而盗贼忍心盗割、盗掘，半遭偷窃，半遭践躏，触目伤心，痛恨奚极。至于桐、杉、竹木等件，稍长选择盗砍，值此茶季盗摘不绝，农民遭扰苦莫言状。"

海潮山村《奉县告照》碑载："民等地处山僻，务农为生，终年勤苦，往往恶丐结党成群，横行乞食。每至收成之时，丐等聚夥，身怀利刃，环集田园强讨……不遂其欲，甚至持刀吓诈，拦阻打稻，不容收获。稍与计较，则装伤倒诬，鸠集多人，拼命记赖，不服理谕。山村家数既稀，来城控告路途又远，惟以无事为安，遂至任其诉索。即非收获之时，每到各家勒乞，不如其意，则鸡豚、农具皆敢窃取。"

猴墩村《官禁乞丐告示》碑载："丐辄强乞，苛勒钱文，多方刁难。若见屋中无人，径入室内，威吓妇孺，或攫取家属。数千户委曲忍隐，莫可如何。"

琴田村《奉县告照》碑载："因恶丐群居附村，聚赌饮鸦……男妇日出耕作，家仅女子、幼孩，丐则三五成群勒讨饭米、钱文。如遇登场收获，丐则勒索田粟。若非随索随给，敢则入寮吵扰。遇便鸡只、农具以及屋前蔬菜、柴薪，晒曝粗衫、短裤任意搜取。如值耕农归来，撞见，阴则借端敲诈，继则引众残疾病丐，扛伤变态多方，困苦难言。"

---

① 徐友梧：《霞浦县志》，卷40，《杂录》。

磨石坑村《出示严禁》碑载:"因多其间怠惰农事、游手好闲、不务正业之徒,亦复不少贪图渔利者,不畏法勾引外徒,夜集于磨石坑村,日夜开设赌场,猜压花会铜宝局,无知子弟聚赌阄输,殃害良民。赌坊一旺,而四方奸匪潜入村内,良莠莫辨。叠年以来,常有窃贼,连夜偷盗掘地瓜、偷割五谷亚田园蔬菜、麦杂粮苎,登山盗砍坟荫竹木、桐、榆,盗牵牛羊等物,坐赃分肥陷害,农民有种无收。村民累见失盗,百无一获。甚至外来恶丐,呼群引赖强乞,多勒索,不顺遂即串引残疾病丐坐家,呼哧剜□,怀毒死赖。"

樟坑村《给示严禁》碑载:"兹缘本村近年恶丐甚多,三五成群,登门借端,强乞打扰,不遂其欲,异常吵扰,怀毒撒赖,即移尸图诈。凡过有婚嫁好事,立即结党成群,登门滋闹,强讨酒肉,乘机诈索,骚扰乡民。种种恶习,难□枚举。屡受荼毒,惨莫胜言。"

从以上材料可以看出,晚清以来活动于闽东畲族乡村地区的乞丐,已经在本地形成一股扰乱治安的恶势力,坐据村庄周围,有一定的组织。① 其行为不仅限于乞讨,更有偷盗、强抢、设局赌博,成了地方之害。

而闽东畲村受恶丐之害,更有甚于别处,因为这些村庄地偏人少,畲民多"务农为业,终岁辛勤力作,只敷糊口,并无殷富之家",遇事多"畏事吓讼……遂其所致,欲致恶棍张胆无忌"。② 当然,为了对付恶丐,亦不乏乡村士绅和村民领袖出面,其主要办法,便是请县府立"禁丐碑"。

二、"禁丐碑"与畲族村乞丐问题的治理

在封建社会,官府的管理从未有效地延伸到县以下的基层社会,清代也不例外。由于县衙对乡村的权力渗透十分有限,因此乡村只能依靠保甲、乡约与家族的力量等来承担基本的管理职能。而闽东的畲族乡村往往聚落分散、人丁不旺、势单力薄,保甲结构松散,单纯依靠一个村落的家族力量是无法抵御与消弭屡禁不止的流丐恶讨现象的。畲民只能求谕于县衙,"出示严禁恶丐强乞,以静地方"③。县衙的公文"告示",还可能在一定的时空里,显示一定的王法震慑力。这可能就是闽东地处平原的汉族大村至今鲜见"禁丐碑",而深居山林的畲族小村至今仍保存多通"禁丐碑"的缘由。而少数与畲族村比邻的汉族村,同处僻处,也一起受流丐骚扰,因此就出现"禁丐碑"有畲汉两族村民俱告的现象。

---

① 海潮山村《奉县告照》碑载:县衙要求"除批示,责成丐首严加管束,合行不禁",既有"丐首",可见其有一定的组织。关于清代闽台地区乞丐的组织,参见刘大可:《论清代闽台地区的乞丐问题》,载《福州大学学报》,2006(4)。

② 磨石坑村《出示严禁》碑。

③ 引自海潮山村《奉县告照》碑。

"禁丐碑"的设立是民间与官方合力促成的。首先是村民代表修书陈情丐事、斡旋县衙、吁请官方,"乞出示严禁,以儆盗贼,而安弱农"。畲族乡村的村民代表多为蓝、雷、钟畲族诸姓村民,如岭头村《禁议示给》碑载:"二十五六都岭头九境村民钟廷开等具呈词。"半月里村《遵示永禁》碑载:"据武生雷光华、民人雷世锦等呈称。"海潮山村《奉县告照》碑载:"本年八月十九日,据八都等处乡民蓝聚春等公全呈。"也有由畲汉两族村民联合俱告,如琴田村《奉县告照》碑载:"本年七月二十八日,据十一都岑田村畲民蓝先寿、洋成、同先、春顺、伏成、雷朝子、钟兰邦、清顺,地保傅咸贤、其成(后两者为汉族)等呈补录。"樟坑村《给示严禁》碑载:"本年十一月十九日据畲民蓝涌波、康起凤(汉族)、雷朝勤等禀称。"以上文字对村民代表的身份大多无法确认,仅在个别地方中透露部分人员的身份信息,如"地保傅咸贤、其成""武生(武秀才)雷光华""畲民(乡老)蓝涌波、康起凤"等。村民呈词,有的是反映一村丐情,有的则为多村综合报告,如琴田村《奉县告照》碑载:"寿(蓝先寿)等岑田上下村、宫后门、肥圹村,有二十多家,筑寮散处一隅,均为农业。"樟坑村《给示严禁》碑载:村民"居住辖下卅六、七都樟坑、蜀亭、家楼、蔡坑等,在地方各务农业无异"。樟坑、蜀亭、家楼、蔡坑等村落,人少地偏,位于霞浦、福安两县交界地。除樟坑为畲族村外,其余均是汉族村。在现存的畲族村碑刻中,有的石碑罗列了为首勒石者名单,如樟坑村《给示严禁》碑载:"为首:李朝禄、阙启清、蓝春凤、蓝桂兴、康启淑、陈瑞炎、黄瑞锦。"在上述7人中除了蓝春凤、蓝桂兴外,其余是汉族。而有的则笼而统之,仅标村名,不具人名,如半月里村《遵示永禁》碑落款为:"岭头、半路两头子民同勒石。"

碑文所记县衙所颁法令,多契合清代法律,也符合社会伦理。如海潮山村《奉县告照》碑载:"自示之后,如有恶丐到村强乞,任意逞刁,倘敢再犯前情,准该乡民等会同地保拨送赴县。恐有流丐到村,人命毒赖,地保消理,严以凭律究惩办,俱各禀遵,毋违,特示。"长园村《奉县告照》碑载:"据此,除呈批示外,合行出示严禁区。为此,示仰二都长园附近人等知悉:尔等村内凡有田园、山场、地瓜、竹木、茶叶,各宜派丁轮流看守,勿得始勤终怠。如有匪徒窃取滋扰,尔等协保拿获送县,以凭讯究,毋许徇庇隐匿,亦不得挟恨、妄拿无辜,致于并究。其各凛遵,毋违。特示。"半月里村《遵示永禁》碑载:"自示之后,如敢故违,许该处乡老、地保人等指名具禀。如村中五谷及神宫、灰楼,毋许流丐窝赌盗割,亦不许丐首勒索酒食。逮则呈县,以凭差拘究呈。本县言出法随,决不姑宽。各宜禀遵,毋违,特示。"琴田村《奉县告照》碑载:"准尔等协同乡保获住捆送赴县,以凭究办。但不得擅行殴打,滋生事端,致于并究,切切毋违。特示。"

按《大清律例》,单纯"乞讨"是并不获罪的,"禁丐碑"对流丐的论处,主要限定在"盗畜产""盗田野谷麦""恐吓取财"等例律上。①"禁丐碑"所发布的告示,强调流丐如有"强乞""窝赌盗割""勒索酒食"等,方可缉拿法办。乡老、地保人等,必须从中料理,并不得"徇庇隐匿",不得"挟恨妄拿无辜",不得"擅行殴打,滋生事端"。

在县衙的告示中,官方对丐帮、丐规也作了研究与考量,海潮山村《奉县告照》碑载:县衙要求"除批示,责成丐首严加管束,合行示禁"②。县衙知道,利用丐首,以乞丐帮规也可从流丐内部来"管束"流丐行动。猴墩村碑还记载了限定流丐定期乞讨的规定:首先是猴墩村民"佥议:以按月定于初二、十六为期,准丐告乞,大家讯究,以口闾阎"。此等建议得以官方认可,"为此,俱情叩乞台前,恩赐给示严禁,合乡感德,定期施给,亟应示禁,以杜滋扰。除呈批示外,合亟示禁。为此示:初二、十六两日为定,听凭施给,不得争多论少,强乞诈赖窃扰,余不姑宽,丐首不为约束,一体究惩,其答凛遵,毋违。特示"③。

县府的这些措施,一方面与乾隆年间以来广东地区解决乡村乞丐问题的方式大同小异,④并无针对畲民之特殊行事,这恐怕是因为入清以来,闽东畲民逐渐编户入籍,与齐民无异了;⑤另一方面闽东畲族乡村应对恶丐的侵扰仍有自己的特点,即利用县衙允许下的自卫组织,以及村民尚武习俗对外来作恶者的震慑作用。

三、县衙对畲族村民自卫组织的提倡、支持与控制

畲族乡村的"禁丐碑"虽然具有一时的法律效力,但是并不能带来永久的太平,也无法使畲族乡村一劳永逸地免受流丐的侵扰。半月里村《遵示永禁》碑记载:该村在道光"禁丐碑"竖立之前曾"经乡老呈明……蒙(前县主)出示严禁……禁后颇得安业。谁料示久法弛,弊仍复生,尤前更胜"。在福宁府,霞浦县半月里畲族村算得上是个有一定影响力的乡村,从道光年间开始就连续出现了5位雷氏文武秀才。⑥借助陆地官道与东冲口

---

① 具体条文参见《大清律例》,卷25,《刑律·贼盗下》,395页、396页、401页,北京,法律出版社,1998。
② 海潮山村《奉县告照》碑。
③ 猴墩村《官禁乞丐告示》碑。
④ 参见倪根金、陈志国:《略论清代广东乡村的乞丐及其管治以碑刻资料为中心》,载《清史研究》,2006(2)。
⑤ 参见郭志超、董建辉:《畲族赋役史考辨——与蒋炳钊先生商榷》,载《民族研究》,2000(2)。福建是民族散居地区,清政府虽然意识到畲民属于"苗夷",有别于汉族,但是对畲族乡村没有采取少数民族聚居区类似的"土司制""盟旗制""伯克制"等"羁縻之术"。《大清律例》在福建的实施,只添加《福建省例》等地方性的条文,而未增设类似《苗律》《回律》《番律》等少数民族法规(参见沈大明:《〈大清律例〉与清代的社会控制》,31页、28页,上海,上海人民出版社,2007)。因此,县衙在处理乡村畲族事务时,通常把畲民与汉人等观。
⑥ 修于清代的半月里畲族村族谱,毁于"文化大革命"期间"破四旧"中,关于村民中秀才的记载,在族谱被焚的前夜,村民们冒险做了匆忙的抄录。

海路的地理优势，村民从事货品贸易，村庄遂成了闽东为数极少的农商并举的畲族乡村。村庄虽有较为殷实的政治、经济家底，县衙也曾"出示严禁"，但"示久法弛"，流丐仍然频频光顾。无奈之下，只好再立"禁丐碑"。而在实践中，田园、村落"经村民公谦，轮流巡查"①，不失为一种有效的防丐防盗举措。县衙在"禁丐碑"中也倡导"地保、甲长务宜督率村民守望相助，日夜巡查盗贼并流乞，毋许呼朋强索，并喜事诈讨花彩、酒食等件"②。依靠自身力量，维护乡村社会治安最为出色的是宁德县猴墩村，该村有一支训练有素的村民自卫队伍，名为"巡洋社"。顾名思义，"巡"即巡查，"洋"，即平原，本地方言泛指"田园世界"。在清嘉庆年间，这支队伍就已经成立。县衙以告示颁布，准许猴墩村"自行防守"，并正式发给了猴墩村巡洋社"巡洋"执照。③ 猴墩村向多习武之人，家族秘传的畲家拳技捷力猛，巡洋社纪律严明，白天习武健身，夜间巡看田园、山林，方圆数里的丐帮望而却步。

同属于福宁府畲族乡村的村民自卫组织，福安县金斗量村村民自卫组织的命运便不如猴墩巡洋社了。今福安市文化馆内藏有一通残碑，据考，该碑是清咸丰七年（1857年）福安四境乡民为其县令李鼐所立的"德政碑"。据光绪《福安县志》载："知县李鼐，浙江鄞县人，监生，咸丰七年署。断案明允，重士恤民，去之日，民立德政碑。"④ 该碑原立于县城文庙内，残碑载：（李鼐）"……所至皆有政声，丁巳间，署篆福安……邑金斗量畲民负嵎，憨不畏法，往往……不憖服远窜，数十年地方之害，公力除……"

金斗量今名"金斗洋"，是福安市康厝畲族乡所辖的一个以武术闻名的畲族村落。在福安穆洋一带流传一则掌故，即清雍正年间，力倡反清复明的南少林寺武僧林铁珠，隐姓埋名号称"潘"先生（又称"樊"先生），藏匿于金斗量畲族村，教村民习武。故该村男女个个能拳善棒。乾隆年间，该村曾出过艺德双馨的雷国楚，人称"雷大三十二公"，金斗洋村现存祭祀他的庙宇。金斗量畲族村自卫组织的名声和社会影响引起清朝廷的不安，被视为"数十年地方之害"。在咸丰七年（1857年），终被福安县令李鼐"力除"。据金斗洋村的畲民说，这场浩劫的实施者是福宁府的杨镇台。当今人查阅金斗洋村《雷氏族谱》时，族谱中便有原族谱于咸丰年间"毁于火"的记载，至于被毁缘由，则语焉不详。

上述两个畲族村自卫组织具有不同命运，还因为各自存在不同的社会历史背景和发展趋势。猴墩村巡洋社起始于"巡查"村落田野，提防流丐的侵害，发展于维护宁德畲族茶

---

① 上水村《给示议禁》碑。
② 岭头村《禁议示给》碑。
③ 参见民国十六年猴墩村《雷氏宗谱·附录》所载县府告示。
④ 光绪《福安县志》，卷16，《职官》。

市的经济运行。从维护乡村的社会治安到保障乡村的茶业市场，猴墩村民自卫组织的功能由乡土政治逐渐向农村商品经济转化。清朝廷虽然延续中国传统的重农抑商的执政理念，但是，随着社会经济的发展，逐渐强调了"恤商""护商"的政策。特别是地丁合一，国家财政收入重要来源的田赋被固定，商业税便成了新的重要财源。茶课是福建商业税的重要组成部分，同治年间，福宁府福安县坦洋村作为福建重要的茶叶产地也设立了省级茶税局。① 猴墩自卫组织的行动有利于猴墩茶业经济的发展，也等于间接地帮助了官方拓展税源，它之所以得到县衙的重视和保护，是理所当然的。

而福安县金斗量村畲民自卫组织的发展历史却要复杂得多。以金斗量村民为代表的福安县畲民素有习武健身、防身、英勇善战的传统。万历《福安县志》载，明嘉靖三十八年四月初三，倭寇进犯，知县李尚德"复令晓阳快手并民壮召畲人协战"②。光绪《福安县志》载，顺治初年，南明兵部尚书刘中藻抗清，"取苎寮、菁寮诸种人，练之为卒"③。明清时期，"畲人""苎寮""菁寮""畲寮"等均泛指"畲族"。福安县衙对畲民的反抗性品格历来是戒备在心的，他们密切关注乡间畲民武术风行的动向，当山地畲民的影响力扩展到令统治者不安的程度时，当局便会动用国家机器予以打击。尤其是像流传着反清复明少林武僧林铁珠传说的金斗量村更令县衙不安。李鼐离任"民立德政碑"中，将打压金斗量畲族村自卫组织作为政绩加以赞颂，应作如下理解：倡立"德政碑"者大多是当地汉族乡绅之类，他们作为乡民的代表人物，是以维持既有的社会秩序为己任的。而金斗量畲村的村民们，可能对强势群体所构成的有形或无形的包围圈不那么尊重，可能对既存的社会秩序和行政法度不那么驯服，还可能对治理乡村的某些乡土权威采取了挑战性的举动等等，终于授人以该村畲民"憨不畏法"和"不慑服"的口实，于是被当作了"数十年地方之害"而遭剪除之灾。李鼐的"政绩"是以断然的举动迎合了汉族社会的舆论及其固有的伦理准则和社会秩序。自金斗量事件之后，福宁府福安县畲族乡村习武之风元气大伤，许多村民心有余悸，甚至不敢公开大胆习武，以致有的畲族村武艺失传。距离金斗量畲村不远的高山畲族村光绪二十二年《钟氏族谱》载："先世肇迁祖为忠震公，武略冠一时。……其所持械重皆倍于常，后世子孙弗能用，因铸为农器。"福安畲族乡村的习武之风与村民自卫组织之力是足以对付流丐的，这可能是至今福安畲族村没有发现"禁丐碑"的缘由。

---

① 光绪《福安县志》，卷6，《田赋》载："同治五年，坦洋又设茶税局，由省委员督办。"
② 万历《福安县志》，卷9，《杂纪志》。
③ 光绪《福安县志》，卷22，《人物》。《痛史》第六种《思文大纪》卷6载："上谓金衢巡抚刘中藻曰，选练精兵，可取苎寮、菁寮、畲寮三项"。

比较这两个畲族乡村村民自卫组织的不同遭遇，可以看出，在禁止流丐问题上，县衙需要借助村民自卫组织的力量来维护社会治安，但当村民自卫组织发展到一定的程度，县衙认为可能威胁到乡村社会的力量平衡时，便又会把这种村民自卫组织的活动作为严重影响社会治安的新问题，加以整肃。

鹏霄榭：清代闽南一个回族文人社团*

蓝炯熹　刘冬

福建省的回族绝大多数是宋元时期从海上丝绸之路来到中国的古阿拉伯、波斯人的后裔，晋江市陈埭镇丁氏回族便是其中的主要现存者之一。一般学术界认为，丁氏回族一世祖丁节斋于宋咸淳年间自姑苏货贾于闽泉，并卜居于泉州文山里，至三世祖硕德率子于元末迁居陈埭。① 由于长期处于汉族社会之中，在风俗习惯上受到汉人的熏染，特别是在明清科举时代，陈埭丁氏不断有人进入仕途。根据有关家谱资料统计，丁氏家族成员中考取进士12人、举人21人以及贡生26人、秀才105人。② 为此，在"科举名者，复踵相接""人文蔚起，代有簪缨"的仕途经济中越走越远的陈埭丁姓回族受儒家文化的影响便越来越深。受儒家文化影响的直接产物是活跃于清代中后期的丁氏文人社团——鹏霄榭。族人丁廷兰记述了有关"鹏霄榭"的人员构成与活动情况，留下了十分宝贵的清代回族文人社团资料，这是福建省仅存的清代少数民族文人社团资料，这种少数民族文人社团的资料在我国也是较为少见的。这份资料原系菲律宾清真五姓联宗总会副理事长、陈埭旅菲（菲律宾）聚书丁氏宗亲会副理事长丁木德先生珍藏，后以《鹏霄榭》复本交予陈埭丁氏祠堂，现存晋江市陈埭回族史馆。

一、关于《鹏霄榭》作者丁廷兰与写作时间

丁廷兰（1834—1911年）是陈埭丁氏家族十五世孙，据《鹏霄榭》中丁廷兰自述："丁廷兰，字子琛，又字献臣，一字纫秋，号岵瞻（据宗谱记载又号'文炷'），道光甲午

---

* 原文载《海交史研究》2004年第2期。
① 参见庄景辉：《陈埭丁氏宗祠》，1页，厦门，厦门大学出版社，2003。
② 转引自庄景辉：《陈埭丁氏宗祠》，29页，厦门，厦门大学出版社，2003。

年（1834年）二月廿九日辰时生，同治壬戌厉宗师岁试，正取泉属五县古学第一名，进取晋江县学第六十三名。特恩同治壬戌科（1862年），并补行咸丰辛酉正科，福建乡试中式举人第二百二十二名。"丁廷兰热心于家族文化事业，曾两次参与修葺陈埭丁氏宗祠（总祠），即咸丰九年（1859年），丁廷兰"与广文、庆辉，茂才摛藻、宝书，职员一梅，国学占梅、鸿题、仰南、金书诸伯叔出为募捐，并族之贾甬者鸠赀来充，绩成其事"①。又于光绪十五年（1889年），旅居宁波经商的族人"殷殷倡修，复汇来六百金"，委托丁廷兰董其事，"但土木工役为费甚钜，而捐充尤难，族众有以破例厚充祔祀中龛之说进者"，"得孝思者四人，各充八百两。惜阻于外事，动费过半，乃复募入左右龛两人，各充八百两"，由丁廷兰、丁茂才、丁鸿元董事修葺，"以美其成"。② 丁廷兰又于光绪年间见陈埭鹏头村汾江丁氏支祠"左倾圮"，"日延请各房长及有力者捐修"，并通过族人努力，于光绪十年（1884年）修缮竣工。③ 光绪十五年（1889年），丁廷兰曾题诗两首，雕刻于陈埭丁氏宗祠前厅廊心墙上，此石刻今犹存。诗曰："洛水宗风庆最长，分支卜筑陈江乡。二千石后宏垂裕，五百年前此发祥。旧说双榕门外植，今仍一塔岭尖望。谱称计部规模远，愧乏涓埃象肯堂。""一番考筑一番新，喜得聚书有达人。豹蔚龙骧群竞爽，凤毛骥子齐拖坤。堂开三孝悬旌额，国赖孤忠能致身。况复乡贤孙继祖，增光俎豆重千春。"陈埭丁氏宗祠为福建省第三批省级文物保护单位。

从以上资料可知丁廷兰是家族文化的热心人，作为家族文人组织——鹏霄榭的直接组织者与社团活动的参与者，他的关于"鹏霄榭"的记载应该是笃信可靠的。《鹏霄榭》所记载的内容很丰富。包括"鹏霄榭大魁夫子占示""鹏霄榭大魁夫子鸾书联文""鹏霄榭楹联""鹏霄榭成员名单""鹏霄榭已故成员名单""鹏霄榭社规""鹏霄榭入会充银规矩以及名单""鹏霄榭置业情况""祭祀大魁夫子所用祭品、祭器""祭祀大魁夫子的请帖写法、祭文""祭祀大魁夫子时的夺彩活动""每年主持祭祀大魁夫子的正、副东家名单"等。

关于《鹏霄榭》成文时间，可据文内的记载，"鹏霄榭"每年元宵日与农历八月中秋前后均举行祭祀大魁夫子的活动，主持这项活动的正、副东家名字，在文中均作全面记载，从内文看记载祭祀大魁夫子的起始时间是咸丰辛亥年（1851年），结束时间是光绪癸卯年（1903年），文章最后云："夫子圣诞暂停，将公款完粮，以及玉仁兄办公吊之费。"

---

① 丁廷兰：《重修大宗祠碑记》（光绪十五年），见《陈埭丁氏回族宗谱》，卷9，《碑铭牌匾、楹联诗文》，312页，香港，香港绿叶教育出版社，1996。

② 丁廷兰：《重修大宗祠碑记》（光绪十五年），见《陈埭丁氏回族宗谱》，卷9，《碑铭牌匾、楹联诗文》，312页，香港，香港绿叶教育出版社，1996。

③ 丁廷兰：《重修汾江宗祠碑记》（光绪十年），见《陈埭丁氏回族宗谱》，卷9，《碑铭牌匾、楹联诗文》，314页，香港，香港绿叶教育出版社，1996。

（原文如此——论者注），以上资料可知《鹏霄榭》成文时间至少在光绪癸卯年之后，而丁廷兰于宣统三年（1911年）逝世，故成文时间只能在1903—1911年这个时间之内，概而言之，《鹏霄榭》成文于光绪年间是可信的。

二、"鹏霄榭"的命名与所祀之神

"鹏霄榭"内所祭祀之神灵是大魁夫子。查闽南民间信仰神灵谱系之中，没有大魁夫子。大魁夫子又不是文魁星，因为文魁星的诞生日是农历七月初七。而据《鹏霄榭》载，确定大魁夫子每年圣诞纪念日"以八月中秋前后择吉举行，如遇乡试科岁试，随时酌定。惟乡试年至缓，亦不得过重九节"。古代考取状元者称为"大魁"，因此，可能"大魁夫子"是家族文人虚拟的神灵，这个神灵与求取功名之冠的胜利者有关，是陈埭丁氏文人的一种精神寄托的象征和终极目标的追求。

"鹏霄榭"之名是由大魁夫子派生而来的。"榭"是古代的一种楼阁，此为陈埭丁氏家族文人的会所。鹏霄榭祭祀大魁夫子的祭文云："科甲蝉联于蕊榜，是以鹏程万里，拟此时奋翮而同登，霄汉千重，快诸子联翩而辉映也。"表达了陈埭回族文人的宏伟志向。据《鹏霄榭》载："鹏霄榭大魁夫子乩示七言一则：'紫衣锦带任君求，餍饫诗书总莫休。共着推靴勤勉励，蝉联科甲步瀛洲'。"又"大魁夫子鸾书联文：'鹏鹗齐飞博采九天文字，霄云叠起网罗七斗星辰。''鹏鹗飞腾游息藏修共阅诗书真意味，霄云变幻拖青揖紫并悬日月大光明'。"会所内还有六副楹联，分别为"鹏程风顺翼初展，霄汉云高梯共登（卢昆石先生作）"；"鹏步云衢风虎云龙欣际会，霄悬月殿瀛洲月窟喜攀跻"；"鹏名曰大大笔光芒冲斗柄，霄号为青青云直上步蟾宫（会六作）"；"鹏名曰大大笔光芒万丈，霄号为青青云直上九重"；"鹏徙南溟凌灏气，霄悬北斗耀文光（纫秋撰）"；"鹏程抟万里看皇路联翩得志凌云冲斗柄，霄汉摩千重卜青梯直上乘时攀桂入蟾宫（乃桢作）"。以上的祭文、乩示、鸾书或楹联联句大概可以证实我们的假设。

三、"鹏霄榭"的人员构成

据《鹏霄榭》一文中记载了加入"鹏霄榭"成员的名单与简历，文曰："丁占梅，字会六，号□（缺——论者注），道光壬午年（1822年）十月十五日午时生，援例充国学生。丁金书，字海门，道光丁亥年（1827年）六月初七日寅时生。丁仰南，字尔音，道光己丑年（1829年）七月十七日酉时生。丁麟书，字玉麟，道光壬辰年（1832年）十月十六日寅时生。丁廷兰，（生平略，上文已引）。丁大川，字汝泽，道光丁酉年（1837年）十月十五日辰时生，戊辰，援例充国学生。丁虔，字逊梁，又字舜龙，咸丰乙卯年（1855年）十一月二十八日丑时生。光绪庚辰，昆宗师岁试，取进晋江县学第拾玖名。丁宗绵，字荣锦，咸丰戊午年（1858年）正月二十五日午时生，戊子改名家彦，援例充国学生。丁堃，字其春，现改名杨烈，咸丰辛酉年（1861年）三月十五日卯时生。丁以辉，字济卿，会六子，光绪戊寅年（1878）正月初九日戌时生。丁赞元，字翊卿，同治壬戌年（1862年）十乙月念乙日戌时生，光绪庚寅，乌宗师科试，取进晋江县学二十一名。丁子登，官章，廷杰，咸丰辛酉年（1861年）八月二十一日丑时生，光绪壬辰，沈宗师岁试，取进晋江县学第五名。"

《鹏霄榭》一文又成了录鬼簿，记载了已故的成员名单："丁寿田，字亮采，国学生，嘉庆甲戌年（1814年）生，子祖璜，字逊磻，同治戊辰岁试，取进泉州府学第十六名继。丁绍祖，字苏旁，嘉庆丙子年（1816年）生。丁逢年，字钦厚，道光癸未年（1823年）生。丁摘藻，字希芹，道光甲申年（1824年）生，咸丰丁巳科试，吴宗师取进泉州府学第十一名。林佩元，字汝玉，道光乙酉年（1825年）生。丁振镛，字子可，道光己丑年（1829年）生，咸丰辛亥科试，黄宗师取进晋江县学第五名。丁宝书，字逊桢，道光壬辰年（1832年）生，咸丰癸丑岁试，吴宗师取进泉州府学第四名。丁步程，字世宽，道光丁酉年（1837年）生，子其春继。丁梦元，字乃绶，道光壬寅年（1842年）生。丁世清，字汝澄，咸丰辛亥年（1851年）生。丁占梅，字会六，道光壬午年（1822年）生，国学生，子以辉继。"

从以上入榭者简历可知，先后入榭者共23人，已故11人，时存12人，其中2人是父亡子继。入榭者中仅有1人姓林，其余均为丁氏族人。以科举经历看，"援例充国学"者4人，"取进晋江县学"者4人，"取进泉州府学"者3人，"福建乡试"中举人者1人。

四、文人社团"鹏霄榭"社规

"鹏霄榭"的主要功能之一是家族文人祭祀大魁夫子，因此对于参祭者，有着诸多规定。首先是入社者在祭祀大魁夫子的喜庆日，必须根据不同的身份向会社交纳不同的银两。据《鹏霄榭》一文记载：

合订各款喜庆规例
一、采芹充银四中元。

一、国学充银四中元。
一、食气充银四中元。
一、五贡充银四中元（优拔加倍）。
一、鹿鸣充银八中元（解元加倍）。
一、教职充银八中元。
一、进士充银十六中元（会员加倍）。
一、翰林充银十六中元（传胪加倍）。
一、鼎甲充银三十二中元。
一、状元充银六十四中元。
一、仕宦以品级论随时斟酌。
一、新入榭者充银八中元。

从上文可知，在祭祀大魁夫子的喜庆日子里，除了"新入榭者充银八中元"（二中元相当于一元）外，"仕宦以品级论随时斟酌"，入榭中人捐银数须按照秀才（采芹）、举人（鹿鸣）等不同的科举进阶，逐级递加。

其次，祭祀大魁夫子有着比较详尽的规定，从《鹏霄榭》一文中可看到其中订立的两次"社规"：

光绪乙酉年（1885 年）"再订社规"云：

一、订公贴筵银贰元一两四四，办五牲十六味四围碟就此银开。
一、订公贴午夜好戏银三元二两一六，如无演戏不准领银。
一、订无演戏大吹仍请六人连坐灯，有演戏则可以请四人。
一、订演午夜戏除领公银份金以及省费外，应蚀钱者总归正东（家）自理，与副东（家）无干，是夜油烛亦归正东坐理。
一、订收寅却利钱二千一百一十四文，归贴正、副东办理，祝圣大吹以及各什项，如不敷仍照旧章正东蚀二份，副东蚀一份。
一、订每年圣诞以八月中秋前后择吉举行，如遇乡试科岁试，随时酌定。惟乡试年至缓，亦不得过重九节。
一、订夺彩仍以三元灯求筶，至于花红笔墨等件免办。

随后，又补订社规，订立时间不详。文曰：

谨将规例开列于左：

一、每圣诞神像炉灯，归正东（家）。

一、每圣诞魁灯一盏，归副东（家）。

一、每圣诞各事，归正东办理（副东帮办）。

一、每榭中公事，归正东付单（副东帮办）。

一、每圣诞，公订先五日出贴。

一、每圣诞，宜先三日收分金（不得延缓）。

一、每圣诞，备元灯三盏夺彩（现加办花红朱墨纸笔）。

一、每圣诞，订辰刻衣冠齐集。

一、每圣诞，各件须依例办理。

一、每圣诞，如有缺费，正东的二分，副东的一分。

一、榭中凡喜事，红笺联全对。

一、榭中凡父母丧须办公吊（正副同办），筵一席（五牲十六味），轴一块，库艮香烛炮。

一、榭中每年作会文，凡是进中不得抽起。

一、每年分金，公订三百文，同治五年收田租贴费改订一百四十文，现改订六十文。

一、每喜庆订钱一百六十文。

一、每喜庆龟一个，订重一斤。

一、凡进中，应办午夜戏一台（专诚为敬）。

一、凡进中，办筵一席（请同会者须另择日不拘早晏）。

一、旧正副直东各领龟一斤。

一、每圣诞筵一席，定价二十二千文（现今不定，有增无减）。

一、凡喜事，每订公份三十文。

一、凡丧事，公份二百八十文（人数多寡随时斟酌）。

一、每圣诞，正东主祭，副司祝。

一、鼓吹六人，连坐灯九百文（现价不定）。

一、夫子神像，须择净地服事，慎勿狎亵致遭神谴。

一、凡每年送神、接神、中秋、端午，正副东须备香花、鹏霄榭楮、牲醴敬奉，慎勿忽略。

以上"社规"中，主要对祭祀大魁夫子过程中主持人正东、副东等的权利与义务作了明确的规定，同时，规定了祭祀程序中须知事项。除此之外，对会员家庭的红白喜丧，均有所安排；对于时令节日、神事榭中也有张罗；对于科举"中进"者，遂举行榭庆"办午夜戏一台""办筵一席""专诚为敬"；"榭中每年作会文"，以文会友。

从上述"社规"中可知，该组织除了崇尚文化建设外，还兼民间祭祀、社友会文和家族伦理整合等多种功能。

五、"鹏霄榭"的经济账目

在《鹏霄榭》中，丁廷兰记载了同治年间（1862—1874年）"鹏霄榭"置业情况：

同治三年（1864年），榭中诸同人乐充喜庆，置有底厝后田一丘，二斗九升，充贴祭费。以同治五年（1866年）丙寅为始，每人分金公订。又其喜庆钱额则依例办理，至于三年、四年所有收入田租，系缴还前所借出公项，兹特附志于此，嗣后各宜恪守定规。庶于敬圣之诚，不致余憾焉尔。

田价每斗贌钱一千一百文，二斗九升共得钱三千一百九十文。除还米银一百四十五文，实存钱叁仟零肆拾伍文。每年直东收入贴费。又志。时在丙寅（1866年）上元，廷兰谨志。

"癸未年（1883年）将此田缴卖与大宗祠，过银五十元平三十六两，足其银收入付借出行利，候有妥便即再置充。兰再志。"

除外，丁廷兰又记载了"鹏霄榭"各个社员历年捐资款目和科举进取的喜庆充银数目：

同治三年（1864年）二月，买田充银名数：

亮采老充喜庆银二元，应份银一元，插份银一元。

会六老充喜庆银二元，应份银一元，共三元二两一六。

汝玉老充应份银一中（元）三钱六分。海门老充应份银一中（元）三钱六分。

尔音老充应份银一元七钱一分。

玉麟老充应份银一中（元）三钱六分。

纫秋翁充入泮喜庆银二元，鹿鸣喜庆银四元，应份银一元。

世宽老充应份银一元，插份银二元，共三元二两一六。

汝泽老充应份银一元，插份银二元，共三元二两一一。

乃绶老充应份银一元，插份银二元，共三元二两九。

收三年田租钱3048（斤）干（谷）伸平（银）一两九九。

收四年田租钱3048（斤）干（谷）伸平（银）一两九九。

共的平三两九钱八分，俱还大宗账。

尔音老充喜庆银二元，补还侵大宗账。

汝泽老充喜庆银二元一两四四。

汝澄老充入榭银五元三两六。

逊梁老充入榭银五元三两六。

逊磻老充入泮喜庆银二元一两四四。

荣锦老充入榭银五元三两六。

翼卿老充入榭银四元二两九二。

喜庆充银开列于左：

辛亥年（1851年）子可兄充入泮，银二元一两四四。

壬子年（1852年）亮采兄充国学，银二元一两四四。

癸丑年（1853年）逊桢兄充银未交。

甲寅年（1854年）会六兄充国学，银二元一两四四。

丁巳年（1857年）希芹兄充银未交。

壬戌年（1862年）子琛兄充入泮银二元一两四四。

壬戌年子琛兄充鹿鸣银四元二三八两。

乙丑年（1865年）尔音兄充国学，银二元一两四四。

戊辰年（1868年）逊磻兄充入泮，银二元一两四四。

己巳年（1869年）汝泽兄充国学，银二元一两四四。

（缺）年逊梁兄充入泮，银二元一两四四。

（缺）年香田兄充国学，银二元一两四四。

庚寅年（1830年）子琛兄充教职，银四元二两六八。

从上文可知，"鹏霄榭"活动开支来自社员，有固定田产，也有临时捐献的游资。

六、"鹏霄榭"大魁夫子的祭祀仪式

祭祀大魁夫子是"鹏霄榭"文人活动的重场戏，整个祭祀仪式，包括祭品、祭器、祭文等，在《鹏霄榭》一文均作了详细记载。

1. 祭祀大魁夫子"圣诞应用祭品：金花四对，金银山一付，正北烟半张，社灯一对画黄纹并铁骨，魁灯一盏（明纱的），三元灯三盏明纱的，连炮四串，大炮二十个，金红钱十张，联纸二张，正东二束，兰花香粗二束，贡末四两，束柴四两，喜庆龟每一斤，大烛一对十二两，海烛十二两，红寿朋四员一斤，果盒一座用红元包三十个，分为神惠，果盒一座随便，厚薄烟三两，大金二百，时金一千，黄红钞各十二百，灯纸五座，生花一瓶，生螃蟹三元，铳药半斤，铳心五文，筵一席十六味，寿面五冇（'冇'为闽南俗字，指小碗），敬饭五冇，受□□，鸡蛋五粒，清茶五盏，酒一壶，鼓吹四人，茶心二两，柴足用，晏息十条每二文，白绢十二尺，素馨花灯全座"。

2. 祭祀大魁夫子"圣诞应用祭器：铜钟一个并架，大鼓一个并架，祝文屏一座，果盒二个，馔盒一个，礼瓶爵一付，中鼓一个，锡盏一付，案头灯一付，牙箸一付，茅沙少许，铜面桶一个，拜单四领，椁帏二块，红枣灯一对，中盘二块，料碟五块，锡烛台一对，香铳一支，大锣一对，铜香炉一个，锡盘一块，锡酒瓶二个，香炉三事全付，五牲一付，羊头解元，□脚题名，红蟳科甲，鲜鱼河鲤，牲鸡翰音，料碟五味，芹菜芹香，红枣枣糕，鹿脯鹿鸣，生盐盐梅，螃蟹三元，笾豆各四件，肉一块（约十二两），鱼巴一尾（红花巴为上），果子干（依时所出），果子（以上设在豆），韭菜（芹菜亦可），姜母一片，白盐二两，果干（以上在边）"。

3. 祭祀大魁夫子仪式请帖格式须用胭脂小楷启写。全文如下：

  订　日恭祝　　分金六十文
  鹏霄榭大魁天下圣诞伏祈　　直东××同拜
  巳刻齐集行礼　　折金百锭

整个祭祀仪式过程如下：

  未升炮之先击鼓角一声，击鼓中二十七声，祭毕阖扉亦如之，然后退班，按此两次击鼓免唱。

  升炮，启扉，执事者各司其事。鸣钟三声，鸣鼓五声，乐兴，主祭官就位，陪祭者就位。迎神，行上香礼，主祭官诣盥洗所。盥洗，诣香案前，跪，上香，兴，跪，叩首，叩首，三叩首，兴，复位，乐止。鸣钟三声，鸣鼓五声，乐兴，跪，众官皆跪，叩首，叩首，三叩首，兴，跪，叩首，叩首，六叩首，兴，跪，叩首，叩首，九叩首，兴，平身，乐止。鸣钟三声，鸣鼓五声，乐兴，行初献礼，诣神位前，跪，上香，献爵，进芹香，进鹿鸣，进枣糕，进盐梅，进题名，进科甲，进解元，进翰音，进河鲤，进三元，进金花，进寿朋，进元灯，进金帛，叩首，兴，平身，诣读祝位前，读祝官就位，跪，众官皆跪，乐止。俯伏，读祝文，叩首，叩首，三叩首，兴，复位，鸣钟三声，鸣鼓五声，乐兴，行亚献礼，诣神位前，跪，上香，献爵，叩首，兴，平身，复位，乐止。鸣钟三声，鸣鼓五声，乐兴，行终献礼，诣神位前，跪，上香，献爵，叩首，兴，平身，复位，乐止。鸣钟三声，鸣鼓五声，乐兴，行饮福受□礼，诣福酒福胙位，跪，饮福酒，受福胙，叩首，叩首，三叩首，兴，平身，复位，乐止。鸣钟三声，鸣钟五声，乐兴，跪（众官皆跪），叩首，叩首，三叩首，兴，跪，叩首，叩首，六叩首，兴，跪，叩首，叩首，九叩首，兴，平身。读祝官捧祝，司帛官捧帛，恭诣燎位，望燎，辞神，撤馔，阖扉（鸣鼓二十八声），礼毕，退班。

文内要求祝文样式"姑先录之以备额数，后有作者再采择焉"。祀文基本样式如下：

  维光绪（干支）年岁次，孟春之月朔，越日，主祭后学弟子（某某），暨与祭弟子××等，谨以清酌庶馐金帛之仪，敢昭告于鹏霄榭大魁夫子之神，曰：惟奎宿之腾辉，实文明之垂象。司翰墨于人间，掌玉衡于天上。分天章而手抉，珠玉千行；耿列宿于胸罗，光芒万丈。量才仙府，魁多士以峥嵘；夺帜骚坛，冠一时之名将。既薰香而摘艳，太乙燃照于薇垣；亦拨雾（蹑霞）而披（梯）云，科甲蝉联于蕊榜。是以鹏程万里，拟此时奋翮而同登，霄汉千重，快诸子联翩而辉映也。尚飨！

祭祀活动的主持人包括正东与副东，《鹏霄榭》罗列了从咸丰辛亥年（1851年），至光绪癸卯年（1903年）正、副东名单。

以上的祭祀用品、器皿、仪式与祭祀文辞与清代的闽南地区民间信仰中的神灵祭祀套路基本相同。"鹏霄榭"的最主要活动完全融入了汉族民间文化活动之中，也充分反映丁氏的"汉化"。

七、夺彩：祭祀仪式的余兴节目

在祭祀大魁夫子过程中曾举办"夺彩"节目，以增喜庆气氛。夺彩者，系每人投掷骰子，以骰子之花数之多寡而定喜庆之大小，骰子之花含象征意味，其骰子花数对应着科举进取的官阶品位。

《鹏霄榭》中刊载了夺彩物件，包括："金花全对，红琜全块订十二尺，元灯三盏，银朱全块订四十五，金墨一锭订四十五，文格纸七十张，丹桂四枝，三元四支，翰苑二枝，虎榜二枝。"

《鹏霄榭》又立了夺彩规例：

一、凡五子、六子、四红，乃正状元。至于骰中有四粒二配二粒一者，谓之"合二"。有四粒三配一与二者，谓之"合三"。有四粒四配一与三配二粒二者，谓之"合四"。有四粒五配一与四配二与三，谓之"合五"。有四粒六配二与四配一与五，配二粒三者，谓之"合六"——皆是"状元"。先登者，领红琜全块，金花全对，元灯一盏；亚者，领银朱全条，元灯一盏；三者，领金墨全锭，元灯一盏。

一、凡六骰有二样：一谓"大顺"，一二三配四五六是也，双一双二双三双四双五双六是也，皆属"榜探"。先登者，领翰苑争先一枝。一谓"折□"，三粒一配三粒二是也，三粒二配三粒三是也，三粒三配三粒收支收支四是也，三粒四配三粒五是也，三粒五配三粒六是也，各宜照配方准作翰苑。先登者，领龙须虎榜一枝。

一、凡六骰中有三粒四者，谓之"三会"，领丹桂一枝。有四粒一样者，谓之"四进"，领三元笔一枝。有二粒四者，谓之"二举"，领文格纸三张。有一粒四者，谓之"一秀"，领文格一张。

一、凡首状以及一秀，各有差等之别。若我社中夺彩乃论先后不论高低，总以捷足先得为准。一体依规照领，不得混争。倘夺彩之时，大件文具将近领完，惟存小可者，忽有高手辈掷下六子、五子、四红等，应就未完之物，听其选取最贵者。准领一件而已，不许兼及别件，永远为例。名曰：夺彩其实聊以适趣耳。

夺彩参与亦有规约：

一、父子一脉相承，乃"贞下起元"之理，但其先人未曾充公份喜庆，其子若孙如肯依例补充，姑准承接。

一、经本身曾充置公业者，其子若孙均准一体承接，免其再充。

一、后辈新入社者，凡入泮国学等，喜庆虽属在前，既欲承接，不论早晏，应遵社规再充。

一、旧例，社中喜庆应酬，原不论父母、本身、儿子皆照办，惟丧事独缺其本身及妻室，兹订应仿照父母丧款补办，如丧主不办，吊者公份亦宜一律鸠交。

一、旧例，社中夺彩只有三元灯而已，后增花红朱墨笔纸各等件，并订夺彩规约一条。

光绪八年岁次壬午（1882年），花朝之节，社弟大川重抄。

夺彩之举，不是每年大魁夫子祭祀之时都进行。因为"夺彩其实聊以适趣耳"，到光绪年间后期，夺彩游戏已停。"鹏霄榭"祭祀活动中穿插的夺彩节目，在闽南也是一种较为时兴的传统民间习俗和酒令文化。

八、结束语

一直到20世纪50年代初，晋江市陈埭镇前社村仍有"文昌祠"，其规模为宽4.5米、深17.5米，分3进。门外有字纸亭一座，即祀奉大魁夫子。"鹏霄榭"组织活动时断时续，直至中华人民共和国成立前后该文人社团才自行消失。今陈埭回族诗词社，可看成"鹏霄榭"写诗作赋等文化传统的延续。

城市化进程中的福建回族社区

——以晋江市陈埭镇回族七村为例*

蓝炯熹

晋江市陈埭镇位于福建省泉州湾南部的晋东平原,是福建省回族的主要聚居地。该镇有7个回族村,人口有21 980人,占全镇总人口的28.4%。陈埭镇于1984年设建制镇,建镇伊始这里便诞生了702家乡镇企业,从此这里便成了福建省乡镇企业发展最迅速、经济效益较好、民营经济最活跃的热土。至1988年,全镇的工农业总产值达1.45亿元,其中乡镇企业收入1.25亿元,于是,陈埭镇成为福建省的第一个亿元镇,被誉为"乡镇企业一枝花"。

乡镇企业的发展促进了乡村城镇化的步伐,为实现城市化和城乡一体化奠定了坚实的基础。经济学家认为,工业化是城市化的经济内涵,城市化是工业化的空间表现形式。工业化是现代经济发展的主要动力,城市化是现代社会发展的主要动力,二者相互促进,共同决定着经济、社会的历史演进。随着改革开放的深入和乡镇企业的壮大,至2000年,陈埭镇的常住人口规模已从原先的7万余人扩展到了现在的22万余人,相当于福建省的一个中等县城的人口规模。在新世纪泉州市都市化建设的蓝图中,陈埭镇已被纳入了"大泉州"规划的框架中。

在"城镇化—都市化"的城市化进程中,陈埭镇回族七村是主动的参与者、积极的创业者和历史的见证者。本文尝试着从对城市化进程中的几个重要元素,即人、土地、市场、企业与城市的互动关系的分析中,简要地阐述陈埭镇回族七村在城市化进程中的行动与成果。

---

* 原文载《回族研究》2003年第4期;"第十四次全国回族学研讨会"论文选辑。

一、人、土地与城市的互动关系：回族七村人群的流动和土地的嬗变

人与土地是城市构成的重要元素，村民不同于市民，乡土不同于城区。城镇化的过程就是以上元素的转化过程。"人—土地"是乡村居民的"人—自然"关系中所遭遇的首要问题，它构成了村民生存的物质条件、生态环境以及精神境界。当人们对自身的命运和未来的发展作必要的抉择时，便自然而然地会在"人—土地"之中作出遴选与处置。700多年前，回族丁氏家族弃商从农，从泉州文山里迁到了陈江（即今陈埭），以海荡（滩涂）和田畴维系生计。从此，丁氏回族以农业与滩涂养殖为主，休养生息，"生齿日繁，族日以大"，逐渐形成了陈埭"万人丁"的回族社区。由于闽南地区地少人多、人地矛盾始终十分尖锐，小规模经营与土地报酬递减的状况限制了陈埭回族七村村民对现代化的追求。直到20世纪70年代末期，国家大政方针的调整开始改变了陈埭回族七村的命运。1980年11月，晋江县委召开会议，传达贯彻了《中共中央关于加快农业发展若干问题的决定（草案）》和《农村人民公社工作条例》，允许群众集资办企业，更好地发展农村经济。在国家经济制度创新的前提下，陈埭回族萌发了经商办厂的动议，并开始付诸实施。

回族七村创业的初期也是采用了后人概括的"从'三闲'起步，到'三资'上路"的"晋江模式"，即发挥侨乡"闲人多、闲钱多、闲房多"的特点，回族七村独户承办或多户联合投资兴办了小型多样的以制鞋、塑料为主的劳动密集型的乡镇企业。从此，回族七村的大批劳动力开始了"离土不离乡"的结构性流动。由于他们起步较早，在20世纪80年代的卖方市场中赢得了先机，便迅速打开了局面。随着20世纪80年代后期卖方市场向买方市场转换，市场竞争日益激烈，他们发挥自身优势，吸引外资，发展"三资"企业，引进先进的设备与技术，提高产品的档次与竞争力，企业逐渐朝外向型经济的良性循环发展。1993年回族七村有工厂720多家，至2002年底调整扩展到了932家。企业普遍实现适度的规模经营，吸引了全国各地的农民进厂务工，在陈埭镇形成了一个特殊的群体。

表1 陈埭镇第四次全国人口普查与第五次全国人口普查时本地人口与外地人口对照表

年度	总人口/人	户口在本地的常住人口/人	户口不在本地的常住人口/人	其他人口/人
1990	72201	66724	3614	1863
2000	226872	72637	153167	1068

从表1中可以看到，1990年陈埭镇常住人口是72 201人，到了2000年增至226 872

人，其中外来人口达153 167人。1990年陈埭镇除回族外的少数民族有6个，到2000年增至22个（见表2）。在表6中可以看到，1990年陈埭镇农业人口与非农业人口的比例为35∶1，到2000年二者的比例成了50∶1，可见大量的外地农村劳动力流入了包括回族七村在内的陈埭镇乡镇企业。在表3中可以看到，1990年陈埭镇的三大产业所占的人口比重为第一产业36.70%、第二产业50.44%、第三产业12.86%，而福建省当时的三大产业的比重分别为71.8%、18.4%、9.8%。陈埭镇与之相比第二产业与第三产业的比重分别高出32.04、3.06个百分点。2000年陈埭镇的三大产业所占的人口比重（按照总人口的9.12%统计）为第一产业2.38%、第二产业85.65%、第三产业11.52%，而福建省当时的三大产业的比重分别为47.83%、27.31%、24.86%。陈埭镇与之相比第一产业与第三产业的比重分别低于45.45、13.34个百分点，而第二产业的比重却高于58.34个百分点。陈埭镇第二产业所占的比重的发展，表明了陈埭镇工业企业发展的规模。人流的互动促进了陈埭与外界的交往，工业发展给城市化以有力的经济支撑，商业等行业的发达激活了陈埭的市场经济，这些因素都是有利于推进陈埭的城市化进程的。在陈埭城市化进程中，回族七村发挥了应有的作用。

表2　陈埭镇第四次全国人口普查与第五次全国人口普查时民族人口构成对照表

年度	总人口	汉族/人	回族/人	其他少数民族		外国人加入中国籍或未识别民族人数/人
				民族成分/个	人口/人	
1990	72201	57521	14649	6	30	1
2000	226872	208081	16639	22	2106	46

表3　陈埭镇第四次全国人口普查与第五次全国人口普查时三大产业人口对照表

年度	在业人口/人	第一产业人口/人	第二产业人口/人	第三产业人口/人
1990	31757	11654	16019	4080
2000	14026	397	12013	1616

说明：2000年三大产业人口构成按总人口的9.12%统计，在业人口指15岁以上的从业人口。

城镇用地是不同于农村用地的，随着城市化进程的深入，原属于农村的土地发生了质的变化，农田必然会被大量的工业用地和街区用地所挤占。根据2000年第五次全国人口普查资料统计，陈埭镇居民住房间数4.22间/户、住房建筑面积23.32平方米/人，比照全省住房间数3.08间/户、住房建筑面积24.97平方米/人，陈埭镇居民住房高于全省平均水平,建筑面积略低于全省平均水平。陈埭镇居民生活空间体现了一定的城镇色彩。由于回族七村乡镇企业的迅速崛起,大量的厂房以及配套的基础设施,加上居民住宅的扩建,回族七村原有的8400亩耕地面积,被占用了四分之三。除此之外,回族七村的大型企业还将工厂迁往外地,谋求更大的拓展空间,如安踏集团、三兴集团等回族企业都入驻晋江市清高科技园区。

从理论上说,城市化是传统的农村社会转变为现代城市社会的历史过程。从人口数量上看,城市化表现为农业人口比重下降,第二、三产业人口的比例上升的过程;而从城市质量上看,城市化则是农业现代化、工业现代化和城市现代化的同步发展过程。如果实施城市化的过程中以牺牲农业和农村的发展为代价反而会阻碍城市化的发展进程。开放式的城市化道路,应该谋求农业、农村与城市化的共同发展,最终达到城乡一体化,而城乡一体化是城市化的最高境界。因此,城镇的城市化过程不能丢弃农业,而是要发展农业与农村对城市化的支持系统。为此,回族七村针对城市化过程中的人—地矛盾,采取了补救措施,筑埭(闽南人将"坝"称为"埭")围海造田3144亩,使耕地面积维持原有的水平。企业的经济实力为陈埭回族七村的农业综合开发提供了强大的物质基础,回族七村自觉加大对农业基础设施的投入,农田水利配套设施日趋完善,农业机械化程度不断提高。回族七村已将4292亩海埭田(当地人将围海所造的田称为"海埭田")承包给了本村的56户种田专业户。其中承包100亩以上海埭田的有16户。他们"不离乡不离土",追求规模经营,力倡集约化,发展高产、高优农业。四境回族村村民丁信忠承包了四境、坪头、花厅口新围垦的500多亩海埭田,创办了"一种四养"的综合性农场,种水稻、养牛、养鸭、养、养鱼。回族七村又将475亩田承包给了72户蔬菜专业户,这些专业户中外地农民占65户,他们"离乡不离土",负责起陈埭居民的菜篮子工程。江头回族村60多个蔬菜专业户承包了300多亩海埭田,建立起了连片的蔬菜基地,形成了一定的规模。回族七村还有135户养殖专业户,其中坪头回族村的水产专业户建起了375亩的成片的养殖场。从表4与表5中可以看到回族七村工农业平衡发展的状况。

表4 2000年陈埭镇回族七村农业生产主要指标统计表

回族村	粮食产量/吨	用电量/千瓦时	农业机械总动力/千瓦	人均村财收入/元
花厅口	553	7000000	120	301.40
四境	345	10200000	447	590.90
溪边	490	5700000	265	978.50

续表

回族村	粮食产量/吨	用电量/千瓦时	农业机械总动力/千瓦	人均村财收入/元
岸兜	654	6700000	240	308.90
江头	930	6500000	194	540.30
西坂	304	3000000	35	590.20
坪头	474.2	101000	171	368.50

表5　改革开放23年来陈埭镇回族七村主要经济指标统计表

年度	工农业总产值/万元	其中企业产值/万元	人均收入/元	上交国税税收/万元
1978	352	101	52	7.88
1984	3475	2903	920	148.28
1989	7401	6841	1346	602.70
1994	104000	98600	4478	1908.93
1998	265500	263000	8538	5112.00
2002	381500	378900	9880	14600.00

土地作为一种特殊的生产要素,虽然其自身不能在地区间流动,但是其使用权的可流动性对依附于土地之上的生产要素的流动具有重要的影响。农村土地使用权的流动可以使农民通过土地所有权的转让摆脱对土地的依附关系。土地使用权的变更,使回族七村的村民身份发生了变化,除一小部分人以不同于以往的专业户的身份继续从事农业外,绝大多数村民以一种准市民的身份,体验城市居民的生活,体验一般市民的喜忧,享受工业化给城镇带来的较之乡村更多的文明。

表6　陈埭镇第四次全国人口普查与第五次全国人口普查时农业人口与非农业人口对照表

年度	总人口/人	农业人口/人	非农业人口/人	两者比例
1990	70338	68370	1968	35∶1
2000	225804	221392	4412	50∶1

从表6中我们知道,虽然陈埭镇的农业人口远远高于非农业人口(1990年35∶1,2000年50∶1),但是实际上从人口所从事的行业看,农业人口和非农业人口的比例已经发生了变化,而且这种变化越来越明显。数字材料与实际状况的不统一是现有的户籍

制度造成的。

二、市场、企业与城市的互动关系：回族七村顺应市场经济的发展

"市场"与"城市"有着天然的联系，市场是城市的经济表述，城市是市场的实体象征。市场化的程度越高，必然促进城市化的发展。市场这一只看不见的手既控制着企业的命脉，也决定了城市化的进程。在市场经济的体制下，市场根据自然法则和经济规律配置生产要素，各种经济要素和人口通过比较利益的选择无障碍地在空间上自由流动和聚散，进行有效的组合，促进经济的规模化和高级化，也促进着城市化。

20世纪90年代，乡镇企业开始了第二次创业，在激烈的市场竞争中乡镇企业会走向两极分化，其中一部分具有较强市场竞争力的企业逐步走向规范化的轨道，另一部分缺乏市场竞争力的企业便走向消亡。这时，陈埭回族七村的企业走到了十字路口，回族七村调整了产业结构，他们以鞋业作为支柱产业，在陈埭镇开辟了鞋业专业市场。

目前，我国旅游鞋的产量占世界的80％，中国80％的旅游鞋产在福建。全国中低档鞋市场85％被福建企业瓜分。晋江市拥有各类制鞋企业3000多家，有一半以上的企业是在陈埭镇，该镇有企业2700家，其中制鞋企业1750家，占企业总数的64.81％。在陈埭镇千余家大小鞋厂中，回族七村的企业有605家，占全镇的34.57％。有品牌的企业上百家，初步形成规模生产（指两条生产线以上）的有40多家，其中回族占有一半以上。2002年底，陈埭全镇企业产值86.5亿元，其中回族企业38.15亿元。回族企业中，鞋业企业产值26.7亿元。回族鞋业企业中年产值千万元以上的企业52家，超亿元企业7家。全镇上缴税收2.94亿元，其中回族企业1.46亿元，回族鞋业企业占1.022亿元。

回族七村的鞋业企业有着诸多优势：

其一，形成了配套齐全的运动鞋、旅游鞋产业链。拥有年交易额20亿元的晋江陈埭回族社区鞋业市场、安海可嘉皮革生产基地以及众多的PVC、PU、TPR、EVAMODLE鞋底生产厂家，为制鞋企业采购制鞋原辅材料提供了便利。晋江市已经形成了一条完整的鞋业生产的产业链，尤其在陈埭回族七村更为明显。回族七村的鞋业专业市场中有300多家销售鞋业原材料，其中最大多数是经销人造革、皮革材料，有30多家经销布匹、40多家经销胶水，这些鞋业生产必需的原材料来自世界各地。陈埭镇有从事各种鞋材的各类厂家，有专门制造鞋底、鞋带、鞋栓、人造革、布匹、五金、彩印、纸盒等从产品到包装的一系列材料，在这里足不出市，就可以得到生产一双鞋所需的任何最新的部件。专业市场的大量交易促进了物流和人流的扩展，也促进了城市化的发展步伐。

其二，劳动力优势。体育用品产业，特别是运动、旅游鞋业是一个劳动密集型产业，劳动力成本占的比重大。大批外来人口常住于陈埭镇，与当地居民形成了二元结构的社区群体（见表1），为人口城市化奠定了基础。企业和人口的集聚，形成了对第三产业发展的规模化需求，这种需求就成了第三产业发展的拉力，带动了第三产业的迅速发展。外来的劳动力除了进厂务工外，还从事餐饮等服务业，遍布全镇的四川菜馆、江西饭店、北方水饺铺等为外来的客商和务工人员提供了方便。

其三，信息源的优势。回族七村的少数民族企业家，是我国较早涉足信息网的一批人。他们早在10年前，就从互联网中获取了运动鞋的技术、市场等信息，并以此作为发展生产和改进技术、提高效率的依据，这一切都为抢占市场先机奠定了基础。回族七村在生产经营中利用市场信息和技术信息，把国际流行的款式和民族风格结合起来，使投入市场的产品以新、快、廉、齐取胜，特别是国内外市场上流行的新款式，一个星期左右，回族七村就能生产出来，并投放市场。从20世纪90年代中期开始，回族七村企业建立互联网的有170家，占企业总数的6.2%。陈埭镇回族事务委员会还设立了文化网站，通过企业和文化的互动而增加知名度和扩大影响力。

其四，营销队伍的优势。回族七村已经有上百家企业在全国12个省的150多个大中城市开设了近千个专柜或批零点。回族七村中有近千人"离乡又离土"，长期驻外，从事营销活动。他们的足迹除了遍布全国各地外，还踏进了俄罗斯以及东南亚、美国、日本、东欧等国家与地区。回族七村企业还参加国内外的各种博览会、展销会、交易会，进一步了解国内外市场信息，立足国内，走向世界，参与世界大市场的竞争。

乡镇企业这一中国特定历史时期的产物，随着其发展空间的转移以及企业制度的改革，会分化为个人独资企业、股份合作企业、有限责任公司等形式，乡镇企业将逐渐退出历史舞台。在回族七村也是如此，到2002年回族七村已有7家年产值超亿元与15家年产值5000万元以上的公司。

总之，市场化拉动工业化，推进城市化，城市化又促进市场扩张，形成新的市场张力，新的市场张力反作用于企业的发展，又加速城市化进程。企业素质普遍提高，随之，对交通、电信、金融、广告、信息咨询等一系列生产服务业的需求迅速增加，因此，拉动第三产业的发展，增加城镇第三产业吸纳劳动力的能力，从而促进城市化进程。形成庞大的第三产业市场，增加非农业产业就业，从而为城市化提供了物质基础和人口基础。回族七村的城市化之路越走越宽。如位于镇政府驻地的四境回族村是陈埭镇的政治、经济、文化的中心，这里具备了县城的商贸格局和城市的雏形。四境回族村于1994年便有了19家有限公司，116家工厂，经营制鞋、服装、五金、塑料、印刷等以鞋业为主的产业。全村有12户种粮专业户,承包了村上80%的耕地。全村集资800多万元修建了12条7至12米宽的水泥大道。在新兴的大街上有350多间店面,经销各类鞋业原辅材料,是当今福建全省最大、最齐全的皮革市场。这里,还有近300个摊位的小商品市场,经营服装、鞋帽、日用家具等各类商品。这里的农贸市场共150多个摊位,销售各类食品与副食品。四境回族村还设立了多家旅馆、饭店。占地400亩的四境农民新城已经建成,90%的四境村民住进了农民别墅,家家饮用自来水,户户有冰箱、彩电、空调器,全村安装了1350门程控电话,许多家庭配备了手机、传呼机。村里组建了25人的环卫队,配有洒水车、机动垃圾车负责全村17个公共厕所和街道的环境卫生。

三、人与城市的亲和关系:回族七村的文化建设

城市社会的基本特征是秩序化、社会化、商品化、规范化和法制化,市民们按照既定的游戏规则自由地进行丰富多彩的社会生活。这里自律、自尊、自强成为社会风尚,这是现代文明的灵魂,是城市社会的真正魅力之所在。陈埭作为欣欣向荣的新兴城镇,正力求实现城市社会的基本特征,以实际的举措呼唤着城市文明的到来。

陈埭镇先从硬件建设开始,镇政府已于1998年对全镇的28个中心村作了总体规划,规划调整包括道路交通、绿化系统、城镇景观、旧村改造、环保环卫设施、防灾工程、给水排水、电力电信等专项内容。在规划调整中,注意处理好城镇建设同经济发展、资源利用、人文历史、环境保护等的关系,充分发挥区位优势,主动接受市区的辐射,促进城乡一体化进程,使规划更具有科学性、适度超前性、可操作性和地方特色。回族七村均纳入了规划之中,四境、坪头两个回族村是实施规划的试点村。

城市化是一个城市文明不断发展,并向广大农村渗透和传播的过程,城市化进程是人的整体素质不断提高的过程。它可以使更多的国民有机会提高自身的素质,并参与知识经济发展的浪潮之中。科技与人才是城市化的灵魂,城市富有挑战性和创造性的环境,能够集中精英施展才华。陈埭镇城市化进程中的文化含量还不高,目前还不能储备足够的城市化所需的人才(见表7)。因此,回族七村重视文化建设,他们充满对民族历史的怀念、对传统的眷恋与现代文化的渴求。他们以实际的措施和行动提高村民的整体素质,适应日趋推进的城市化步伐。

表7　2000年陈埭镇6岁以上人口文化程度统计表

文化程度	未上学	扫盲班	小学	初中	高中	中专	大专	本科	研究生	合计
人数/人	17297	666	70812	117444	11026	2007	677	158	10	220097

重视教育是回族七村的传统，在明清科举时代，陈埭丁氏回族陆续有人进入仕途。据统计，他们中先后有24人与14人分别考取举人和进士。清代后期，回族七村还有文人社团名"鹏霄榭"，其功能是团结七村文人，吟诗作文。"鹏霄榭"的活动一直延续到20世纪50年代初期。这种活动虽然带有家族文化的色彩，但是重教兴文之风仍为人们所倚重，传统一直延续至今。回族七村均有设备齐全的小学、幼儿园，其中位于四境回族村的求聪中心学校、阿梅幼儿园等较为著名，其中阿梅幼儿园为泉州市一级达标幼儿园。1965年，陈埭创办了民族中学，集初中、普通高中、职业中专于一体。现有在校学生1800余人，36个班级，教职员工148人。少数民族学生比例初中为80.88%，高中为19.17%。学校新建了教学楼、图书馆、科学楼、学生生活区、教师生活区等。设立了校董事会，由回族七村干部与企业家组成，总人数65人中有企业家57人，占88%。校董事会协调学校与社会的关系，协助政府解决学校的问题与困难，帮助完成学校硬件建设，为老师与退休教师提供奖金或慰问金等，如兴建校教学大楼就捐助了100万元。学校从四川、湖南、湖北、江西、新疆等省区引进了本科毕业生32人，以加强师资力量。该民族中学为全国民族中学教育协会理事校、全国民族中学示范校、中学三级达标校。

采取措施弘扬民族文化是回族七村文化建设的主要内容之一。回族七村文化社团的建立，文化场馆的设立，构成了城镇社区文化的雏形。如陈埭民族诗书社成立于1985年，现有社员50余人。该社举办多次诗、书、画的学术研究班，举行书法、诗词创作比赛。陈埭民族南音社成立于1979年，由原有的7个南音小组组合而成，有社员60余人。建社以来曾多次应邀赴菲律宾以及中国台湾和香港等地演出。该社有"东南第一馆"之美誉，1990年被中国南音学会吸收为集体会员。陈埭回族史馆建于1985年，是晋江市博物馆的分馆之一，全面展示了陈埭丁氏回族的历史、政治、经济发展的脉络，重点介绍了在政治、经济、文化上卓有成就的历史和当今名人。

陈埭回族有着深厚的历史、人文积淀。明代，曾出现了文人丁仪、丁自申、丁启睿，清代有诗人丁炜、军火科学家丁拱辰等。回族七村重视对文化历史研究，已经先后出版了《陈埭回族史研究》《陈埭丁氏族谱》《陈埭回族社区历史沿革与社会发展史》《陈埭丁氏宗祠》等书籍，有省级文物保护单位丁氏宗祠、市级文物保护单位西陛门、石经幢、丁拱辰故居、丁氏祖宅、丁毅斋宗祠等。

回族七村提倡新风尚,以社团为载体,开展有益身心健康的活动,增进社区的团结和友善。回族七村老年人于1982年成立了协进总会,迄今已历9届,现有会员1750人。该会为回族七村的老年人举行各种文艺活动,活跃老年人的文化生活。至2003年,陈埭回族事务委员会和老年人协进总会先后举行了3次回族七村金婚庆典,2003年4月,回族七村的168对金婚夫妇与12对钻石婚佳偶参加了庆典活动。回族七村于1998年成立了残疾人联合会,现有会员380多人,发动社会对残疾人关心、帮助。1987年开始,回族七村每年新春召开新老干部团拜会,届时,来自村镇的回族新老干部欢聚一堂,叙旧迎新,共商发展大计。

回族七村关心国家大事,热心公益事业,在历年捐助的各类款目中,最大的三笔分别是:1993年为建设晋江机场,捐款427万元;1999年"三江"与闽东水灾,捐款154.6万元;2002年晋江市成立慈善基金会,捐款510万元。

陈埭丁氏回族在台、港、澳以及东南亚的宗亲有3万余人,改革开放以后,这些宗亲相继回乡探亲、办厂、经商。如1985年,以华侨丁魁梧为团长的菲律宾回乡探亲团到陈埭探亲谒祖,菲律宾是丁氏回族旅居海外人数较为集中的地方,那里有著名的清真五姓(丁、郭、马、白、金)联谊会。他们与回族七村乡亲建立了密切的关系。随之,他们又多次回乡参加各种庆典活动,为家乡的经济建设、社会公益事业作出很大的贡献。回族七村也多次派人前往海外,加强宗亲之间的交往,增进彼此之间的了解。

回族七村于1991年成为联合国海上丝绸之路考察点,联合国教科文组织组织海上丝绸之路综合考察团考察了陈埭回族。考察团成员在新落成的陈埭清真寺前植下了常青树。1994年,由联合国教科文组织等发起组织的"海上丝绸之路与伊斯兰文化"国际学术研讨会在泉州召开,来自18个国家的80多名专家学者考察了陈埭回族。除此之外,还有党和国家领导人、省级干部和海内外专家学者参观考察陈埭回族。国家和省、市的民族歌舞团先后到陈埭回族七村演出,慰问回族群众。

自1988年开始,回族七村有3人先后被评为"全国民族团结进步先进个人";1994年,陈埭回族事务委员会被授予"全国民族团结进步模范单位"称号。

回族七村的文化建设提高了城镇化水平,也给回族村民带来了时代的信息、精神的愉悦和观念的更新。伴随着城市化的步伐,从经济、社会和文化上,回族七村村民精神和物质的消费水平和生活质量正逐步提高,他们正逐渐转化为名副其实的新兴城镇的居民。

结束语

党的十六大报告指出,在全面建设小康社会的历史进程中要走出一条有中国特色的城镇化道路。这对于回族七村的城市化是机遇，也是挑战。回族七村的城市化进程中成绩是显著的，但是也存在着亟待解决的问题。目前，陈埭镇的城市化进程主要存在的问题有以下方面：

第一，环境问题。由于陈埭镇的企业发展、经济总量增长和城镇化推进的速度较快，22万常住人口和众多的流动人口的高负荷运转，使偌大的陈埭镇承受着巨大的环境压力。又由于规划滞后，造成环境问题日益突出。陈埭镇政府在总结该镇的小城镇建设情况时认为"城镇道路、交通、给排水等基础设施仍然滞后于经济的发展速度"，"城镇居住条件质量较差，特别是住房密度大，绿化面积小。同时居住区与工业区混杂现象比较普遍，制约着人民群众生活质量的提高"。

第二，制度滞后。有关我国城镇化问题的法律、法规较少，对于陈埭镇15万外来人口的管理，存在着较为严重的制度滞后问题。这些人群是城镇的"边缘人"，他们无法真正融入社会，与城镇存在着若即若离的状态，他们与当地居民构成了二元结构。十六大报告中指出："农村富余劳动力向非农产业和城镇转移，是工业化和现代化的必然趋势……消除不利于城镇化发展的体制和政策障碍，引导农村劳动力合理有序流动。"人口城市化应该是人口法制化，人口制度化，农村人口转移的健康、有序化。

第三，教育滞后。回族七村重视教育，虽然他们对于教育的投入巨大，但是"产出"效果不明显。如2002年，参加高考的陈埭民族中学高中毕业生，达到本科线的人数仅6人，达到大专线的96人，而人口少于回族七村、教学设备和师资力量都不如陈埭的泉州市泉港区蜂尾镇的郭厝回族村高中毕业生达本科线的26人，达专科线的95人。学校教育要有社会环境的有力支持，急功近利的经济利益驱使会断送长效的学校教育之路。人口城市化应该是人口知识化和人口现代化。城市化和城乡一体化的教育目标是实现继续教育、终身教育和建立学习型社会。城市化急需科技和人才的支持系统，除了引进人才外，主要是提高社区居民的整体知识水平和文化素质。

第四，观念滞后。回族七村居民是生产者又是消费者。在有了日益丰富的物质消费之后，他们开始有意识地追求精神消费，不知不觉染上了"城市病"，放松了对未来的追求。陈埭镇政府在总结该镇的小城镇建设情况时认为：该镇群众的"城市意识普遍低下，违章搭盖、占地经营、乱倒垃圾等各种行为经常发生，影响着城镇的文明形象"。文明的城市是靠文明的市民打造的，文明的市民应该具备文明的观念。

总之，城市化是一个综合性的问题，它不单纯是大量人口进入城市的问题，而是一个由传统的农村社会向现代城市社会转型过程，是一个经济发展和社会进步相融合的过程，也是一个极其复杂的系统工程。经济学家认为，要构筑一条由传统的农村社会通往现代城市社会的路径，必须有六大系统支持，即经济支持系统、制度支持系统、科技与人才支持系统、农村与农业支持系统、资源与环境支持系统以及乡镇发展支持系统。针对促进城市化进程的诸多元素，分析存在问题，寻找解决问题的答案，这也是少数民族和民族乡村城市化进程中务必考虑的。

闽浙赣交界地：
地理枢纽与畲民族共同体的建构
——以历史地理为视角*

蓝图　蓝炯熹

关于畲族的历史，学界已有诸多论述。尽管如此，关于畲族的产生仍然有一系列非常关键的问题存疑。首先是"畲族"这个概念的来源。在研究民族史的过程中，我们时常不自觉地将当下对某个民族的理解套用到历史时期中。这种方法通常存在两个问题。以畲族为例，当我们在使用"畲族"这个概念时，我们是否考虑到了这个概念本身的谱系学？当我们研究历史时期"畲"民的迁徙和演化时，我们是否考虑到"畲"这个概念本身在当时也许有着完全不同的意义？这个概念从哪里来？为谁所作？为何而作？如果将这个概念理解为一种话语的话，我们不禁要问：这个话语背后隐藏着怎样的一种权力谱系学？这个问题之大，本文当然无法做出全面的阐释。但是，本文将这个问题作为一个大背景，尝试着从历史地理的视角入手，做一些抛砖引玉的工作。

我们选择"闽浙赣交界地"作为研究问题的空间，这个空间，在地理方位上，介乎东经118°09′~120°38′，北纬26°02′~27°28′之间，即泛指明清时期的闽之福宁府（州）[①]、

---

* 原文载《福州大学学报·哲学社会科学版》2010年第6期。
[①] 明代为福宁州，清代雍正十二年升为福宁府，"割福建之寿宁来隶，增霞浦。乾隆四年，复析置福鼎"。见《清史稿·地理志》。

福州府①、建宁府、延平府、邵武府②，浙之处州府、温州府，以及赣之广信府的大部分地区。这些地方的版图大致相当于今天福建省的宁德、福州、南平，浙江省的丽水、温州，江西省的上饶等6个设区市。人类学家潘光旦云："至今闽、浙、赣东之'畲'犹或自称'瑶'。"③ 即实指这个地块的畲族。这里是当今我国畲族的主要聚居地，畲族分布广泛，所存留的传统文化丰富多彩，表现活跃。2000年，该区畲族人口有368 526人④，占大陆畲族总人口709 592人的51.93%。因此，可以说"闽浙赣交界地"是我国当代畲族的"大本营"。

空间（地理）、时间（历史）、权力（power）作为社会生活动力学结构的三要素的互动是本文所关注的首要过程。要理解这种互动，我们首先要摒弃一种时/空先验的世界观——即认为事件的发生是在时间和空间中的延展；时间和空间作为被动的"容器"被主动的人类关系所填充。当代社会理论对这种被动的空间观作出了深刻的批判。在福柯的权力理论中，一方面，权力作为一种力量间的关系而存在，也就是说权力是一种人类关系的基本形式。每一句话，每一个行为的背后实际上都隐含着一种权力关系。福柯认为，理解这种关系的变化是理解历史的关键。另一方面，权力关系本身就是空间性的。⑤ 这也就是说，任何一种权力关系实际上也是对应了某种空间关系。有时候甚至空间关系本身也可以被抽象为权力关系。对于本文来说，这种对时空的不同理解有两个意义：一方面，畲民族这个概念的产生过程必然是多种力量在历史上不断博弈的结果。这种结果既是这些力量本身造成的，又不以这些力量的意志为转移。这些力量既包括政府和其他族群，也包括被称为"畲"的这些人本身；另一方面，畲民族的产生离不开一个具体的空间权力结构。在本文中，这个空间权力结构即是"闽浙赣交界地"作为一个关系的总体——在"闽浙赣交界地"中畲民完成了民族共同体的建构，并且"闽浙赣交界地"作为一个关系的总体本身又在畲民族的建构过程中实现了其地理意义。换句话说，我们要理解畲族就不能不理解

---

① 福州市（福州府）虽不直接与浙江省接壤，但是由于域内连江、罗源、古田等地均是畲族主要聚居地，在行政区划上又时时与宁德市（福宁府）相联系，福州市与宁德市均属于福州方言区，据文献载："闽东方言区18个市、县，大致包括历史上的福州府和福宁府两府的属地，这一带在元初曾同属福州路……政治区域的一致，长期共同的政治、经济和文化生活，有了语言共性，形成闽东方言的共同特点。"见《福建省志·方言志》，7页，北京，方志出版社，1998。

② 延平府虽然不与江浙接壤，但是在明清时期为"延建邵道治所"。（《清史稿·地理志》）建宁府、延平府、邵武府三者关系密切，同时，与福州府关系特殊，较多移民来自福州府。延平府、邵武府中的部分县（市），今属于三明市。

③ 潘光旦：《中国民族史料汇编〈明史〉之部》（下），826页，天津，天津古籍出版社，2007。

④ 其中各设区市畲族人口：宁德159 040人、福州48 152人、南平27 516人、丽水73 054人、温州52 588人、上饶8176人。

⑤ Foucault, M. (2007). Questions on geography. In J. W. Crampton, & S. Elden, *Space, Knowledge and Power: Foucault and Geography* (pp. 173–184). Aldershot, UK: Ashgate.

"闽浙赣交界地",而要认识"闽浙赣交界地"就不能排除畲族的因素。

实际上,福柯的权力谱系学有一部分来源于法国年鉴学派(L'ecole des annales)。年鉴学派认为西方一直以来存在着两种对历史的解释。一种为事件史,即认为历史是由一系列标志性事件造就的。比较典型的就是一般人理解的马克思的历史唯物主义①——历史是一系列革命推动的。另一种为长时段(longue durée)。也就是说,历史的前进动力是来源于那些作用于长时段的力量。这其中又以地理条件为典型力量。年鉴学派以布罗代尔为代表,倾向于第二种解释。② 本文不试图讨论哪种解释是对的——实际上这样的讨论毫无意义。如果将理论理解为工具箱,我们认为这种长时段理论对解释畲族的诞生更有用。具体地说,畲族的诞生并不是某个或某几个(偶然的)决定性事件造成的,而是在闽浙赣地区经历了长时段的各种力量作用。那么,本文将要试图解答的问题就变成了:究竟是什么样的长时段力量建构了畲族?在这种建构过程中,闽浙赣地区的特殊意义何在?

一、闽浙赣交界处的地理禀赋和畲民迁徙史的重新认识

首先让我们重新回顾一下畲民的迁徙史,并且尝试从中提取出一些前人忽视的元素。学界公认的观点,在公元7世纪,畲族先民主要聚居于闽粤赣交界地。③ 到了明清时期,畲民大量向北移居,逐渐进入闽浙赣交界地,该地遂成了畲族的主要聚居地。而畲族原有的聚居地,随着族际互动,文化融合,"畲(族)—客(家)"主客关系置换,便逐渐"出让"给了汉族的一支重要民系——客家人。大量史料、文献以及畲族谱牒记载,畲民陆续迁徙至闽浙赣交界地,始于元代。一般而言,畲族迁徙有两个动因,即"戎"与"耕"(转战与游耕)。④ 在元代,畲军的抗元斗争席卷闽粤赣,朝廷对畲军采取了征讨与招抚的双重手段。"诏福建黄华畲军有恒产者放为民,无恒产与妻子者,编为守城军。"⑤ "放福建黄华军,收其军器,其部长于近处州郡,民官迁转。"⑥ 在对粤、闽、赣畲军进行

---

① 尽管如此,布罗代尔本人认为马克思的历史唯物主义和长时段理论相辅相成。参见费尔南·布罗代尔:《历史学家的时间和社会学家的时间》,见费尔南·布罗代尔著,顾良、张慧君译:《资本主义论丛》,202~203页,北京,中央编译出版社,1997。
② 费尔南·布罗代尔:《历史与时段》,见费尔南·布罗代尔著,顾良、张慧君译:《资本主义论丛》,176~184页,北京,中央编译出版社,1997。
③ 《畲族简史》编写组:《中国少数民族简史丛书·畲族简史》,3页,福州,福建人民出版社,1980。
④ 参见蓝炯熹:《畲民家族文化》,221~223页,福州,福建人民出版社,2002。
⑤ 《元史》,卷98,《兵志一》。
⑥ 《元史》,卷13,《世祖本纪十》。

大规模的善后安置中①,也有部分军户流向浙江,《平阳县志》云:"按元世祖至元二十一年八月,放福建畲军,收其军器,其部长于近处州郡,民官迁转。又《兵志》:'福建之畲军盖乡兵也。'……畲民当即畲军之余众,元初负固不服……迨降元后,处之旁近州郡,后渐流移入浙。与宁、绍之堕民、丐户。志称'宋俘之遗'髣髴相类。其族则有雷、蓝、李、钟四姓云。"②总之,"畲之在闽,所谓被之声教,疆以戎索"③。畲军落籍,除了在沿途的征战中,有人滞留在某个地方安家落户外,其余大量畲民均由于封建朝廷的招抚和屯田,被控制在朝廷"立屯耕作"的地方休养生息。定居生活和户籍建立,为畲民家族聚落的形成设置了稳固的生存空间。

畲族迁徙闽浙赣交界地的又一动因是游耕。"畲民崖处巢居,耕山而食,去瘠就腴,率数岁一徙。"④"凡荒崖弃地居之,耕猎以自食,不供赋役……诸府游处不定。"⑤这种迁徙方式不带军事性质,而以纯粹的经济生活为主。因此,这种迁徙,不是人数众多的集团性行动,而主要以单个家庭或若干个家庭为单位,三三两两,徐徐而行,散点而动,迁徙的速度比较缓慢,迁徙的路线比较复杂。而且,他们所到之处,皆"居山寂处,自安化外"⑥。清初畲族学者蓝鼎元说:"自浙入闽,以仙霞为孔道,由浦城泛舟,下建宁,过延平,抵福州水口,皆崇山狭流,乱石布水面,急滩险绝……自浙东海岸温州入闽,由福宁州、宁德、罗源、连江至省城,皆羊肠鸟道,盘纡陡峻,日行高岭云雾中,登天入渊,上下循环,古称蜀道无以过也。"⑦差不多同时代的顾祖禹不同意这种看法:"昔人亦云闽中形胜大类巴蜀,此非通论也。"⑧闽地山川形胜虽有蜀道之难,却无蜀道之险,对于以家庭为单位的山地游耕民族而言,权且具有可作安身立命的人居之所的可能。闽浙赣交界地普遍相类似的土壤、气候、动植物资源,适合畲民的经济生活。他们游移不定,耕猎并举,"随山种插,去瘠就腴,编荻架茅为居。善射猎,以毒药涂弓矢,中兽立毙"⑨。茶

---

① "汀、漳屯田:……成宗元贞三年(1297年),命于南诏、黎、畲各立屯田,调拨见成军人,每屯置一千五百名,及将所召陈吊眼等余党入屯,与军人相参耕种。为户汀州屯一千五百二十五名,漳州屯一千五百一十三名。为田汀州屯二百二十五顷,漳州屯二百五十顷。见《元史》,卷100,《兵志三》;民国《平阳县志》云:"……潮阳县宋都统陈懿等兄弟以畲军七千人降……南恩州宋閤门宣赞舍人梁国杰以畲军万人降……"见《平阳县志》,卷19,《民族》,民国十四年。
② 符璋:《平阳县志》,卷19,《民族》,民国十四年。
③ (清)杨澜:《临汀汇考》,卷3,《兵寇考》。
④ (清)卞宝第:《闽峤鞧轩录》,卷1,《霞浦县》,见《福建文库》。
⑤ 孙承泽:《春明梦余录》,卷43,见《古香斋秀珍本》,光绪九年刊本。
⑥ (清)吕天锦:《平和县志》,卷12,《杂览志》。
⑦ (清)蓝鼎元:《鹿洲初集》,卷12,《福建全省总图说》,见(清)蓝鼎元撰:《鹿洲全集》(上),238页,厦门,厦门大学出版社,1995。
⑧ 顾祖禹:《福建读史方舆纪要叙》,见(清)顾祖禹撰:《读史方舆纪要》,4362页,北京,中华书局,2005。
⑨ 顾炎武:《天下郡国利病书》,第十六册,《福建防闽山寇议》。

叶、苎麻等适宜于该地自然环境的经济作物都是畲民长期经营的传统产品,他们还擅长种植"畲禾",一种长在山地"不水而熟"的稻谷。万历《福安县志》载:"又有一种山稻,畲人佈之山坞。"① 因此,闽浙赣交界地的畲民聚落的别称是"畲寮""苎寮"。

  明代是畲族开始大量迁徙至闽浙赣交界地的时期,当时,福建种菁(蓝靛)业特别发达,福建蓝靛品质尤其优良,明王应山《闽大记》卷十一云:"靛出山谷","利布四方,谓之'福建菁'"。明王世懋《闽部疏》云,福建"蓝甲天下"。丰厚的利润使得蓝靛种植遍及福建全境。"种菁之业,善其事者汀民也。"② 汀民即闽西汀州府居民。"汀之菁民,刀耕火耨,艺蓝为生,编至各邑结寮而居。"③ 乾隆《宁德县志》云:福宁府之宁德县"嘉庆初年,外郡人来县栽菁","种菁之业,善其事者汀民也"。"邑以靛青为业者,大抵汀人也。""居山者不事锄畬,听从菁客佃作。如西乡几都,菁客盈千。凡菁客佃作之山,皆深岩穷谷,非平原旷野可树桑者比。"④ 乾隆《古田县志》载:"畲人深居幽谷,其素艺则开垦荒巅山崖,自耕自食,并有栽靛者。"⑤ 菁民足迹遍布福建,并延至浙、赣。浙江《云和县志》载:"赤石、四都、桑岭、九都间,纯乎闽音,多福建汀州人侨居者。"江西《广信府志》卷一载,该府禁山之后,仍有"附近民居棚民,或窃入樵采……搭棚居住者,多系闽人"。这些闽籍棚民多姓钟,即畲民。⑥ 据明末熊人霖《南荣集》记载,当时,种菁之所有山主、寮主、菁民三类人等,"山主者土著有山之人,以其山俾寮主艺之,而征其租者也。寮主者,汀之以居各邑山中,颇有资本,披寮蓬以待菁民之至,给所艺之种,俾为锄植而征其租者也"⑦。菁民则出卖劳力,与寮主为雇佣关系,在很大程度上依附于寮主,经济上受其支配。种菁者有着更为广泛的称呼,曰:"棚民"。《清史稿》云:"棚民之称,起于江西、浙江、福建三省。各山县内,向有民人搭棚居住,艺麻种菁,开炉煽铁,造纸制菇为业。"⑧ 由此可见,棚民群体中包括菁民,而菁民群体中主要是汀州畲民。畲民"大略与浙之棚民,云、广之苗徭相类"⑨。"菁民者,一曰畲民,汀上杭之贫民也。每年数百为群,赤手至各邑,依寮主为活,而受其佣值,或春来冬去,或留过冬为

---

① 陆以载、陈世理:《福安县志》,卷1,《舆地志·土产》,明万历二十五年。
② 乾隆《宁德县志》,卷1,《舆地志·物产》。
③ 熊人霖:《南荣集》,《防菁议上》,《文选》,明崇祯十六年刻本。
④ 乾隆《宁德县志》,卷1,《舆地志·物产》。
⑤ 乾隆《古田县志》,卷2,《风俗·畲民附》。
⑥ 转引自卢美松:《太姥传说与畲族渊源》,见福建省炎黄文化研究会等:《畲族文化研究》(上册),9页,北京,民族出版社,2007。
⑦ 熊人霖:《南荣集》,《平菁寇凯歌叙》,《文选》,明崇祯十六年刻本。
⑧ 《清史稿》,卷120,《志第九十五·食货一》,《户口田制》。
⑨ 余文仪:《仙游县志》,卷53,《抚志下·丛谈》,乾隆三十六年修,同治十二年版。

长雇也。"① 由于畲族大量迁入闽浙赣交界地与种菁业有着关联,畲民聚落又被专称为"菁寮",加之上述的"畲寮""苎寮",在闽浙赣交界地所谓"三寮"亦泛指畲族。

自元至清,发生在闽浙赣交界地的涉畲战事既有类同于以往者,又有相异。如元明之交,据《明史》记载,闽浙赣交界地的处州府所出现的"苗乱""寇乱"均与畲民有关。《刘基传》载,"刘基,字伯温,(处州府)青田人……(元至正年间)山寇蜂起,行省复辟基剿捕,与行院判石抹宜孙守处州"。"(二十二年,1285年)会苗军反,杀金(金华)、处(处州)守将胡大海、耿再成等,浙东摇动。"②《胡深传》载同一事件:"胡深,字仲渊,处州龙泉人……处州苗军叛,杀守将耿再成,深从平章邵荣讨诛之。"③《章溢传》载:"章溢,字三益,(处州府)龙泉人……从平庆元、浦城盗……胡深出师温州,令溢守处州,馈饷供亿,民不知劳。山贼来寇,败走之……贼寇庆元、龙泉,溢列木栅为屯,贼不敢犯。"④《杨荣传》载:"杨荣,字勉仁,(建宁府)建安人,初名子荣。……永乐末,浙、闽山贼起,议发兵。帝时在塞外,奏至,以示荣。荣曰:'愚民苦有司,不得已相聚自保。兵出,将益聚不可解。遣使招抚,当不烦兵。'从之,盗果息。"⑤潘光旦在解读上述《明史》传记时,认为:"此所云贼或寇不必多数是畲,然其中必有畲,松阳、丽水尤尔。""言温、处间山贼,其为畲可无疑。"⑥浙之处州为穷山恶水之地,在元明之交的社会动乱中,素有反抗传统的畲民参与民众的起事,与统治者对峙,是完全可能的。但是,同样发生在闽浙赣交界地,以后的涉畲战事,却有着比较明确的政治目的,并服务于当局或某个军事集团。如万历《福安县志》载,明嘉靖三十八年(1559年)四月初三,倭寇进犯,知县李尚德"复令晓阳快手并民壮召畲人协战"⑦。顺治初年,南明大学士、兵部尚书刘中藻抗清,当他"擢右佥都御史,巡抚金(华)、衢(州)。取苎寮、菁寮诸种人,练之为卒"⑧。"上谓金衢巡抚刘中藻曰,选练精兵,可取于苎寮、菁寮、畲寮三项,此议诚是,取用之后,即当给示,免其差徭,仍勉令与百姓相安,兵数准一千,衣甲银两,准于该州动支二千两正项,务其兵精而饷不糜。"⑨刘中藻所率"三寮"之兵于"崎岖山谷,聚众万人,遂复庆元、泰顺、寿宁、宁德、福安、古田、罗源诸县……又

---

① 熊人霖:《南荣集》,《平菁寇凯歌叙》,《文选》,明崇祯十六年刻本。
② 《明史》,卷128,《列传第十六》。
③ 《明史》,卷133,《列传第二十一》。
④ 《明史》,卷128,《列传第十六》。
⑤ 《明史》,卷148,《列传第三十六》。
⑥ 潘光旦:《中国民族史料汇编〈明史〉之部》(下),827页,天津,天津古籍出版社,2007。
⑦ 万历《福安县志》,卷9,《杂纪志》。
⑧ 光绪《福安县志》,卷22,《人物》。
⑨ 《思文大纪》,卷6,《痛史》第六种。

复福宁、长乐。"① 刘中藻的畲军迁回于闽浙之间,由于该地历来为战略要地,给南下的清军造成相当大的麻烦。清军投注了大量的兵力,刘中藻被迫退守福宁州福安县城,与清兵展开殊死决战。顺治六年(1649年)"己丑正月二日(闽浙)总督陈锦提满洲兵十余万,树栅列寨,困围四月,孤城食尽,外援陡绝"。刘中藻之畲军坚持了4个多月,刘"遂以四月十二日自缢卒……士为之死计九千七百余人"。② 死难士卒中有大量畲族。据畲族宗谱记载,有的还隐姓埋名流落乡间。③ 这是闽浙赣交界地影响面最广、影响力最大的涉畲战事。咸丰、同治年间,太平天国远动风起云涌,闽浙赣交界地也是太平军活动区域,现存的文字资料无法表明该地的畲民是否参与其中。但是,同治年间,浙之处州府蓝三满编唱的长连④《长毛歌》却表达了强烈的政治倾向。蓝氏《长毛歌》云:"咸丰皇帝心不通,出来理事人不容……广东金田好风光,出了一个长毛王/长毛也是天生子,口出圣旨治万人……是我天下由我管,亦无官府来争去/长毛造反一个皇,一行兵马随身上……长毛造反是好人,亦何捉来亦放心⑤……"⑥ 这个长连也流传于闽东畲族乡间,畲民对"长毛"造反是同情、拥护与歌颂的。

列斐伏尔(Henri Lefebvre)强调,空间对于时间,具有优先性。⑦ 他认为空间最终要比时间更重要,空间的安排决定了时间的节奏和周期。⑧ 通过对畲民迁徙史的重新审视,我们不难发现闽浙赣地区作为一个地理枢纽是不可忽视的要素。所谓地理枢纽包括该民族"领地"之自然环境与人文环境的总和,也即是社会关系和自然关系以及权力关系的总和。闽浙赣地区作为一个非常独特的关系总体,其内部具有相当大的同质性,而这种同质性在许多方面又与畲民的到来密不可分。其中最耐人寻味的是其地理沿革的特点——一块长期以来的"行政特区"。首先,汉代闽浙赣交界地属百越之地。直至"秦并天下,平百越,置闽中郡"⑨,其属地在闽全境、浙南、浙西南以及赣东部分地区。《明史》曰:"广信府,元信州路,属江浙行省。太祖庚子年五月为广信府。"⑩ 至明洪武四年(1371年),广信府改隶江西行省。其次,闽浙赣交界地的核心区域,隶属于武夷山脉的铜塘山一带,"周围

---

① 光绪《福安县志》,卷22,《人物》。
② 光绪《福安县志》,卷22,黄云师《刘中藻忠烈传》。
③ (民国)福安县和安畲族村《钟氏宗谱》载:"宏公世居大林,相传明季从戎苏江(今苏阳村)进士刘公讳中藻。后不遂,隐居上广。"
④ 长连:指畲族称长编叙事歌谣。
⑤ 此句意为"长毛"每到一处也抓一些人,但是只要是好人,就尽可放心。
⑥ 福建省编辑组:《畲族社会历史调查》,285页,福州,福建人民出版社,1986。
⑦ 参见亨利·列斐伏尔:《空间与政治》,5页,上海,上海人民出版社,2008。
⑧ 参见吴宁:《日常生活批判——列斐伏尔哲学思想研究》,382页,北京,人民出版社,2007。
⑨ 顾祖禹:《读史方舆纪要》,卷95,4366页,北京,中华书局,2005。
⑩ 《明史》,卷43,《志第十九·地理四》。

约计三百余里，重峦叠嶂，密菁深林。"① 从明正统年间到清同治年间，在4个多世纪的长时段里，虽在行政区划上分属于闽浙赣三省，但三省地方政府采取了统一行动，即"勒石永禁，（铜塘山）亦名封禁山"②。封禁山一带遂成了与世隔绝、人迹罕至的"行政特区"③。行政特区之所以得以确立，内部地理条件的相似性也必不可少。这里是闽浙赣三省地势最高的区域，其大部分地区均以中山、丘陵地貌为主，区域内部气候相似，具备山区农业发展的基本自然条件。最后，闽浙赣交界地是"太姥—武夷"文化生态区，此地流传的太姥娘娘与武夷君的远古神话传说也和畲民的活动有关。④ 早期，这里已经有种蓝的传说。⑤ 明代开始的福建汀州畲民大量迁徙于闽浙赣交界地，又以种菁（蓝靛）为业。可能由于种植蓝靛的关系，闽浙畲民聚居地均流传着太姥山老母原为山下才堡村姓蓝畲女，因避战乱，上山垦荒植蓝，得道成仙。⑥ 以故，畲民称太姥娘娘为"蓝太姥"。

综上我们不难发现，畲民的迁徙史同时也是"畲"这个概念的谱系学。由于闽浙赣交界处的地理枢纽作用，不同的他者（官方与民间）于不同的场合对他们有了"苗军""山寇（'山贼'）""棚民""菁民""畲人""畲寮""苎寮""菁寮""畲民"等种种称谓。这些称谓是对畲民的指代，同时也影响着畲民的自我定义，并且每个指代的背后都包含着众多社会、政治、经济、文化意义。这些称谓的交替出现，说明了畲民已然在闽浙赣交界地的历史舞台上占有一席之地。虽然在移民过程中冲突与战争往往不可避免，但是我们将会看到，在这里较为和谐的社会实践渐成主流。在长达6个世纪的长时段中，畲民还是逐渐享有了生存权与话语权，并实现了作为一个民族共同体的建构。是什么因素保障了这个地区的和平？在这个过程中，畲民作为一个独立团体的存活是否经历了更为复杂的权力结构变化？这是一种什么样的权力结构并将如何变化？

---

① 同治《上饶县志》，卷5，《阨塞》。
② 光绪《江西通志》，卷53，《山川略》，《山八·广信府》。
③ 参见陈支平：《清代雍正年间政府官员考察闽浙赣边区生态环境的解读》，见《厦大史学》（第二辑），120～127页，厦门，厦门大学出版社，2006。
④ 参见卢美松：《太姥传说与畲族渊源》，见福建省炎黄文化研究会等：《畲族文化研究》（上册），3～4页，北京，民族出版社，2007。
⑤ 如王烈的《蟠桃记》："尧时有老母，以蓝染为业，后得九转丹砂法，乘九色龙而仙。汉武时，名曰太姥山，凡三十六奇。"
⑥ 参见卢美松：《太姥传说与畲族渊源》，见福建省炎黄文化研究会等：《畲族文化研究》（上册），2页，北京，民族出版社，2007。晋江人蔡永蒹于清嘉庆时作《西山杂记》，认为华安县仙字潭摩崖石刻"乃商周之时畲人留伯所镌……经畲吴昱战太君越。庆功时，太母夫人称贺。太母者，太姥也。摩崖石刻古文如舞女，即蓝太武族翩翩起舞也"。《西山杂记》还把蓝太武族与历史上福建"七闽"并列，包括泉郡之畲家、三山之蛋户、剑川之高山、邵武之武夷、漳岩之龙门潭、漳郡之蓝太武、汀赣之客家。作者将"泉郡之畲家""漳郡之蓝太武"作为"七闽"之两族，这两者均与畲民有关。

二、清代闽浙赣交界地的畲民政策与畲民身份的正名

清代260余年是闽浙赣交界地畲民族共同体历史建构的关键时段,我们先从地缘政治的维度探讨这个问题。清朝历代重视编户齐民政策,"世祖入关,有编置户口牌甲之令。其法,州县城乡十户立一牌长,十牌立一甲长,十甲立一保长。户给印牌,书其姓名丁口。出则注所往,入则稽所来"①。处于闽西、闽南的客家、福佬人(闽南人)区域的畲族乡村,较早被罗织进清政府的赋役之网,清初那里的畲民已然就是黄册齐民。②但当时,闽浙赣交界地的大部分畲族乡村仍属于"化外之地",这里是实施畲民户籍登录的最后区域。该地畲民编图隶籍的时间不是统一的,大部分畲族乡村均在乾隆年间才陆续完成"编图隶籍"与"编甲完粮"的过程。现存的这方面资料很少,如清同治福州府《连江辋川蓝氏宗谱》记载了连江县辋川畲村蓝姓畲民编图隶籍的情况:"兹逢大清我皇上新制版图,时康熙廿五年(1686年),岁次丙寅,奉文审编造册。蒙本县仁爷示文批准,招集百姓,顶立门牌,应办差事者,许其隶图。……鸠集曾、郑、蔡、汪、吴、庄、邱、黄、陈、郭、周、洪、蓝等,以共十三姓各楚图价,特与下宫吴姓议定分值二图五甲,排年于是乎成。"③民国《南平县志》记载了乾隆年间延平府南平县畲民"编图隶笈"情况,④南平县在清顺治十四年(1657年)时,总共九十二图。"乾隆五年(1740年)编钟、蓝、雷三姓(即畲民),立普顺图,合为九十三图。"⑤"普顺图共征:银一十九两四钱八分一毫。米四石二斗四升三合四勺。观米七斗一升一合。"⑥这里的数据主要应来自时年畲族乡村所交纳钱粮的汇总。清同治《景宁县志》记载了包括畲族村在内的农村保甲制度:"今法十甲为一保,立一保正。十家为一牌,立一甲长,其畲民则编为寮长。每家给一门牌登记户口,申明条约,悬诸门首,倘有迁移事故通知甲长……其经画较昔尤详密焉"⑦。南宋

---

① 赵尔巽、柯劭忞等:《清史稿》,卷120,《志第九十五·食货一》,《户口田制》。
② 清康熙五十三年(1714年)《平和县志》,卷12,《杂览志》载:瑶僮(即指畲族)"盖传流渐远,言语相通,饮食起居往来多与人同,瑶僮而化为齐民"。民国二十九年(1940年)《德化县志》,卷3,《疆域志·附风俗》载:畲民"入清遵制编保甲,从力役,视平民无别"。乾隆五十二年(1787年)《永春县志》,卷7,《风土志》载:"邑有畲民……今具遵制编保甲,从力役,视平民无异"。清道光十五年(1835年)《龙岩州志》,卷20,《杂记》载:"今畲客固安分,而汉纲亦宽,许其编甲完粮,视土著之民一例。"上文又载于民国三十四年(1945年)《龙岩县志》,卷29,《杂录》。
③ 《连江辋川蓝氏族谱·第四世功主朝参公等封公堂兄弟合传》,清同治十年(1871年)。
④ 《南平县志》,卷11,《礼俗志·杂俗》,民国八年。
⑤ 《南平县志》,卷1,《沿革》,民国八年。
⑥ 《南平县志》,卷5,《田赋志》,民国八年。
⑦ 周杰:《景宁县志》,卷6,《武备·兵制和保长》,同治十一年刊本。

刘克庄《漳州谕畲》曰："畲民不悦（役），畲田不税，其来久矣。"① 长期游耕的山地民族，因为迁徙不定的生活方式，因此根本无法进入朝廷的政治视野，从表面上看，他们行动自由，"垦山为业，租庸不及"②，但实质上也缺乏稳定的生活居留权和起码的生命保障权。从清朝初年开始，闽浙赣交界地畲民陆续解决了自身的落籍问题，一改"其来久矣"的"不役不税"游耕生活，完成了从流烟氓隶向黄册黎民的过渡，他们有了属于自己的生活空间，有了合法的政治地位，自然也名正言顺地获取了齐民应有之权与交纳税赋之责。

与之相对应的另一件重大的政治事件是畲民被编入了《皇清职贡图》。《皇清职贡图》是清代乾隆年间以"御制"名义编绘的巨型画册，描绘了乾隆朝邦交国和藩属国诸民族以及国内少数民族的状貌、服饰、生活习俗等。绘制《皇清职贡图》始于乾隆十五年（1750年），是乾隆皇帝亲自策划，由军机处具体负责，各地提供画稿，宫廷画师绘制完成的。乾隆十七年七月，闽浙总督喀尔吉善等奏："……查闽省界在东南，外夷番众甚多。臣等绘图进呈，通计畲民二种，生番社番十四种，琉球等国外夷十三种。种各有图，图各有说。凡风土、嗜好、道里远近，无不俱载报闻。"③《皇清职贡图》中福建畲民的素材来自福州府古田、罗源两县，乾隆《古田县志》刊载了福建省画工奉谕勾勒古田县畲民草图的过程，文曰："今则附近民居在邑之四都上洋等村，与民往来交易，亦有承佃民业为生业者。但畲民由来虽久，尚未载入邑志，因乾隆十七年七月内奉督抚两院宪绘画畲民图册具奏恭敬，九月二十八日，奉朱批：'知道了。钦此。'行知在案，附载风俗之后，以备查考。"④ 闽浙总督提供画稿并经宫廷画师绘制而成的福州府畲民两种，载于《皇清职贡图》彩绘本卷二、刊刻本卷三之内。彩绘本每幅各画畲民男妇二人，上附满、汉两种说明文字。将属于闽浙赣交界地的福州府畲民画像载入《皇清职贡图》，表明清政府认定他们有别于汉人。编图隶籍，以求"齐民"之同；绘制画像入"职贡图"，为存"苗夷"之异——清朝廷的闽浙赣交界地畲民政策理路是清晰而全面的。

作为三省交接处，闽浙赣边区占有特殊的战略地位。清人顾祖禹《读史方舆纪要》多处谈及其所属府（州）为战略要地。如闽之畲民聚居之地福宁州"州北瞰永嘉，南屏侯官，山川险峻，实为要地。《防险说》：'闽、兴、泉、福、漳之地皆海滨要冲，然莫有如福宁之尤险者……岛夷入寇，必先犯此，故防为最急也'"⑤。建宁府"府西带江西，东连

---

① 刘克庄：《后村先生大全集》，卷93。
② 《南平县志》，卷11，《礼俗志·杂俗》，民国八年。
③ 《清实录·高宗实录》，卷419。
④ 辛竟可：《古田县志》，卷2，《风俗·畲民附》。
⑤ 顾祖禹：《读史方舆纪要》，卷96，4421页，北京，中华书局，2005。

浙右,形势四通,为全闽之藩屏,晋安之肩背,且束水襟山,号为奇峻,诚东南胜地也。"① 延平府"府带两溪之秀(两溪,建溪、樵川也。)控群山之雄,噤喉水陆,为七闽要会。杨氏时曰:'崇山峻岭为其郛郭,惊湍急流为其沟池,清明伟丽,为东南最。'……谚曰:'铜延平,铁邵武',言其险要可守也"②。浙之畲民最聚居之地处州府"府湍流亘地,峰岭倚天,虽僻处一隅,而南邻闽、粤,可树捣瑕之功,东迫永嘉,已具建瓴之势"③。温州府"……是扼八闽之吭,而拊其背也"④。赣之广信府"府当吴、楚、闽、越之郊,为东南之望郡……宋韩元吉曰:'郡南控闽、越,东引二浙,隐然为要冲之会。'今自玉山以达三衢,自铅山而入八闽,诚彀绾之口也"⑤。明正统年间(1436—1449年),邓茂七、叶宗留凭借闽浙赣交界地的"险塞危峻"⑥,啸聚山林,就曾给三省造成了影响力极大的政治震荡。清朝廷对该地区畲民采取的这种怀柔归化的政策,不能说没有地区安全的考虑。但是我们知道,权力斗争是各种力量之间的博弈;一项政策的颁布从来就不是一帆风顺的。同样在这里,清朝廷从地区安全的角度出发将畲民"去他者化"也遭到许多抵制。这种冲突以围绕畲民读书取仕的"晋身之阶"最为突出。

乾隆朝处州府青田县令吴楚椿于四十一年(1776年)所撰的《畲民考》,是现存的第一篇地方行政主官亲书的畲民调查文献,是文刊载于他主修的《续青田县志》。吴楚椿在《续青田县志·小序》云:"订正风俗一门,政治所关,尤宜详考备载,勿沿志家陋习,余以为然。"⑦ 吴楚椿在《畲民考》中介绍了畲民的来历、生存处境等,他认为:畲民"力耕作苦,或佃种田亩,或扛抬山舆,识字者绝少。土民以异类目之,彼亦不能较。我国家休养生息,人文蔚起,畲民有读书者,入衙门充书吏,未敢考试,土人辄攻之曰:'畲民系盘瓠遗种,兽类也。'……今夫习俗之弊,莫甚于党同伐异……我国家中外遐迩,一视同仁,导民为善,惰民、乐户皆准改业,僮傜荒徼增设'苗学',况畲民本属琼海淳良,奉官迁浙,力农务本,已逾百年。合处属计之,奚啻千户,而一任土民谬引荒诞不经之说,斥为异类,阻其上进之阶,是草野之横议也"⑧。《畲民考》所表述的畲民读书取仕问题在闽浙赣交界地是带有普遍性的,如道光《建阳县志》云,建宁府(畲民)"嘉庆间

---

① 顾祖禹:《读史方舆纪要》,卷97,4435页。
② 顾祖禹:《读史方舆纪要》,卷97,4458~4459页。
③ 顾祖禹:《读史方舆纪要》,卷94,4320页。
④ 顾祖禹:《读史方舆纪要》,卷94,4338页。
⑤ 顾祖禹:《读史方舆纪要》,卷85,3960页。
⑥ 光绪《江西通志》,卷53,《山川略》,《山八·广信府》。
⑦ 吴楚椿等:《续青田县志》,《序三》,乾隆四十二年刊本。
⑧ 吴楚椿等:《续青田县志》,卷6,《文部》,乾隆四十二年刊本。

有出应童子试者,畏葸特甚,惧为汉人所攻,遽冒何姓。"① 发生在闽浙两地的钟良弼案例、钟正芳案例,影响了闽浙赣交界地的广大畲村,并流传了二百余年,延续至今。随着清王朝逐步对畲民的图籍管理化,畲民的生产发展、经济往来与物产交易形式和汉人基本上趋同一致。② 经过数代人的努力,畲民中之一部分家庭已经有了一定的生产资料积累,也有极少数人还跻身于村落富裕之家。为了进一步改变家族命运,他们进行有限的智力投资,开始了富有民族特色的耕读文化尝试,在原有歌教③的基础上,他们延请汉人塾师授课,培养家族文化人,"亦有入庠者,烝烝然染华风矣"④,走上了仕途经济之路。钟良弼、钟正芳都是迈进"进身之阶"的第一代家族文化人。

福宁府福鼎县钟良弼案例见道光《重纂福建通志》,案件的处理者是福建巡抚李殿图。据《清史稿》载:"李殿图,字桓符,直隶高阳人。乾隆三十一年进士,选庶吉士,授编修。典湖南乡试,迁御史。督广西学政,迁给事中。"⑤ 李素来以治理边政著称,乾隆四十九年(1784年),治理"甘肃回乱"平息"民、回相仇"。后又"轻骑履勘","片语判决"了"卓泥土司与四川松潘、漳腊各番"噶噶固山界的争端。⑥ 乾隆六十年(1795年),李迁福建按察使;嘉庆三年(1798年)就任布政使,七年(1802年)任福建巡抚。在闽期间,他"嫉恶维严,治尚操切"⑦。 "狱讼必速为审结,开释无辜,小民始得安业。"⑧ 道光《重纂福建通志》载:嘉庆七年(1802年)福宁府"福鼎童生钟良弼呈控,县书串通生监诬指畲民,不准与试"。书吏假借畲族盘瓠传说,诬蔑畲民为异类,将钟良弼排斥于贡院之外。李殿图审理果断,"饬司道严讯详复,张示士林"。他仗义执言,据理力争,驳斥了借盘瓠之说打压畲民的荒诞举动。他认为:"娼优隶卒三世不习旧业,例尚准其应试,何独畲民有意排击之?……本部院为世道人心风俗起见,不惮与尔等貌缕言之。"⑨ 在《重纂福建通志·国朝宦绩》"李殿图"条目内,以大量的篇幅详写了他处理钟良弼案件的言论,足见该案例在福建政坛与文化史中的影响。次年,福鼎县岳廷元主科试,钟良弼再次应考,终于考取府学生员第二十名。钟良弼胜诉、继中秀才的事迹被畲族

---

① 江远青、江远涵:《建阳县志》,卷2,《舆地志·附畲民风俗》,道光十二年刊本。
② 参见陈支平:《清代闽东畲族社会经济的一个个案分析》,载《中国社会经济史研究》,2006(1),19~24页。
③ 歌教:指畲民以歌言(歌谣)传授知识的传统家族教育形式。
④ 《南平县志》,卷11,《礼俗志·杂俗》,民国八年。
⑤ 《清史稿》,卷359,《列传一四六》。
⑥ 《清史稿》,卷359,《列传一四六》。
⑦ 道光《重纂福建通志》,卷140,《国朝宦绩》,正联书院藏版。
⑧ 《清史稿》,卷359,《列传一四六》。
⑨ 道光《重纂福建通志》,卷140,《国朝宦绩》,正联书院藏版。

歌先生（民间歌手）编成歌言长连①在闽、浙畲民中广为传唱，经久不衰。②处州府青田县钟正芳案例与钟良弼案例相类，最终的处理见嘉庆《钦定学政全书》，该书卷六十二，《土苗事例》云："嘉庆八年奏准，浙江巡抚阮元会同浙江学政文宁咨称：处州府属青田县有畲民钟正芳等，呈请与土民一体应试一事。查《学政全书》，并无畲民与考明文，惟《青田县续志》载有前县令吴楚椿《畲民考》一篇，称其自顺治十八年由交趾迁广东琼州，由琼州迁处州，历历可据，且其人在青邑置有粮田庐墓，素行并非贱秽，祗因畲妇头戴布冠，与本处妇女稍有不同，土著者指为异类，廪生等惑于俗说，不敢具保，致畲民不得与试。咨请部示明立章程等因到部。考《学政全书》所载，各省、府、州、县学额，各土司有猺童，湖南、贵州俱有苗童，外此，如云南、威远之彝人，四川、建昌、茂州之羌苗，广东之黎峒类，皆渐摩风教，登之黉序。至各省回民错处，久与汉民一例考试，隶仕籍者颇不乏人，未闻以其妇女冠饰有异，遂阻其读书上进之阶。今浙江之有畲民，既据该巡抚、学臣查明，自顺治年间迁居内地，纳粮编户务本立农，自非丐户、乐户、蜑户身列污贱，例应禁考者可比。现在生齿日繁，其能通晓文义者，应准其与民一体报名赴考……至处州各属畲民，更有情愿应试者，即照此例办理。"

福宁府钟良弼案例中李殿图的饬令和处州府钟正芳案例中《钦定学政全书》的表述等等，都是闽浙赣交界地畲民维权行动的胜利，官方承认了山地畲民诉讼的话语权与应试的参与权。但是，畲民的"晋身之阶"不是一帆风顺，往往曲折漫长。部分官员的偏见、部分汉族童生的有意排斥，如此等等，都给畲民与考带来了诸多困难和阻力。处州府《宣平县志》云："嘉庆八年，巡抚阮元会同学史文宁，咨准一体考试，其散居温州者，于道光六年援例求考。诸生禀于学使朱士彦云：照例身家不清者，不准与试。泰邑（泰顺）畲民皆作舆台为人役，身家未必清白，奉批不准与考。宣邑（宣平）畲民亦有似此者，固当分别观之。若概指为异类，不齿齐民则过矣。"③毕竟是不同于一般汉人的"苗夷"，主考官员对其出身的审查从来都慎之又慎。道光平阳县科场案就为一例，畲民雷云、雷夏堂兄弟为了控告廪生陈重光等人造谣惑众，阻挠他们参加府试，先后历时3年，以二十余份状纸，奔走于县、府、道、省四级衙门，终得解决。④经过畲民自身的努力与反复的政治较量，闽浙赣交界地畲民逐步出入庠序，参与科试，汲纳主流文化，造就文化精英，并争得更广泛的话语权与更普遍的生存权。在福宁府，最引人注目的是，从道光年至光绪年的60

---

① 歌言长连：畲民称歌谣为"歌言"；"歌言长连"，属畲族小说歌类。
② 闽东畲族志编委会：《闽东畲族志》，427页，北京，民族出版社，2000。
③ 邹家箴：《宣平志》，卷4，《礼俗志·风俗》，民国十六年刊本。
④ "道光平阳科场案"的大部分原始资料均藏苍南县民族宗教局少数民族古籍办公室。该科场案的具体过程将另文论述。另参见雷云《文和公传》，载清同治五年《福鼎县岭兜雷氏宗谱》。

年间，福宁府霞浦县半月里畲族村就连续出现了雷世儒、雷步缘、雷步武、雷加润、雷加上等5位秀才。① 处州府青田县钟正芳故乡培头畲族村《钟氏宗谱》记载，从乾隆至道光年间该村出现了包括钟正芳在内的6位秀才。②

如果我们将清朝廷的畲民政策理解为对这块地方宏观权力结构的重新定义，那么有以下几个问题无法绕过。首先，我们发现，一方面清朝廷将畲民"编户齐民"，为的是给予畲民与汉人平等的政治权利；另一方面，清朝廷又通过各种方法保留了畲民的独特性。③ 相比前朝，清代为何要采用如此微妙的办法来统治这个地区呢？我们在这里做一个假设。任何一个历史事件都是权力斗争的结果，那么清代的畲民政策同样也是处于权力斗争的考量。清朝廷的畲民政策可以理解为一整套稳定地区安全、平衡地区内各种汉族势力的办法。如前所述，这个地区自古便是军事要地。清代作为一个满族建立的朝代，其少数民族政策是否更加注重利用地区内部的力量平衡用以制衡该地区的主要族群？即使这个假设是正确的，我们仍然要注意：畲民族共同体的建构不可能是由某一个机构或一项政策造就的——它必然是一个多种因素共同作用下的结构。清朝廷既没有致力于使畲民汉化，也没有将其孤立——清朝廷不可能直接造就一个畲民族。但是这种微妙的行政实践却直接影响了畲民经济地位和政治地位的嬗变。一方面编图隶籍确保了大量畲民从一贯的游耕生产传统转变成定耕山林的新生产方式，大量畲民聚落应运而生，他们有了属于自己的社会空间；另一方面是清朝廷畲民政策为乡村畲民提供了"晋身之阶"，通过准予"读书与试"，促成畲民乡村文化精英的诞生。作者认为，民族文化包括民族中的精英文化和庶民文化，其中文化精英的作用与精英文化的价值尤为重要。精英文化是民族文化的决定质，文化精英是民族话语的代言人。清朝廷也许并不关心畲民是否作为一个独立族群而存在，但是其在闽浙赣地区的畲民政策改变了这个地区的宏观权力结构，使得畲民的诸多社会实践成为可能。政策并没有直接造成结果，而是创造了可能产生结果的条件，而从可能性到结果需要一个长时段才能积淀下来。在这个长时段中，也许并不存在什么重大的"革命性"事件，但是畲民文化却是在这长时段中由千百个个人与团体微观实践造就的。这些微观实践既是畲族自身的行动，又同时包含着与该地区汉族团体的密切互动。

---

① 参见（民国）半月里畲族村《雷氏宗谱》。
② 参见《富岙乡培头村钟氏族谱》，民国十二年。
③ 《皇清职贡图》即为一例。

三、闽浙赣交界地畲汉两族互动中的畲语与盘瓠传说

布罗代尔在评价施本格勒《西方的没落》时认为，"历史——或不如说文化的'命运'——像是一根环环相扣的链条，用今天的术语来说，是一种能动的长时段结构"[1]。布罗代尔认为文明史的叙述是"过去解释现时"，即文化的发展是一个路径依赖的过程。对当下畲族传统文化的认识，应该追溯到漫长的元明清三代。在探讨闽浙赣交界地畲汉微观权利互动时，畲语和盘瓠传说是两个重要的因素。

闽浙赣交界地是闽方言、吴方言、赣方言的交汇地。而且，方言岛的分布十分复杂。民国《平阳县志》所载本地方言分布情况是有代表性的："今以语言分别约有五派：曰瓯语、曰闽语、曰土语（俗称'蛮语'）、曰金乡语、曰畲民语。大别区之，县治及万全区，纯粹瓯语，小南则闽语十一，江南则闽语、土语、瓯语参半，金乡语惟旧卫所而已，北港则闽语六瓯语四，南港蒲门则闽语七八、瓯语二三焉。瓯语本为瓯族，闽语来自闽族，此最易辨。惟土语，江南一区有之，其称瓯语，为后生语，则似海滨土著，本作是语后，盖化为瓯语也。金乡一卫，前明指挥部属居焉，初自用其乡之语，后与土语相杂成金乡语。若畲民则散居南北港蒲门各山奥，其语亦居少数，相传先世自闽广来，盖本苗种，俗称畲客，谓为客民也。"[2] 以上方言交汇现象是区域居民长时间交往与频繁迁徙的结果。就局部而言，讲畲语的人占少数，畲民"语言自为一种，亦不与郡国同"[3]。由于闽浙赣交界地的畲族基本上同操一种语言，故清代八府的畲语在该区域中地位也同样重要。正是汉语方言的多样性已将其代表的汉族团体分化，使得闽浙赣地区成为畲族作为一个独立族群的生存成为可能。

畲民对于自身与汉人都有特殊的畲语称谓，畲族自称"山哈"，称汉族"福佬"（或"河老""华老""埠老"）[4]，这种称谓是畲民处闽粤赣交界地时族群互动的产物。而畲民对于"畲民"的称谓，仅限定在书面语，如运用于家族文书、社交尺牍等。延续至今，平时畲民内部一律自称"山哈"。"山哈"即居住在山里的客人，与"客家"的称谓有一定的关联。而"福佬"，即闽南人。客家、福佬是畲民在闽粤赣交界地所面对的最主要的汉

---

[1] 费尔南·布罗代尔：《文明史：过去解释现时》，见费尔南·布罗代尔著，顾良、张慧君译：《资本主义论丛》，135~136页，北京，中央编译出版社，1997。
[2] 符璋：《平阳县志》，卷19，《风土志·民族》，民国十四年刊本。
[3] 乾隆《仙游县志》，卷53，《抚抚志下·丛谈》；《清史稿》，卷359，《列传一四六》。
[4] 顾炎武：《天下郡国利病书》，第十六册，《福建·防闽山寇议》云：畲民"常称城邑人为'河老'，谓自河南迁来"。

族民系，在闽粤赣交界地的一些地方，汉人称畲民为"蓝雷仔"。相对而言，从生产方式到生活习俗，畲民与客家的关系更为密切，有些地方畲民与客家的族群界限还比较模糊。而福佬与畲民则是泾渭分明的。在闽粤赣交界地的族群互动中，畲民与福佬人的矛盾冲突多于、大于与客家人的矛盾冲突，畲民对福佬"畏之，繇陈元光将卒始也"①。根据闽南一带流传的陈元光传说，从唐总章二年（669年）至开元年间（713—741年），因治理"泉潮间民苦蛮僚之乱"，朝廷派遣陈元光父子三代"靖边方"，②他们与蓝奉高、雷万兴、苗自成等统领的畲民军事较量历经了40余年。福佬人（闽南人）多为陈元光等人的后裔，畲民与他们素存积怨与戒心。这种历史积怨与戒心一直带到了闽浙赣交界地，影响了畲民对当地汉人的认识，故在畲民家族内部，对使用不同方言、有着不同生活习俗的闽浙赣汉人均统称为"福佬"，有时还蔑称为"福佬仔"。流传于闽浙赣交界地畲村的最主要民族史诗《高皇歌》表达了畲民对汉人的基本心态："今来不比当初好，受尽乡村华老（福佬）欺/一从原先古人礼，多让华老由其欺。""女大莫嫁华老去，准当爷娘不养你/无情无义是华老，好似小时死去了。"③这种心态一般不会在普通的公开场合流露，仅仅在正月初二讲酒会④等庄严的仪式中才做口耳与心灵的传承。平时汉人多借以"盘瓠种"为口实，歧视畲民，称畲民为"畲客"。而畲民的态度，往往如青田县令吴楚椿《畲民考》中所言："土民以异类目之，彼亦不能较。"

但就总体而言，闽浙赣交界地的畲汉关系还是不同于闽粤赣交界地。闽浙赣交界地的汉族民系中没有出现聚巨族而居"俗尚气好斗"⑤的福佬（闽南）人、客家人，他们以强大的宗族势力为支撑，时时为了宗族利益而采取族际械斗的充满血腥味的极端方式来处理族群关系。他们"往往睚眦小忿，恃其族众，聚党至千百人，执铤刃火器，订期而斗，死伤相属，或寻报复，世为仇雠"⑥。清乾隆《汀州府志》载，闽西客属各县之俗云：（永定）"瑜瑾之疵""聚族而矜逞斗，蔑法而好讦讼"。（连城）"豪右好争而少让，乡落习武而少文"。（宁化）"喜斗健讼……亦称强悍难治云"。（武平）"山峻地僻，俗梗民强。尚武勇足以御敌……"⑦闽南畲汉关系史中也曾出现类似聚族械斗的场景。如据清朝廷军机处存档，道光七年（1827年）八月二十四日奏折云，闽南漳浦县畲族蓝姓族人与黄姓

---

① 顾炎武：《天下郡国利病书》，第十六册，《福建·防闽山寇议》。
② 清嘉庆《云霄厅志》，卷1，《建置》。
③ 福建省编辑组：《畲族社会历史调查》，367~368页，福州，福建人民出版社，1986。转引自凌纯声：《畲民图腾文化的研究》，载《"国立中央研究院"历史语言研究所集刊》，第六本，1947。括号处解释为作者所加。
④ 讲酒会的仪式中，家族中人静坐聆听高寿的长者吟唱《高皇歌》。
⑤ （清）张岳崧：《筠心堂文集·闽粤风俗记》。
⑥ （清）张岳崧：《筠心堂文集·闽粤风俗记》。
⑦ 李绂：《汀州府志》，卷6，《风俗》。

族人相继发生 3 起家族冲突，致使 1 人毙命。① 闽南安溪县善坛畲族村钟姓族人因清咸丰三年（1853 年）发生宗族械斗，72 名青年男丁为避险而连夜离乡，远走南洋。② 惠安县钟厝畲族村民与前黄汉村人在清季曾发生了多起宗族械斗，延续了二十余年，双方致死二十余人。③ 相对于闽粤赣交界地，闽浙赣交界地田地山林等生产资料较为充裕，其提供给人们自由行动的空间较大，各色人等，各得其所，相对空旷的地理环境可以消解人们因利益争夺引发的种种矛盾。同时，其地域既是多种方言的交汇区，也是多种族群的杂居地，光绪《重纂光泽县志》所载的闽赣边县城人口构成是有代表性的："光泽……杂处此土者，有畲民，居山谷种山；有泉州民，北乡族居成村落；有新城、泸溪、铅山、贵溪民，城居极多；视土著者不啻十之三。"④ 根据整体族群构成的状况，闽浙赣交界地没有哪个汉族民系的势力特别强大，会给其他民系造成无形的威压。其所属各府官修的地方志对各处民风的叙述大多以"风俗淳朴"誉之，以"冲，繁，疲，难""最要缺"的福州府为例，乾隆《福州府志》援引"万历府志"载："明兴，人文益盛，故其俗尚贵文词，贵节操。多故家世族，君子朴而守礼，小人谨而畏法，此其风之美也……附郭闽县、侯官及外七邑，风大抵同，而微有异。"⑤ 特别是上述"简缺"的福宁府、处州府更是"民风朴诚"。乾隆《福宁府志》载："福宁当闽浙之交，山海奇奥，人物俊乂，风气隆古。虽各县水土不同，习尚少异，而士朴民淳，则无二致。"⑥ 这种人文环境更适合于非主流化、势单力薄的畲民的生存。

总之，闽浙赣交界地的畲汉两族关系，虽有心理与口头层面的抵牾，或者主要因为经济利益的原因而出现小范围、个别人之间的肌体碰撞，但就总体而言，特别是有清一代，闽浙赣交界地的畲汉两族关系，始终维持在和睦相处、相安无事的状态。清道光《建阳县志》载：畲民"所居在丛菁邃谷，或三四里或七八里始见一舍，无比屋而居者"⑦。清同治《景宁县志》载：畲民"窜居山坳缚莽以处，不谋萃聚，不杂土著"⑧。畲民这种"不谋萃聚，不杂土著"的小聚落生存特点，在闽浙赣交界地普遍存在，如果没有较好的治安

---

① 转引自陈启钟：《明清闽南宗族意识的建构与强化》，271 页，厦门，厦门大学出版社，2009。蓝、黄两姓均为漳浦巨族，他们分别居住在湖西"五里三城"的蓝庭珍府邸"新城"与黄姓"诒安堡"。
② 北极：《安溪有个善坛村——畲族侨乡札记之一》，载《福建民族》，1994（6）。善坛村钟姓畲族于明景泰六年（1455 年）从厦门禾山钟宅村迁入善坛。
③ 《钟厝村史·杂录》，159 页，铅印本，1990。
④ 何秋渊：《重纂光泽县志》，卷 8，《风俗略》。
⑤ 徐景熹：《福州府志》，卷 24，《风俗》。
⑥ 李拔：《福宁府志》，卷 14，《学校志·风俗》。
⑦ 江远青、江远涵：《建阳县志》，卷 2，《舆地志·附畲民风俗》。
⑧ 周杰：《景宁县志》，卷 12，《风土·附畲民》。

环境是很难延续下去的。属于民族散杂居的闽浙赣交界地促进了民族之间的交往和民族文化的互动,一些较有经济实力的畲族乡村文风初兴,家族中人一般会延请汉族文人住馆授童或住祠修谱。① 畲民读书与试,汉人会"五童互结"为其担保,或邻村诸姓汉民会为其"世家清白"画押正名。晚清时期,闽东山村流丐横行,畲汉村民齐心协力,修书陈情丐事,斡旋县衙,吁请官方,"乞出示严禁,以儆盗贼,而安弱农",并在各自村口勒石共立附有县衙告示的"禁丐碑"。② 这种畲汉两族联合行动被一时传为佳话,流传于闽浙边区。

虽然清代闽浙赣交界地民族关系较为和谐,但是畲汉交往是有基本底线的,因为在畲汉两族的潜意识中仍普遍存在着隔阂。这种隔阂的集中表现是闽浙赣交界地历经6个世纪漫长的地理时段所构筑的婚姻壁垒。畲族《高皇歌》云:"尔女乃大嫁我了,我女乃大主分你……蓝雷三姓好结亲,都是南京一路人。"③ 如清光绪《侯官县乡土志》所载:畲民"结庐深山,聚族而处,有盘、雷、蓝三姓,自相配偶,不与平民通婚"④。以此相对,汉人对畲民也素来"以异类目之",非极其特殊的情况,一般都不会迈出通婚这一道门槛。虽然到了清末,一些地方畲汉两族关系更为融洽,畲民"今则出入相友,婚嫁相通,与汉种无分彼此"⑤。但是这种事象在闽浙赣交界地尚属少数,不具备普遍性。蓝炯熹《畲民家族文化》中根据宗谱资料对清代宁德县猴墩畲族村清末民初畲汉通婚的状况作了列表统计、数理分析,得出结论是畲民族内婚所占的比重在96%,而畲汉通婚的比重不足4%。⑥ 这个量化数字大抵可以反映出闽浙赣交界地畲汉通婚的真相。值得注意的是,闽浙赣交界地的畲民族内婚现象一直维持到20世纪70年代⑦,这种婚姻规制在大部分畲族乡村还相沿至今。

闽浙赣交界地畲民族内婚的坚守,其直接效果是确保了对自身民族语言——畲语的固守。澳大利亚学者斯蒂芬.A.温棣帆(S.A.Wurm)《语言消亡的原因和环境》一文认为,语言消亡原因之在于"语言生态的变化",其中两种语言社团成员通婚是致命的,势必造成一个小语言社团的语言生命的生态发生变化,强势语言往往占据了弱势语言社团领地,

---

① 参见陈支平:《福建族谱》,288页,福州,福建人民出版社,1996;蓝炯熹:《畲民家族文化》,111页,福州,福建人民出版社,2002。
② 蓝炯熹:《晚清闽东畲族乡村的乞丐问题——以九通畲村"禁丐碑"为中心》,载《民族研究》,2007(5)。
③ 福建省编辑组:《畲族社会历史调查》,368页,福州,福建人民出版社,1986。转引自凌纯声:《畲民图腾文化的研究》,载《"国立中央研究院"历史语言研究所集刊》,第六本,1947。
④ 吕渭英:《侯官县乡土志》,卷5,《人类和地形略》。
⑤ 光绪《永泰乡土志》,第七课,《土著种族》。
⑥ 参见蓝炯熹:《畲民家族文化》,84~85页,福州,福建人民出版社,2002。
⑦ 作者根据1990年第四次全国人口普查资料汇总。

并覆盖了该种语言。① 闽粤赣交界地福佬人、客家人居住区的畲语已基本消亡殆尽，一个最主要的原因是那里的绝大多数地域，从已知的资料显示，起码从明清或者更早就是畲汉通婚。② 如果闽南、闽西个别村落只要坚持族内婚，那里便仍然可能存在畲语方言岛。如漳州地区华安县官畲族村的蓝、雷畲民主要与同县的坪水村钟姓畲民历代通婚，其结果是两个村落的畲民至今仍然通行畲语。而位于福州府古田县的富达村由于有史以来基本实行畲汉通婚，那里的畲民反而早就放弃了畲语，而使用当地汉语方言。

斯蒂芬.A. 温棣帆（S.A. Wurm）还论述其他语言生态变化造成语言消亡的情景。即"文化接触与文化冲突"，"一般而言，如果一个语言社团同讲另一种语言社团的居民或社团发生经济、文化、政治接触，而后者在经济上比较强盛和发达，或者在文化方面较有侵他性，或者政治方面较强大"，那么就"严重影响到该居民或社团对待他们自己的语言的态度"。他特地举出广东省博罗、增城一带属苗瑶语族的畲语濒临消亡的情况：青年人正抛弃了走向消失的母语，而母语只被用于"老年人之间的谈话，有时被用来给年长者的听众讲述历史，或者仍然作为老年人群体的工作语言"③。温棣帆所言应该是事实，但是这不是决定语言消亡的主要因素。当下闽浙赣交界地畲汉两族之间的文化交往的密切、文化冲突的强度、语言之间碰撞的加剧，已然超出了以往的任何一个时代，而畲语一般都处于劣势，始终存在着消失与被取代的危机。但是其"畲语之城"却仍然基本保留完好，也不曾被攻破或者替代，一个最根本、最关键的原因，还是归结到延续至今的民族内婚制的维系。"畲语之城"的存在意义非凡，因为，语言本身就是一种最基本符号形式，也是自成体系的文化现象。民族语言的独立存在，意味着这个民族可以用自身语言逻辑思维，其民族历史可以用自身语言记忆与讲述，民族精神可以用自身语言表达与传承。同时，"语言是有关使用它的民族及其史前史的取之不尽的文献资源。"④ 研究民族语言不曾消失的历史，是揭开该民族文化系统奥秘的有效路径。

在文字史料稀缺的时候，口碑资料弥足珍贵，当一个民族缺乏历史文献时，神话思维便异常活跃。当闽浙赣交界地畲民用畲语讲述本民族的历史时，不能不提到畲民家族中世代传诵的盘瓠传说。盘瓠传说较之畲民家族中之河南传说与迁徙传说所产生的时间更早，它不是闽浙赣交界地的产物，也不是闽粤赣交界地的产物，而是超长时段的精神产品，其

---

① 第欧根尼中文精选版编委会：《文化认同性的变形》，211~213页，北京，商务印书馆，2008。
② 郭志超：《畲汉通婚初探》，见福建省炎黄文化研究会、福建省龙岩市政协：《客家文化研究》（下），446~465页，福州，海峡文艺出版社，2007。
③ 斯蒂芬.A. 温棣帆：《语言消亡的原因和环境》，见第欧根尼中文精选版编委会：《文化认同性的变形》，213~217页，北京，商务印书馆，2008。
④ 索绪尔：《普通语言学教程》，312页，北京，商务印书馆，1985。

诞生于神话时代,学界比较公认的诞生地是"五溪蛮"所在的武陵地区。盘瓠传说是包括畲族先民在内的多民族先民,主要还包括瑶族、苗族等先民的史前作品,是先民们神话思维与宗教思维的文化结晶。但是,盘瓠传说年代久远,盘瓠身份特殊,便留给了世人说不完的话题。由于文化之间的差异、矛盾与冲突,闽浙赣交界地官方、汉族、畲族对其解读往往不尽相同,其中曲解与误读居多,有时,盘瓠传说还成了当地生发事端的诱因。首先是官方志书上关于盘瓠与畲民关系的叙述,以清道光《罗源县志》为例,文曰:"畲民祖出于盘瓠之后,即瑶人也。隋时有大功,封为王。生三子一女,长赐姓盘名自能,封贰侯;次赐姓蓝名光辉,封护国侯;次赐姓雷名巨佑,封立国侯;女赘钟姓名志深者,官封三品。"① 光绪《遂昌县志》云:"畲民有雷、蓝、钟、盘、娄五姓,本盘瓠种,其后蔓衍为五溪蛮。"② 光绪《处州府志》载描写畲民诗:"佃田多是盘瓠种,雨过夫妻尽把犁。"③ 这些志书都确定了畲民与盘瓠的渊源关系。而另一种官方的观点认为畲民来源不详或存疑,如道光《丽水县志》云:"畲民不知其种类。"④ 光绪《侯官县乡土志》云:"畲之种不知其所祖,或为盘瓠后也。"⑤ 官方的舆论导向代表了主流话语,也影响普通汉人,"土著者贱之,斥为盘瓠遗种"⑥。这种歧见所引发的冲突,反响最大、官方记载最多的是,汉族文人以"盘瓠遗种"攻击畲民,阻隔畲民赴试进阶之路。而主持公道的地方官员,一般采取否定盘瓠的真实性来肯定畲民维权行动的合理性,驳盘瓠事"荒诞不经",斥诬陷者为"草野之横议"。⑦ 他们在为盘瓠传说的"辩诬"的同时特别费解,为什么畲民在言谈举止中,对神话的宠儿盘瓠如此钟爱。上文提及的嘉庆朝福建巡抚李殿图就批评畲民,认为对于盘瓠传说"苗夷者无不援引之,以自夸博洽"⑧。

官方、汉族对盘瓠传说的认识也直接或间接地触及畲族的文化神经,闽浙赣交界地畲民对盘瓠传说的感情是复杂的,历史眷念与现实尴尬交织一起,一些敏感的本族文化人便在保留故事内核的基础上,对盘瓠传说进行神话历史化的再编码,突出了高辛帝与三公主的中原正统地位,将盘瓠易名为"龙麒"等等。如清同治五年(1866年),浙江省平阳县畲民贡生雷云在为邻近的福建省福鼎县前岐桥亭岭兜自然村《雷氏宗谱》写的序言里,便

---

① 林春溥:《罗源县志》,卷30,《杂识》,道光九年刊本。
② 褚成允:《遂昌县志》,卷11,《风俗·畲民附》,光绪二十二年刊本。
③ 宋云会:《云和杂咏用刘在园太守韵》,引自周荣椿:《处州府志》,卷30,《艺文志下·诗篇》,清光绪三年刊本。
④ 彭润章:《丽水县志》,卷13,《风俗》,光绪二十六年刊本。
⑤ 吕渭英:《侯官县乡土志》,卷5,《人类和地形略》,光绪二十九年刊本。
⑥ 周荣椿:《处州府志》,卷29,《艺文志·文编三》,光绪三年刊本。
⑦ 参见上文乾隆朝青田县令吴楚椿《畲民考》。
⑧ 道光《重纂福建通志》,卷140,《国朝宦绩》,正联书院藏版。

对盘瓠传说作了顺应主流话语的叙述:"……按我雷姓系出高辛之朝。昔高辛氏时,有戎狄扰乱。帝诏曰:谁能扫平戎狄者,以茅土加之,少女妻之。盖我祖潜至番邦,砍寇首,复疆土。凯还之后,帝以冯翊郡雷州之地封之,遂以地纪姓,子孙以地为氏。"但是,闽浙赣交界地乡村畲民的绝大多数对主流话语表现"迟钝",依旧笃信盘瓠传说。从闽浙赣畲民家族绘制并秘密珍藏的家族祖图来看,几乎都是内容大同小异的盘瓠传说的正宗版本,这些被畲民称为"环山轴"的祖图显示了畲民图腾信仰与禁忌习俗的根本立场。如清同治福建省福鼎县牛埂下《冯翊雷氏宗谱》所载:"(雷姓子孙分布福安、霞浦)地名孔多,难以枚举,均是盘瓠王后裔。"① 畲民还依据盘瓠传说所衍发的河南传说②而构拟的家族秘语,将盘瓠传说缔结的民族纽带私密化,以加固自身内部更深层次的团结。③

事实上,在畲民族共同体的建构过程中,盘瓠传说的价值与作用不可低估。一方面,盘瓠传说是畲民历史毋庸置疑的象征符号,不管是民间非物质文化遗产,还是物质层面的文化遗存,在畲民传统文化系统中,人们都能时时处处触摸到盘瓠传说的印记。这体现在许多畲民与其他族群交流的过程中,盘瓠传说始终作为一种自我与他者的识别符号;另一方面,盘瓠传说实际上也提供了一个畲族对自我在空间上的想象。盘瓠传说提供了一个关于畲民的历史地理,使得畲民能够想象自身族群的地理分布。在这里,空间不但是权力互

---

① 牛埂下《冯翊雷氏宗谱·纂修雷氏族谱序》,同治六年本。
② 参见蓝炯熹:《畲民家族文化》,32~35页,福州,福建人民出版社,2002。《畲民家族文化》载:"从盘瓠传说的创族神话延伸到畲民家族谱系展示的历史,在这由幻向真的转化之中,畲族河南传说是一种过渡话语。查'南阳''汝南''颍川'古地均在河南,而'冯翊'古地虽在陕西,但也临近河南。由此可知,这种过渡话语明确表示畲民对中原文化的认同,同时,他们又饱含着对远祖崇拜的毋庸置疑的虔诚之心。日本学者濑川昌久认为,畲族家族的河南移居地的传说与盘瓠传说相矛盾,'畲族接受河南传说之类汉族祖先移居传说,或许可以看作是在叙述关于本族出身传说的层次上表现出汉化的一个阶段。也就是说,他们不是以本族祖先为皇帝所豢之犬盘瓠为中介来联结中华文明,而是通过其原住地就是古代中国的中心区域这一事实,更直接地主张自己就是中华世界的一个成员。同时,盘瓠传说与河南传说的区别,也体现了'神话'与'历史传说'的区别。这里所说的'神话'与'历史'的区别,并不在于两者真实程度的区别,而是如利奇所说,是与过去相连、又为过去中止因而不能重复的'历史',与不依赖时间而反复的'神话'之间的区别(Leach,1990:229)。"濑川昌久著,钱杭译:《族谱:华南汉族的宗族·风水·移居》,225页,上海,上海书店出版社,1999。
③ 参见浙江省少数民族志编纂委员会:《浙江省少数民族志》,81~82页,北京,方志出版社,1999。畲民祖先流传有许多秘语,用于考验外来的陌生人,来者除讲畲族语言外,还必须对答秘语,能应对者,便认定为真正的畲民,往往以亲人相待,否则,将不予理睬。因此,畲民出行时,都将对既定的秘语作必要的预习,以备路上突如其来的提问。较为通俗的应对秘语是:"问:一桁毛竹打几来(即'一枝毛竹劈几片')?若来者姓'蓝',即答:'六来';'雷'、'钟'两姓者,则答:'五来'。(因蓝姓以'大、小、百、千、万、念'等6字排行,而雷姓少'念'字,钟姓少'千'字,只以5字排行)问:什么字头(指姓氏)?若来者姓'蓝',则答曰:'钉角';姓'雷',则答曰:'盖耳';姓'钟',则答曰:'千字头'。问:成未成人?来者已经传师学师者,则答曰:'成人';未学师者,则答曰:'未成人'。问:毛竹开杈没有?来者已有子女者,则答曰:'已开杈';没有子女的,则答曰:'未开杈'。问:门前有几个踏步?来者应按家中有几代人应答。问:牛息牵过栏没有?来者为已婚者,则曰:'已牵过栏';未婚者,则曰:'没有。'问:家中有几块碗?来者应按家中的人口数作答。问:一个橘子分几片?来者应按家中几个兄弟作答……"。

动的场所,空间本身更是被抽象为一种想象的符号。虽然这种想象在前现代时期既不精确也没有具体的权力机构进行统一管理,但是作为一种空间符号,使得畲民能够始终保留对自己散居各地的同胞的记忆。

结　语

闽浙赣交界地畲民族共同体的建构,是历史的过程,更是空间、时间和权利互动的过程。在回溯元明清三代长时段的闽浙赣交界地历史时,我们放弃了无数历史事件的堆积,只研究关涉畲民的社会关系问题,并将这个问题置于闽浙赣交界地之中,研究"社会现实和群众之间形成的一种有机的、严密的和相当稳定的关系"[①]。这种结构的长时段存在,既左右着历史长河的流速,又促进或阻碍社会的发展。像清代260余年的关键时段,闽浙赣交界地社会关系较平稳的变化,推进了畲民社会较顺利的发展,并促成了畲民族共同体的建构。

必须补充强调的是,在闽浙赣交界地,由于畲民没有自己的文字,他们借助汉字来记录畲语思维的成果。以汉字为载体的畲村地方性文献是探讨畲文化的主要依据,包括畲民巫师的科仪法书、乡村家族的文书档案以及畲村家家户户传抄的歌言(歌谣)唱本。以上三者是畲民传统文化的三大构件,即宗教意识产生了巫术文化,伦理规范产生了家族文化,审美思维产生了歌言文化。其中每一个构件里都包含了畲汉文化权利互动的结果,也是形成畲民族共同体的必要条件。限于篇幅本文不讨论这些问题。

还有一个关键的问题我们还未阐述,即何为民族?民族是现代社会政治过程的产物,"许多民族在现代之前的族裔纽带、传说和传统中已经历史性地埋下了种子"[②]。如果畲族是一个"想象的共同体"[③],那么通过这篇文章我们应该要看到,这种想象是通过一系列社会实践在一个特殊的地理单元中完成的。闽浙赣交界地的空间、时间和权利互动中就深埋着畲民族的种子。那么我们能否说这些互动直接造就了作为一个"民族"的畲族?在十月革命前夕,斯大林关于民族的定义是"民族是人们在历史上形成的一个有共同语言、共同地域、共同经济生活以及表现于共同文化上的共同心理素质的稳定的共同体"。我国民族学界对这一定义是大体认可的。自1953年开始,国家组织了大规模的民族识别工作,

---

[①] 费尔南·布罗代尔:《文明史:过去解释现时》,见费尔南·布罗代尔著,顾良、张慧君译:《资本主义论丛》,180页,北京,中央编译出版社,1997。

[②] 安东尼·D.史密斯:《民族:是真实的还是想象的》,见爱德华·莫迪默、罗伯特·法恩主编:《人民·民族·国家——族性与民族主义的含义》,63页,北京,中央民族大学出版社,2009。

[③] 本尼迪克特·安德森著,吴叡人译:《想象的共同体:民族主义的起源》,上海,上海人民出版社,2011。

就是对斯大林民族定义的实践性检验。而畲民居住的闽浙交界地正是畲族成分调查识别的最主要区域，《浙江省少数民族志》对畲族识别过程有详细的记载。① 当时"对畲民的识别基本上要解决两个问题：一个是从民族特征的调查入手，辨别其是汉族还是少数民族；另一个除要从畲、瑶民族特征方面进行分析外，还要从历史渊源的追溯和分析，来确认畲民是瑶族的一支还是单一的少数民族"②。要解决这两个问题，闽浙赣交界地的畲民社会可以提供很完整的佐证，按照斯大林的民族定义，即"共同语言、共同地域、共同经济生活以及表现于共同文化上的共同心理素质"等基本特征，这个地理空间的畲民族共同体其"原生"成分均符合"斯大林定义"所标识的特征，而且特征很鲜明，其民族的界限比较清晰，即完全不同于客家等汉族民系，也相异于瑶族等其他少数民族。至于到了20世纪80年代大面积承认畲民族成分时，新认定的畲族，其民族特征就没有那么突出，其畲民族认定，多是以闽浙赣交界地为主的畲民族作为文化"酵母"进行推定的。如果说过去"长时段"的互动造就了这个地区这个群体的内部认同，那么正是50年前的这一次权力运作最终确定了畲族以一个现代民族的方式存在。这其中当然也离不开空间过程。是否可以作这样的大胆推测：假定没有闽浙赣交界地人数众多、特征明显的畲民存在，也许闽粤赣交界地的畲民就有可能被归入客家民系或者被划到瑶族之中。这样便产生了一个严肃的问题：如果那样，中国是否还有"畲族"这个少数民族呢？

　　王铭铭在《中间圈——"藏彝走廊"与人类学的再构思》一书中把闽浙赣交界地畲民作为东部环绕着"核心圈"的一个"中间圈"提出，他说："中间圈就是我们今天所谓的少数民族地区，在这个地带中的人，居住方式错综复杂，不是单一民族的，因人口流动，自古也与核心圈的东部汉人杂居与交融……比如，闽粤浙等省交界处的畲族，生活在宏观意义上的'沿海地区'，他们跨省居住，历来在帝制下的地区行政制单位的空隙中求生存。"③ 王书中所提的"闽粤浙等省交界处"实际上包括畲民居住的不同时期的两个区域，即中古时期的闽粤赣交界地和元明清三代的闽浙赣交界地，王铭铭已经注意到了畲民在跨省交界地生存的理论意义。在封建社会晚期，畲民能够在闽浙赣交界地生活的基本动因，与其说畲民是"在帝制下的地区行政制单位的空隙中求生存"，不如说是他们在空间、时间与权力互动中赢得了地盘。畲民"生活在宏观意义上的'沿海地区'"，浙闽粤等省都处于我国东南沿海地带，有着汉族政治、经济、文化的绝对强势，势必给完全处于边缘化的畲民的生存造成直接的压力。因此，闽粤赣交界地畲民的大部分被同

---

① 参见浙江省少数民族志编纂委员会：《浙江省少数民族志》，56~56页，北京，方志出版社，1999。
② 黄光学、施联朱：《中国的民族识别——56个民族的来历》，135页，北京，民族出版社，2005。
③ 王铭铭：《中间圈——"藏彝走廊"与人类学的再构思》，53页，北京，社会科学文献出版社，2008。

化了，直接融入了汉族的福佬人或客家人之中，而闽浙赣交界地的畲民却能"独善其身"，顽强存活，以自我调整的"不变"来应对社会环境的"万变"，即能在与汉族的政治、经济、文化等权利的长时段互动中，有效地通过社会实践与符号形式来调节、适应自身的社会生存，固守自身的传统文化，并实现畲民族共同体的建构。其中的奥秘是富有启迪的，闽浙赣交界地畲族社会的存在为人类学家们提供了一脉学术研究的富矿。

浅谈少数民族古籍档案保护工作*

苏惠莹

我国是一个统一的多民族国家,目前经国家识别并确认的少数民族共有 55 个。各少数民族在漫长的历史长河中繁衍生息,留下了大量珍贵的历史文献记录。这些记录形式多样,或以文字形式存在于各种载体,或是以口耳相传散存于民间。它们的共同特征是都蕴含着丰富的少数民族历史信息,是直接反映少数民族历史发展状况的、真实的、不可再生的原始凭证,我们将其称之为少数民族古籍档案。1983 年以来,我国开始在全国各地挖掘和抢救少数民族古籍档案。经过 20 多年的努力,有不少少数民族古籍档案得到了及时抢救和保护,部分少数民族古籍档案已经被整理出版。这些少数民族古籍档案的抢救与整理,对历史学、人类学等研究带来了巨大的帮助。

一、开展少数民族古籍档案保护工作的意义

(一)少数民族古籍档案保护有利于民族传统文化的继承

少数民族古籍档案是各少数民族在长期的历史生产生活中产生的原始记录,直接记录了当时的社会政治、经济、宗教、文化等方方面面的信息,具有重要的历史价值和文化价值。对少数民族传统文化的传承和发扬离不开对少数民族古籍档案的保护和研究,而少数民族古籍档案保护工作的首要任务是对少数民族古籍档案的搜集和抢救。目前,仍有大量的少数民族古籍档案长期未能得到保护而慢慢流失,很多珍本、孤本面临着消亡的危机,加大力度保护先人留下的宝贵文献遗产是我们义不容辞的责任。

---

* 原文载《兰台世界》2011 年第 15 期。

(二) 做好少数民族古籍档案保护工作有利于维护民族团结和国家统一

在民族融合、国家安定团结的大环境下，民族文化的繁荣和发展势必会增强各民族人民的自豪感和认同感，这对进一步加强少数民族团结也有着重大的意义。同时，加强对少数民族古籍档案的保护力度，也为民族古籍文献的整理和研究奠定了坚实的基础，是功在当代、利在千秋的大事，对繁荣社会文化、增强各民族间的互相了解、消除误解和矛盾起着不容忽视的作用。从一些汉文古籍档案上来看，记录者往往站在统治者立场或立于民族对立的角度出发，对少数民族存有歧视、敌对的眼光，其记载存在着主观意识，甚至有失公允，对少数民族古籍档案的保护和研究，有利于换位思考和历史还原。民族古籍档案是我国档案藏卷的重要组成部分，在一些特殊区域，民族古籍档案有浓厚的地方特色，其整理和研究工作在维护祖国统一等方面也有重要意义。例如，福建漳浦地区保存有数部畲族蓝氏族谱，均出自清光绪十八年（1892年）同一底本的手抄本，但后半部均缺失。2002年11月，金门蓝氏族亲前来漳浦石椅村谒祖，携来《浯洲金门蓝氏族谱》，该谱与漳浦地区保有的族谱也出自同一底本，但基本补足了原有蓝氏族谱的后半部，该谱的发现是海峡两岸人民同根同源最为有力的历史证据。近年来，许多海外侨胞回乡寻根谒祖，正是这些原始记录成为海内外华人联系的纽带。

(三) 做好少数民族古籍档案保护工作对于国家决策有重要的参考意义

近年来，国家有关部门在扶持少数民族经济发展方面制定了许多优惠政策。少数民族经济发展相对滞后存在多种因素，而历史遗留问题也是制约少数民族经济发展的一大障碍。通过少数民族古籍档案的研究，深入掌握他们历史上的经济发展情况及其对现代经济发展的影响因素，对制定合理有力的政策有着重要意义。

二、少数民族古籍档案保存的现状和问题

经过多年的搜集整理，部分民族古籍档案特别是一些珍贵少数民族古籍得到较好的维护和保管。广东省民族宗教研究院曾花10万元修裱了一部40卷的畲族谱牒；浙江省丽水学院在遂昌县发现了一部明崇祯时期的畲族祖图，发现时，该古籍档案存放在蛇皮袋内，已老化成纸片，经过精心修复，也基本恢复原貌。可见，目前民族谱牒档案的搜集、修复、保管等方面工作正朝着良好的形势发展。

（一）保存机构众多且地域分散，无法集中管理

少数民族古籍档案除少量收藏在博物馆、档案馆、图书馆，多数档案文献仍散落民间，民族古籍档案保管机构的分散造成了无法统计、不能集中力量保管的现实，散落民间的部分更是无法获得较好的保存环境。特别像家族谱牒等档案，不少群众存在着祖传文书不予上交甚至不予观看的观念，使得民族古籍档案的搜集只能通过拍摄相片的方式，最终这些文书档案也只能压在箱底，随着岁月进一步老化。

（二）载体保存不善，修裱技术人员短缺

笔者在从事福建少数民族古籍档案挖掘、整理工作时发现，许多纸质档案因年代久远和保护条件的限制，相当部分已经老化，纸张颜色发黄，柔韧度降低，存在虫蛀、黄斑等问题，有些档案的字迹已经模糊，无法辨认。载体保存不善由来已久，多年缺乏官方组织挖掘整理，绝大部分古籍档案年久失修，随着战乱、迁徙逐渐丢失损毁，这些情况甚至在古籍中都有体现，如民国版《清溪凤腾蓝氏族谱》旧序中提到："余家谱牒数被兵燹，稍失考据，而族齿未繁，考订犹易，兹则蕃衍绵昌，倍增于前矣。"由此可见档案损毁在历朝历代都在不断发生。从目前情况来看，从事古籍档案修裱的人员则是屈指可数，目前大部分图书馆、档案馆专门从事古籍档案修裱的人员不多。一方面，从事这方面工作的技术人员只有少部分有正式编制，且待遇偏低，使得这支技术队伍不具备稳定性；另一方面，古籍档案卷帙浩繁，修裱一部古籍档案所消耗的时间和精力是相当大的，这都是这支技术队伍所无法承担的。

三、如何进一步加强少数民族古籍档案的保护工作

（一）进一步加强少数民族古籍档案的宣传和立法工作

民族工作部门和各保存有少数民族古籍档案的单位应当深刻认识到民族古籍档案保护的重要意义，加快民族古籍档案相关的立法工作。把民族古籍保护宣传工作深入基层，通过细致的说服工作，劝导持有珍贵古籍档案的群众将原件交由相关部门保管。同时，应当加强立法工作，从法律上制止任何部门和个人毁坏国家珍贵档案。

（二）进一步加强少数民族古籍档案的修复和保管

做好民族古籍档案保护工作，特别是对有重要意义和重要保存价值的古籍档案，重点

在于载体的修复和保管。由于物理因素和有害生物的影响,使档案制成材料受到不同程度的损害,应通过对档案载体制成材料的检查及字迹所属类型的鉴定,针对性地进行修复工作,主要通过去污、去酸、加固和修裱等技术加工,延长古籍档案的寿命。另外,除了加强原始载体的保护,信息数字化渠道可以进一步优化民族古籍档案的保存和使用。要让档案馆、图书馆等部门实现档案实体材料管理一体化在目前看来是不符合实际的,而通过采取复印、拍摄等现代科技手段复制副本,同时采用数据库技术、数据压缩技术、高速扫描技术等技术手段,建立民族古籍档案数据库,实现民族古籍档案信息一体化却是具有可行性的。建立一个省甚至全国范围内的民族古籍档案信息库,一方面可以保护原件,一方面也能交流馆藏、方便利用。应加大征集和购买力度,尽可能使古籍档案得到妥善的保管。曾有专家学者提出通过寄存的方式来提高原始载体的保管条件,即档案馆、图书馆等部门为一部分散落民间、秘不示人而又没有条件保管的古籍档案提供良好的寄存场所,从而加强对民族古籍档案的保护。尽管保管机构分散,但各机构应当按照"八防"标准为这些宝贵的历史财富创造良好的环境。

(三) 加快民族古籍档案修复队伍的建设

民族古籍是一门新兴的学科,档案学作为一门学科也是处于初步发展阶段,要做好民族古籍档案的修复工作必须要对这两门学科都有所了解。加强民族古籍学科建设和档案修复技术培训机制建设都是面临的关键问题,高校相关部门在进行学科设置时应当更加注重这两方面人才的培养和结合,例如在民族古籍专业方面的课程设置上进行微观调整,注意吸收档案保护技术等实用性和操作性的知识。培养一批民族古籍研究人才,加快民族古籍档案的整理出版工作,对一些珍稀的、价值重大的民族古籍档案要优先整理编辑出版,促进档案再加工,既能减少对原件的利用,也更方便普通群众的查阅利用。此外,民族古籍档案修复工作是迫在眉睫的大事,也是数字化工作的基础,各相关单位应当经常性地组织相关人员进行培训,同时改善修复技术人员的待遇,增强队伍的稳定性。

(四) 加强民族古籍档案保护工作的经费保障

无论是民族古籍档案的搜集、整理还是民族古籍档案的修复和保管,甚至是民族古籍研究人才的培养和修复技术人员的培训,都有赖于经费的支持。政府相关部门应当进一步认识到民族古籍档案保护工作的紧迫性和重要性,加大经费保障力度,保证这项工作顺利开展。在联合国教科文组织大力推进世界记忆工程、我国也建立并逐步完善各级的文献遗产保护机制的今天,少数民族档案文献作为社会记忆遗产的组成部分,其珍贵性和重要性是不言而喻的。在国家档案局公布的三批《中国档案文献遗产名录》中就有不少少数民族档案的身影,这也足见少数民族档案的历史文献价值。开展少数民族档案工作,抢救和保护少数民族档案,是加强民族团结、尊重少数民族发展的重要文化措施,对于维护我国统一的、多民族国家有着重要意义。

参考文献

[1] 福建省少数民族古籍丛书编委会. 福建省少数民族古籍丛书·畲族卷·家族谱牒(上). 福州:海风出版社,2010.

清末民初的闽东畲族乡村教育*

刘冬

在研究福建的畲族历史文化时，人们主要将视角置于闽东，探讨福建的畲族教育自然也不例外。闽东作为文化地理学概念，一般泛指清代福宁府五县（霞浦、宁德、福安、寿宁、福鼎）与福州府的古田、屏南、连江、罗源四县。从明清开始，闽东一直是福建畲族的主要聚居地，至今畲族人口占全省畲族人口的一半以上①，且分布广泛，保留的传统文化内容丰富、特色明显。

明代，畲族人口大量迁徙于闽东。清初，朝廷"编图隶籍""编甲完粮"，户籍制度在畲族山区逐步施行，畲民的游耕围猎经济随之终结，畲族"大分散、小聚居"的聚落分布格局逐步形成。从清乾隆年间朝廷绘制畲民画像入《皇清职贡图》，可知清朝承认了畲民区别于汉族的"苗夷"身份。从清朝廷在官修志书上披露嘉庆年间福鼎钟良弼事件和李殿图的言论，表明其对于山区畲民读书取仕的认可。②清王朝一系列较为开明的苗夷政策，为闽东畲族提供了生存与发展的空间。畲族比以往更加稳定的生存状态与社会生活，不仅有利于民族文化的传承与发展，也有利于畲汉两族文化的互动与交融。

清末民初是中国历史的一个重要的转折期。此时，新制与旧统共存，建设与破坏同期，人们的社会生活面临着剧烈的震荡和嬗变。这一历史潮流波及福建城镇与农村，也不同程度地影响了闽东畲族乡村，给闽东畲族乡村教育的变化与发展带来历史契机。本文着重论述这种变化与发展的内容、动因、效果以及在畲族教育史中的作用。

---

* 原文载《教育评论》2013年第6期。

① 据2000年第五次全国人口普查资料统计，宁德地区畲族人口159 040人，福州所辖连江县11 918人、罗源县18 405人，合计189 363人，占福建省畲族人口375 193人的50.47%。

② 蓝图、蓝炯熹：《闽浙赣交界地：地理枢纽与畲民族共同体的历史建构——以历史地理为视角》，载《福州大学学报》（哲学社会科学版），2010（6）。

一、传统歌教的拓展

"歌教"是畲族乡村耕读文化的主要构件,指畲族通过世代歌谣传承的特殊手段来普及乡村教育。畲族将歌谣称为"歌言",意为以歌为言。畲族认为,歌唱与言谈一样重要,是日常生活中不可或缺的工具。他们以歌叙事,以歌传情,以歌表意,以歌交流,其社会生活中的任何一种行为都可以用歌言来表达。畲族谚语说:"俗不离歌。"畲族异常发达的民间口传文艺,担负着民族传统教育的功能。在相当长的历史时期与相当多的畲族村落,歌教是乡村教育的基本途径,有的时候有的村落歌教甚至是唯一的途径。

歌言唱本是畲族乡村歌教最主要和最基本的教材,唱本文字以汉字为主,兼有符合畲民生活习惯的别出心裁的造字和特殊的符号。畲民家族视唱本为神圣的家珍,一律公开传阅、传抄、传唱。畲族歌教场所从家庭开始,教育的原初对象是牙牙学语的幼儿,母亲是第一位启蒙教师。构思奇特、想象丰富的儿歌,让畲民从孩提时代便接受歌言的洗礼。随着年龄的增长,通过同伴习歌、路遇拦歌、节日练歌、客寮盘歌、歌场会歌等,畲民既识字习文,又练就歌唱本领,在无数的歌场竞赛中还自然而然地诞生了一代代歌王。一般而言,家族中能精读歌言唱本并创作歌言内容的终究不是多数,大多数人是靠博学强记和歌场历练得以掌握歌言知识与歌唱技巧。

传统畲族歌言的题材十分丰富,大致分为巫歌(宗教歌)、讲古歌(史诗)、习俗歌、有缘歌(情歌)、种田歌(农事歌)等,主要涉及畲族自身的历史、宗教、礼俗、文艺、农事等。到了清末民初,畲族歌教内容有了相当程度的拓展与质的飞跃,其重要的标志是白露坑畲族村"小说歌"的出现。白露坑位于霞浦县东南部,那里是闽东畲族传统的"歌窝",这里出现了畲族歌言创作群体,他们特别擅长将汉族章回小说、评话唱本改编成畲族长连正歌,这种新的歌言形式被命名为"小说歌"。

小说歌不是机械地搬用汉族故事,而是进行艺术再创造,即在小说歌中融入了畲族独有的价值判断、审美情趣、民族情结与叙事风格。白露坑的小说歌创作群体中之出类拔萃者是一代歌王钟学吉。当年,小说歌的广泛传播借助了位于霞浦县城内的"福宁三明会馆"。会馆初建于清光绪二十五年(1899年),鼎盛于民国初年,由闽东、浙南诸县的畲族人士集资兴建。清代,霞浦是福宁府驻地,是闽东政治、经济的中心,会馆专门用于接待过往于闽浙两地的畲族商家与学人。该会馆除了具有接待功能外,还兼有帮助畲民打官司、维护畲族权益,诸姓毕集举行祭祖仪式,传唱小说歌,传播畲族文化等诸多功能。

《霞浦县畲族志》记载了畲族小说歌的篇目,共120篇,涉及的作者有十余人。其篇目包括《齐天大圣》《梁祝》《孟姜女》《桃园三结义》《七品芝麻官》《刘海钓蟾》《铁弓缘》等。还有根据畲族历史人物和历史事件创作的小说歌,如《钟良弼》《蓝佃玉》等。小说歌作为畲族歌教的教材,其形式、题材上的创新,拓展了歌教的领域。由于小说歌脱胎于汉族民间文艺,因此,其歌教的内容更多地汲取了汉民族文化,并有了质的飞跃。

二、私塾教育的推广

明清时期,逐渐定居的闽东畲族,其社会权利与经济实力出现一个不断积累的过程。清初,要想在生产力低下、经济十分落后的畲族乡村延师设教,是完全不可能的。家族教育的标志性机构私塾与书院,在畲族乡村几近阙如。随着畲族乡村生活日趋稳定,乡村畲族的经济实力相对增强,自身生存的条件也逐步改善。加之,闽东历来有着畲汉两族和谐相处、经济交往频繁的传统。闽东畲汉经济的交往,进一步促进了畲汉文化的互动。乡村畲民逐渐改变原有的一些观念、行为、社会准则,而选择性地接受了当地的汉文化,并从原本孤立闭塞的独立文化整体调整为畲汉两族交融的混合文化体系。这时,畲汉两族文化交融的一个重要标志是融入了汉人家族文化因子的畲民家族文化得以建构。建祠、修谱、祭祖等汉族家族行动,也逐渐支配着闽东畲族的文化生活。一些较有经济实力的畲族乡村将鼎建宗祠、延请汉族文人住祠修谱,作为一种文化时尚。据本人田野调查,闽东畲族乡村宗谱的修撰、祠堂的兴建,大致始于清代中期,即嘉庆、道光年间(1796—1850年),而祠堂与大量宗谱的出现,则在清末民初。

畲民家族文化的兴盛,使得家族教育的标志——私塾,在闽东畲族乡村开始出现。畲村私塾一般由富裕户发起,延请先生,其他户送子附读。私塾先生多为汉族,也有极个别由畲民担任。私塾在闽东畲族乡村大量出现,并逐步形成了与汉族乡村相似的耕读并举文化。

据《罗源县畲族志》载:"清嘉庆年间(1796—1820年),(罗源)福湖、塔里两村设私塾3所,在塾生童8—10人……此后,畲族乡村私塾逐渐发展。清同治年间(1862—1874年),设私塾的乡村除福湖、塔里外,还有八井、许洋、肖洋、竹里、大坪、庭洋坂,塾馆增到11所,生童20人。清光绪至宣统年间(1875—1911年),设私塾19所,在塾生童32人。"①

另据《霞浦县畲族志》载,塾馆多设在众厅、祠堂、宫庙,或塾师自己家中,课桌椅

---

① 罗源县民族与宗教事务局:《罗源县畲族志》,219 页,2011。

多由就读者自备。教育内容主要有识汉字、学汉文和封建伦理道德教育。教材有《三字经》《百家姓》《千字文》《论语》等，有的还教授珠算。同时，一律用霞浦话（当地汉族方言）教读。志书特别记述了安东乡白虎坑（今福建省霞浦县溪南镇白露坑村）人钟学吉，7岁上私塾，学业精良，写得一手好字。光绪元年（1875年），钟学吉也开始设私塾课童。①

清光绪三十一年（1905年），随着社会的转型，私塾的教育内容、教育方法、教育目的与时代的要求渐行渐远，内外交困的清政府被迫废止科举制度，传统的旧式的私塾教育逐渐被新式的正规教育所逐步取代。然而，新式的正规教育需要大量的人力、物力才能得以推行。在广大落后的畲族乡村，由于缺乏新式的正规教育赖以为继的较发达的经济基础作为支撑，在很长的时间内，私塾仍然是畲族乡村教育中一个不可替代的机构，仍然是畲民获取文化知识的重要途径。民国时期，闽东乡村虽然陆续兴办国民学校，但是具有现代意义的教育触角尚无法延伸到所有的畲族乡村，不少畲族乡村的私塾仍有着顽强的生命力，其与国民学校并存，照旧发挥其应有的启蒙心智的功能。

三、现代教育初露端倪

闽东畲族乡村的国民教育始于民国初期。当时，畲族乡族子弟主要到邻近汉族村落的国民学校就读，畲村内少有国民学校设立。民国初年，畲族乡村最早的国民学校设于闽东古田县富达畲族村。民国九年（1920年），以富达村村民、前清秀才蓝宝田为首自筹经费兴建校舍，建立蓝田小学。② 除了蓝田小学这一个特例，绝大多数畲族乡村还维持着传统的私塾教学。

民国元年（1912年），北京政府教育部制定了《整理私塾办法》，认为"私塾在小学发达以后，自当归于消灭；然在小学未遍设之前，从事整理，亦未始非小学之一助"。民国三年（1914年）十二月公布的《整理教育方案草案》中，明确要求对私塾"采奖进主义，期渐同化于学校"。

在改良私塾过程中，福建地方政府一方面对不合格的私塾予以取缔，另一方面将改良后的私塾升格为短期义务小学或普通初级小学。各地私塾减少，新式小学增多，各乡私塾凡有学校处近已停歇。20世纪二三十年代，畲族乡村陆续兴办起国民学校，较之闽东汉

---

① 霞浦县民族事务委员会：《霞浦县畲族志》，405页，福州，福建人民出版社，1993。
② 《富达畲村志》，36页，铅印本，2001。

族乡村，之间大约相差了10年时间。民国二十五年至三十七年（1936—1948年），福安、霞浦、福鼎先后有20多个畲族聚居乡村办过中心民校或国民学校。

但是，民国时期的畲村办学缺乏连续性，时办时停，时断时续，加之畲民生活拮据，无力供子女上学，就总体而言，闽东畲族受现代教育的机会还是较少。所以，中华人民共和国成立之初的畲族社会调查资料表明，福建畲族仍然是"识字者绝少"[①]。

民国时期，闽东个别畲族村落还接触到带有强烈宗教色彩的现代西方文明。福建是近代中国最早被迫开埠的省份之一，西方基督宗教教士最早涉足之地是包括闽东在内的福建广大区域。外国教会为了能在福建立足，为了扩大影响并吸引更多信徒，他们采用办医院、设学校等方式取得当地民众的信任。教会学校一度遍及全省所有的县及重要乡镇，甚至深入许多官办教育未涉及的偏远农村地区，使一些居住在山区的贫苦畲族农家子弟也能获得接受新式教育的机会。据爱尔兰《"都柏林三一学院"在中国：都柏林大学福建传教团史（1885—1935）》一书记载："1921年，一个完全由一支原住民家族组成的全新的教会，在一个叫作'草岗'的当时还不为传教士和官方教士所知的山村成立了。"草岗（今霞浦水门畲族乡茶岗畲族村）是霞浦县的一个典型的畲族村，民国十九年（1930年），有3名英国基督教传教士在那里兴办了"圣义小学"，学校便附设在教堂里，免费招收了30名畲族子弟。学校聘请了一位教员，"一位据说在八十年代（19世纪80年代）教过福宁府第一班男孩后又迁到他处的教员被这个家族联系上了。他被邀请给这个家族的孩子们授普通课程，但同时，他也教给孩子们和他们的家长主祷文、信经、告解等等"。[②] 4年后，教堂遇火灾，学校告停，具有宗教色彩的西方文明的传播戛然而止。

传教士们认为，基督教要进入中国家庭，必须先引导妇女皈依上帝，因而在各级各类教会教育中，消除了当地男、女童受教育的不平衡与差异。在教会学校中，畲族女子也从中享受到了受教育的权利。古田县大桥镇梅坪村贫苦畲族农家出身的雷静贞，于民国五年（1916年）进入古田县城教会所办的毓菁小学读书，后又升入毓馨女子中学与该校师范班学习。民国十七年（1928年），雷静贞受美国教会委派，前往山东烟台启喑师范学习聋哑教学。学成归里，在古田县城的毓菁小学附设一个聋哑班，招收聋哑儿童入学。由此，毓菁小学遂成为福建第一家聋哑教育场所。

西方传教士虽然以设立学校为手段，借此扩大教会的影响，但是教会学校在客观上对于传播西方科学文化起了某种程度的促进作用。教会教育也为贫困的畲族子弟接受教育提

---

① 福建省编辑组：《畲族社会历史调查》，340页，福州，福建人民出版社，1986。
② R. M. 格文：《"都柏林三一学院"在中国：都柏林大学福建传教团史（1885—1935）》，83～84页，爱尔兰教堂印刷出版公司，1985。

供了方便，使得畲族学子在私塾、国民教育之外，又多了一项选择。

结　语

　　清末民初是闽东畲族教育史上的一个关键时期，在这个历史节点上，闽东畲族乡村的教育出现了多维度的教学格局。即原有的"歌教"突破了自身的局限，得到了应有的拓展，融入了更多的汉族历史文化的内容；家族文化体系中的私塾教育涵盖面增大，许多闽东畲族乡村实现了耕读并举，这种文化现象在民国社会维持了相当长的时间。与此同时，具有现代意义的国民教育、教会教育亦驻足于闽东畲族乡村，虽然没有形成一定的规模，但是已使闽东畲族乡村透露出现代文明的气息。清末民初的闽东畲族教育有着自身的特色，也取得一定的成就，在福建民族教育史中具有一定的典型意义。清末民初，闽东畲族教育格局的形成，经历了数十年时间，是由当时的社会文化发展形势与畲族乡村精神生活的实际所决定的。应该指出的是，就闽东乡村教育的总体而言，畲族教育还处于相对滞后的状态。

一部畲族谱牒文书的两岸亲缘

——金门蓝氏的福建漳浦族缘纪略*

谢世清　陈华

福建与台湾一水之隔,两岸文化同根同源。明清时期,福建向台湾大量移民,使福建籍人占台湾人口的80%以上,两岸人民血肉相连,与台湾地区地缘相近、血缘相亲、文缘相承、商缘相连、法缘相循,形成了源远流长的"闽台文化"。今年(2009年)5月14日国务院正式发布的《关于支持福建省加快建设海峡西岸经济区的若干意见》,明确要求要把福建建设成两岸文化交流的重要基地。加强祖地文化、民间文化交流,传承保护发展畲族等特色文化,对连接两岸同胞情感将发挥重要的文化纽带作用。

2002年11月3日,金门蓝氏族亲带来的《石椅种玉堂浯洲金门城蓝氏族谱》,是一部畲族谱牒文书的珍品。通过金门蓝氏族谱对接,增加了金门蓝氏同胞对祖居地的归属感和认同感。

有清一代,从康熙到乾隆史称盛世,也就在这个时期,元末徙自江西的漳浦石椅"种玉堂"蓝氏成了福建畲族史上最为显赫的家族之一。据统计,当时其族人中仅官居清军绿营二品以上的将官就多达23人。其中,最著名的有蓝理(康熙四十五年即1706年任福建陆路提督);蓝瑗(蓝理胞弟,康熙三十五年即1696年任金门总兵);蓝廷珍(康熙六十一年即1722年为台湾总兵,雍正元年即1723年升福建水师提督);蓝元枚(蓝廷珍孙,乾隆四十九年即1784年任江南提督,五十二年即1787年为福建陆路提督、水师提督),此外还有被人誉为"筹台宗匠"、雍正年间官终广州知府的蓝鼎元。他们在《清史稿》中都有立传,清《四库全书》中还收录有蓝鼎元的专著。

石椅"种玉堂"的蓝氏后人珍藏有数部家谱,其实这些家谱,包括龙海市图书馆的藏

---

* 原文载《中国民族》2009年第7期。

本都是出自同一底本的手抄本，成书于清光绪十八年（1892年），而且是清一色的残本，明显失落后半部。2002年11月3日，金门蓝氏族亲前来漳浦石椅村拜祖认亲，他们带来了一部《石椅种玉堂浯洲金门城蓝氏族谱》，虽然还是出自同一底本，但是居然基本完整，终于让漳浦族人找到了多年以来苦苦追寻的后半部。这是一部畲族谱牒文书的珍品，是目前已知的、海峡两岸畲族同根同源的最原始、最直接、最翔实的历史见证。

清代同治进士、刑部员外郎陈康祺著有一部内容丰富、材料广泛的史料笔记《郎潜纪闻》，其中许多内容被后来民国初年编纂的《清史稿》和《清稗类钞》所录用。书中称"漳浦蓝氏代产名将"，而首开先河的是蓝理兄弟。康熙二十一年（1682年），蓝理兄弟随施琅征台，大战澎湖，时为三品衔右营游击的蓝理腹部中炮，"肠出矣，血淋漓"，侄子蓝法"为掬而纳诸腹中"，四弟蓝瑗"傅以衣"，五弟蓝珠"持匹练连腹背交裹之"，蓝理仍"大呼杀贼，不暇顾也"。嗣后，康熙帝称蓝理为"拖肠血战"的"破肚将军"，"召至前，问血战状，解衣视之，为抚摩伤处，嗟叹良久"。该书还称赞蓝理兄弟"均具文武才"，"蓝义山（蓝理号义山）军门诸弟，皆以平台功加都督。瑶功最多，未仕卒。瑗至金门镇总兵，与公皆喜书擘窠大字，扬盾一跃三四丈。珠官参将，勇不让诸兄，而性敏嗜学，能背诵《通鉴纲目》，不遗一字。一门英杰，亦近代所希已"。

在石椅种玉堂蓝氏族谱的世系中，蓝理排行第十二世。兄弟6人，蓝理居大，族人称大老爷；蓝瑗居四，是四老爷，因其字蘧，族人也常称其蘧侯公。蓝瑗自22岁随胞兄蓝理征台血战，36岁擢升正二品金门总兵，这位四老爷蘧侯公"一生尊祖敬宗"，深受族人敬仰，为创修"世德堂""大树堂""种玉堂""两金堂"等四大祖祠以及广置田园祀产，他慷慨解囊"费银数千两，合族皆沐其恩"。

蓝理和蓝瑗都多妻多子，蓝理共有妻妾7人，生6男；蓝瑗有妻妾6人，膝下共有儿子9人，其中4人从武、5人习文。蓝瑗第六子蓝国麟，元配苏太君生，大抵因父亲任金门总兵，随即定居金门，谱称其"开金始祖"；第八子蓝国辉，为继配刘氏生，分居厦门，谱称其"开厦始祖"。清代金门岛和厦门岛同属泉州府同安县管辖，一衣带水，鸡犬之声相闻，由于地缘关系，当时蓝瑗后裔的金门、厦门两大支派关系尤为密切。

该家谱的卷首、卷末都有残损，无法确切得知撰稿人的姓名。但执笔人在文中称蓝瑗为"本派"，称蓝理为"伯祖"，而且自第十三世开始只详尽地罗列金门、厦门派下的世系和坟茔祀产，可见是谱为蓝瑗的金门、厦门派下共同主持纂修，执笔人也一定是他们这个支派的后裔。

第十三世"开金始祖"蓝国麟，字清源，千户长，肇居金门城西门，乾隆三十一年（1766年）葬在金门前水头社西近海，地名金龟尾炮台左畔。元配陈氏福娘，继娶黄氏珠娘。生子二：长蓝仲庸、次蓝家祥（字仲贞）。蓝仲庸疑是早逝，因而附葬父亲蓝国麟的坟中。该支派的世系表截止于清光绪初年的第十九世蓝特选。从世系表中不难看出，自第十四世蓝家祥开始，每代仅生一男，也就是说从乾隆到光绪已经是六世单传了。相比之下"开厦始祖"蓝国辉派下显得人丁兴旺，蓝国辉生六男，派衍周边，到第十七世蓝君泽已在当地蔚为望族。蓝君泽由行伍出身，同治年间累升至正四品闽安右营都司，膝下五男一女，他常年热心家族事务，"因金门房亲年老"，还代为承管料理其份下祀产，家谱中多处可见蓝君泽署名撰写的相关文字。

蓝瑷的曾祖父是九世祖蓝艮泉，生于明嘉靖三十年（1551年），卒于崇祯五年（1632年），因曾孙而得以诰赠荣禄大夫，早年葬于漳浦张坑内厝石烛山。自从清康熙三十五年（1696年）蓝瑷升任金门总兵，他背地里开始谋划一个事关家族三房的重大举措——要把曾祖父的灵柩起迁改葬到自己的驻防地金门岛。家谱中详尽地记述了这件事情的缘由和经过。

蓝瑷曾祖父的元配是翁太君，年仅22岁不幸去世，生有一子蓝德昌，为长房。继配许氏，生子二：次房蓝德缉、三房蓝德启（即蓝瑷的祖父）。长房世居蔡坑番山，儿孙个个"甚然强壮"，而徙居鹤经的次房"所出之丁至十六岁变得软脚病"，还时常受到长房欺凌。次房和蓝瑷兄弟的第三房同是继配许氏所出，"同胞之情，此为血脉相关，不忍坐视"。据说追根到底是曾祖父的石烛山坟地所在"又曰鳝鱼落沓，故名不雅"，于是"公思欲将曾祖坟柩起迁改葬"。

蓝瑷笃信地理风水，事后他曾就此撰文写道：要使家族"历数代而昌炽"，"慎择阳基阴地，数首之力也"。康熙三十五年（1696年），蓝瑷到任伊始就秘密着手为曾祖父另择阴地，并很快相中了金门山仔兜许坑凤髻山。从是年十一月到第二年七月，蓝瑷从其金门籍部属兵丁薛谋功等数人手中购得凤髻山园地十四丘，计划用于开筑坟茔、茔庭以及竖石狮、石烛。同时还买下金门城东邹伯星的大小园地七丘，作为日后"香资"。

蓝瑷在金门"苦心尽力"的异常举动终于被漳浦蔡坑的长房所洞悉，他们派人轮流护坟，"每日夜坚守严谨，是以不得下手，公无计可策"。蓝瑷不愧是清军著名将领，他知道只能瞅准时机，一举而奏效。康熙三十七年（1698年）除夕日的半夜，"算到各归家围炉，以为岁首"，蓝瑷本人坐镇金门府衙指挥，标下十余艘兵船偷偷接近漳浦，停泊龙海白水营待命，"乘夜到山，用军兵掘开坟墓"，待到"长房之人侦知，追之不及"。也许是黑夜里忙中有错，抢到金门的竟然不是曾祖父，而是长房的亲祖妣翁太君的棺柩。此事无法一而再，蓝瑷将错就错，"是春竟然择吉地，起工造葬封茔"，同年孟春四月以自己兄弟六人的名义隆重迁葬翁太君，其规模之大、规格之高令族人咋舌。

随后蓝瑷还请人将坟图绘制成册，亲自撰写序文，表述自己的初衷，"恐后来之子孙事久多变"，希望"子孙勿因偏报己见，勿为听讹便改"。由于蓝瑷在家族中素孚众望，而且事后处置妥当，"置田三十担，每年纳粟十六石五斗，以为往金门献纸所有路费"，更由于迁葬后居然"房房均吉"，因而长房后裔也就默认既成事实，从此相安无事。

蓝氏宗祠和先祖坟茔多在漳浦境内，蓝瑷墓葬同安，夫人苏氏墓葬惠安，而翁老太君又迁葬金门，可想而知，每年春秋祭祀，蓝氏族人相互往返，忙得不亦乐乎。

清代福建畲民"族规"面面观*

谢世清　陈华

族规，又称"族戒""族禁""家规""家范"，是家族的行为规范。有勒石村头，有悬挂于祖祠，大多见诸其家族谱牒。到了清代，福建畲民大规模的家族迁徙基本结束，稍早肇居的家族到这时早已子孙蕃衍，在当地蔚为望姓巨族。但由于大多聚居在穷乡僻壤，远离政权中心，为了维护本家族的正常社会生活，他们尤其重视族规的制定。虽说这是封建宗法制度的产物，但总体上在当时起了一定的积极作用。

目前已知的年代较早的畲族族规见于宁化雷氏家谱。福建省宁化之有雷氏始于唐末，其先祖雷祥徙自江西抚州，生八子，开衍八房，散居周边，即后来著名的宁化雷氏八大祖。到明末清初，人称"宁化之雷氏，聚而居者数千家，邑中巨族无与为比"。清代著名理学家雷鋐（《清史稿》有传）是该家族的第三十世后裔，曾历任浙江、江苏学政，官终都察院左副都御史。雷鋐的祖父雷世守于清康熙五十一年（1712 年）三修宗谱时，他感慨于"俗之薄也，始于家之无教；家之无教也，由于族之无规"。因而，手订族规十二条。雷鋐认为族规是"一族之兴替所关"，嗣后乾隆二十五年（1760 年），他本人四修宗谱时又通过亲手制定的"凡例"对上述族规加以补充。

家族中德高望重的文人积极参与制定族规的事例比比皆是，典型的如福州钟氏正始堂。该家族祖居福建武平，曾迁徙江西萍乡，约道光初钟炳泰（号有晖）率家人肇居福州东街三牧坊。到光绪年间，嫡孙钟大焜（光绪三年中式进士，后为四品衔刑部主事）兄弟四人三进士一举人，其家族在当地极其荣耀。钟炳泰定居福州，随即创立正始堂，作为颍川钟氏福州省城支派的堂号，并专门为禁食鸦片制定族规一条，"悬挂祖先堂上，永远遵行"，直署其名"榕城正始堂有晖立"。光绪八年（1882 年），钟大焜的父亲钟肇英一手为

＊ 原文载《中国民族报·理论周刊》2009 年 11 月 6 日。

家族制定较为完整的族规八大条，同样直署其名"（道光）丙午科举人、诰授朝议大夫，历任泉州、延平府学，同安、南平等县教授，裔孙肇英敬立"。

雍正二年（1724年），清世宗将康熙的"上谕十六条"逐条加以注释，演绎为洋洋万言的《圣谕广训》颁行全国，并命令各州、县主官于每月朔望（"朔"指农历初一，"望"指农历十五）两日召集民众，反复宣讲。清代畲族宗谱中，往往在"族规"之前附录该"上谕十六条"。全文转载如下：

> 敦孝弟以重人伦，笃宗族以昭雍睦。
> 和乡里以息争讼，重农桑以足衣食。
> 尚节俭以惜财用，隆学校以端士习。
> 黜异端以崇正学，讲法律以警愚顽。
> 明礼让以厚风俗，务本业以定民志。
> 训子弟以禁非为，息诬告以全善良。
> 戒逃匿以免株连，完钱粮以省催科。
> 联保甲以弭贼盗，解仇忿以重身命。

其实许多族规都以这"上谕十六条"为基础而展开，视为基本的道德规范，其核心则是孔孟的孝悌主张，最终是为了维护封建社会的宗法等级秩序，不过在客观上也维护了自身家族的社会经济生活。

纵观福建畲民族规，常以尊祖宗、孝父母、和兄弟、睦宗族、务农业、崇勤俭、善治家、戒赌博、息争讼、严闺门等为主体内容，但也并非全是千篇一律的应景时文，其中对族人循循善诱，苦口婆心跃然纸上，读来感人至深。

清同治七年（1868年）福安谢岭下村的蓝氏"家训"中写道："士农工贾，皆有本业。勤则所为无不成，所事无不举。若游手好闲，挨延岁月，时会一失，百务尽废，后来无成，将复谁咎？""同乡共井之人，宜守望相助，疾病相扶。凡族内喜必庆，忧必吊，有无相济，患难相恤。勿以富欺贫，贵凌贱，则宗族心安，而祖宗心亦安矣。"又如光绪元年（1875年）福安春雷云村的雷氏"家范"中写道："勤俭二事乃是根本，勤则无废弛之事，俭则无空乏之虞。人所不能做的事，我能做得，勤也；人所易尽之物，我犹存得，俭也。凡衣服饮食毋过奢华，即婚嫁丧葬当稽家之有无，量入而出，不得勉强营办，不然用多进少，未免仰面求人，受人牵制。"广大畲民对赌博一事深恶痛绝，如同治十三年（1874年）福安何厝村雷氏族规称"赌之害人甚于水火、盗贼"，并特地开列"劝赌十条"引以为戒,其中写道:"入赌场,遂沉苦海。典质钗钏,妻子吞声而饮恨;变卖田宅,父母蒿目而攒眉。只计一人豪爽,不思举室怨嗟,扪心自问,其何心安?"

畲民大都山居力田,民风淳朴,为维护和发扬本民族的传统美德,族规的制定功不可没,即使到现在仍有许多借鉴之处。从另一个角度来看,这些族规也成了畲族历史文化遗产的重要组成部分。

清代和历代封建王朝一样,人民有良贱之分。良民就是身家清白的"百姓""平民"。贱民,俗称"下九流",即:一、俳优(演杂戏的艺人);二、娼妓;三、皂隶(奴仆);四、乐人(亦叫"乐户",充当奏乐的官妓);五、剃匠;六、衙役(官署里的差役);七、批(修脚趾甲的);八、捶(捶背的);九、疍民(艇户)。下九流除非三世以后的子孙已经改业,方准捐纳、科考,进而才能"出人头地"。不少族规都涉及这个话题,显得引人注目。

劝诫——清嘉庆十六年(1811年)永安蔡地蓝氏族规称:"人生在世,士农工商之外,百艺皆可营生。勿趋进衙门充当皂役以及仆隶者,玷污祖宗。有志者宜择艺而习之";"大伦莫如君父。削发为僧而弃之者,此乃不忠不孝之人也。有志者宜勉诸"。

不准上酒席——清乾隆二十五年(1760年)宁化茜坑雷氏族规称:每年祭祖后合族宴席欢聚,而"其有身充衙门贱役者,不许与席"。

不许踏进祠堂——清光绪元年(1875年)福安春雷云雷氏族规称:"子孙虽贫,须自食力。倘有失志,降为奴仆、皂隶、娼优、轿役等辈,不许入祠。"

在家族中除名——清道光十九年(1842年)福鼎丹桥钟氏族规中称:"子孙娼、优、隶、卒者,削而不书,其克戒前愆复入系纪""子孙出家为僧者,不入系纪""子孙出外为人奴仆者,近房兄弟当招抚归宗,甘为人下而不从者,谱削之"。

上述所谓"贱民"其实大都是社会最底层的穷苦人,虽说过去穷就是罪,但即使在清代也不过是不准其参加科举考试,总不至于开除"国籍"。通常族规对其族人最高级别的处分应该是在家族中除名,而以此对待本家族中的最穷苦之人,实在出人意表。看来处处标榜"和宗睦族"的族规也会偶尔露峥嵘。

族规的核心是族权,也就是说,是族长对家族成员的支配权力,这也是族规能否得以贯彻执行的先决条件。只有推崇族长的权威,才能增强族规对族人的约束力,许多族规在这方面都有明确的表述。

清咸丰八年(1858年)罗源上土港村蓝氏"家规"记载,家族内最高处置权属于族长,族长权威不容侵犯,不得"越名犯分"而"詈辱家长",因为"家有长犹国有君,分甚尊也"。规定族内"今后一切不平事"应由族长全权处分,"房内若有犯家规者,祖宗前焚香开谱，照家规议处"。"会仝各房长以家法责惩之"，"在祖宗前责罚跪象，令自知罪改过"。对于犯法律的"不肖子孙"，族长"立传各厝长等公议，罪重者立即责惩，轻者议罚，令其改过自新。如仍不悛，公起缚送，呈官究治，决不宽宥"。许多族规中也常见"应听族中理处""有事则由族长断其曲直是非"等字句。由此可见，即使族人触犯朝廷刑律，族长仍拥有"初级审判权"，因为是否"呈官究治"，山高皇帝远，全凭族长定夺。如果族人蔑视族长的权威，有事"越级"直接呈控官府呢？光绪二十四年崇南钟氏重修"族禁"中规定，"先发者公罚示惩，理曲者更加一倍"；"应罚首控之人，出钱六串，充祠公用"。

动用家法私刑置族人于死地，是族权恶性膨胀的典型表现。上文所述福州正始堂钟氏始祖钟炳泰曾亲手制定族规，并悬挂祖先堂上，该族规针对正始堂子孙中"吸食禁烟者（指吸食鸦片）"和"做贼、犯奸乱伦者"这三种人，因为他们"忤逆不尊国法家规，姑容之无益也"，所以族长不仅要为家族，而且还要越俎代庖，替国家直接"去莠存良"。族规对此"家法"的实施有详尽的记载：首先验明正身，由其父兄将此"孽子"绑赴祠堂，由族长等人"齐集究明该孽子所犯来历"；然后点烛上香，族长跪拜祷告祖先后于中堂首位落座，宣读家规，各子弟齐备家法，分列两旁侍候。"该孽犯准穿裤一条，手足捆绑，二人手执双藤根条左右站立，尽力鞭挞周身二百下，灌桐油一酒盏，仍绑至次日。照初日家法治之，仍绑至三日。鞭挞至死。"其间"做贼、犯奸乱伦者，均照此规，不灌桐油"。死后"用薄材收葬官山，不准设灵供祀"。

查道光年间清廷的禁烟法规，"开馆者议绞，贩卖者充军，吸食者杖徙"，平民吸食鸦片大约杖一百徙三年，外加子孙不准考试。正始堂钟氏是福建省城的显赫家族，严于律己，精神可嘉，但无论如何这条族规至今读来还能令人脊背生凉。族规、族权毕竟是封建宗法制度的产物，好在历史的车轮不可逆转，全国各族人民终于走出封建专制的阴影，进入了民主法治的新时代。

家谱揭开"崇安二蓝"身世之谜*

谢世清　陈华

崇安，闽北古城，北宋淳化五年（994年）置县，直至1989年撤县建市，即今武夷山市。崇安县将村里（今武夷山市星村镇）的蓝仁（号山）、蓝智（号涧）兄弟是元末明初著名文人，人称"崇安二蓝"。《明史》有传，明《永乐大典》和清《四库全书》有收录其兄弟诗集，备受后人推崇。整个封建历史时期中国畲族精英文人屈指可数，而他们兄弟俩正是其中的佼佼者。

有明一代，福建著名诗人中世人常推林鸿为首。林鸿，字子羽，福清人。《明史·文苑二》称："闽中善诗者，称十才子，鸿为之冠。"也许出于地域偏见，所称十才子全是清一色福州十邑人。清乾隆年间纪昀撰写《四库全书总目提要》时认为："闽中诗派，明一代皆祖十子，而不知仁兄弟为之开先。遂没其创始之功，非公论也。"纪老夫子独具匠心，高度评价了二蓝的文坛地位，让后人耳目为之一新，不过他也深深地感慨于二蓝身世不详，"志乘均失载其事迹"，"特其始末不可考耳"。

可供后人考证二蓝身世的史料不多，最具典型的当属成书于明永乐五年的《永乐大典》，共收录二蓝兄弟诗800余首，其中蓝仁500余首、蓝智300余首。《永乐大典》是中国古代最大的一部类书，原本22 877卷，历尽天灾人祸现仅残存797卷。笔者在这些残卷中按韵目吃力查找，只见到二蓝诗文20首。幸好有成书于清乾隆四十六年的《钦定四库全书》，从《永乐大典》中完整地采辑了二蓝诗文，厘定成《蓝山集》《蓝涧集》各6卷，总纂官纪昀并撰写了书评《四库全书总目提要》。

来自官方的重要史料还有清乾隆四年编纂的《明史》。《明史》称："元末文人最盛，其以词学知名者，又有张宪、周砥、高明、蓝仁之属。"可惜记述二蓝生平仅寥寥92字，

---

* 原文载《中国民族报·理论周刊》2010年7月16日。

全文如下："蓝仁，字静之；弟智，字明之，崇安人。元时，清江杜本隐武夷，崇尚古学，仁兄弟俱往师之，授以四明任士林诗法，遂谢科举，一意为诗。后辟武夷书院山长，迁邵武尉，不赴。内附后，例徙濠梁，数月放归，卒。智，洪武十年被荐，起家广西佥事，著廉声。"

近期在闽北浦城乡间的畲民家中发现了一部"三徵堂鉴修"《汝南郡蓝氏宗谱》，该家谱创修于明初洪武三年（1370年），由家族中蓝仁、蓝智兄弟参与纂修，蓝智并题撰谱序。家谱续修于清康熙四十六年（1707年），三修于清乾隆三十三年（1768年），四修于清道光十一年（1831年），五修于清光绪十年（1884年）。现存的清乾隆三十三年江右南昌进贤堂刻本有部分残缺，清光绪十年豫章（今南昌）三友堂刻本保存完好。按民间惯例，续修家谱时如没有特殊原因都会完整保留原谱，续修只不过是增添新内容而已。因而这部家谱的面世，对深入了解"崇安二蓝"的生平家世有较大的史料价值，它不仅补充了正史的不足，还纠正了正史的诸多谬误。

《明史》称：蓝智，字明之。明《永乐大典》中称"性之"。小心谨慎的纪昀在《四库全书总目提要》中提出："其字诸书皆作'明之'，而《永乐大典》独题'性之'。当时去明初未远，必有所据，疑作'明之'者误也。"或许纪昀的疑虑是多余的，上述蓝氏家谱中，不论是世系表，还是谱序，还是清乾隆年间友人撰写的"山公、涧公合传"无一不称蓝智"字明之，号涧"，蓝智亲自参与修谱，他本人认定自己"字明之，号涧"应该正确无误。

《明史》称："智，洪武十年被荐，起家广西佥事，著廉声。"上述蓝氏家谱的卷首有蓝智的"蓝氏世谱原序"，其落款为"明洪武三年庚戌孟春月，广西佥事裔孙智谨序"。是否蓝氏后裔续修家谱时刻意窜改时间，以便炫耀世人呢？明《永乐大典》收录有蓝智在广西任上所作的五言长诗"书怀十首寄示小儿泽"，诗后有其挚友张槩（号云松樵者）的附言，内称"右友人蓝性之所作《书怀》十诗也……庚戌秋（洪武三年，1370年），以才贤荐授广西佥宪……持身廉正，处事平允，于今三载，始终无失……壬子（洪武五年，1372年）季冬望日，云松樵者书"。家谱与《永乐大典》不谋而合，显然，《明史》的"洪武十年被荐"错了。

《明史》本纪中记载，朱元璋登基伊始，即于洪武元年九月下诏"天下甫定，朕愿与诸儒讲明治道。有能辅朕济民者，有司礼遣"，同年"十一月己亥，遣使分行天下，访求贤才"，洪武"三年五月丁酉，诏守令举学识笃行之士"。于是，许多文人隐士纷纷受荐应诏，如史载：李德，字仲修，番禺人。洪武三年以明经荐授洛阳典史；朱右，字伯贤，临海人，洪武三年召修《元史》。六年修日历，除翰林院编修；刘崧，字子高，初名楚，泰和人。元末举于乡。洪武三年（1370年）以人材荐，授职方郎中；释妙声，字九皋，吴县人。洪武三年，与释万金同被召，莅天下释教。上文所述的福建十才子之首福清人林鸿也于是时"以荐授将乐县训导，历官礼部精膳司员外郎"。由此可见，从当时的历史背景上看，蓝智于洪武三年荐授广西佥事也是完全有可能的。

元至正二十七年（1367年）蓝智尚在武夷山山脚感叹"嗟我十年茅屋下，葵藿微忱空在野"，三年后"竟烦天子召，玉阶觐清光"。这年"八月十三日早，上御奉天门，选注儒士，是日膺广西之命"。"金门诏下选英髦，侧席深知圣主劳"；"自顾草茅承圣泽，愧无赋颂拟王褒"（诗文引自蓝智《蓝涧集》），面对浩荡皇恩，蓝智踌躇满志。该蓝氏家谱记载，蓝智动身上京之时，对不愿应诏的大哥说道："我兄弟经明行修，悉皆独善，天地何必生才？"换句当时江湖上的俗话，就是"学成文武艺，货与帝王家"。故家谱中有谱序称："诚公（指蓝仁）则龙之潜，智公独凤之举，遂出处不同，所谓士各有志也"。

明初即在各省设立按察司，主官按察使，正三品；副使，正四品；佥事，不定员，正五品。副使、佥事，分道巡察，"凡官吏贤否、军民利病，皆得廉问纠举"。史料显示蓝智在广西按察司佥事任上是称职的，《明史》称其"著廉声"，家谱称其"有赫赫声"。其实早在受荐应征之前，蓝智心中已有来日匡时济世的意愿，他有诗云："若能据要路，先为捄（同救）疮痍。"广西任上下乡巡按途中，他写道："鄙人奉王命，观风非草草"；"鹰隼气自扬，豺狼迹须扫"；"揽辔怀古人，高歌慰怀抱"。

《蓝涧集》中有诗《次韵张判邑留别》，其中云："十年三调官，周流半南方"，蓝智这话若是指他自己，那证明他至少当了十年官。《四库全书总目提要》中根据刘彦昞《挽蓝氏昆季诗》有"桂林持节还，高风振林谷"，猜测蓝智曾急流勇退，谢事归里。不过家谱的传记中称其"没于官，以名宦闻"，似乎蓝智又是死于任上。若蓝智果真"持节"衣锦还乡，这对地处山野的蓝氏家族是百年不遇的何等荣耀之事，家谱不会不记载，更何况二蓝于此无诗。

据家谱记载，蓝智有同胞兄弟五人：长蓝诚，字静之，号山；次蓝复，字宜之，号虚白；三蓝礼，字立之，号田翁；四蓝智，字明之，号涧；五蓝瑶，字成之。统观全谱，令人惊讶的是只见"蓝诚"，不见"蓝仁"，而世人偏偏只知蓝仁，不知蓝诚。蓝仁是否是蓝诚的别名、曾用名，该家谱绝口不提。

《明史》记载，蓝仁"例徙濠梁"，《四库全书总目提要》中纪昀据此推断其"明初内附，随例徙临濠，则必尝仕张士诚"。元末群雄并起，泰州人张士诚是当时反元义军的著名领袖之一，也曾雄踞江浙，建都高邮，国号大周，自称诚王，达十四年之久。改朝换代之际，成者为王败者为寇，张士诚终为朱元璋剿灭，其帐下文人墨客如杨基、徐贲、唐肃、余尧臣、顾德辉父子等人一概例徙临濠。纪昀推断蓝仁"尝仕张士诚"不无道理。若蓝诚果真投效诚王张士诚，他不能再名"诚"，在当时封建时代为避讳改名谐音"蓝仁"在所必然，其家谱对诚公这段坎坷历程讳莫如深也是情有可原。民间修纂家乘常常为尊者讳，报喜不报忧，这是惯例，但也是通病。

《明史》称蓝仁"内附后，例徙濠梁，数月放归，卒"。似乎给人一个错觉，误以为他死于放归不久的元末。其实据家谱记载，蓝仁"终于明洪武二十一年，卒年七十一"。蓝仁的《蓝山集》中有诗《自述》，首句即"生年七十又周余"。

蓝仁的坎坷一生何止"例徙濠梁"，放归后他多年几乎居无定所。蓝智有诗《闻蓝山兄寓滁州》《怀蓝山兄淮上》可见一斑。蓝仁自己在诗中自陈"三年频客路"，又称"久淹客路头俱白"。不仅流落安徽，蓝仁还远涉山西，他有诗《大同路石佛谷过啼哭岭》，全文为："云京石寺游，西北上丰州。山险为啼哭，路艰成阻修。闻名心已碎，未见泪先流。万里江南客，那堪过岭头。"足见他当时情绪十分低落。蓝仁膝下本有一男一女，然而不幸接踵而来，其诗集中有《哭婿游彦辉》："空期半子力，翻哭少年亡。儿女存孤幼，乡间失善良。"还有《哭儿骨殖还故山》，其儿子生前"荷戈万里戍成都"，以至于"窜死遐荒万里余，藤缠草束土侵肤"，"一抔黄土骨如银"。诸多上述诗句伤感得令人不忍卒读。

蓝仁丰富的阅历和苦难的一生使得他的思想境界和蓝智有所迥异。典型如对待明初的荐诏，家谱记载蓝仁三徵不起，而蓝智已跃跃欲试。蓝智去世后，蓝仁有诗《题春雨蓝涧图》，这是一首挽诗，其中写道："吾弟俊年多读书，生怕轩冕来相拘"，"朝廷偶说通贤路，州县临门逼人去"；"无人更扫蓝涧屋，有墓已题春雨碑"。别人望眼欲穿的荣耀事，在蓝仁笔下简直是抓丁派差，倒霉透顶！

蓝仁《蓝山集》中有诗自题为"甲寅仲冬，予摄官星渚"，甲寅是明洪武七年（1374年），似乎他在蓝智上任后四年也应征而起，是否三徵过后没躲过四徵、五徵，"州县临门逼人去"？《明史》和家谱对此没有只字记载，后人不得而知。不过这段经历对蓝仁晚年穷愁潦倒的困境并没有什么改变，洪武十九年有诗句，自称"衰容万感集""闭户唯僵卧"，还有诗《石村除夕》云："衰病身为累，穷愁岁又除"。这些诗句应该不会是蓝仁无病呻吟。

该蓝氏家谱奉宋代蓝珪为入闽第一世，递传至第十世蓝燧为肇居崇安始祖。蓝燧仅生一子蓝墀。蓝墀生子五：诚、复、礼、智、瑶，即蓝仁、蓝智五兄弟，是第十二世。五兄弟中老大蓝诚（即蓝仁）有子一；老二蓝复学仙得道，无嗣；老三蓝礼为当地名医，生子四：泗、渊（出继）、浩、澍；老四蓝智生子一：蓝泽；老五蓝瑶无子，以老三蓝礼次子渊入继顶嗣。进入第十三世，我们惊奇地发现只剩下蓝智的儿子蓝泽和蓝瑶的继子蓝渊，也就是说蓝仁、蓝礼的后代从此被族谱排除在外。世系图显示，嗣后蓝氏子孙散居崇安、建阳、浦城，以及徙居江西省饶州、信州诸地，基本上都是蓝智派下。

虽然家谱并不明说，也许问题就出在二蓝的祖父蓝燧身上。据家谱世系和蓝智本人的谱序记载，曾祖蓝应午宋末曾为福安县令，单生一子蓝燧。时值宋元交替，蓝应午不知所终，"卒葬失考"。蓝燧公子落魄，"备尝艰苦"，流落崇安，入赘当地裴克庄家，单生一子蓝埒。按民间习俗，蓝埒这时至少要兼祧蓝、裴二姓。幸好蓝埒生了五个儿子，问题得以迎刃而解，老二成道士除外，老大、老三归裴家，老四、老五归蓝家，因而顺理成章，后续世系仅存老四蓝智的儿子蓝泽和老五蓝瑶的继子蓝渊了。

若从其家族的墓葬坟图上看，问题的答案更是一清二楚。二蓝的父亲埒公和母亲李氏合葬于五夫翁墩后门；祖父蓝燧和祖母裴氏原葬于南庵虚白仙院山内，和当道士的孙子老二蓝复在一起，后移葬南庵七星穴，旁葬孙子老四蓝智和老五蓝瑶。老大蓝仁、老三蓝礼墓葬何处，族谱已不作记载了。

福清市三山镇钟厝村也有过类似的情况。该村钟氏族谱的卷首有清康熙十八年的谱序一篇，其中记载宋朝末年有薛港翁姓入赘钟家，妻子钟四娘，生二子，翁某让其二子全都姓翁。钟四娘"毅然与夫争执于公庭，邑侯判长子姓翁，次子姓钟，二姓永不得为婚"。于是甥继舅嗣，钟四娘的次子钟孔乐成为该家族始祖，自后子孙繁衍，人才辈出，在当地遂成望族。

蓝氏家谱的插图中三徽堂宗祠宏大壮观，笔者跋山涉水，在武夷山山脚只见到残垣断壁，数十年来这儿一直是村民的牛圈，二蓝后裔已星散他乡。桑田沧海俱往矣，"仁"乎，"诚"乎？"蓝"乎，"裴"乎？血统传承并不重要，永恒的是大中华历史文化。

蓝氏是何时入闽的*

陈华

早在隋唐时期，闽、粤、赣三省交界地就成为畲族先民的主要活动区域，这是学界多年来达成的共识。但令人感到意外的是，据当地畲族家族谱牒记载，畲族三大主姓中，当时仅有雷氏、钟氏聚居于闽西南，以宁化雷氏、长汀钟氏为著，唯独不见三姓之首的蓝氏的踪影。资料显示，直到数百年后的南宋中叶，蓝氏族人才姗姗来迟肇居此地。

徙居闽西南的畲族蓝氏族人一致认为蓝吉甫是蓝氏入闽第一人。

南宋宝庆元年（1225年），兵荒马乱，民不聊生。18岁的蓝吉甫随同避难的人群从江苏句容南下，途中不幸与父母兄弟失散，只身流落福建福清五福乡开基创业，"蓝氏居闽蕃衍之盛，实奉公为鼻祖"。蓝吉甫娶福清姑娘林七娘为妻，生子三：长常新，次常美，三常秀，"兄弟三人散居异地"。淳祐六年（1246年），25岁的蓝常新离开福清徙居建宁崇善坊，重开基业。妻子李氏，福清人，生子五，长子万一郎嗣后离开建宁，肇居汀州宁化石壁，成了汀州蓝氏开基始祖。至今，从闽西南到粤东、赣南，乃至台湾，蓝吉甫后裔满天下。

不过，笔者从《八闽通志》和《福建通志》中找到一则记载，足以证明蓝吉甫入闽之前福建已有蓝氏族人世居。泉州府晋江籍学子蓝圭、蓝丞兄弟于北宋仁宗天圣八年（1030年）庚午王拱辰榜中式进士，而后蓝圭官居太常寺丞，蓝丞历任南剑州、汀州知州。北宋天圣八年比南宋宝庆元年（1225年）早了近200年，明清福建省志中确凿无疑的记载，彻底打破了多年来闽西南蓝氏族人一致认为蓝吉甫是入闽第一人的传统说法。

明代开始，古福州府（辖今福州、宁德）成了畲族最集中的聚居地。遗憾的是，至今在这里找不到一部完整像样的蓝氏家族谱牒，能让人准确无误地知道他们明代以前来自哪

---

* 原文载《中国民族报·理论周刊》2012年3月2日。

里，能明明白白地告诉后人自己先祖的名讳行状和世系排行。他们不认同蓝吉甫是他们的先祖，他们中的大多数宁愿相信先辈流传下来的一段话：祖上世居广东潮州，唐光启二年（886年），盘、蓝、雷、钟、李共三百六十口从王审知为乡导官入闽，至连江马鼻登岸，徙居罗源大坝头。盘王端一船被大风漂流，不知去向。

据说这段话有"历史依据"，因为《资治通鉴·唐纪》中记载："唐景福元年（892年）二月，范晖骄侈失众心，王潮以从弟彦复为都统，弟审知为都监，将兵攻福州。民自请输米饷军，平湖洞及滨海蛮夷皆以兵船助之。"平湖洞在今福建中部沿海的莆田，王氏从莆田攻打福州何来广东入闽之说？能以"兵船助之"的当地滨海民众与其说是畲民还不如说是疍民来得更为恰当！

究竟蓝氏何时入闽呢？

明清以来浙江南部聚居了众多畲族先民，据悉大部分徙自福建东北部的福州、宁德两地。近期来当地的畲族古籍被大量发掘面世，其中不乏蓝氏家族谱牒的珍品。来自景宁、龙游、兰溪等地的10多部蓝氏族谱显示，虽然他们的祖先从不同的时间和不同的地点迁入浙江，但却有共同的世系渊源和共同的始祖蓝一可。现今流传于世保存完好的有民国三年（1914年）的8卷和12卷两种刻本，为叙述方便，本文将它们统称为"蓝氏一可公族谱"。

蓝氏一可公族谱的卷首共收录新旧谱序26篇。我们从中得知该谱创修于宋绍兴二十七年（1157年），创修时有唐开成元年（836年）的"草录一秩"作为参考，而后直至民国三年（1914年）共续修16次，即宋代为淳熙四年（1177年）、咸淳九年（1273年），元代为大德二年（1299年）、泰定三年（1326年）、至正十六年（1356年），明代为永乐四年（1406年）、宣德十年（1435年）、正德十一年（1516年）、嘉靖四十年（1561年）、万历二十九年（1601年），清代为顺治七年（1650年）、康熙四十年（1701年）、乾隆四十九年（1784年）、嘉庆二十二年（1817年）、道光十一年（1831年）。前后相距674年，平均每隔42年续修增补一次。正由于先祖的坚持不懈，使得该族谱世系格外清晰，内容翔实可信，在目前已知的所有畲族族谱中实属罕见，对研究畲族历史渊源和家族迁徙有极大的参考价值。

探讨畲族的民族历史渊源，常常绕不开畲族盘、蓝、雷、钟四姓同宗同祖的话题。你想知道他们四姓共同的祖庙由来多久吗？畲民独特的行第称谓当年是如何商定的吗？有人曾为族中女丁专门设定了"坤行第"吗？流行于世的朱熹"题蓝氏家谱序"典出何处吗？不过，本文作者今天关注的是世系表，热衷的话题是畲族先民的历史迁徙。

打开世系表，也许你会一页一惊喜。

第一世为入闽始祖蓝一可,讳滋生,生于隋开皇十二年(592年),卒于唐咸亨二年(671年)。祖上世居南京,于唐太宗贞观年间(627—649年)徙居福建上杭县大洋埔(又称"蓝家渡")肇基创业。

第十三世,罗源始祖蓝允富,名玉斯,生于唐乾符六年(879年),卒于后晋开运二年(945年)。祖上世居上杭,于唐末五代梁开平年间徙迁罗源县南乡九都清格林家庄开基立业。其兄蓝允玫迁居南京,为当地高峰岗开基祖。蓝允富生四子:力尚、力达、力权、力勤。长子及三子、四子从此定居罗源,次子蓝力达于五代末宋太祖时,由罗源移迁连江县西乡灵九峰傅庄,成为连江始祖。

第二十世,古田始祖蓝锡程,生于北宋庆历四年(1044年),卒于南宋建炎元年(1127年)。蓝锡程在大观年间(1107—1110年)曾任漳州通判,因受宦官迫害,隐居古田大坪源小茶岭蓝家山,从此派衍古田。该蓝氏一可公族谱即由蓝锡程长孙蓝渭林于宋绍兴二十七年(1157年)主持创修。

第三十世,福安始祖蓝丹山,生于元大德十一年(1370年),卒于明洪武二年(1369年)。祖上世居古田,于元末至正年间徙居福安东门。传至第三十四世蓝相益,生五子,于明代分别离开福安。长子蓝敬华、次子蓝敬太、三子蓝敬泉、四子蓝敬连迁居浙江处州云和、丽水等地,唯幼子蓝敬棠留居祖地。

综上所述,该蓝氏的历史迁徙流程是:唐,蓝一可自南京迁上杭——五代,蓝允富迁罗源;次子蓝力达迁连江——宋,蓝锡程迁古田——元,蓝丹山迁福安——明,蓝敬泉兄弟迁浙江。

由于该世系表是最终移居浙江的蓝氏族人所编纂,按修谱惯例只详尽记述本支祖,对支派点到为止。不过我们从中仍可以得知,其间唐代有第四世蓝誉文移居广东潮州,第六世蓝芳永、蓝芳远移居安徽,第八世蓝进元移居四川雅安;宋代有第十六、十七世数支派回迁上杭祖居地,第二十世蓝锡传移居安徽凤阳,第二十三世蓝钧启移居宁化石壁,等等。

如果上述蓝氏一可公族谱的记载真实可信,那么畲族蓝氏先民入闽就应该是在唐太宗贞观年间(627—649年),原居地南京,肇基地上杭,这倒应了闽东、浙南畲族《高皇歌》中常见的一句话:"都是南京一路人"。

唐末五代梁开平三年(909年)王审知在福州称闽王,蓝氏一可公族谱记载第十三世蓝允富正是在开平年间(907—911年)徙迁罗源开基立业,这与传说中随从王审知为乡导官入闽,先至连江马鼻登岸,而后徙居罗源大滨头,两者在时间上大致吻合。

闽西南蓝氏族谱记载,蓝吉甫的儿子蓝常新于南宋淳祐六年(1246年)离开福清徙居建宁，长子万一郎肇居汀州宁化石壁。蓝氏一可公族谱记载，第二十二世蓝渭林长子蓝钧启约于南宋绍兴年间从古田迁居宁化石壁。两人都是来自福州府古十邑，迁徙时间都是南宋，论行第前者谱称"万一郎"，后者谱称"万二郎"，两人刚好都是长子，兄弟也是五人各居他处。对照之下，仅仅是巧合吗？

或许蓝一可公是第一波入闽，蓝吉甫公是第二波入闽，或许蓝吉甫只是蓝一可后裔中的一个支系，随着日后更多畲族古籍的发现，蓝氏入闽之谜将会找到最终的答案。

文化自觉：少数民族文化传承的内在动力*

黄淑萍

我国是一个统一的、多民族的国家，各民族共同造就了绚丽多姿的中华民族文化。少数民族传统文化是我们不可或缺的宝贵财富，保护、继承和弘扬少数民族优秀传统文化也历来是我们民族政策的重要内容之一。随着现代化进程的加快，少数民族地区的社会卷入程度也越来越高，这一方面促进了少数民族地区的经济社会发展，另一方面却使少数民族的传统文化逐渐成为现代潮流的附庸。如何保护和传承少数民族优秀传统文化也随之成为被广泛关注的热点问题，一时间各级地方政府、专家学者纷纷开始探寻解决之策。随着相关工作的不断推进，少数民族文化的保护与传承工作取得了一定的成效，但也暴露出了一些问题，如保护工作流于形式、过度开发文化等，其中一个最大的问题是我们当前的少数民族文化保护是处于一种上热下冷的状态，即政府部门和有关专家学者相当重视，但对生活于这种文化环境下的当事者来说却显得无关紧要。这种现象的出现与人们对自身文化缺乏体认和自信有着很大关系。因此，唤起少数民族群众的"文化自觉"应是进一步做好少数民族文化传承工作的关键。

一、什么是文化自觉

"文化自觉"是费孝通先生于1997年在北京大学举办的第二届社会人类学高级研讨班上提出的。他认为文化自觉是指生活在一定文化中的人对其文化有自知之明，明白它的来历、形成过程、所具有的特色和它发展的趋向，不带任何"文化回归"的意思。"不是要'复归'，同时，也不是主张'全盘西化'或'全盘他化'。自知之明是为了加强对文化转

---

* 原文载《中国民族报·理论周刊》2012年7月6日。

型的自主能力，取得决定适应新环境、新时代文化选择的自主地位。"① 文化自觉是一个艰巨的过程，只有在认识自己的文化、理解所接触到的各种文化的基础上，才能明确自己的文化的位置，然后经过自主适应，和其他文化一起取长补短，形成多元文化共存、联手发展的局面。从上述定义中我们可以发现文化自觉并不是一种文化保守主义，其本质是人们在新时代、新文化环境的背景下对自己文化有所认识，更重要的是改造，达到推陈出新的境界。这个概念的适用范围很广，大到中华民族甚至整个人类社会，小到人口较少的民族。以我们少数民族文化的传承发展为维度，费孝通先生关于"文化自觉"的理念具有重要的现实意义。

二、少数民族文化传承过程中文化自觉的必要性

文化传承是指文化在民族共同体内的社会成员中作接力棒似的纵向交接的过程。有学者认为，"文化传承实质上是一种文化的再生产，是纵向的'文化基因'复制，并按照文化适应的规律和要求作有机的排列组合，为新的社会秩序的建构作必要的文化要素积累"②。如何能做到按文化适应的规律和要求做有机的排列组合，本文认为唤起少数民族群众的文化自觉才是关键所在。

首先，传承环境的变化需要人们有文化自觉。传统社会，生产力低下，社会发展较为缓慢，区域间的交通不发达，各民族之间的交往并不密切，尤其是那些地处偏远的少数民族聚居地，几乎是独自成一封闭的空间。在这样的文化环境下，人们对本民族文化的传承基本是在一种集体无意识的情况下进行的，文化的传承者几乎毫无选择性可言。也就是说在传统社会里，文化的传承是在文化主体没有选择余地的情况下被动实现的。③ 同时，文化的传承者对于传统文化的接受还伴随着强烈的、明显的生存、安全及归属的需要。虽然是被动传承，但是由于传统社会的相对封闭性以及文化传承者对传统文化的基本需求却反而能使少数民族文化相对完整地代代相传下来。到了现代社会，各民族之间的相互交流交往越来越频繁，一个少数民族的成员不管是主动还是被动，他都能通过各种方式接触到其他民族的文化，尤其是国家的主流文化。这意味着文化的传承者已不再是处于被动接受的地位，他们有比较和选择的可能。这一环境的巨大改变给少数民族文化的传承带来很大的风险。许多优秀的少数民族传统文化就在外来文化的冲击下走向衰退，这时候唤起传承者

---

① 费孝通：《论文化与文化自觉》，195页，北京，群言出版社，2007。
② 赵世林：《论民族文化传承的本质》，载《北京大学学报》（哲学社会科学版），2002（5）。
③ 赵世林：《云南少数民族文化传承论纲》，昆明，云南人民出版社，2002。

的文化自觉显得至关重要。费孝通先生的"文化自觉"理论有两个核心内容：一是正确认识自己的文化；二是正确对待别人的文化，要互相学习、借鉴、交流和融合。在传统社会，传承者对文化的传承是被动的，而且这种被动还是无意识的，即并未察觉自己是本民族文化的传递者，因此也就不存在文化自觉之说。然而在现代社会，各民族的文化相互交流碰撞，必然会对传统社会里传承者对文化的无意识状态产生强烈的冲击，如何对本民族文化定位，如何处理本民族的文化与他族文化的关系，这都成了棘手的问题。处理不当就有可能导致少数民族文化传承链出现断裂。

其次，少数民族群众作为其文化的主人，应该要有文化自觉。文化的主人是在日常生活中拥有该文化的人，他们是文化的直接传承者。费孝通先生说文化其实就是人们的生活方式。只要人们以这种生活方式生活着，其文化就能延续下去。但是生活方式会随着社会发展而变迁，在现代化潮流的冲击下，各种不同的文化尤其是主流文化不断地充斥着少数民族群众的生活，他们该做怎样的取舍，是该坚守本民族的文化还是该追随主流，或者是在主流文化与本民族文化两者间找到平衡？做什么样的抉择取决于人们的文化自觉。一个缺乏文化自觉的民族，在它面对其他文化冲击的时候便会手足无措，甚至随波逐流逐渐埋葬自己民族的文化。唯物辩证法认为内因才是事物自身运动的源泉和动力，是事物发展的根本原因，外因是事物发展变化不可缺少的条件，但外因要通过内因才能真正发挥作用。文化传承的内源性动力只能源于居于该种传统文化"主位"的群体的"文化自觉"。少数民族文化传承的直接主体就是本民族的群众，只有本民族的群众认同自己的文化，从内心深处感觉出本民族文化的重要性，自觉自愿的采取行动，加以保护、传承，这种文化传承才最为有效，当然政府部门的催化作用也不可缺少。然而现实的情况是，我们大部分少数民族群众对本民族的文化传承表现出的是一种无所谓的态度，政府部门出资金、出项目来开发保护他们的文化，在他们看来却是"事不关己的、高高挂起"。这说明少数民族群众对本民族的文化还未达到自觉的状态。

三、如何培育少数民族群众的文化自觉

理论上认为文化自觉的培育主要有两个途径：一是依靠少数民族群众自发自觉地认同本族文化，自愿为文化的传承保持原有的习俗；二是依靠外界刺激来唤起文化自觉。一般而言，人们对于生活于其中的文化往往习以为常，难以从中跳出来反观自身，往往有矛盾和问题出现之后，才开始有反省意识。因而，真正的自觉应该是超越人们的习惯状态和日

常生活的一个持续的探索和反省过程。① 由此看来,仅仅依靠少数民族群众自身的力量来实现文化自觉的难度很大,而且进程也比较慢,还是要借助外界的力量,尤其是政府的力量。

首先,要发展民族学校教育。文化自觉最基本的要求是本民族群众要对自己的文化有自知之明。学校教育最基本的功能就是传授知识。民族学校教育与一般的学校教育又有所不同,在教育内容上它不仅要教授以主体民族为主的、统一的多民族国家共同的大文化,又要兼顾本民族的优秀传统文化。对于前者"大文化"的传授,我们都毋庸置疑;但对于后者"本民族优秀传统文化"的传授在很多民族学校都没有做到位。面对学生升学、就业等压力,很多民族学校都把国家课程作为教学的重点,而体现少数民族特色、用来进行民族文化普及的课程却得不到应有的重视。为此,我们要进一步加强民族学校对本民族优秀传统文化的传授力度,提高民族文化教育在教学中的比重,通过多样化的教学方式让学生们能轻松、系统地学习本民族文化,了解它的来历、形成过程、所具有的特色,从而促进少数民族学生对本民族文化的认识与理解,增强其认同感;我们还要通过教学让少数民族学生了解当前其民族文化发展面临的困境以及未来的发展趋势等,以此促进他们对自己民族的文化进行思索甚至反省,最终唤起文化自觉。

其次,要在少数民族群众与外界之间建立有效的交换机制。文化自觉的根基在于文化主体对该文化的内在需求,只有具备这种需求才能形成少数民族群众文化自觉的强大动力。人们之所以对某种文化有需求,是因为该文化对他们有价值,能为他们所用。然而随着社会的发展,一些文化的原有使用价值往往不再符合人们新的观念和需要,因而这些文化会逐渐淡出人们的视野甚至消失;但是在某一条件或契机出现时,人们又会对文化实体进行再利用或改造,赋予其新功能和价值,实现文化创新。② 政府作为外来力量,在传承少数民族传统文化中的主要职责就是要为少数民族群众创造上述所讲的条件或契机,让他们能自觉地对原有文化进行再利用和改造,实现文化创新。政府应该设法在少数民族群众与外界之间建立一种有效的交换机制,要让他们感受到自身的传统文化会带给他们利益,会改善他们的生活,同时也要让外界的人在欣赏这些传统文化时,付出一定的代价,这样才能实现少数民族传统文化"活"的传承。③ 说到底是要把文化传承和少数民族群众的经济利益联系起来,以带动人们的积极性。其中文化产业化发展也是一个很好的途径。那些

---

① 沈婧:《对文化自觉的一种解读》,载《经济视角》,2011(7)。
② 甘代军:《文化自觉的动力——一个布依族村寨文化的审思》,载《云南社会科学》,2010(2)。
③ 雷玉明、易文君:《民间传统文化保护和发展中的政府职能分析》,载《华中农业大学学报》(社会科学版),2011(3)。

经济潜在价值较好，市场化可行性较高的少数民族传统项目，完全可以走产业化道路，如发展民族文化旅游业。许多地方的实践证明发展民族文化旅游是有必要的，而且也是有可能的。如覃德清在对漓江流域民族村镇的长期考察中发现，文化保护的关键是要恢复民族记忆以及与民族身份相适应的思维方式、价值观念和生活习惯，适当的旅游开发可以推进这一过程的发展，从而为乡间"小传统"文化的传承提供支持。[①] 把美丽的自然风光、服饰文化、民歌音乐、建筑特色和历史遗迹等具有鲜明特色的少数民族文化经过适当的包装后推向市场，让外界的人共同来欣赏该少数民族的独特风情，这一方面能为当地少数民族群众带来经济效益，也因此能让他们在追求经济利益的同时感受到自己文化的魅力与价值，从而促使他们更深刻地理解自己民族的文化，并激发其创新发展民族文化的欲望；另一方面，外界的关注也能增强少数民族群众对本族文化的自信心和自豪感，唤起他们对本民族文化的认同意识，使其成为促进民族文化传承的内在动力。

在传统社会，少数民族文化的传承是自然而然地发生的，没有外部力量的介入它也能很好地运行。但是在现代社会，随着各种形式的文化移入少数民族群众的生活，人们有了更多的选择，加上他们并没有文化自觉，文化传承的风险也因此显现出来了。事实上，已经有一些少数民族的传统文化被主体民族的文化所替代，文化传承的内源性动力只能是来源于该文化主体的文化自觉。外界力量尤其是政府组织要通过各种途径和方式来帮助少数民族群众培育文化自觉，最终形成一种由内而外、由下而上自觉的文化保护模式，才能真正使文化传承生生不息。

---

① 覃德清：《漓江流域"小传统"场境中的旅游开发与文化保护》，载《中南民族大学学报》（人文社会科学版），2006（26）。

从科仪唱本看畲族的巫术文化*

陈华

巫师,是中国古老的职业,畲族民间多称其为"法师""师公",同行中尊称其为"长辈祖师爷",自我谦称"弟师"。在古代,巫师享有崇高的威望,是统治者的高级参谋,能参与处置军国大事。随着社会的发展,巫师的地位每况愈下,到了封建末期的清代,画符念咒招神驱鬼的南方巫师被指为流巫,列入下九流。这意味着不但本人不得参加科举活动,即使本身"改邪归正",也须过了三代之后,子孙才得以进学考试,有望成为秀才。不过尽管如此,在漫长的封建时期,社会底层民智未开,缺医少药,对自然灾害束手无策,人们相信巫师能上通天庭、下达地府,能与诸方神灵对话,为民解忧,因而在广大民众心目中,巫师依然受人敬仰,延请巫师开坛设醮仍然是民间社会生活中不可或缺的重要部分。

"科仪唱本"是巫师举办法事活动的必备用书,相当于戏剧的脚本。它详细记载了各项法事活动的规范程式,有唱词,有道白,还有多种相应的符式、咒语、疏文,其中以唱词为主,往往占据大量篇幅。笔者有幸遍览上百部畲族法师秘藏至今的从清康熙年间到民国时期的手抄唱本,这些原生态的古籍史料从一个侧面见证了畲族巫术文化的形成和发展。

明末清初,畲民大规模的家族迁徙活动已经结束,"大分散、小集中"与汉族杂居的格局业已形成。大约也就在这个时期,福建畲族逐渐介入巫师这个行当,随着汉族巫师的淡出,到了清代末期,畲民基本掌控了这个行业,大量的畲族元素随即被刻意移植到早期汉族的科仪唱本中,并通过频繁的法事活动得到社会认同,终于形成了颇具民族特色的畲族巫术文化,同时也成了保留至今的畲族历史文化的重要组成部分。

---

* 原文载《中国民族报·理论周刊》2013 年 3 月 1 日。

科仪唱本的原著人都已无从考证，畲族法师保存的许多早期的科仪唱本大抵都是出自汉族手笔，也就是说，他们的祖师爷当属汉族无疑。如永泰雷姓法师保存的《保奏科仪文》是清乾隆四十三年（1778年）郑法盛手抄本，福州晋安蓝姓法师保存的《启请犒将造狱谢神科文》是清乾隆四十八年（1783年）徐家渭手抄本，建瓯蓝姓法师保存的《作阳疏》是清道光二十七年（1847年）廖法得手抄本。

　　畲族法师不仅视科仪唱本为珍宝，而且只许在师徒中传抄，从不轻易外露，而且这些门徒往往就是自己信得过的亲属后代。人们在唱本的卷末常常会见到法师语重心长的叮嘱，如永泰莲峰长生堂雷姓法师保存的清同治九年（1870年）手抄本《透途敕水变马科》的卷末留言："付侄国顺学习，流传子孙，万代收存，不可遗失"；如福安蓝姓法师在《造火城科》手抄本中写道："子孙流传，不许传外人"。

　　巫师行业山头林立，分门别派，令人惊讶的是，法师们即使在同行中也决不互相交流，堪称壁垒森严。福安闾山法坛科仪唱本《揖君科》《打天门》的卷末宣称："子孙流传用也，外坛不可传借。"究其缘由，应该是各门派之间自诩法术有高低，事关职业经济收入问题。正如福安灵宝法坛雷姓法师在清光绪十年（1884年）吴开记手抄本《收瘟正法册》中坦率直白："若凡无钱相答谢，千万记得莫除根；若凡有钱相答谢，瘟鬼埋葬断根源。"

　　尽管醮主的诉求不一，或是除灾祛病，或是招魂驱鬼，或是祈求合境安康、风调雨顺，但是法师们的应对方法不外乎三大步骤：首先敬请各方神灵莅临法坛，然后借助神灵的力量驱逐或斩杀邪魔恶鬼，最后恭送神灵打道回府。法事中所奉迎的神灵较为庞杂，面面俱到，有释教的佛陀、道教的三清，又有上至玉皇大帝下至当地土主的众多民间俗神，有名有姓的时常多达上百位，甚至也包括该法师本人的祖师爷。清道光二十二年（1842年）罗源雷姓法师的《请师爷科》抄本中破天荒地在各方神灵的队伍中出现了畲族人自己的祖师爷，如蓝五郎、蓝三九郎、钟九郎、蓝二郎、蓝大五郎、蓝小十三郎等。畲族法师跻身神灵行列，这宣告着畲民已在巫师职业中站稳了脚跟。

　　随着师徒代代相传，到了清末民初，畲族法师终于在这个行业中占据了绝对优势。闽北的顺昌县畲族人口虽然稀少，但是法师职业相当流行，民国十六年（1927年）顺昌蓝姓法师《请师爷科文》的手抄本中以"弟子鸣角将一声，谨请……"为起首，详细列出本民族法师或师娘的姓名、籍贯，总数多达268位。按地址分布，以本地延平府顺昌县居多，其他尚有周边闽西北的瓯宁、清流等地，还有邻近江西省的贵溪、员山、长宁等县。上述顺昌县籍的211位畲族法师中，其中男性150位（清一色蓝姓）、女性61位。尽管畲族社会中男女历来相对平等，但是女性法师所占比例之大还是出人意料。

畲族法师人数上的绝对优势并不等同于畲族巫术文化的形成，但这正是畲族巫术文化开始形成的先决条件。

由于法师是畲族人，大量的畲语开始介入唱本中，如清初的唱词中就已经出现这样的句子："一岁毛奶独自生，二岁毛爹独自行。三岁也毛亲兄弟，恰似莲花水上生。"句中的"毛"为畲语的借音字，意为无、没有；"奶"是指娘、母亲。畲语中常用的汉文借音字在随后的唱词中比比皆是，如唱词中的"一工"是汉语的"一天"，"瞒铺"是指"晚上"。日积月累，以致到了民国中后期，许多科仪中的唱词唯有使用畲语演唱才能朗朗上口。

与此同时，唱词的内容也发生了前所未有的变化。当时民间的法会道场有一日夜、三日夜、七日夜之分，通宵达旦更是常有的事。畲族法师在原先枯燥无味的唱段中大胆引进本民族的民间歌谣，甚至还包括民间历史故事改编的叙事诗，既活跃了现场气氛，又缓解了自己的疲惫，受到民众的普遍认可。这些民间歌谣大都真实反映畲族社会生活，直接表达畲族的价值取向，贯穿着畲族的伦理道德观念。它们成功地被植入科仪唱本，频繁出现于法事活动中，标志着畲族巫术文化的发展已经进入了实质性的阶段。大量植入民间歌谣的科仪唱本如顺昌蓝姓法师的《二十四孝报恩三十六拜》，罗源雷姓法师的《丧葬唱本》，福安灵宝法坛的《借神科》。最具代表性的唱本当推宁德蕉城雷姓法师保存的手抄本《雷氏祖教》，该法册是举办超度死者亡灵法事时供法师和死者亲属通宵演唱的专用唱本，民间歌谣的内容极为丰富，其中有表达世间亲情的"娘大一""牛仔传""媳妇苦"，有慰藉亡魂的"劝酒""离别"，还有告诫世人的"行孝""探师爷""二十四孝"等诸多唱段。世间温情娓娓道来，催人泪下。

更有甚者，他们还将始祖崇拜融入科仪唱本中，促使巫术文化的民族特色得到进一步的发展。福鼎钟姓法师保存的手抄本《超金井科》中就出现类似《高皇歌》的唱段："高辛皇帝圣旨讲，蓝雷钟李是亲情。高辛皇帝亲吩咐，养女莫嫁百姓去。百姓下佬无情义，银钱对重①莫嫁他……"

平心而论，畲族法师大都是草根平民中的精英人物。他们要有相当的文化水平，起码要能读懂熟记科仪唱本，还要能歌善舞，思路敏捷，巧于应对，而敢于赤脚上刀山、下火海、登云楼更要有过人胆略。随着历史车轮滚滚向前，当年能同鬼神对话的法师们光景不再，门前冷落车马稀，这是社会的进步，这是历史的选择。然而，有数百年文化积淀的畲族巫术文化并没有随着法事活动的消失而退出历史舞台。

---

① "百姓"：指汉族；"银钱对重"：指给与女儿体重相同重量的银子作为彩礼。

据说人类的舞蹈正是源于巫术舞蹈，从而开始走向舞蹈艺术的发展之路。畲族是一个能歌善舞的民族，其中的佼佼者也许非法师莫属，许多古老的畲族舞蹈正是通过法师的法事活动得以世代传承。如畲族法师的奶娘踩罡，本意是请神灵驱邪魔，通过发掘、整理，成了著名的民族传统舞蹈，而原本法师的上刀山、登云楼则成了令人叹为观止的民俗表演节目。

任何民族的传统文化常常精华与糟粕并存，需要后人给予一分为二，加以正确引导。畲族法师的科仪唱本是畲族历史典籍的重要组成部分，许多观念意识通过法师的法事活动长期以来深深地植根于畲民的心田中，这是历史客观存在。研究了解这些科仪唱本正是为了全面系统地深化认识畲族历史文化，去伪存真，有利于开发利用传统文化资源，有利于构建和谐民族、和谐社会。

言论少数民族致富　行谋民族地区发展
——习近平同志在闽期间关心少数民族和民族地区发展追述*

黄淑萍

党的十八大以来,以习近平同志为核心的党中央高度重视民族工作,习近平总书记曾多次深入少数民族地区调研,并对有关各民族共同团结奋斗,共同繁荣发展的重大问题作出重要批示。

2015年1月29日,习近平总书记对福鼎市磻溪镇赤溪村的扶贫工作作了重要批示,"30年来,在党的扶贫政策支持下,宁德赤溪畲族村干部群众艰苦奋斗,顽强拼搏,滴水穿石,久久为功,把一个远近闻名的'贫困村'建成了'小康村'。全面实现小康,少数民族一个都不能少,一个都不能掉队。要以时不我待的担当精神,创新工作思路,加大扶持力度,因地制宜,精准发力,确保如期啃下少数民族脱贫这块'硬骨头',确保各族群众如期实现全面小康。"

距离2020年全面建成小康社会剩五六年时间。近年来,民族地区经济社会发展取得显著成绩,但与汉族地区的经济发展水平差距依然较大,大部分扶贫对象和最低生活保障对象还是在民族地区。全面建成小康社会,民族地区的任务十分艰巨。"全面实现小康,少数民族一个都不能少,一个都不能掉队。"这是习近平总书记对少数民族和民族地区经济社会发展的殷切期望,也是对少数民族和民族地区的关心和重视。事实上,习近平总书记对少数民族和民族地区发展的关心和重视以及他对少数民族脱贫致富的一些思想理念,可以追溯到他在福建工作的那个时期。

---

* 原文载《中国民族报·理论周刊》2015年4月3日。

一、心系少数民族和民族地区的发展

习近平同志在福建工作期间,无论是在地方还是在省委和省政府任职,始终心系少数民族地区。担任宁德地委书记期间,习近平同志到任3个月就走遍了9个县,后来又跑遍了全地区绝大部分乡镇,到任后的第一次下村调研选在了畲族村。1988年7月的一天,习近平同志以及地、县有关部门领导专程到福安县甘棠镇西南部山区的畲家村寨——过洋村考察葡萄种植情况,并针对如何发展村级经济召开现场办公会议。

1987年9月11日,宁德蕉城区九都镇九仙村遭遇泥石流灾害。位于山上的小畲村一夜之间31人遇难。专家勘测后建议最好举村搬迁。在各级党委和政府的关心下,重新选址建起九仙新村。1989年春节和1990年1月3日,时任宁德地委书记的习近平两度到九仙村走访慰问受灾群众。第一次座谈会在村民钟郑英的新房里举行。那场灾难让她失去了10位亲人。钟郑英听不懂普通话,习书记握着她的手,让她感到亲切和温暖。

1990—1996年,习近平同志担任福州市委书记期间,也倾力关注少数民族地区的发展。他认为90年代已成为我国社会主义现代化建设的关键时期,同时也是促进各民族共同进步、共同繁荣的关键的关键时期。福州市应继续下大力气加快少数民族和民族地区的经济发展速度。

1996年8月5—10日,时任福建省委副书记的习近平率领省财政厅、老区办、民委、民政厅、水电厅和公路局的负责同志赴宁德地区6个县(市)、32个乡镇村访贫问苦。他特别关注宁德地区的少数民族奔小康的进程,指出,闽东地区是福建省少数民族的聚居区,民族工作要突出脱贫致富奔小康这个重点,继续实施民族地区"造福工程",落实扶贫政策,促进民族地区经济发展,保证他们与全区、全省同步进入小康。①

1997年5月,福建省政协的一份报告反映:尽管近几年来全省脱贫致富奔小康工作取得了显著成绩,但是在闽东畲乡仍有一些少数民族群众住在以茅草为顶、泥土为地的茅草房里。这份报告深深触动了习近平同志,他率领省直有关部门负责人专程赴闽东调研,走访了福鼎市、霞浦县一些典型的茅草房户,当场研究决定方案和措施。回到福州后,他立即向省委写了《关于闽东农村扶贫开发与小康建设情况的报告》,建议进一步明确把少数民族地区,特别是闽东少数民族居住区的脱贫致富奔小康工作作为重点,在政策、资金等方面给予扶持。省政府高度重视,专题研究,很快落实了闽东少数民族茅草房改造等600

---

① 许上福:《抗灾守丰收 拼搏奔小康——习近平到闽东调研指导奔小康和灾后工作》,载《福建日报》,1996-8-11(1)。

万元资金和有关政策扶持措施。①

1999 年 6 月，时任福建省委副书记的习近平与副省长汪毅夫，率领省民委主任、民政厅长、老区办主任等，专程到闽东老区基点村、少数民族聚居村调研，他们调研的第一站就是霍童镇偏僻的东岭畲族村。② 这里既是畲族村，也是革命老区基点村，由于地处偏僻，较少有领导足及。同年，习近平同志还为"面向 21 世纪中国畲族社区研讨会"的论文集作了一篇题为《一切为了畲族的发展》的序。他在序言中说，在闽东他目睹了畲族人民的艰苦奋斗和畲族地区的繁荣进步，尤其是畲族人民贯彻执行改革开放方针和党的民族政策，使畲族乡村发生令人振奋的变化。虽然离开了闽东，但是时常还会回忆起畲乡的山山水水，他的心系着畲族人民。同年，习近平在传达贯彻中央民族工作会议暨第三次全国民族团结进步表彰大会精神时强调要从福建省的实际情况出发，实实在在地抓发展，关键是要加快少数民族和民族地区的发展，要采取措施，加快少数民族的扶贫攻坚步伐，加快和改善民族地区的基础设施建设。

想群众之所想，急群众之所急，全心全意地为畲族群众排忧解难。根据省委和省政府的决策部署，习近平同志亲自组织实施"五通"（通公路、通电、通安全卫生饮用水、通电话、通广播电视）工程建设。1999—2000 年，全省投入老区和少数民族建制村"五通"建设的资金达 4.6 亿多元，到 2000 年，全省老区和少数民族行政村已基本实现"五通"，极大地改善了少数民族地区生产生活条件。③ 习近平同志还多次到福建省民族与宗教事务厅指导工作。2001 年，时任福建省委副书记、省长的习近平曾到福建省民族与宗教事务厅视察，指导工作。他说："脱贫工作是少数民族地区的一项重要工作，少数民族只有首先摆脱贫困，才能谈到发展进步。发展致富和防止因灾返贫的工作是福建省扶贫工作中的重点，脱贫是发展的基础，脱贫不是目的，只有发展致富才能彻底摆脱贫困。"④

二、关于搞好民族地区经济工作重要性的论述

在担任宁德地委书记期间，习近平同志对搞好民族地区经济工作的重要性有不少论

---

① 刘见闻、薛希惠、赵锦飞：《造就一番新天地 福到农家感党恩——我省造福工程走过二十年》，载《福建日报》，2014 - 5 - 29（2）。
② 王绍据：《绵绵的关爱 殷殷的深情——习近平、汪毅夫闽东老区基点村和少数民族村调研侧记》，载《福建民族》，1999（3），5 页。
③ 林艳：《一项为民办实事的"德政工程"——我省老区和少数民族行政村"互通"建设基本完成》，载《福建日报》，2001 - 2 - 12（A）。
④ 刘德伟：《举全省之力 做好民族工作——访福建省省长习近平》，载《福建民族》，2001（3）。

述。在《弱鸟如何先飞——闽东九县调查随感》一文中,他提到,民族工作的立足点在于发展经济,只有把经济搞上去,才有可能谈民族的真正平等。在《巩固民族大团结的基础——关于促进少数民族共同繁荣富裕问题的思考》一文中,他提到,当前,民族问题更集中地反映在少数民族和民族地区迫切要求加快经济文化建设的问题上。加速发展少数民族地区经济,使他们赶上或接近汉族的发展水平,才能够解除事实上的不平等,使各民族得到共同的繁荣。这是社会主义时期处理民族关系问题的主要内容,是少数民族工作的主要内容,也是少数民族的根本利益所在。

在担任福州市委书记期间,习近平同志曾在《搞好民族地区经济工作,开创我市民族工作新局面》一文中指出,民族问题说到底是个经济发展问题。少数民族地区的经济发展直接关系到我们整个国家现代化建设宏伟目标的实现,民族地区的现代化同全国各地区的现代化密切关联、互助促进,推动着各民族的共同发展繁荣。它不仅是一个经济问题,也是一个政治问题……作为一个地方的党政领导干部,应该站在全局的高度,从本地区实际出发,充分认识搞好民族地区经济工作的重要性,认真贯彻中央和省委有关民族工作的部署精神,不断增强少数民族和民族地区的自我发展活力,加快少数民族和民族地区经济建设和社会各项事业的发展步伐。

三、关于少数民族地区该如何脱贫致富的论述

习近平同志在闽东工作期间的一些文章和讲话被汇编成《摆脱贫困》(福建人民出版社 1992 年版)一书。书中有不少关于少数民族地区该如何脱贫致富的论述。

(一)扶贫要先扶志

在《弱鸟如何先飞——闽东九县调查随感》一文中,习近平提到,弱鸟能否先飞,至贫能否先富,首先是要看人们头脑里有无先飞的意识。"先飞"意识是第一要义。脱贫致富首先要思想脱贫,扶贫要先扶志。要从思想上淡化"贫困"意识,要把事事求诸人转为事事先求诸己。

(二)要走开放的道路

在《畲族经济要更开放些》一文,习近平说,闽东的畲族由于历史的、地理的原因,畲族经济囿于区域性狭隘圈子,基本上停留在简单的物物交换,与外界的经济联系极为微弱。畲族经济要发展,一个关键的问题是,走开放的道路,跨出自己的小天地。任何一个

民族的发展都不能只靠本民族的力量。只有处于开放之中,经常与外界保持经济文化的吐纳关系,才能得到发展,这是历史的规律。我们必须实行开放政策,以多种经济成分、多条流通渠道、多种经营方式去打破各种形式的画地为牢。

(三) 要增强"造血"功能

在《巩固民族大团结的基础——关于促进少数民族共同繁荣富裕问题的思考》一文中,习近平提到,少数民族地区脱贫致富,离不开国家的扶持和帮助,而支持与帮助的意义在于增强少数民族地区自身的造血功能,起决定作用的还是少数民族地区的自我发展能力。要使自身生产力水平同外部支持力量相结合以发挥最佳效益。要引导和帮助少数民族群众摆脱封闭、单一的自然经济状态,向商品经济发展,使少数民族地区经济走上良性循环的道路。扶贫资金要重点帮助少数民族地区,扶持他们兴办乡、村两级经济实体,增强民族地区经济的造血功能。抓好实用技术的培训工作,让畲族群众掌握一些实用技术。要充分利用民族地区同其他地区的自然地域分工条件,发挥当地自然资源优势,根据民族的特点建立自己的"种、养、加"的经济模式。

(四) 要培养少数民族干部

在《巩固民族大团结的基础——关于促进少数民族共同繁荣富裕问题的思考》一文中,习近平也提到了少数民族干部培养的重要性。他认为少数民族干部与本民族有着天然的联系,善于反映少数民族的意愿和要求,是我们在民族地区贯彻执行民族政策的纽带和桥梁。在民族地区的具体工作中,少数民族干部是不可替代的。建议要继续培养和不断提高现有少数民族干部的素质,要注意培养少数民族干部的后备力量,而且少数民族领导干部在地、县两级要有一定的比例。

习近平同志对少数民族和民族地区一贯的关心和重视,以及他对少数民族地区脱贫致富的真知灼见,势必极大鼓舞少数民族地区干部和群众的信心。相信,在以习近平同志为核心的党中央高度重视下,少数民族地区脱贫致富奔小康之梦为期不远,全面建成小康社会的宏伟目标指日可待!

参考文献

[1] 习近平. 摆脱贫困. 福州:福建人民出版社,1992.

[2] 闵新索. 听习近平省长谈民族工作. 中国民族,2002 (2).

[3] 习近平. 搞好民族地区经济工作,开创我市民族工作新局面. 福建民族,1994

（6）．

［4］习近平．一切为了畲族的发展——《畲族社区研究·序言》．福建民族，1999（2）．

［5］福建日报采访组．始终与人民心心相印——习近平同志在福建践行群众路线纪事．福建日报，2014 - 10 - 30（1）．

［6］段金柱，兰锋，黄如飞，王国萍．饮水思源 勿忘老区——习近平同志关心支持福建老区建设和发展纪实．福建日报，2014 - 11 - 1（1）．

蓝光其人
——福州畲族先民考*

陈华

  蓝光,元末官居福建行中书省都事。大明鼎革,弃官隐居,遂占籍侯官。嗣后子孙繁衍,为明代福州府蓝氏的主要派系之一。

  福州地方史志对蓝光多有记载。明《八闽通志》将其列为"名宦",卷36有其传记:"蓝光,字仲晦,江西人。尝受业于吴澄之门。初为安南路知事。江西陷,光入闽,转行省照磨,寻升检校,综理闽清邑事,邑民怀之,改行省。时八闽骚扰,陈参政方事复兴,光总藩幕,独骞骞持正,偶一言不合,遂拂衣而退曰:'吾岂贪禄者哉?'省宪交章荐之。会国朝兵南下,全闽弗守。光深衣幅巾,隐居教授,趣三十二载卒。光清淡寡欲。延接仕类,不苟假借。善诗文,考古制度尤加精密。"明《闽书》就蓝光"综理闽清邑事"记道:"闽清岁歉盗起,光单骑往谕,贼党解散,遂总理闽清邑事,以靖乱功升行省都事。"

  蓝光去世后葬福州旧怀安县境,明《闽都记》卷24记载:"蓝光墓,在二都元沙山。光,江西人,元末为闽行省都事。元亡,隐居教授,年九十余卒。闽人祀之城隍庙,子孙居闽,遂世其家。"

  福州省垣唯有一处城隍庙,坐落城内冶山脚,创建于五代晋太康年间,重修于明成化,再修于清康熙,至今遗址尚存。清《榕城考古略》记载,"庙之东偏,石刻历代有功名宦诸神碑,曰:唐光禄大夫樊公之神、宋少师忠惠蔡公之神、知武冈军杨公之神、参知政事张公之神、直龙图阁孙公之神、将军卢公之神、烈士范公之神、元太尉忠献董公之神、行省都事蓝公之神、传御史韩公之神、英义侯阚公之神、楚国公李公之神、明大夫汤公之神。"该"历代有功名宦诸神"共13位,其中唐代1人、宋代6人、元代5人、明代

---

* 原文载《中国民族·福州特刊》2015年9月。

1人，按排列顺序，第九位"行省都事蓝公之神"即蓝光。

明《福州府志》记载，省城名宦祠奉祀宋代25人，元代8人，其中元代第三位为"都事蓝光"。

"祀之有名宦，盖其有功烈于民者也"，"溯观古昔，代不数人"。福建行中书省都事，大抵为主官的幕僚之一，官职并不显赫，品秩仅是从七品。然而，蓝光竟能跻身省城"历代有功名宦诸神"行列，并进入名宦祠，备受时人推崇，乃至世代奉祀，可见当初立碑人自有其评判标准。

《闽都记》和《榕城考古略》中都收录有王偁的《吊蓝光墓》诗，诗云："曾将孤愤负当时，老判南荒众岂知？王气已随陵谷变，剑歌空对海天悲。秋风白发惊残梦，落日穷泉有所思。欲吊怀沙双鹤远，不堪惆怅泪如丝。"王偁，字孟扬，永福县（今永泰县）人，闽中十才子之一。《明史》有传，洪武二十三年（1390年）举人，永乐初，荐授翰林检讨，参与编修《永乐大典》为副总裁。

蓝光"尝受业于吴澄之门"。吴澄，《元史》有传，江西抚州崇仁人，元朝一代名儒。宋末咸淳七年（1271年）试礼部不第，作草屋数间以其学教授乡人，学生遂称之曰"草庐先生"。后受荐任江西等处儒学副提举、翰林学士，卒于元至顺元年（1330年），追封临川郡公，谥文正。蓝光既能受业吴澄门下，福州地方史志称其为江西人也有道理。

其实福建蓝氏畲民的家族谱牒中对蓝光的身世也多有记载，最为详尽的当属清光绪漳浦《石椅种玉堂蓝氏族谱》。据该家谱记载，蓝光的曾祖父太一郎公"住居在建宁府传派"；祖父蓝炯，字文明，仍居住建宁府，娶当地巨富陈则春女陈英娘为妻，后仕元，"提举江西学校官"；父亲蓝琛，字邦献，在元代任江西省抚州府临川县令。蓝琛宦居江西抚州，蓝光当在父亲身边长大，而一代名儒吴澄正是在抚州开馆教授生徒，蓝光受业于吴澄之门在所必然。

蓝琛生三子：长蓝兆，次蓝光，三蓝宽。待到三兄弟长大，时值元末兵荒马乱之际，他们先后返回福建，派衍三房，开基立业。

长子蓝兆，字元晦，号廷瑞，福建漳州府开枝，居漳浦县辖前亭岭，后再移居镇海隆教社，石椅种玉堂蓝氏族谱中奉其为太始祖。蓝兆后裔文韬武略，名动朝野，最著名的如清代福建三提督蓝理、蓝廷珍、蓝元枚，还有"筹台宗匠"官终广州知府的蓝鼎元。

三子蓝宽，字季晦，号清甫，"从子从军，开枝福建兴化府城外古棠"。

次子蓝光，字仲晦，号石泉。在吴澄门下学业有成，丙戌年选贡，为元朝江西安南路知事，"后江西扰乱入闽，历官福建行省都事"。元朝灭亡，蓝光"弃官于元涉寺（应为元沙寺。明《闽都记》记载：'元沙寺，在三都升山下，即飞来峰也。五代梁开平元年建,绍兴间,丞相朱倬请为功德院,赐额"敦忠崇报寺",有熙春台、不溢泉、鬼磨石、仙升岩、龟池、揽秀亭诸胜,有宗一禅师塔院、静游亭。国朝永乐七年重建,今废。')遂家闽省城西门外,占籍侯官县草市都。"就此该族谱还详尽写道:"公占籍福建福州府西门外侯官县辖开枝,福省城隍庙右边,原即蓝家祠之地。迨后起盖,各董事公议在大堂之右崇祀石泉公(蓝光号石泉)派下等长生禄位牌,按年正月间让蓝家子侄先行祭祀。蓝氏宗祠后改置起盖福省学院,衙后土名前庄营,内左畔洪宅'文魁'牌板隔壁墙内便是蓝家祭祀之祠。"蓝光去世后,"葬怀安三都元沙山","墓碑上隶字福省北门外侯县地方,怀安三都元沙山,有过小桥二座,左伴行至小社口,石碑上'元朝福建行省都事□官蓝公墓道',至坟墓三百余步便是。每年十一月份冬至日子孙有祭墓"。

蓝氏族谱与地方史志两相印证,互为补充,足见史籍上有关蓝光身世的记载所言不虚。就蓝光的籍贯而言,可以准确地说:祖籍河南光州(因其家族渊源),原籍福建建宁(因其曾祖肇居建宁传派),寄籍江西抚州(因其父亲宦居临川),最终落籍福州,开基侯官。

《石椅种玉堂蓝氏族谱》记载,蓝光"生于三月初六日,卒于七月初八日",但没有纪年。以明《八闽通志》中的蓝光传记推算,元至元二十七年(1367年)蓝光弃官隐居,因为是年大明兵由海道取福州,元亡。"趣三十二载卒",为明洪武三十一年(1398年)。明《闽都记》记载"年九十余卒",《闽书》记载"年九十九卒",上溯99年,生于1300年,元成宗大德四年。

由于《石椅种玉堂蓝氏族谱》以蓝光的大哥蓝兆为一世祖,"旁支不及",因而无法从该谱中得知蓝光后裔的世系详情。不过意外的是,撰写人有段难得的"另加抄",对蓝光后裔的世系作了简略的介绍。

以蓝光为一世祖,"二世友竹公。三世景文公。四世素庵公。五世彦逸公。六世桂谷公。七世素波公。八世春野公。九世志宏公。十世亮予公。十一世元卿公。十二世子坚公,行子。十三世允汤公,行允。十四世悔斋公,行遵。十五世晓何公,行季。十六世任超公,行壬。十七世祖秋帆公,行如。十八世澄波,行添"。

尽管蓝光嗣后子孙蕃衍,在福州也曾建立宗祠,让后代"按年正月祭祀",然而鉴于种种历史原因,迄今为止尚未发现以蓝光为一世祖的完整地表述各代世系的蓝氏族谱。不过上述简略世系中的行第字号,为后人提供了寻宗问祖的重要线索和依据。

该"另加抄"中还记载了三位有科举功名的清代蓝光裔孙:

蓝飞鹍,康熙庚子科(清康熙五十九年,1720年)举人,敕授文林郎,封奉直大夫。

蓝向葵,号旭初,辛亥年(清咸丰元年,1851年)举人,乙丑科(同治四年,1865

年）进士，江西即用知县，署星子县知县，丁卯江西乡试同考试官，改授本省漳州府教授。

蓝耀枢，字拱辰，号柱北，行五，道光乙丑年（道光九年，1829年）二月初八日吉时生。福建福州府闽县学附生，民籍，于光绪丁丑年（光绪三年，1877年）中式第三十八名进士。

《福州市畲族志》（2004年福州地方志编纂委员会编）"历代进士、举人、贡生名表"从不同的资料来源中收录了上述3位蓝光裔孙，其"科名"和"中式时间"一一相符，唯籍贯均为福州闽县。旧时福州城内坊巷，东南属闽县，西北属侯官。其中宋太平兴国五年（980年）析闽县置怀安，明万历八年（1580年）省怀安县入侯官。蓝光最初"占籍侯官"，其后子孙蕃衍，散居闽县，乃至迁徙周边当属可能。

清《福州府志》记载，蓝飞鹍子蓝青，字子绶，福州府学生员，康熙五十六年丁酉科举人，保举梓潼知县。

近期，福州市民族工作部门在罗源县霍口畲族乡福湖村一蓝姓村民家中发现了一面蓝向葵的"进士"匾额，题款为："兵部侍郎兼都察院右副都御史、巡抚福建等处地方徐宗干，为同治乙丑科会试中式第六十一名蓝向葵立"。清同治四年乙丑科中式进士的蓝向葵不仅在福州府，即便在全中国也仅此一人，这应该是蓝光后裔曾有一支派系徙居罗源霍口的最直接的确凿物证。

创修于清咸丰年间的福安坂中畲乡井口村《汝南郡蓝氏宗谱》不仅认定其家族先祖是入闽为官的蓝光，而且还认定蓝光后裔有一支系从福州城徙居宁德、福安、罗源。该谱中也记载了蓝光的生平，而且内容更为充实。"蓝光，字仲晦，号静宇。籍本江西临川，生元朝明宗时，受业吴澄，善诗文，详古制，正直自持，不阿所好。与范素为同门友，素荐公，辟公从事，功授南安路知事，转闽省照磨，升检校，继又综理闽清邑事，复以靖乱功升行省都事，因家于闽。后会明兵下闽，公即退隐。虽范素后为明侍从，仍复荐公，征召，公谢病不起，惟家居教授生徒，以终暮年。且令子孙勤谨农桑，妇女蚕织，以效本务焉。寿九十九尚卒，葬于贤沙。"

该族谱的卷首有撰写于清咸丰十一年（1861年）的《源流谱序》，其中写道："越元朝光公者，总藩幕，謇直持正，一言不合遂拂衣而退。数传而明，章公官为御史，弹劾不避权贵。迨至焕公，乡耆，寿八十，居于闽省。其间仕宦不可胜纪，诚一家之文献也。及传至克兴公，万历年间迁居宁德七都白岩，耕种为业，生子三，长圣原公，移迁福邑穆水南阳；次圣厚公，移迁楼里；三圣享公，徙居宁德马鞍山。享公生七子，长元长，次元远，三元兹，四元齐，五元会，六元议，七元正。元会公生子二，长曰铭，字法传，迁居罗源，公为一世之始祖也；次曰铊，分居漳州。"嗣后再传至第五世蓝泽咸，于明崇祯年间由罗源复迁福安。

井口蓝氏是明代入迁福安的一支重要的蓝氏派系。据谱中称，该家族在明代曾纂修过族谱，不幸"谱自明季流落外家"，先代世系无从详考，为给后人留下信史，因而只好以明末迁居罗源鼓楼石桥仔头开基的蓝铭为第一世之始祖。正如其"凡例"中所称："将创居罗源之始祖铭公起系，详其世次，不敢妄为攀附。"

从蓝光兄弟上溯到南宋时期，据福建上杭《闽杭庐丰蓝氏族谱》记载，其先祖蓝吉甫于宋理宗宝庆元年（1225 年）从江苏句容县"避难奔闽，居福清县五福乡"，"蓝氏居闽蕃衍之盛，实奉公为鼻祖"。蓝吉甫生子三：长蓝常新，次蓝常美，三蓝常秀。"兄弟三人散居异地"，大哥蓝常新于南宋淳祐六年（1246 年），"由福清徙建宁崇善坊"，两位弟弟的去向谱已失考。福清是福州府十邑之一，这两位先人的后裔流徙于福州府内乃至落脚于闽东、浙南的可能性最大。

到明代中后期，福建境内畲民大规模、大范围的历史迁徙已基本结束，旧福州府（今福州市和宁德市）的辖区成了福建乃至全国畲族的最大聚居地和浙江畲族的策源地。种种史料显示，以蓝光为始祖的蓝氏家族业已成为该地区蓝氏畲族的重要派系之一。

福建省少数民族古籍丛书
——满族卷·概述*

麻健敏　刘冬

满族是福建世居的少数民族。福建有满族先民的历史可以追溯到元朝末年，一支女真贵族后裔从北方徙居泉州，经过发展繁衍，成为今天福建满族的组成部分。清顺治三年（1646年），清军长驱直入福建，推翻了南明建立的隆武政权。康熙十九年（1680年），清朝在福州固定设置八旗驻防，以旗营为中心的满族聚居区域逐渐形成。旗人独特的历史文化和特殊的政治背景，使他们在福州成为一个相对独立的社会群体，其后裔构成了福建满族的另一部分。

居泉女真后裔的历史可溯源到女真完颜部，函普及其后代世袭该部落首领位置，至乌古乃，因其长子劾者性情柔和，而次子劾里钵有器量胆识，所以未按惯例传位长子劾者，次子劾里钵成为首领。劾里钵的儿子完颜阿骨打最终统率女真各部灭辽国，建金国。宗翰（本名粘没喝，汉语讹为粘罕）是劾者的长孙，与阿骨打是侄叔关系。宗翰是金国"内能谋国，外能谋敌"的开国大元帅，在金国享有崇高地位。当时金国势力不断扩张，国人以完颜氏为贵裔，金廷屡以完颜姓氏赐与功臣以示尊宠。宗翰为了显示该宗的正统地位，遂以本名中"粘"字为姓，以示区别于一般皇室。宗翰之父撒改被金廷封为"金源郡王"。宗翰死后，谥号"桓忠"。宗翰的后人均为金国朝官，享有特权。金亡国后，元代的粘氏亦为官宦世家。元末至正初年，粘博温察儿为避战乱从山西举家南下，居晋江的永宁（今属石狮市），并尊宗翰为一世祖。其后裔迁移到浔美（今晋江市龙湖镇衙口村）居住，后又分居晋江粘厝铺、深沪、山柄，南安梧坑、泉州市区、台湾以及马来西亚、新加坡等国家。

---

* 原文载《福建省少数民族古籍丛书·满族卷》卷首，民族出版社2004年版。

清军入闽是满族大规模进入福建的开始。最早见于史载的清兵入闽驻防，是顺治十四年（1657年）五月，"固山"郎名赛率满洲营官兵三千屯兵福州城中。清朝在福建固定设置八旗驻防，始于康熙十九年（1680年）。在诛灭跟随吴三桂叛清的"三藩"之一耿仲明并将其部属撤回京师之后，清朝廷派遣杭州副都统胡启元率领镶黄、正白、镶白、正蓝四旗兵马1026名进驻福州。两年后，即康熙二十一年（1682年），清朝廷又把耿仲明属下兵马1000名也编入上三旗，在驻防福州的四旗内行走，并设福州将军1名。从此，福州和广州成为清代各直省中仅有的两个汉军八旗单独驻扎的驻防点。乾隆十九年（1754年），清朝廷命福州四旗汉军官兵出旗为民，再从京城挑选满洲兵丁，分几批到福州驻防。这些原驻京师的满八旗官兵从此就在福州置产立业、娶妻生子、营造坟茔，长期定居下来，他们的后人就成为今天福州城内满族的主体部分。

雍正六年（1728年），兵部侍郎牛钮奏请"于江宁、杭州、荆州、京口、广州、福州等处驻防水面，勤加操练"，被朝廷采纳。同年，福州将军奏请设立福州三江口水师旗营，经朝廷议政大臣会议"复奏照准"，令创建官署、兵房1321间。雍正七年（1729年）十月，征南将军赖塔奉旨挑选531名行营旗兵进驻琴江，组成三江口水师旗营。这些兵丁是福州驻防中四旗汉军的余丁，俗称"老四旗"。这支水师归福州将军统辖。乾隆时期，福州驻防办理汉军出旗为民事宜。按清朝廷计划，三江口水师旗营的汉军应裁去一半，再由京城派遣满八旗填补。结果，因京师旗人畏惧路途遥远和海上风大浪急，生活艰苦，未能换防成功。于是，这部分汉军旗人便留下为清廷御疆。在长期的八旗组织生活中他们与满八旗无论在政治、经济上还是在语言、习俗等方面趋于一致，直至完全融入满族之中。

2000年第五次全国人口普查统计福建共有满族人口7094人，其中福州市2505人、泉州市2620人。福州、泉州两地集中了福建85%以上的满族人口。在泉州，以粘姓为主的满族集中在晋江、南安和泉州市区；福州满族大多居住在城区，原三江口水师旗营的后裔集中居住在长乐琴江满族村。福建满族的分布呈现大集中、小分散的特点。居住区域相对集中的福建满族在具体分布上又略显分散。泉州的满族散布在晋江粘厝埔、深沪、山柄，南安的梧坑，泉州的西街等地。福州市区满族的生活区域主要在东门大街、汤门大街、秘书巷、井大路、仙塔街、道山路、鳌峰坊、水域巷、八角楼巷等地。福州郊区和郊县的满族有三处小聚居区：新店聂厝、洪山赤升和长乐市琴江村。

从历史上看，清代的福州是满族在福建的聚居中心。福州是福建政治、军事和文化中心，清朝廷派驻机构和八旗营均设于此。福州城内八旗军营集中于东起东门、西至南门大街、南到水部门、北至汤门、井楼门这一范围内，该区域分布着镶黄旗堆、镶白旗堆、正白旗堆、正蓝旗堆及蒙古营共五大旗营。此外，该地还有将军署、巡抚署、左翼副都统署、右翼副都统署等军界高级将领的署衙。康熙年间，京师镶黄、正白、镶白、正蓝四旗汉军2090名官兵进驻福州；乾隆二十年（1755年），驻京的2000余满八旗（含家眷计4000余人）到福州驻防，再加上各级文武官员及家眷，当时福州满族人口达数千人。辛亥革命期间，福州城区八旗官兵对革命军进行过拼死抵抗，被诛杀甚众，营内旗勇或死或逃，依旗营而居的旗人也隐姓埋名散居各处，以旗营为中心的福州满族分布格局从此被打破。吃惯了俸禄的旗人，在民国时期日子过得十分清苦，人口总数也随之下降。据1954年中共福州市委统战部组织的福州市回、满族调查显示，当时福州市仅有满族227户591人。1949年10月1日中华人民共和国成立以后，党的民族政策得到落实，使福建满族享有与汉族同等的政治经济地位，满族人口逐渐增多，有不少满族恢复了民族成分。

《福建省少数民族古籍丛书·满族卷》是关于福建省满族的历史档案资料汇编，涉及福建省满族政治、军事、经济、文化、教育等方面内容，包括清代八旗驻防志之一的《福州驻防志》，记录福州长乐市琴江满族村的《琴江志》《琴江续志》；两通清代石碑：清朝嘉庆年间《重建珠妈庙碑记》和光绪年间表彰福州将军穆图善的圣旨；始修于明代反映闽南粘姓满族家族历史的《浔江粘氏族谱》《浔江粘氏世系纪略》；以及有关福建满族问题的民国档案。其中《福州驻防志》和《琴江志》内容丰富、资料翔实，具有较大的史料价值。

《福州驻防志》修于清乾隆年间，由镇守福州将军新柱等总修。《琴江志》《琴江续志》是闽侯第九区第一小学黄曾成分别于民国十一年（1922年）和民国十二年（1923年）修成。清兵入关后，其八旗制度有较大的变化，即加强了八旗的军事职能，确立了八旗长备兵制，将八旗分为京师八旗和驻防八旗。据乾隆年间所修的《清朝会典》记载，在全部八旗2000个佐领中，驻防佐领为804个，驻防点97处，总计兵力十余万人，占八旗总兵力的一半，与驻扎京师的八旗兵力相当。根据旗民分治的原则，清朝廷在八旗驻防之地为其修城别居，人们称之为"满城"或"满营"等。营造满城方式有二：其一，在较大的府州县治内独划一隅，内筑界墙和界堆，并迁出汉民；其二，为军事需要，择地而建新城。满城虽小，设置齐备。内有各级官署衙门、兵房、仓库以及各类旗人学校、宫观庙宇等。驻防长官上至将军、都统，下至佐领、防御等，既管旗兵，又管旗民。各佐领下还有族长之设，负责各旗事务。满城成了相对独立的旗人社会。福州是清代防务海疆的八旗驻扎地之一，位于长乐洋屿琴江村的水师旗营是当年相当典型的满城。《福州驻防志》包括圣谟、宸翰、兵制、营政、职官、公署、官学、俸饷、恩赏、马政、奏疏等章节，涉及清代八旗驻防的政治、军事、经济、文化等内容。《琴江志》原名《琴川琐谈》，《琴江续志》可目为《琴江志》之补遗。虽然均系清末民初满族文人个人的著作，但是所据资料大多来源于清代满族张丕谟的榕树楼藏书资料,《琴江志》内容包括"地理""营制""本管官""忠孝节义""武功""科甲""指发外官""文苑""杂志"等篇章。既有一般志书的内容与体例,又有满族文人的情感记录;既是福州水师旗营历史、政治、经济、文化的总览,又是福州满族特殊环境的社会道德伦理的体现。《重建珠妈庙碑记》反映了福州满族的民间信仰。表彰福州将军穆图善的圣旨碑记载了马江海战中满族官兵的功绩。《浔江粘氏族谱》虽系闽南粘姓满族家族谱牒残本,但确是研究闽南女真后裔不可多得的资料。

闽东畲族文化地图
——传统文化与现代文明对接的过程*

蓝炯熹

欧洲学者伊里亚斯在《文明的进程》中区分了"文化"与"文明"的两个概念,认为:"文化"是民族之间所表现出的差异性,是民族的自我与特色;"文明"是各民族差异性的逐渐缩小,表现为人类的普遍行为和成就。简言之,"文化"表明民族相异,"文明"标识民族趋同;其次,"文化"是一种不必经意的传授,由耳濡目染而获取的性格特征、精神气质等,而"文明"是需要后天习得的知识、教养等;再次,在某种意义上,各个民族的"文化"常常是固守的,不变的,它表现出一种对外来文化的抗拒,而"文明"往往是始终运动的、前进的,表现为对固有文化的扩张与覆盖。即"文化"与传统有关,表现着过去对现在的如影随形的眷念和影响,而"文明"与未来契合,表现为将来发展的趋势与走向。[①] 随着时代的变迁,社会的现代化,各个民族所属的传统文化必将与反映时代色彩的现代文明对接,被现代文明所吞噬和"殖民化"。

从福建畲族的历史文化发展的轨迹来看,一般认为,我们今天所认识的畲族传统文化的整体性的建构始于明代,终于清朝。而畲族传统文化与现代文明的对接的过程也恰恰从清代开始,经过民国时期的互动,随中华人民共和国的诞生和发展而实现。英国地理学家理查德·哈特向认为:"历史学者必须或多或少程度上是地理的。反之,正如我们已看到的,由于'现在'的概念——或者任何其他时期——是抽象的,所以,地理工作必须在或多或少的程度上是历史的。"[②] 因此,本文选取若干地理坐标,来展示"时间、空间和社

---
* 原文载《宁德师专学报·哲学社会科学版》2007 年第 1 期。
① 葛兆光:《古代中国文化讲义》,195~196 页,上海,复旦大学出版社,2006。
② 房龙:《房龙地理》,"阅读参照系",北京,中国人民大学出版社,2003。

会存在的三方辩证关系"①，通过坐标所提供的意境，而浏览与解读闽东畲族文化地图来展示闽东畲族的文化活动以及现代文明对其影响。这是三个世纪的畲族乡村的古代农业文明向现代文明过渡的漫长历史过程，是耐人寻味而又不以个人的意志为转移的文化悲喜剧的轮番上演。

文化地理坐标1：康熙六年·畲民"免差徭"的石碑

为了行文的需要，我们权且作一个地域的跨越，将闽东畲族文化地图的坐标移到闽中——福建省仙游县博物馆（原文庙正殿回廊左侧）里现存一通关于畲民"免差徭"的石碑上。据传，该石碑是康熙六年（1667年）曾立于兴化府前的。其石碑上方刻一篆书"清"字，碑文以正楷阴刻，文曰：

> 圣王御极，皇仁浩荡，凡民间一切差徭，蒙谕查实豁免，况雷、蓝、盘三姓畲民原无一定住籍散□，自食其力。沐历代洪恩，载入流烟册内，概免一切差徭。如福州各属畲民现有勒石优免。独兴属（兴化）□例动欺孤丁单姓，诸色杂差丛集，畲民是以疾于奔命。
>
> 本年五月内，畲民蓝圣时□等永保畲民生聚等事，具呈总督部院大老爷高蒙批府行县查例。幸蒙本县主正堂加一级萧，照例具详并饬示禁在案，但恐年久月深，风雨损坏，谨勒□圣朝浩荡之恩，督宪矜恤之仁也。
>
> 谨志！
>
> 时龙飞岁次丁未年，戊申之秋。
>
> 畲民蓝圣时、朝容、雷永雪、蓝元长、振□、元贤、秀□、祐□、圣□、□妹、□□、雷□□、钟□□等同立。

[上述碑文中的符号"□"，为字符模糊而无法识别者。]

对石碑进行类似于福柯"知识考古学"的解读，即将石碑产生的历史背景作必要的交代后，重点在探求石碑所透露的畲民族的精神信息和畲族传统文化的"话语构成"。石碑是物质的，却不是一般的固定实体，而是出现在特定时空中，表现了一定的精神情境。石碑是历史的，具有不可重复性，但是人们可以借助这"通灵"之石的能产性，抒发不尽的

---

① 爱德华.W.苏贾：《后现代地理学》，18页，北京，商务印书馆，2004。

遐思。该石碑延续着畲族经济生活的一个传统,虽然不在闽东地界,但是闽东曾出现类似上述内容的政治文书,如今闽东类似的石碑已不复存在,尚留在闽东畲民家族谱牒的记忆系统中。

如清光绪三十二年(1906年)福安县田螺园《冯翊雷氏宗谱》载《福宁府石碑文》云:

> 福宁府霞浦县正堂加五级纪录五次曹　为呈请立碑等事。
>
> 乾隆三十九年(1774年)六月二十一日,据畲民钟允成等具陈前事,词称:成等始祖乃高辛皇帝敕居山颠(巅),自食其力,不派差徭,历代相沿,由来已久。叠蒙历朝各宪布化宣仁,案炳日月。迨康熙四十一年(1702年),又蒙董州主赐立石碑,永禁各都乡保滥派畲民差徭。各县石碑现存可考。惟州前,即今府前石碑被毁,各都保遂有滥派、索贴之弊。成等呈恳府宪徐,蒙批候檄饬严禁,毋许各都保滥派尔等差徭,并索贴差务,俾其各安生业可也。合请金恩伏恩准立碑,永彰鸿案,啷结不朽等情。据此,为查畲民钟允成等,前蒙本府宪徐檄行出示严禁在案,兹据前情,除核案批示外,合再示禁。为此,示仰各都保人等知悉:嗣后务遵照宪,毋得仍前滥派畲民差徭,借端索贴扰累,并索砍竹木等项,俾得各安生业。倘敢故违许准,受累畲民,指名直禀,以凭拿究。各宜凛遵毋违。特示。
>
> 乾隆三十九年八月十二日　给

田螺园《冯翊雷氏宗谱》又刊载了清乾隆三十九年福宁府福鼎县正堂的告示,其内容与上述者大体相同。认为:"畲民散居穷谷,人迹罕至,实属深山五谷,素沐皇仁,得沾雨化,历免差徭,由来已久。现各县俱有石碑仍存,惟霞邑(即霞浦)石碑被毁。近因村都乡保,勿论奉公,滥派差务,即属无事,不时索贴乡民,扰累乡愚,确有实情,所以具禀,另请畲保长宁固地方。……仰恳天台,一体同仁,皇准照旧勒石复碑,以杜滥派,豁免差徭,百年千秋……"

闽东畲民家族中普遍认为,以上两个石碑就分别立于福宁府衙和福鼎县衙。

清代编户齐民的社会制度,不完全等同于明代。虽然其户口类别中主体仍是民户,但是构成民户的人员不同,即包括当地的土著者、流寓人口入籍者、八旗人口被消除旗档者、汉军出旗者等。对属于"苗夷"的畲民,封建王朝对他们的编图隶籍和编甲完粮却是一个渐进的登录过程,即虽同属于畲民,却在不同时间与不同空间采取了不同的措施,以区别对待。入清之初，有许多汉化程度高的畲民村落已早早进入了封建户籍之网，如处于客家地区的汀州府畲民早就是黄册齐民，其"有田产者，亦必输粮而给官差"①。清乾隆《龙岩州志》载："今畲客固安分，而汉纲亦宽，许其编甲完粮，视土著之民一例。"② 上杭县庐丰乡蓝氏，《闽杭庐丰蓝氏族谱》载："我国田赋，肇自禹贡。后代虽有轻重，然田必有赋，固一定法。族自子荣公建基庐丰后，开垦莲塘，大明定鼎，遂承充胜运里二图四甲，里长后归长房袭顶。至清代，族人开户日众，惟永清公裔虽各房另立分册，而总册仍称□富户。古代完粮规则：每田载税一斗，即该完民米一合。而民米扣算，每升则完银三分六七厘。时分两忙：上忙于秋收后完，下忙于冬收后完。至于业权转移，须印契割□。永清公裔未经别立户记。每岁定于元月初五日，会集核册自行推收过割。□富户粮额多冠全杭（上杭）。"③

处于闽南福佬人聚居地的畲民乡村的状况，则大体类同于闽西。据康熙《平和县志》载："今则太平既久，声教日讫，和邑诸山木拔道通……瑶獞（指畲族）化为齐民。"④ 乾隆《永春县志》载："邑有畲民……今具遵制编保甲，从力役，视平民无异。"⑤ 民国《德化县志》载：畲民"入清遵制编保甲，从力役，视平民无别"⑥。但是，处于偏远山地的零星村落的畲民仍没有进入户籍制度的视野，他们还是作为"化外之民"，既不承担赋役的义务，也不享有黎民百姓应有的权益。乾隆《龙溪县志》载：畲民"姓蓝、雷，无土著，随山迁徙，而种谷三年，土瘠辄弃之，去则种竹偿之，无征税，无服役，以故俗呼之曰'客'。"⑦

闽东与闽中、闽北还没有进入封建统治者的政治视线，以上康熙六年（1667年）立于兴化府的畲民"免差徭"石碑，正是说明了这种现象。清初朝廷对处于流烟之民中的边缘化"苗夷"——畲民，还是以熟视无睹的态度不予理睬，相当宽容地不考虑他们的入册问题。但是，上述这种"垦山为业，租庸不及"⑧的现象是不可能长久的，随着畲民村落的稳定发展和与当地汉族交往的频繁，畲民逐渐被当局所确认并相继纳入了户籍制度的图册。这该是清乾隆年间的事了。以上"免差徭"石碑等政治文书资料透露了闽东畲民家族文化与风俗文化的特有信息。以此为起点，我们开始了探讨闽东畲族文化变迁之旅。

---

① 《长汀县志》，卷35，《杂录畲客》，清光绪五年（1879年）。
② 《龙岩州志》，卷12，《杂记志·畲客》；《龙岩县志》，卷29，《杂录》，民国三十四年（1945年）刊本。
③ 《闽杭庐丰蓝氏族谱》，卷末之八，《杂录》，民国三十三年（1944年），种玉堂镌。
④ 《平和县志》，卷12，《杂览志》，康熙五十三年（1714年）。
⑤ 《永春县志》，卷7，《风土志》，乾隆五十二年（1787年）。
⑥ 《德化县志》，卷3，《疆域志·附风俗》，民国二十九年（1940年）。
⑦ 《龙溪县志》，卷10，《风俗·杂志》。
⑧ 《南平县志》，卷11，《礼俗志·杂俗》，民国八年（1919年）。

文化地理坐标2：乾隆十五年·古田县四都上洋畲村

乾隆十五年（1750年）清朝廷开始酝酿绘制《皇清职贡图》，八月十一日，四川总督策楞接上谕，要求策楞将其辖境中的"西番"等民族男妇形状，并衣饰服习，分别绘图注释。随后，策楞将所绘苗疆民族图24幅进呈御览。军机处收到此图后，对原图作了修改，并以统一版式，于乾隆十六年（1751年）送回策楞，命将所属民族照统一版式绘图。同年六月一日，大学士傅恒向各督抚发告谕旨："大学士忠勇功臣傅恒奉上谕：我朝统一区宇，内外苗夷，输诚向化，其衣冠状貌，各有不同，著沿边各督抚，于所属苗傜黎僮，以及外夷番众，仿其服饰，绘图送军机处，汇齐呈览，以昭王会之盛。各该督抚于接壤处，俟公务往来，乘便图写。不必特派专员，可于奏事之便，传谕知之。钦此。"① 于是，各地便开始了绘制当地不同民族的行动。乾隆《古田县志》刊载了福建省画工奉谕描绘古田县畲民草图的过程，文曰："今则附近民居在邑之四都上洋等村，与民往来交易，亦有承佃民业为生业者。但畲民由来虽久，尚未载入邑志，因乾隆十七年七月内奉督抚两院宪绘画畲民图册具奏恭敬，九月二十八日，奉朱批：'知道了。钦此。'行知在案，附载风俗之后，以备查考。"② 古田县除了四都上洋畲民村外，还有十七都富达畲村和四十六都梅坪畲村等主要村落，画工仅以四都上洋村畲民为蓝本勾描草图。乾隆皇帝钦定宫廷画师丁观鹏、金廷标、姚文瀚、程梁分别为《皇清职贡图》第一至第四卷的绘制者，命他们将各地呈送的草图绘为正式图卷，每卷为一式三份，并册页一份。到乾隆二十二年（1757年）全国各地呈送中央的草图及注文已汇齐军机处。经过4年的绘制，于乾隆二十六年始告完成。福建绘制的"苗夷"图刊载于《皇清职贡图》第二卷，为宫廷画师金廷标绘制。所绘"苗夷"包括古田、罗源畲民。每幅图上均附有满、汉两种说明文字。闽东畲族乡村编图隶籍的具体时间无法确定，但是《皇清职贡图》中的所勾勒的畲民形象大约可以推算出与乾隆十五年（1750年）相近的年代，这时封建王朝已经完成了对畲族乡村的政治、经济的管理，势必也松动了与世隔绝的闽东畲族传统文化的基石。

文化地理坐标3：嘉庆七年·福鼎县童生钟良弼赴福宁府试

随着乡村聚落的形成和家族的兴隆，畲民便开始重视对家族子孙的培养与教育。闽东

---

① 转引自李泽奉、刘如仲：《清代民族图志》，"前言"，西宁，青海人民出版社，1997。
② 辛竟可：《古田县志》，卷之二，《风俗·畲民附》，乾隆十六年。

畲族乡村私学始于清代，清道光十九年（1839年）福安县潭头前村《蓝氏宗谱·家范》载："延师教子为父兄所当然也，茅地处乡曲欲延师甚难……（举村）同心协力，可有家勿与困有家相较，况世少不教而善之人，亦不教而不善之人。古云：千金难买子孙贤；又云：子孙虽愚，经书不可不读。"因此，畲民家族中一般由村庄富裕户为首发起延请私塾先生，其他户送子附读私塾先生多为汉族，也有个别由畲民担任。家族势力较强者，便办起了书馆，接纳家族子孙住馆攻读，并使用传统的蒙学教材，以便逐步形成与汉族相类似的耕读并举的文化传统。

闽东畲民应试之路是异常艰难的，道光《重纂福建通志》载，嘉庆七年（1802年）福鼎县童生钟良弼赴福宁府试，有书生王万年串通生监诬蔑"五姓"（蓝、雷、钟、吴、李）畲民为"犬生"，公然将钟良弼赶出考场。钟良弼遭辱后义愤填膺，遂变卖家产上告，他的义举得到了乡亲的支持和捐助。诉状历经县、府、屡遭周折，数月后转呈省衙，福建巡抚李殿图刚廉正直、深明大义，他阅状曰："方今我国家天山南北……其路通为四疆，北路为准噶尔地，即与畲民无异……娼优隶卒三世不习旧业，例尚准其应试，何独畲民有意排击之……"① 饬令府、县严讯详复，并布告士林。处以王万年责打三十大板，逐出县衙。次年，福鼎县岳廷元主科试，钟良弼再次应考，终于考取府学生员第二十名。钟良弼上告胜诉、继中秀才的事迹被畲族歌手编成长连（即小说歌）在闽、浙畲民中广为传唱，经久不衰。钟良弼事件表明了，通常以判例法为主干的清朝廷法律对畲民应试的认可。这个事件载入官方志书加以披露，使得闽东各地乡村畲民从此可以挺直腰杆走进各级考场，汲纳主流文化，造就自己的文化精英。最为著名的是，从道光至光绪年间的60年间，仅霞浦县半月里畲族村就连续诞生雷世儒、雷步缘、雷步武、雷加润、雷加上5位秀才。

同属于闽东的古田县富达畲村是汉化程度较早的村落，该村村民应考，并未受歧视。村民蓝孙璇（1697—1793年），自幼聪敏好学，雍正七年（1729年），考中举人，乾隆二年（1737年）中进士，乾隆三年（1738年）任顺昌县教谕，乾隆八年（1743年）升任山西省怀仁县知县。②

文化地理坐标4：嘉庆十六年·宁德县猴墩村口石碑

在福建省宁德市蕉城区八都镇猴墩畲族村的旧路口有一通石碑，镌刻的是清嘉庆年间

---

① 《重纂福建通志》，卷140，"国朝宦绩·李殿图"条。
② 闽东畲族志编委会：《闽东畲族志》，426页，北京，民族出版社，2000；《富达畲村志》，57页，铅印本，2003。

的县衙告示。全文如下：

> 特授宁德县正堂加三级随带加一级吴
>
> 违例巡洋等事——
>
> 本年十月十五日，据雷朝元、蓝奶弟、钟文乐等呈称：住居九都猿墩（即猴墩——引者）地方，安业田园。所有巡洋各人向在平洋查看，从无夜间至。元等山宅巡查，田园有被盗时，元等向投不理。凡遇收成，各到山宅额外索取，被盗无赔。迩来并襆粮又要索取。元等理论，反欺畲民山宅，摩拳擦掌，种种被陷。切思巡洋所以御盗，被盗投验赔偿，故得抽送。似此，夜巡不到，被盗投验不理，凡有所收，一切统要额外抽送，且被盗更多，为害不浅焉！用此巡洋为哉？元等合同公议，各人自种自看，不失守望相助之意，无滋抽费，以省事端。现在本年八月，元族于闽坑林姓互控，元等即行各人自看田园，并无被盗。但未蒙给示，苟延一时，恐将来仍蹈旧辙，争闹滋弊，畲民奚堪。无奈呈恳恩准给示，以杜后患等情到县。
>
> 据此，除批示外，合行出示严禁。为此，示仰该处居民人等知悉：嗣后该处田园，以及襆粮等项，听雷朝元等自行防守，不许棍徒包揽巡洋，致滋事端。倘有前项匪棍仍前包揽，许即协保禀解赴县，以凭究治，毋得始勤终怠。亦不得借端滋事干究。特示！
>
> 嘉庆十六年（1811年）十月二十一日给告示！
>
> 发九都猴墩，实贴晓谕。

与此相类的政治文书的石碑在宁德市蕉城区还有4通，分别立于七都镇海潮山畲村、赤溪镇岑田畲村、飞鸾镇长园畲村、八都镇新楼畲村，还见于霞浦县溪南镇半月里畲村。海潮山畲村和岑田畲村均题款为《奉县告照》，现引如下。

前者于光绪二十年（1894年）九月初三日由宁德县正堂给示，"为出示严禁恶丐强乞，以静地方事"。文曰：

> 本年八月十九日，据八都等处乡民蓝聚春等公仝呈：切民等地处山僻，务农为生，终年勤苦，往往恶丐结党成群横行乞食。每至收成之时，丐等聚夥身怀利刃，环集田园强讨，要稻谷钱物。不遂其欲，甚至持刀吓诈，拦阻打稻，不容收获。稍与计较，则装伤倒诬，鸠集多人拼命讹赖，不服理谕。山村家数既稀，来

城控告路途又远，惟以无事为安，遂至任其诉索。即非收获之时，每到各家勒乞，不如其意，则鸡豚、农具皆敢窃取。若不公诸严禁恶风，乡民何能平静度日等情到厅。处此，除批示，责成丐首严加管束，合行示禁。为此，求谕该乡民蓝聚春等知悉：自示之后，如有恶丐到村强乞，任意逞习。倘敢再犯前情，准该乡民等会同地保拨送赴县，恐有流丐到村，人命毒赖，地保消理，严以凭律究惩办，俱各禀遵毋违，特示！右仰知悉！

后者于光绪三十年（1904年）八月×日宁德县正堂给示，"为出示严禁事"。文曰：

本年七月二十八日，据十一都岑田村畲民蓝先寿、洋成、同先、春顺、伏成、雷朝子、钟兰邦、清顺，地保傅咸贤、其成等呈补录：寿等岑田上下村、宫后门、肥垅村，有二十多家，筑寮散处一隅，均为农业。近因恶丐群居附村，聚赌饮鸦。寿等田园锥扑蹭蹬，固已难堪。丐且欺凌地辟，男妇日出耕作，家仅女子幼孩。丐则三五成群勒讨饭米钱文。如遇登场收获，丐则勒索田粟。若非随索随给，敢则入寮吵扰。遇便鸡只、农具，以及屋前蔬菜、柴薪，晒曝粗衫、短裤任意搜取。如值耕农归来，撞见，阻则借端敲诈，继则引众残疾病丐扛伤，变态多方，困苦难言。况岑田地属辟处，从前那有一二流丐到门告乞，寿等给其饭米只钱，丐则欣然而去。近来农景愈歉，丐则愈增。在寿等贫民为作，尚难自给，在游手之无赖之□辄群党，何侨济为□。寿等山乡僻处，非比城市，何堪强丐勒索。如前，惟有恳恩出示严禁，俾恶丐畏法，不至强讨无厌。庶民业得安，地方安靖。为此，俱情叩乞台前，恩怜前情，示禁施行，合乡感戴，颂德千秋。切里等情到县。据此，查恶丐强乞，借端诋扰，实为间闾之害。据呈前情，除批示外，合行示禁。为此，示该处诸色人等知悉：嗣后遇流丐到门告乞，如实系贫无聊生者，尔等乃勿吝撮米只钱，随时施给。倘有成如结队，多方强索，甚或乘便搜取物件，及以残疾丐类抬赖滋扰，则是瞽不畏法，断难稍事姑容。准尔等协同乡保获住，捆送赴县，以凭究办。但不得得擅行殴打，滋生事端，致于并究，切切毋违，特示！……右仰知悉！

较之"免差徭"类政治文书，"禁骚扰"类政治文书出现的年代稍迟。由于，清代的闽东畲民村落，分布零散、地方偏僻、交通不便，这给土匪、盗贼和无赖之徒可趁之机。他们为所欲为，横行畲村，直接破坏村落的宁静，而畲民家族又往往势单力薄，无法依靠自身的力量根治忧患,消弭威胁。为此,家族中人便有求于县衙,县衙视其情况颁布告示,酌情保障了畲民的部分权益,于是,"禁骚扰"类政治文书便应运而生,畲民家族因此得到了一定的政治实惠。由于这类政治文书直接关系畲民的切身利益,畲民家族均异常珍重,既刊载于家族谱牒,让族人永远铭记;又勒石于乡间,昭告四乡村民。

在"禁骚扰"类政治文书的同时,出现巡洋社,该社为乡间村民组织,多系玩枪弄棍之徒,与畲族村民无涉,他们只会向畲村摊派,却不能行使应有的职责。往往遇盗不理,而遇畲族村收成时,却前来强行索取。畲民稍有指责,他们便"反欺畲民山宅,摩拳擦掌,种种被陷",畲民认为这种不负责的巡洋"违例",是明火执仗,助纣为虐,理当革除。若改为畲民自行巡洋守护,则"巡洋"所发挥的作用和影响力更大,经初步尝试,产生良好的效果。畲民的上述请求得到了宁德县衙的批准,猴墩畲族村自行建立了巡洋队伍,护卫本村。巡洋队伍从小到大,发展迅速,波及宁德八都的十余个畲族村落。这些畲族村纷纷效法,互相呼应。到了民国时期,仍延续这种传统,并成立了猴墩巡洋总社。由雷氏家族族长任总社社长。"禁骚扰"类政治文书为研究闽东畲族政治文化和清王朝的民族政策提供了实物资料。

文化地理坐标5:咸丰七年·"德政碑"

今福安市文化馆藏有一通残碑,据考此碑是清咸丰年间福安乡民为其县令李鼐而立的"德政碑"。该碑原立于县城文庙内。其碑留下的残文曰:

>……所至皆有政声,丁巳间,署篆福安。廉洁……即拳拳以勤学兴贤为首务……邑金斗量畲民负喁,愍不畏法,往往……不慴服远窜,数十年地方之害,公力除……

参阅光绪《福安县志》内曰:"知县李鼐,浙江鄞县人,监生,咸丰七年署。断案明允,重士恤民,去之日,民立德政碑。"①

金斗量今名"金斗洋",是福安市康厝畲族乡所辖的一个以武术为闻名天下的畲族村落。在福安穆洋一带流传一则掌故,即清雍正年间,力倡反清复明的南少林寺武僧林铁珠,隐姓埋名号称"潘"先生(又称"樊"先生),藏匿于金斗量畲族村,教村民习武。

---

① 《福安县志》,卷16,《职官》。

故该村男女个个能拳善棒。康乾时,该村曾出艺德双馨的雷国楚,他曾是当时穆洋仇教(天主教)排教的领导人之一。金斗量畲村的桀骜锋利,素为清朝廷所不容,咸丰七年(1857年),因该村为"数十年地方之害",故被福安县令李鼐所"力除"。据金斗洋村的畲民说,这场浩劫的实施者是福宁府的杨镇台。当人们在查阅金斗洋村《雷氏族谱》时,族谱中便有原族谱于咸丰年间"毁于火"的记载,至于被毁缘由,则语焉不详。畲族历来有反抗封建官府的传统,从唐代开始,在封建时代,几乎福建省的每一件战事均或多或少与畲民有涉。金斗量事件可看成是上述传统一个印证而已。金斗洋事件反映了清朝廷民族政策的另一面,当畲族乡村势力扩展到令统治者不安的程度时,国家机器便会展露出狰狞的牙齿。从金斗量村落的现有建筑中,人们可以依稀看到易攻善守的营造格局。除此之外,金斗洋畲族村还留给人们的精神遗产便是那闻名遐迩的金斗洋畲族拳多组套路。

文化地理坐标6:同治十三年·"雷震昌号"茶庄

茶之"出于闽中者,尤天下之所嗜"①。福建是中国的重要茶区,清代,茶树遍植福建的山区丘陵。宁德"其地山陂,洎附近民居,旷地遍植茶树……计茶所收,有春夏二季,年获利不让桑麻"②。闽东名茶,福鼎有白琳,福安有松萝,以宁德的支提为最。③ 白琳、松萝(松罗),均有畲民聚居地。19世纪是福建茶叶贸易的黄金时代,每年茶叶的输出量居全国首位。当时,在国际茶叶市场也风靡一时。茶叶畅销,引起茶市勃兴,福州南台(今台江)成为福建重要的茶叶商埠。咸丰五年(1855年)有5家洋行"在福州抢购茶叶,竞争日剧"。"福州由是遂成驰名世界之茶叶集中地"。④ 这一年,从福州输出1573万余磅茶叶。次年,上升到3500万余磅。逮至19世纪60年代突破了6000万磅大关。此时,"福州之南台地方,为省会精华之区,洋行、茶行,密如栉比,其买办多广东人,自道(光)咸(丰)以来,操是术者皆起家巨万"⑤。他们每年"首春,由福州结伴溯江而上,所带资本,辄百数十万"⑥。往返于闽江沿线。闽东北茶区是重要的货源供应地。由于宁德县为闽东北门户,得交通之便利,为宁德所辖又地处宁德、福安交界的猴墩畲族村遂成了闽东北茶叶的重要集散地。该村民国《雷氏宗谱》云:"清咸丰、同治时,闽省大

---

① 黄裳:《演山集》,卷46,《茶法》。
② 《宁德县志》,卷1,《舆地志·物产》。
③ 《福宁府志》,卷12,《食货志·物产》。
④ 班思德:《最近百年中国对外贸易史》(最近十年各埠海关报告)。
⑤ 《申报》,光绪六年(1880年)十二月十一日。
⑥ 袁干:《茶市杂咏》。

开茶局,猴墩遂为商旅辐辏之场,而五都之市集焉。"这是福建省唯一的畲族茶叶市场,同时,也诞生了福建第一代的畲族茶叶商人。该村雷志波是茶市首倡者,《雷氏宗谱》称他"天资高迈,器宇超凡,海涵地负之襟怀,有非浅局可规也。我兄(指志波)能人所能,人不能能我兄之能"。他于同治十三年(1874年)创办"雷震昌号"茶庄,在他的带动下,同村族亲雷志满、雷成学分别办起了"雷泰盛号""雷成学号"茶庄。其他畲村受其影响,也办起茶庄。如际头畲村办起了"雷伏保"茶庄、中前畲村办起了"雷德庚"茶庄。随后,"雷震昌号"茶庄扩展为"灿记""庆记"茶庄,"雷泰盛号"茶庄扩展为"满记""祥记"茶。茶市鼎盛时期,猴墩村每年输出4000余担茶叶。①

商品经济的介入,突破了畲族乡村原有自给自足的自然经济,茶叶带给畲族乡村的经济繁荣也促成了畲族乡村文化的变迁,最为明显的是畲族乡村家族记忆的进一步物化和家族文化的再一次勃兴,即族谱的定期而大规模编修和祠堂的鼎建。同时,畲族乡村第一代商人开始具备了市场经济的眼光,他们没有、也不可能在维护商业利益的法律的庇护下走进市场,唯一的商场游戏准则是建立在互相诚信的链条上。

文化地理坐标7:光绪二十四年·钟大焜途经闽东

钟大焜,生于清道光二十三年(1843年)。原籍江西萍乡县,其祖父钟炳泰因皇封中宪大夫,由江西迁入福建省城三牧坊。其父钟肇英曾游宦于建安、同安、诏安、延平等地,其兄弟四人大钧、大荣、大焜、大椿均获功名,其中三人中进士。大焜为同治庚午科(1870年)进士,官至四品衔刑部直隶司主事,部选知县。② 清光绪年间,他萌发编修钟氏连环谱的念想,他认为:"惟远省聚难传抄,兹先以闽省为始,聘请同宗某某负笈遍历钞录,再加修辑,期以二岁蒇事,再余力兼及他省。酌拟章程,有未臻明密,伯叔兄弟损益而进教之则。"③ 并于农历十二月,"在闽福清棋山族人处议,延请族人遍历近省钞辑谱帙,冀得善本,校合同异"④。钟大焜棋山修谱遂为钟氏家族的百年佳话。光绪二十四年(1898年)钟大焜"以事远行,途经福州之罗源、宁德,因延族人某某沿途修辑"。福州及福宁府编修连环谱,是钟大焜的第二步行动。数年之功,共汇集了江西省萍乡,福州省城、侯官、闽县、福清、罗源、永福、霞浦、福安、宁德等地177处钟氏家族谱系,编

---

① 蓝炯熹:《猴墩茶人》,4~5页、11~13页,昆明,云南人民出版社、云南大学出版社,2003。
② 钟大焜:《颍川钟氏族谱》,光绪二十年(1894年)。
③ 钟大焜:《颍川钟氏族谱·颍川钟氏修辑总谱序》,光绪二十年(1894年)。
④ 钟大焜:《颍川钟氏族谱·颍川钟氏修辑总谱后序》,光绪二十七年(1901年)。

成五卷本《颖川钟氏族谱》。这部族谱随着有关钟大焜的传说,广泛流传于闽东畲族乡村。在这部族谱中,刊载了一份及其重要的文告,这份文告以"闽县正堂抄奉"形式刊载于清光绪二十五年(1899年)四月的福州《华美报》①内。告示云:

> 署福建等处提刑按察使司兼管驿传盐法道余为示事,光绪二十四年八月十二日据家丁林添禀称,家主刑部主事钟大焜因修谱到福宁所属各县,见有一种山民,纳粮考试,与百姓无异,惟装束不同,群呼为"畲"。山民不服,时起争端。家主向山民劝改装束与众一律,便可免此称谓,无不踊跃乐从。惟山民散处甚多,禀请出示,晓谕等情,到司据此本署司查,薄海苍生莫非天朝赤子,即闽粤之蛋户,江浙之惰民,雍正年间,曾奉谕旨,准其一体编入民籍,况此种山民完粮纳赋、与考服官,一切与齐民相同,并非身操贱业者比。在国家有包含编覆之仁,在百姓岂可存尔诈我虞之见,但其装束诡异,未免动人惊疑。且因僻处山陬,罔知体制,于仪节亦多僭越。自非剀切晓谕,则陋俗相沿不革,即群疑亦解释无由。除禀批示并通饬外,合亟示谕为此示,仰合省军民、诸色人等知悉,古来盘瓠之说,本属不经,当今中外一家,何可于同乡共井之人,而故别其族类。自示之后,该山民男妇人等,务将服式改从民俗,不得稍涉奇裳,所有冠丧婚嫁应遵通礼,及朱子家礼为法,均勿稍有僭逾,授人口实。百姓亦屏除殄域,等类齐观,勿仍以畲民相诟病。喁喁向化,耦俱无猜,以成大同之治。本署司有厚望焉,其各凛遵毋违,特示!

上述文告可知,钟大焜为了避免闽东一带的畲民因服饰之异而被目为异类,而规劝他们改装,并以文告广布于天下,为闽东畲民正名。清朝末年在福建城镇的服饰革命中,既推行了现代便捷的汉装,又将包括畲族妇女服饰在内的民族装束污为"奇装异服"而加以革除。钟大焜之举可谓煞费苦心,他不知道,机械同化并不能根本改变畲民的命运,也根本无法改变根深蒂固的民族歧视。但在封建时代,钟大焜作为钟氏畲民的代言人,毕竟从家族的角度,表明了固有的权利和自尊。为家族修纂连环谱,而引发成一种民族的团结和呐喊,以积极的家族文化活动来修复畲族传统文化被现代文明撕裂的心灵伤口,钟大焜《颖川钟氏族谱》的价值,远不在于族谱本身。

---

① 参见古斯费尔德:《传统与现代性:社会变迁研究中误置的两极》,转引谢立中、孙立平:《二十世纪西方现代化理论文选》,322~323页,上海,上海三联书店,2002。

文化地理坐标 8：光绪二十五年·霞浦县福宁三明会馆

光绪二十五年（1899 年），在福建省畲族聚居人口最多的地区福宁府驻地霞浦县西门外教场头，由畲民自发集资建成了福宁三明会馆。民国元年（1912 年），"霞浦县西附城区乡农会"成立，会址设在三明会馆。民国《霞浦县志·实业志》的附表载，"西附城区乡农会，在城三明会馆内"，三明会馆，又称"山民会馆"。民国八年（1919 年）会馆迁往北街乘驷后境（今霞浦县松城镇旗下街 3 号）。

三明会馆是一座砖木结构的"火墙包栋"歇山顶六扇大瓦房，分前后二进，占地面积近 700 平方米。前厅顶棚为八角藻井，中庭设大型神龛，安置高约 2 米、宽近 1 米木雕描金祖牌，祖牌正中阴刻"敕封盘护忠勇王神位"。神龛前置案桌，备有大香炉、烛台等。大厅有金漆楹联，其中之一为"功建前朝帝喾高辛亲敕赐，名垂后裔皇孙王子免差徭"。大厅两侧壁上有墨书楷书 6 字，曰"盘、蓝、雷、钟、李、吴"，每字均有 1 米见方。前后座及廊庑的其他房间多为客房。大门横匾，上书"福宁三明会馆"，系浙江云和畲民蓝文蔚题写。会馆功用包括联谊、接待、集会、祭祀、议事、咨询、救济、代为诉讼等，其主要效用仍为接待往来的畲族宗人。客人以来福宁府做生意者为多，长住客不多，仅几位在福宁府读书的畲族学生。会馆的祭祖活动最隆重的是民国九年（1920 年），即会馆迁入城内的第一年。是年春节，霞浦西乡、南乡、东乡、附城区，以及福建省的福安、宁德、福鼎、寿宁、罗源、连江、闽侯，浙江省的泰顺、平阳、云和、景宁等县的畲民均来参祭，祭祖活动连日分批举行，由各董事和各地畲民诸姓族长轮流主持。会馆经所在地霞浦县县长刘仇签署，呈报福建省政府核准在案，成官方注册法定的"苗夷民族"的"公益团体组织"，而载入《福建年鉴》。会馆衰败于民国十六年（1927 年）霞浦兵乱。

福宁三明会馆是闽东畲族标志性的地标，显示了闽浙两省畲民力量自发、主动的聚合，这里汇聚了畲族文化、经济精英，这里扩大与突破了家族单姓祠堂的原有功能，更是以族内联谊、城市商会的形式拓展了畲族的外交活动。

文化地理坐标 9：民国十三年·霞浦县白露坑"歌先生"钟学吉逝世

霞浦县东南部白露坑畲族村，是畲族小说歌的发源地。畲族谚语云："要问歌先生，就去白露坑。""求教歌秀才，白露坑岬来。"白露坑人最早最擅长将汉族章回小说、评话唱本改编为畲族长连正歌，此歌又称"小说歌"。

创作小说歌的代表人物便是钟学吉。钟学吉，谱名国吉，奏名法宁，学名黄春，因寄名于当地土主陈师公，又名陈吉。他生于清咸丰六年（1856年），卒于民国十三年（1924年）。他7岁入私塾，师从堂伯父钟廷吉，从小接受畲族歌教。光绪元年（1875年）年方二十的钟学吉当私塾先生兼巫师。其时他开始创作歌谣，如《花名歌》《鸟名歌》《十贤歌》《十女歌》《十字歌》《起书堂》《大读书》等。他根据祭祀仪式上的本族史诗《高皇歌》改编为通俗易懂的《高辛氏》，又改编小说歌《诸葛亮》《孟姜女》《唐伯虎》等。他根据真人真事改编了小说歌《钟良弼》，流传于闽浙畲族乡村。始作于民国八年（1919年），修订于民国十年的《末朝歌》是他晚年的代表作。钟学吉在歌尾的落款，按歌先生传统，采用"拆字歌探"法，即以字谜的形式，将创作者的名字隐于歌中。如《末朝歌》结尾"做歌人在白露坑，谱分陈家讨有名，上字分做二十讲，士字加口是郎名"，此中隐约透露他的别名"陈吉"，有的歌谣落款"三人同日去看花，廿一由八回来家"（学名"黄春"）、"文字加上十一口"（俗名"学吉"）。清末民初是白露坑畲族歌谣创作的鼎盛时期，那时诞生了众多的畲歌唱本，也诞生了一批畲族歌先生。当时名声仅次于钟学吉的歌先生还有钟学算、雷韶春、雷德荣等。

钟学吉的逝世，不仅是一代歌王的消逝，更是闽东畲族歌谣文化史中白露坑时代的终结。白露坑时代留给世人的精神文化遗产是畲族歌谣的形式上创新、内容上丰富和题材上拓展，从此，畲族歌谣的触角进一步伸进了汉族民间文学领地，也触摸到了现实与时代的脉搏。

文化地理坐标10：民国十八年·古田县毓青小学聋哑班

西方基督教传教士们进入中国，闽东是他们最早涉足地区之一，他们的足迹也留在了畲族乡村。民国十七年（1928年），古田县畲族女青年雷静贞受美国教会委派前往山东省烟台启暗学校培训。民国十八年（1929年）八月，她回原籍古田县，在毓青小学附设聋哑班，担任负责人，收盲聋儿童25人，培养聋哑儿童教师2人，该校是中国人自主创办的7所聋哑学校之一。雷静贞是闽东较早接受西方现代教育的畲族青年，她治学严谨，教学有方，为聋哑教育事业艰难跋涉，是中国聋哑教育的创始人之一。雷静贞是闽东畲族接受西方现代文明的代表人物。

文化地理坐标11：民国十九年·霞浦县草岗畲族村圣义小学

民国十九年（1930年），英国3名基督教传教士在霞浦县草岗（现名茶岗）畲族村创办圣义小学。聘请教师 1 名，免费招收学生 30 人。4 年后，教堂烧毁，学校告停，畲族村带有宗教色彩的现代文明便匆匆止步。这年，古田县人文荟萃的富达畲族村创办了国民学校——富达小学。这是闽东畲族村的首批以现代教育理念指导的教会学校和公立学校。民国二十三年（1934 年），霞浦县畲族聚居地盐田乡南塘保和松南乡步头保分别创办国民学校，两校教师 4 人，畲族学生约占学生总数的三分之一。民国二十七年（1938 年），福安县长潭、金斗洋创办简易小学。民国二十八年（1939 年），富达小学改名为富端中心小学。

民国时期，畲族乡村为数不多的国民学校一改私塾教学的形式和内容，为畲族乡村融进了全新的现代教学理念和现代文明气息。

文化地理坐标 12：民国十九年·马立峰在福安县凤洋畲族村

民国十九年（1930 年），中共福安县委委员马立峰到凤洋畲族村一带开展革命活动，发展畲族党员，并建立了闽东第一个畲族村党支部。钟阿尕是闽东最早的畲族党员之一。民国二十一年（1932 年）九月，闽东工农游击队第一支队在福安县溪北洋上马山畲族村成立。民国二十二年三月，马立峰、施霖等人在霞浦县杯溪一带发动武装斗争，发展党员，在畲族村建立了中共里马支部，同时又建立了中共霞浦县青皎畲族村支部。民国二十三年（1934 年）二月，建立了福鼎县双华畲族支部。民国二十二年十一月，闽东工农游击队第一支队和第三支队在霞浦县西胜畲族村整编为闽东游击支队。次年一月，在西胜畲族村改编为闽东工农红军独立团；九月，闽东工农红军独立师成立时，福安、霞浦、柘荣、寿宁、罗源、连江等县有 300 多名畲族游击队员、赤卫队员参加。从民国十九年至民国二十六年（1930—1937 年），闽东地区的福安、福鼎、霞浦、柘荣、寿宁、周墩、古田、罗源、连江等县（特种区）畲族聚居地先后建立了 135 个党支部和直属党小组，共有畲族党员 490 多人。自民国二十二年至民国二十五年（1933—1936 年），闽东许多边区县委先后在畲族聚居地成立：十月，中共霞鼎县委在柘荣县草籽坪畲族村成立；民国二十五年六月，中共桐霞县委在福鼎县白石畲族村成立。民国三十五年十二月，闽浙赣区党委在古田县石桥头畲族村建立党小组和畲族武工队；次年四月，这支武工队编入闽浙赣游击纵队。民国三十六年六月至民国三十八年八月（1947—1949 年），中共罗源工委、连罗宁边区工委、连罗林边区工委、连罗边区工委等地方党组织先后在畲族村建立了数十个党支部或党小组。福安县畲民雷美孚于民国三十六年九月任中共福安县委委员，宁德县畲民蓝成友于民国三十六年十一月任中共闽清中心县委副书记。

闽东畲族在新民主主义革命时期，特别在南方三年游击战争时期，为了闽东地方党组织和红军闽东独立师的生存和发展,做出应有的贡献。马克思主义在闽东畲族乡村的传播,给畲族村民的文化心理带来了巨大的冲击。畲族乡村的政治文化和社会管理注入了进步思想。

文化地理坐标13:民国二十三年·福安县柏柱洋东山畲族村

民国二十三年(1934年)三月,闽东土地革命时期,闽东苏维埃政府委托中共闽东特委委员曾志参照中央苏区分田的方法、经验,主持制定分田政策,颁布分田大纲。并在福安县柏柱洋东山畲族村进行分田试点工作,东山畲族村是闽东最早的土地改革试点村之一。闽东苏区分田大纲中关于畲族村分田的具体规定:"畲族妇女则与男劳力同等看待——每一个劳动力产量400斤的水田。"全苏区37%以上的畲族农民都分到土地。同年春,闽东苏维埃政府下辖9个县级苏维埃政府,42个区级苏维埃政府,其中有3个区级苏维埃政府设在畲族聚居地:(1)下西区苏维埃政府,下西区又称溪北区、外西区、梧桐区、磻溪区,成立于民国二十三年二月五日,隶属于(福)安(宁)德县苏维埃政府,区苏机关驻福安康厝凤洋畲族村。(2)下南区苏维埃政府,成立于民国二十三年十二月,隶属于(福)安(宁)德县苏维埃政府,区苏机关驻福安甘棠过洋畲族村。(3)桐北区苏维埃政府,成立于民国三十五年(1946年)六月,隶属于桐霞县革命委员会,区苏机关驻福鼎浮柳白石畲族村。闽东土地革命高潮时期,畲族聚居地先后建立了乡苏维埃政府21个,90%的畲族村建立了村苏维埃政府,畲民担任村苏维埃主要干部的有500余人。同年冬,国民党军队围攻苏区后,畲民又丧失了土地。一个短暂的工农武装割据的政治剧场效应深烙在闽东畲族乡村记忆之中,这个历史时期的一系列政治、经济实践都驱使了畲族乡村"权力""法律""组织""控制"等一系列政治人类学的关键词都赋予了全新的文化内涵。现代意义的政治管理与经济实践给畲族乡村带来了翻天覆地的变化。

我们阅读闽东畲族文化地图,选取了13个具有代表性的地理坐标,其中之一不在闽东,却与闽东政治文化、经济文化、制度文化等息息相关外,其余的坐标均确定在闽东区域内。从事现代化研究的西方学者认为:"既定的制度或文化包含着许多方面或维度,每一方面对施加于社会的各种新的影响力反应都会不同。传统与现代性经常互相加强,而不是对立冲突。"[①] 畲族乡村传统文化与现代文明的对接在悄悄地进行着,对接的过程就畲

---

① 古斯费尔德:《传统与现代性:社会变迁研究中误置的两极》,见谢立中、孙立平:《二十世纪西方现代化理论文选》,322~323页,上海,上海三联书店,2002。

族乡村本身而言是自然而然的渐变，不管是主动还是被动，均没有刀光剑影、血雨腥风的过程。在这些地理坐标上我们发现畲族乡村传统文化与现代文明对接的三个端口，即"畲族乡村政治文化的二次转型""畲族乡村经济文化的二次转型""畲族乡村的文化接受、传承与发展"。

第一，畲族乡村政治文化的二次转型：人类学家将政治作为人类创造的一个社会文化来考虑时，他们强调了"组织"与"控制"两个关键词。"组织"是人们共同体的构成，"控制"是对人们共同体的管理。起码在清康熙年间，包括闽中、闽北、闽东在内的绝大多数的畲族乡村还是沿袭着游耕时期的政治文化传统，即自身生产行为的松散与政府对其控制的松弛，总而言之，他们仍然是在一个极其宽松的官方社会管理系统和行政事务下的极度自由的流烟人群（见"文化地理坐标1"）。到了乾隆年间他们才逐步改变了这种千百年来的生存状态。"编图隶籍""编甲完粮"等一整套封建社会的乡村管理措施渐次网罗到了畲族乡村，乾隆朝对于福建民族散居地区的苗夷的关注，对畲族乡村的内务管理和控制，虽然不必采取"土司制""盟旗制""伯克制"等"羁縻之术"，但是毕竟不能与一般的编户齐民等量齐观，从感性认知开始，将绘制男女畲民的图像列进了供皇帝御览的包括外国使节和我国其他少数民族各色人等的纪实图像"职贡图"中（见"文化地理坐标2"）。接着便是一系列的保甲、赋税、徭役制度，递加在了畲民身上，使畲民融进传统中华帝国的乡村基层控制系统。乾隆朝在畲族乡村施加了封建政治文化传统中习见的乡村控制力，自此，畲族村落组织更加符合封建王朝乡村管理的规范，畲民也相应获取了臣民的赋税、徭役等义务，同时也得到了天子有限的护佑。今天尚存的立于闽东数个村落"禁骚扰"的石碑（见"文化地理坐标4"）表明清代地方官府对畲民有关权益的保障。而咸丰七年"德政碑"的设立就表明了清政府对畲族乡村的军事"驯化"（见"文化地理坐标5"）。既抚平受惊扰之心，又扼杀不屈之志，这是封建王朝惯用的两手。就实际而言，畲族乡村的管理与中国传统的乡村一样，即地方政府对乡村的控制力仍是极其有限的，用马克斯·韦伯的话来说是"有限官僚制"①，在传统乡村社会，实际上存在着两种组织秩序和控制力量：一种"官制"秩序和朝廷力量；一种是乡土秩序或民间力量。后者以家族（宗族）为中心，聚族而居形成大大小小的自然村落自发组织。每一个家族（宗族）和村落是一个天然的"自治体"，这个"自治体"结成为"蜂窝状结构"。② 有时后者往往具有支配的力量。畲族乡村实现社会模式转型，落实了"皇权—族（家族）权"的二元模

---

① 马克斯·韦伯：《儒教与道教》，110页，南京，江苏人民出版社，1993。
② 微微安尼·苏：《国家的成就：中国政治团体的架构》，帕洛阿尔托，斯坦福大学出版社，1998。

式。但是，畲族乡村不同于一般中国乡村的是，主要不是靠乡土政治精英——乡绅阶层来联结"皇权—族（家族）权"的两股力量，而主要是靠族内耆老，即族长、房长以及族内德高望重的老者这些草根精英力量来协调乡村内部的关系。到了光绪二十五年霞浦县福宁三明会馆建立（见"文化地理坐标8"），畲族乡村的民间组织力量才有了突破性的进展。会馆是明清异籍人士在客地设立的一种同乡性社会组织。[①] 包括士绅会馆、试子会馆、工商会馆，以及海外移民的地域性会馆等，而福宁三明会馆均不同于上述的任何一种会馆，却是一种别具特色的，以乡村畲民为主的，"盘、蓝、雷、钟"等畲族姓氏组成的族群性会馆，这种会馆在我国是鲜见的。在闽东、闽中、浙南、浙西南等地畲民心目中本来有一个幻想中的畲族祖祠，在潮州凤凰山。而在清末民初三明会馆的建立将心灵中祖祠的现实化，固定成一个实体，这个实体扩大了一般性的畲民祠堂的内涵，发挥了超地域性、超姓氏的畲族祖祠的功能，由此产生了不可忽视的向心力与凝聚力，以民族的旗帜整合了闽东、闽中、浙南、浙西南这些地方乡村畲民的宗族力量。民国时期，畲族乡村又实践了社会模式的第二次转型，虽然这个转型是短暂和局部的。这种转型的实践得益于中国共产党农村农民政策的深入，中国共产党把包括乡村畲民在内的广大农民作为自己工作的主要对象，从20世纪20年代末开始，闽东农村建立起了秘密的党支部等农民革命组织，成立了县、乡、村各级的苏维埃政府，闽东畲族乡村革命组织也在这场红色风暴中崛起（见"文化地理坐标12"），在新兴的组织模式中畲民的被动融入变成了主动参与，更体现了一种现代政治文化的自由精神，而畲族传统中固有的民族意识和团结精神使得畲族社会组织具有更加顽强和彻底的现代色彩和革命性，在最艰苦的闽东南方三年游击战争时期，畲族老区和游击区成了闽东地方党组织和地方红军游击队最为可靠的后方。这个时期的畲族乡村社会模式的第二次转型，是20世纪50年代以后闽东畲族乡村社会变革的预演，也形成了现代政治文明的雏形。

第二，畲族乡村经济文化的二次转型：人类学家将经济作为人类创造的另一种社会文化来考虑时，他们强调了"交换"与"市场"两个关键词。"交换"是人们的生产品（包括物质与非物质两种形态）在社会的转移和流动；"市场"是人们转移与流动产品的场所（包括实在与虚拟两个系统），决定着生产品流动的范围与程度。封建时代，我国乡村经济表现为"人—地"关系的互动，这种关系的互动决定了"交换"与"市场"的存在和特点。而封建时期的农村政治文化与经济文化又是相辅相成的，政治文化又决定了经济文化中"人—地"互动关系的直接后果。早年作为列入流烟民册的山地"盲流"畲族，其聚

---

① 王日根：《明清民间社会的秩序》，218页，长沙，岳麓书社，2003。

落的生产方式是游耕（见"文化地理坐标1"），"深居幽谷，其素艺则开垦荒山，自耕自食，并有栽靛者。其田弃瘠就腴，每耕三年后，则又徙而之他处耕种，又三年亦如之"①。"人—地"关系的不确定性决定了其经济运行仅限于内部家族的近距离交换，而与外部世界的关系几近绝缘。其经济之俗大抵如古田县畲民"近则附近民居各村与民往来交易，亦有承耕民田，能自变其俗。惟疏远者则相沿旧习如故"②。清乾隆年间畲族乡村因"编图隶籍"而伴随的"编甲完粮"，"兹以其俗顿异"，③ 即一改"人—地"关系的不确定性，而代之以"人—地"关系的相对稳定，这时，畲族乡村经济被动地纳入了封建王朝经济常规的运行轨道。闽东畲族乡村经济与当地市场的关系不密切，不能像开发较早的闽南、闽西畲族乡村那样，能比较自由地支配自己的经济活动，他们除了将自己的劳动成果换取"天子子民"的正统名分外，自身还没有自发形成的墟市贸易，他们只能依靠在附近汉族聚居的乡镇中通过有限的交易活动获益。清咸同年间，闽东茶叶贸易的兴起给畲族乡村带来了契机，他们突破了固有的"人—地"互动的原有模式，以宁德猴墩畲族乡村茶叶商人为代表（见"文化地理坐标6"），在商品经济的交易中尝到了商品附加值的甜头，他们假道于水陆两条茶叶之路，拓展了商品交易的市场。此时，有的畲族乡村出现了并不发达的市场经济的端倪，因为这种市场经济是建立在封建道德诚信体系之中，缺乏铁的市场游戏法则又潜在着巨大的风险，也没有得到封建官府有效的保护。但是不管如何，咸同茶事对畲族乡村而言，那行走在福宁官道上的畲民茶叶商队，那每年从福州茶行领回来的一桶桶白花花的银圆——畲族乡村毕竟或多或少领略到了现代商业文明的无限风光和灿烂图景。20世纪30年代末，闽东苏维埃运动颠覆了千百年来的封建时代"人—地"关系的基本格局，闽东畲民开天辟地地分到了属于自己的田地（见"文化地理坐标13"）。这段历史虽然短暂，但意义深远。因为，随之而来的苏维埃政府的一系列农村经济政策直接改变了乡村畲民的行为方式，更直接激发了畲民的自信心和创造力，那时流传于畲族山乡的歌言《十送红军》《杀头也要干革命》等便真实地表达了畲民的情感和意志。

第三，畲族乡村文化接受、传承与发展：清代和民国时期是闽东畲族乡村文化碰撞、交融的时期，作为畲族传统文化基本构建的畲族歌谣文化在畲族乡土文化精英的倡导、创造和推广下，从内容到形式更加丰富多彩，这是畲族文化的内在力量（见"文化地理坐标9"）。与此同时，在这个时期，中国社会政治、经济、文化等诸多方面的剧烈动荡，"日益增长的运输、通信、识字率和水平流动率，在促进思想传播时，也强化了'大传统'的

---

① 乾隆《古田县志》，卷21。
② 乾隆《古田县志》，卷21。
③ 乾隆《古田县志》，卷21。

范围和影响,使之渗透到越来越多的社区和不同的社会阶层中去"①。以儒家为代表的中华传统文化被畲族乡村接受,畲族乡村不再仅仅借助口耳相传的"歌教"的家庭教育来传承文化,而更注重设立私学专馆、延请私塾先生,传授四书五经,通过家族私学教育,畲族传统文化融入了中华大传统文化之中。畲族乡村第一次进行了社会分工,诞生了第一代的封建时代读书人,他们专心尝试着科场竞争,历尽艰辛,并赢得功名,还有极少数人入仕为官,进入了上流社会(见"文化地理坐标3")。畲族乡村的文化嬗变来自于五股外力,其中最大的力量便是以上所说的中华大传统文化的冲击,畲族乡村固有的乡土传统文化被解构、被覆盖、被取代、被同化,从物质文化(服饰文化等)到精神文化均不同程度地受到影响(见"文化地理坐标7")。还有三股力量是在畲族乡村的局部显示,并发挥有限的作用,包括民国时期乡村现代教育的启蒙作用,即局部畲族乡村建立了国民学校,畲家子弟接受了现代教育的熏陶;城市市场经济的影响。从咸丰、同治年间开始发展鼎盛的福建华茶贸易,使得部分畲族乡村村民嗅到了经济发展的契机,畲族乡村建立起了茶叶贸易的初级市场和第一代畲族茶商足迹从闽东延伸到了福州等地;基督福音的传布。闽东是我国基督教传播较早的地区之一,西方的传教士来到了包括畲族乡村在内的闽东偏远山村,此时,畲族乡村也随之出现了教会创立的现代学校(见"文化地理坐标"的11、6、10)。以上三个方面的力量,虽然不能全面推进畲族乡村的文化变迁,但是毕竟给予畲族乡村注入了异质文化的内容,对畲族乡村文化的发展产生一定的影响。还有一股力量是排山倒海、异常迅猛的,这便是马克思主义"红色幽灵"在闽东畲族乡村的徘徊,随着畲族乡村出现中共党支部、苏维埃政权、红军游击队组织以及分田分地活动的展开(见"文化地理坐标"的12、13),一系列的政治、军事、经济活动是现代文明与传统文化在畲族乡村的剧烈碰撞,给畲族乡村产生的直接后果是根本性的震撼,动摇了传统文化之中最坚实、最核心的信念和规范,对于过去传统的质疑、否定和决裂,以无比冲动的激情迎接未来。这也是20世纪50年代以后,畲族乡村社会主义文化崛起的前奏曲。

---

① 古斯费尔德:《传统与现代性:社会变迁研究中误置的两极》,转引谢立中、孙立平:《二十世纪西方现代化理论文选》,324页,上海,上海三联书店,2002。

畲民家族文化简论*

蓝炯熹

本文主要是阐述畲民家族文化的结构与功能，畲民家族文化主要构建包括家族传说、家族谱牒、家族祠堂、家族祭祀等多种要素。畲族始终是一个好学善采的民族，畲民家族文化的每个构件，都融入汉民族的文化因子，但又不乏本民族的特色。畲民家族文化主要是指畲民村落家族文化，因为在城镇里几乎没有畲族社区。尽管家族文化作为一种观念、作为一种生活方式可能依然存在于居住在城镇的畲民家族成员中，但他们的家族行动已受到客观条件的制约而无法施展，因为在城镇缺乏畲民家族文化生成的土壤。

一、"番家阵"：番民独立的家族话语

畲民家族中多有独特的秘语，较为系统的见于浙江省少数民族志编纂委员会编的《浙江省少数民族志》的记载。畲民祖先流传有许多秘语，用于考验外来的陌生人，来者除讲畲族语言外，还必须对答秘语，能应对者，便认定为真正的畲民，往往以亲人相待，否则，将不予理睬。因此，畲民出行时，都将对既定的秘语作必要的预习，以备路上突如其来的提问。较为通俗的应对秘语是：

问：一桁毛竹打几来（即"一枝毛竹劈几片"）？

若来者姓"蓝"，即答"六来"；"雷""钟"两姓者，则答"五来"。（因蓝姓以"大、小、百、千、万、念"等六字排行，而雷姓少"念"字，钟性少"千"字，只以五

---

* 原文收录《畲族文化研究》（上册），民族出版社2007年版。

字排行）

  问：什么字头（指姓氏）？

若来者姓"蓝"，则答曰"打角"；姓"雷"，则答曰"盖耳"；姓"钟"，则答曰"千字头"。

  问：成未成人？

来者已经传师学师者，则答曰"成人"；未学师者，则答曰"未成人"。

  问：毛竹开桠没有？

来者已有子女者，则答曰"已开桠"；没有子女的，则答曰"未开桠"。

  问：门前有几个路步？

来者应按家中有几代人应答。

  问：牛崽牵过栏没有？

来者为已婚者，则曰"已牵过栏"；未婚者，则曰"没有"。

  问：家中有几块碗？

来者应按家中的人口数作答。

  问：一个橘子分几片？

来者应按家中几个兄弟作答。

根据索绪尔《普通语言学教程》的限定，上述秘语的具体符号的能指（表示成分）与所指（被表示成分）的组合关系，是一种非常规的替代性的结构，但一旦双方被有关语言集团或团体所认同，并经长期的约定俗成，两者即变成了相对稳定的固定关系，成为一张"强制的牌"（la carte forcee），[①] 即只能这样运用和表示，而不能以其他方式替代。

民间秘语包括隐语、行话、切口、春点、杂话、市语、方语、黑话等。而畲民的秘语似乎都不属于这一些范畴，作为一种回避常人所知而又要求某一部分特定的人群所知的独立的话语系统，在上述秘语的应答中包含了"民族""家族""家庭"等三个层面的理解。这种日常人与人的沟通中外加的繁文缛节，反映了畲民的文化心理，在家族的认同中不厌其烦地加之于民族历史的追溯，目的是以对民族的确认来拓展对家族的承认，同时，又以对民族的确认来筑起凝聚本族与排斥异族的壁垒。畲民的家族话语的逻辑是建立在"民族—家族—家庭"的法则上的。我们在畲族乡村时时能听到的一句话语是"畲家阵"，或相对于汉人的"他们阵"的"自己阵"，此处"阵"有"一伙人"的意思，这是畲民的家族话语中的一个重要的单词。对"畲家阵"的阐释，应在包含着"民族—家族"的双重意义上来理解。当然，因为民族是在家族象征结构和家族符号资本的基础上而形成的超族群的政治—文化体。[②] 因此，在既承认畲族"民族即家族"的秉性的前提下，又要在超族群的政治—文化的背景中，考察畲民家族文化的地域性的差异，即不是每一个畲族村落的家族文化中都有这种稳固、恒常而鲜明的泛民族观念，而是不同的生存环境的政治、经济、社会的作用的不同，使得这种观念或明或暗、或隐或显。

二、谱牒编修：与众不同的命名方式

畲族谱牒是畲民谱系的物化形式。受汉文化的影响，畲民也注重家族谱牒的编修，以修谱而收族。编修谱牒的代笔者，除了畲民自身外，也延请汉人，有的汉族先生两代人都是同一个家族谱牒的代笔人，他们在畲族乡村有着很高的信誉度。畲民家族的谱牒编修的体例一般同于当地汉人，即采用欧苏模式，但是在内容上却大异其趣。在现存的畲民谱牒中，闽东、浙南、闽北和粤东的畲民族谱的特色较为明显，如闽东宁德猴墩《雷氏宗谱》的目录有"谱序""家范""凡例""驸马忠勇明王龙公像""龙公赞""凤凰山忠勇王坟茔图""敕书""得姓源流图""龙首师杖志""历朝封赠""闽省簪缨录""洛社耆英图"

[①] 费尔迪南·德·索绪尔著，高名凯译：《普通语言学教程》，107页，北京，商务印书馆，1980。
[②] 纳日碧力戈：《"民族"的政治文化评析：人类学视野》，载《民族研究》，2000（2），57页。

"名字行第字母图""上古开源分姓发祥图""猴墩村雷氏开基祖世系纲目图""家产"等。福安田螺园《冯翊雷氏宗谱》的目录有"谱序""凤凰山祖祠记""帝喾高辛氏敕封盘护王铭志""广东盘护王祠志""福宁府石碑文""圣谕十六条""先儒重谱论""谱例""族规""家范""贞洁传""历朝簪缨蝉联辑略""讳字排行录""冯翊雷氏世系图""山场园坪产业"等。上述的篇章中包含了反映畲民家族文化历史及本质的盘瓠传说和河南传说等一系列内容，最具特色的是畲民家族的谱名的设立。

畲民族谱中人丁所用之名为"谱名"，一般畲民谱名由"讳名（世名）、字、行第、俗名"等组成。而女子仅有俗名或另加行第。讳名和字都是复名，每一世复名的头一个字是相同的，俗称为"字头"。谱名讳字有一定的法则，福安马尾林《雷氏族谱·凡例》篇载："讳字。子生三月父命之名，长而既冠所命名讳，当考圣讳及祖宗名无忌讳者，则命之，不许重名犯上也。犯者，例应改之，言顺之义也。"① 畲民族谱对族谱内世系的排行是比较重视的，《连江辋川蓝氏族谱·名字次小引》云："甲戌之冬，葭月既望。蓝家各执事，协同诸弟侄，祭告祖先谢谱。既而，族长翁请曰：'寒家式微，而由九世已上，有父行者，有祖行者，有曾祖行者；由九世以下，有子行者，有孙行者，有曾孙行者。若之何不问而知世次之后先乎？几至三四世而团聚矣？'华（作者）即起而应之曰：'唯有定其名字次而已。昔宋太祖高宗皇帝勒十六字于祖训，贵贱迥殊而大意可效也。今翁之系属，率多老大成人，名难再易，加以土音俗韵，字不雅观，兹幼子童孙稽查谱中所未有者，以立名取字，使之为祖也、父也，行者，则修父也、祖也，行者，礼矣；使之为子也、孙也，行者，则修子也、孙也，行者，礼矣。虽世数殷遥，聚散糜定，而名之所称条共贯，叶虽异则枝同，流虽分而源则合，非徒教礼也，抑亦教孝矣。胪之家乘，俾子孙守焉。扬名表字，祖讳必不敢挠而冒犯，九世后有贤子弟崛起续而编定焉，也可列名字次：名次第四世起——朝、廷、爵、禄、寿、世、维、长。字次第四世起——俾、炽、而、昌、永、保、万、年。'"② 这种命名定字方式基本同于汉民。但在闽东、浙南、粤东、赣东北、闽中、闽北等地畲民家族中还有特殊的排行和与之相关的"郎名""娘名"。畲族古歌谣云："排行算来你细听，雷姓缺'念'钟无'千'。男人无'一'女无'二'，蓝姓五六两样生。"歌言的意思是蓝姓按世（代）排列为"大、小、千、百、万、念"，而雷、钟两姓缺一字。一般，前者缺"念"字，后者缺"千"字。但也有的雷姓缺"百"字，如福建省福鼎市牛埕下《冯翊雷氏宗谱·叙明从前排行序》载："盖我蓝、雷、钟先

---

① 《雷氏族谱》，修于清光绪二十八年。
② 《连江辋川蓝氏族谱》，修于清同治十年。

人皆遵循排行者，蓝姓定以'大、小、千、百、万、念'六字，我雷姓定'大、小、千、万、廿（念）'五字。此五字即五世也。三十年排列一次，周而复始，联一族之男女、长幼、多寡已耳。至于派别支分，生娶卒葬，乔寓迁所，无复书及，如有记载者，不过自己一派耳，而一族无联也。溯其世系不紊，兹修谱牒废忘排行之典，若不备述以纪之，恐我后者不能知其义者。"①

《畲族社会历史调查·浙江景宁县东衕村畲民情况调查》载，东衕村蓝姓畲民家族排行情况，即每年当农历二月十五日、八月十五日祭祖后，族长、房长就根据本年度出生的本房支男女人丁按辈分、出生年月的先后排好写入族谱，其中排行就根据"大、小、千、百、万、念"六字排列。具体排法如下表：

行别世别	1世	2世	3世	4世	5世	6世	7世	8世	9世	10世	11世	12世	13世	14世	15世	16世	17世	18世	19世	20世
排世	昆	山	玉	上	宗	孔	承	秉	德	长	文	学	师	傅	久	笃	闻	家	道	昌
排行（项）	念	大	小	百	千	万	念	大	小	百	千	万	念	大	小	百	千	万	念	大

具体例子如下：

一世祖　昆公　念（未考）

二世祖　山公　大（未考）

三世祖　玉公　蓝小三十二郎　配雷百一娘

四世祖　上万公　蓝百四十七郎　配雷万一娘

五世祖　宗发公　蓝千七十六郎　配雷大二娘

六世祖　孔海公　万（未考）

七世祖　承遗奋　念（未考）

八世祖　秉才　蓝大百十二郎　配雷千一娘

九世祖　德成　蓝小二十九郎

金明（入赘为嗣配秉才公长女）蓝小四十三郎　配雷小三娘②

以上例子可见，蓝姓家族排行严格按"大、小、千、百、万、念"六字排列，六代一

---

① 《冯翊雷氏宗谱》，修于清同治六年。
② 《中国少数民族社会历史调查资料丛刊》福建省编辑组：《畲族社会历史调查》，17~18页，福州，福建人民出版社，1986。

循环，周而复始，所娶妻子不参加本宗排行，而赘婿可作为儿子，一并排行。女子随娘家家族排行，与本宗姐妹统一排行。一般而言，男性排行时，不排"一"字，即从"二郎"排起，而女性不排"二"字，即从"一娘"跳到"三娘"。（上例中便有特例"雷大二娘"）畲民男女生前均不知自己的排行，只有家族中领袖知道，他们严守排行的秘密。当族人预备自己的棺木后，其家中亲人向族长、房长索要排行，族长、房长便用红纸写好排行并封紧，交予来人。族人死后才开启红纸，并将排行写在灵位上。出嫁的妇女死后，其子女要到舅家，索要排行，这个仪式称为"讨位"。

有的畲民族谱中既有类同于汉民族的排行特点，又有本民族的排行规定，即二者兼用，并行不悖。同时，称前者为"明行"，后者为"暗行"。福安东山《雷氏族谱·行第子母》载："谱以序昭穆，有名字而雁行，尊卑之谓何？旧谱只用'大、小、百、千、万、添、星'字样恐属蒙混，兹别每世定限字母，一字排列十名，往复循环，周而复始，虽分门别户，族人众，开卷井然。"①

在畲民族谱中除了有"郎名""娘名"外，还有"法名"，又称"奏名"或"醮名"，即畲民男女年届十六所进行的一种类似于宗教的仪式，畲民称为"传师学师"或"作序头"（又称"作聚头"），再称"传法录人"等。经过这种仪式的男女则族谱中冠以"法名"，男性"法名"都前冠以"法"一字，女性则后缀以"婆神"二字。有"法名"者一般均掌握巫术。

畲民的"郎名""法名"在客家地区也有使用，即客家人的族谱中也有相类似的命名形式。客家研究的先驱者罗香林在《广东民族概论》中认为："韩江一带的客家人，其祖先有第几千几百郎的名号（大抵仅有郎名，而罕正名），相传即土著畲民雷、蓝、毛、赖、盘各巨阀所给予的符号，这是客家人的祖先由闽西迁到粤境，欲求性命安全，不能不纳点赘礼给那些强有力的畲阀，畲阀得客人赘礼以后，乃依其入境次序给以几郎几郎的名号。"②

三、祠堂形态：从想象到具象

在乡间众多畲民的心目中，有一座畲族总祠鼎建于广东潮州凤凰山。畲民认为："顾

---

① 《雷氏族谱》，修于清光绪三年。
② 转引自李默：《梅州客家人先祖"郎名"、"法名"探索》，见广东省民族研究学会：《广东民族研究论丛》第七辑，143页，广州，广东人民出版社，1995。

我盘、蓝、雷、钟四姓大宗祠肇基于广东凤凰山，与南京一脉相连，建祠之地即吾祖旧址也。"① 福安田螺园畲族村修于清光绪三十二年（1906年）的《冯翊雷氏宗谱》，刊载署名浙江省建德县令雷嘉澍的《广东盘瓠王祠志》云："……夫祠堂之设，所以尽报本追远之深心，尊祖、敬宗、收族之遗意也。顾我盘、蓝、雷、钟四姓大宗祠肇基于广东凤凰山，与南京一脉相连。建祠之地即吾旧居址也。正栋之中仍奉盘瓠王为始祖，龙杖照然，公主并列焉。左奉武骑侯自能公，为盘公始祖；右奉护国侯光辉公，为蓝公始祖；又左奉立国侯巨祐公，为雷公始祖；又右奉敌国侯志深公，为钟公始祖。并列敕封牌位，世世享祀，不忒继此，左昭右穆，秩然不紊，尊尊而亲亲也。祭祀之期，定以上元、中秋二节。陈器具馔，行三献礼……是祠也，原高皇之敕封，建门庭竖以石柱，四围缭以塘垣，盘基巩固，结构绵深，丑山未向，计直二十四丈，横一十八丈，始奕奕乎伟观也……夫我祖之祠宇镇会稽山之阴、凤凰山之下。面前峰、林、壑尤美，石岩之胜景，雷公之神，望之蔚然而深秀者，我雷家坊也。祠后连山绝壑，长林古木。南田洞幽远深邃，人迹罕至，奇花异果，多不知名，振之以清风，照之以明月，此非观星顶之胜境乎？右望会稽山，岗陵起伏，草木行列，载酒堂之文士，云宾谷之学人，皆可指数，文昌阁远远在目也。右至七贤洞，幽岩石壁之处，猿啼鸟宿之方。我宗族散居处焉，将见报本于斯，收族亦于斯。"

上述盘、蓝、雷、钟四姓大宗祠是畲民凤凰山传说、会稽山传说、南京传说等相结合而深化的产物，是真是幻，无关紧要。大宗祠作为家族想象的异邦，深烙于畲民心中，成为一种不容抹杀的家族群体的象征符号。大宗祠及其周围的环境，在文人的笔下虚无缥缈、幽深美丽，也是畲民的理想国，虽不能至，心向往之。因此，许多村落的畲民都知道，他们虽有可供祭祀祖先的具象的祠堂，还有远在天涯却近在心灵的祠堂，即广东潮州凤凰山盘、蓝、雷、钟四姓大宗祠。

初到某地的畲民，由于家族人力、财力、物力所限，不能有鼎建祠堂之大举，因此，除了心里默念广东潮州凤凰山"盘、蓝、雷、钟四姓大宗祠"外，香炉便代表家族的存在。据浙江省《云和县志》载："云和畲族早期没有祠堂。蓝姓香炉置于安溪青石岩，雷姓香炉置于黄处鬼岩。"② 随之，又以一种特殊的祖箱替代，这种祖箱也称为"祖担"。祖箱是畲民流动的祠堂，浙江《建德县志》载："畲客之祠以竹箱为之，内贮祖牌及香炉。"③ 祖箱来往于畲族乡村，主要用于畲民家族的祭祀，其中尤其是畲民醮明祭，更必须将祖箱请进家门，醮明祭即指传师学师。随祖箱进门的有家族父老，还有畲族巫师。祖

---

① 福安市范坑乡洋坑村：《汝南蓝氏宗谱》，修于清光绪七年。
② 中共云和县委统战部、云和县政府民族科：《云和县畲族志》，149页，油印本。
③ 王韧：《建德县志》，卷3，《风俗志》，民国八年刊本。

箱中除了祖牌、香炉外，还有祖图、祖杖等器物。蓝、雷、钟诸姓的香炉的个数是不同的，祖箱中的祖杖长度也不同于祠堂中的祖杖。

林牧《阳宅会心集》云："君子营建宫室、宗庙为先，诚以祖宗发源之地，支派皆源于兹。"但畲民初迁之地，并不建祠，仅以简陋的屋宇栖身。随着家族的繁衍，房屋的增建，村落的扩展，家族力量的壮大，才能考虑到建祠。族人对开基祖的屋宇始终怀有特殊的情感，在祠堂未建之时，往往会把祖屋当成族众祭祀、议事之所。即使祠堂建成后，祖屋仍是族人缅怀先祖，激励后人的教化之区。还有一种特殊的场所，即称为"众厅"，是家族联建的大房屋中预留的大厅，产权属家族公有。众厅一所多能，既可在此设立祭祀祖先之坛，也可用作因红白喜事而设宴之地，还可权作私塾之馆。祖屋、众厅都是畲民村落中的准祠堂。

有的畲民祠堂不是单姓祠堂，而是多姓祠堂，这是一种有别于汉族的"民族即家族"的特殊祠堂，江西《贵溪县志》载，畲民"每祭祖，则四姓毕集"。《贵溪县志》中没有直接记载"四姓毕集"的祭祖场所，但多姓祠堂在畲民乡村是存在的。笔者于20世纪90年代初，在闽南山区华安县官畲村内，就看到蓝、雷共有的祠堂。

总之，畲民的祠堂有着不同的形态，畲族乡村中以心中的想象与眼前的具象相重叠的两类祠堂，是时时世世牢记"民族即家族"的理念的标示。而从祖箱、祖屋、众厅到真正意义上的祠堂，则是家族历史沧桑的反映以及族人力量的凝聚与展示。

四、远祖祭祀：巫风弥漫的家族文化演示

在家族尊祖意识和团结意识的支配下，祭祀之仪便成为家族权力的象征和家族力量的演示。

在俎豆馨香中，与神灵的交流，畲民既求得了心灵上的慰藉，又得到了精神上的庇护，还获取了民族与家族的认同。畲民的家族祭祀包括祭祖和社祭两种，祭祖具有调节家族伦理关系的功能，社祭具有调节家族社会关系的功能。其中以祭祖为最要，浙江遂昌周应枚《畲民诗》云："九族推尊缘祭祖。"概而言之，畲民家族的祭祀活动有三个层面，即体现畲民的民族特点的远祖祭，融入汉文化色彩的近宗祭和参与汉人社会的社祭等。本文着重谈远祖祭祀。

祭祀远祖的对象是以盘瓠传说和河南传说所构成的神灵体系。刘锡蕃《岭表纪蛮》载："畲民之祖先盘古（盘瓠），家置画像（祖图），祀奉甚虔，每届三年，举族为一大祭，与瑶之祀同。"魏兰《畲客风俗》载，清代浙江畲民"祭祖必三昼三夜。据畲客自

言，昔时祭祖，必以三年。后因财力不足，改为三月，厥后又改为半月，至于今，乃减为三夜云"。"祭祖时，必将画像悬诸堂上，任人观览"。夜半人静，畲民取出族杖，"置之几上罗拜之。移时，依然什（世）袭珍藏，即所谓祭祖也"。① 徐珂《清稗类钞》载："温（洲）处（州）畲客，极重祭祖，祭坛前，有画幅，长可数丈。"② 现在已没有翔实的资料反映畲民家族远祖祭的情况。凌纯声《畲民图腾文化的研究》云："畲民举行祭祖大典时，据说有许多的歌舞，惜未能亲见。作者曾见过端午节的祭祖，亦有简单的巫师舞与歌唱，并有锣鼓相和。又有一种游戏舞，以长板一条，中间搁在板凳上，板之两端坐两人，动作时一上一下……此种游戏舞是否与图腾有关，殊难确言。"但与此有关的祭祀活动还存在于畲族乡村。在这一活动中，祭祀的主题与槃瓠传说、河南传说密切相关，祭祀的深层意蕴是重申"民族即家族"的理念。因此，有的地方在祭祀时往往"四姓毕集"，即蓝、雷、钟各姓家族合民族同祭。必须强调的一点是，这种祭祀活动的主要的操作者均为畲族巫师。现存的比较典型的与远祖祭有关的祭祀方式是认定民族成员的醮明祭和团结民族成员的迎祖祭。

《景宁县志》云，畲民"时而祭祖，则号为醮明，其属相贺。能举祭者得戴巾以为荣（即明时皂隶巾）。一举，衫则蓝，三举，衣且红，贵贱于是乎别矣"。③ 即畲民男子年届十六，必将通过一种特殊的祭祖仪式，由家庭普通成员"入录""度身"，转为家族教职人员。此仪式畲民称为"奏名传法"，俗称"传师学师""作序头"等。凌纯声《畲民图腾文化的研究》认为，这种仪式就是"图腾制的入社式"，整个仪式巫风弥漫，凡"奏名传法"者如果他的父亲已"奏名传法"，则由其父为度法师，自己主持祭祖仪式，否则另请一已祭祖者担任。此外，尚需请已通过"奏名传法"者，即已祭祖者5人襄助一切。浙江丽水地区畲民"学师"由11人主办，包括主持师公东道主、证坛师、引坛师、度坛师、监坛师、净坛师、征戢师、保举师、华老（汉族）师、保举师妻子西王母、东王公。祭祖多在冬季，日子由风水先生择定。祭祖仪式在祭祖者之家举行，在家屋厅堂上悬挂祖图及与畲民巫术有关的神像，图前置一神案，上摆香炉，其数蓝姓6个，雷、钟两姓各5个。族杖亦即插在神案上，蜡台1对，三牲1副，鸡两只及菜饭等物，神水6碗，祭时须烧纸钱，已祭祖者及已祭祖者之妻可以参加此仪式。祭祖历经60个程序：1. 请师爷；2. 造寨；3. 造老君殿；4. 造井牧师；5. 拜神；6. 学师弟子拜天地；7. 学师弟子拜师爷；8. 学师弟子拜本师公；9. 为弟子取法名；10. 子弟落袜；11. 变身；12. 开桃源；13. 做

---

① 中共云和县委统战部、云和县政府民族科：《云和县畲族志》，149 页，油印本。
② 中共云和县委统战部、云和县政府民族科：《云和县畲族志》，149 页，油印本。
③ 中共云和县委统战部、云和县政府民族科：《云和县畲族志》，149 页，油印本。

微尘；14. 把盏人门；15. 六曹拜祖师；16. 排衙泼花；17. 人客当茶；18. 造水洗坛；19. 子弟接神；20. 变锣鼓；21. 保罡头；22. 赤头冠衫衣；23. 行灵道罡；24. 造神占酒；25. 告神宣鬼牒；26. 收神捉鬼；27. 拜神；28. 告神分更；29. 招兵排兵；30. 置界坛；31. 前三三、后三三；32. 告神参牒；33. 四哥兄做师；34. 本师度香水气；35. 本师度头冠衫衣；36. 本师度豆兵米兵；37. 本师度符本筊杯；38. 本师度龙尸鼓角；39. 本师度鸣锣战鼓；40. 出营斗五营；41. 六曹度诀教诀；42. 唱兵歌；43. 告神出门斗五营；44. 官兵出营斗五营；45. 沿门等接偿兵粮；46. 团兵；47. 告神置红楼；48. 过九重山；49. 置龙坛；50. 奏申度牒；51. 归坛拜祖；52. 坐龙坛；53. 度水；54. 坐筵唱高皇歌；55. 引坛打仗；56. 五岳山老虎抢猪头；57. 送鬼；58 送神；59. 团兵做酒令；60. 拆寨。祭祖的经书多达十余册。其中《证龙坛》一书中有关"入社式"的本师与引师的几段问答，摘引如下：

本师问：新里弟子居何州？何县何乡何里人？何年何月何姓名？行年几岁拜仙人？

引师答：伏蒙敕命敢通问，广东南路最为尊，住在×州×县×乡里，×生行年将×岁，从来疾病不离身，别无救度除克害，一心拜法学天门，一愿身心常安乐，二愿家眷保千春，三愿法堂常清静，四愿天下救良民。

本师问：坛前弟子用心坚，莫负神明及疏钱，妙诀信心传弟子，教君养老一千年。

引师答：一心拜法学高才，养老藏身遗祸灾，伏愿本师亲教度，龙头大海出山来。

本师问：龙头大海虎头山，吾有玄法百万般，度与新罡神弟子，教君寿命保延长。

引师答：弟子原来社户丁，春秋二祭不曾停，舍父事师传法录，拜辞里社入师门。拜辞城隍里社官，敕令衙下听吾言，今日殿前受法后，封补为官给牒身。若有行营治救处，速备军粮扫地尘。

本师问：拜辞里社入法门，须断邪心莫赤身，为师不待将贫富，法录无过一样均，汝今当坛受法后，千万莫叫小时名。

引师答：老君殿前如烧香，度法仙师是几郎，何幸修书来相请，不知差使在何方。

本师问：引坛师主引坛官，近前仔细说根源，何人置天遮世界？何人置地与人行？何人置立三皇帝？分定五湖四海中，当初天下无人种，从头说过老君言。①

在整个巫术操作过程中，盘瓠传说和凤凰山传说等家族记忆融贯其中，在程序之第54节"坐筵唱高皇歌"是专门设宴忆祖，也是对远祖的直接缅怀。但这里的《高皇歌》，不同于平时所唱的，而称之为《太祖出朝》，除了内容基本同于平时的《高皇歌》，涉及盘瓠传说和凤凰山传说外，言词更加缜密、深邃，更显出庄严、神秘的宗教哲理。如首句云："三姓坐落成大营，我唱根源分你听，蓝雷钟姓共太祖，不讲不知太祖名。"结尾为："白事转录是好多，大纸文书请六曹，子孙转念来受录，闾山学法转来做。闾山学法转来做，千军万马转嘈嘈，十二六曹来教度，行是作法斩妖魔。十二六曹来学师，要学师男传古记，学师也要归太祖，讲分后代子孙记。"

已经"奏名传法"者，便可取上法名，称为"红身"，未经仪式者便为"白身"，"奏名传法"以代代相传为荣，若没有传代者，便成了"断头师"。"奏名传法"者先着红衣，名曰"赤老鼠"。若其子也经"奏名传法"，则改着青衣，俗称"房赵"。褚成允《遂昌县志》载："每一姓始祖刻龙头杖为之子孙祭祖供杖罗拜之，祭有三次者称'进士'。"

据凌纯声《畲民图腾文化的研究》记载，瑶族也保存相类似的入社仪式，名曰"度身"。"度身"分两级：一曰"拜王"，又称"小登科"；二曰"度身"，又称"大登科"。瑶族不论男女达到相当年龄，稍读书识字后，便可举行拜王，即请巫师来家作法三昼夜。拜王之后，如果在社会上逐渐为人尊敬，且自度个人财力足以举办度身时，便可举行。度身之人须斋戒4日，请巫师24人来家作法，历时7个昼夜。比较畲族的祭祖与瑶族的度身，整个仪式过程看，前者比后者复杂，且保留远祖崇拜的成分也较前者多。但是相同点是已经仪式者，都在社会中享有较高的地位，都有作巫师的资格。

迎祖祭，又称为"请祖祭"，闽东畲族乡村的迎祖祭祀即接迎祖亭。迎祖祭的内涵不仅与盘瓠传说、河南传说有关，而且也包括了近宗祭祀的部分。具体方式是某个区域（包括县境内，或超出县境范围）内的同姓同宗畲民共预设有一座祖亭，祖亭内设置祖牌和族杖等。由相关的各村落的同姓同宗畲民轮值陈列祭祀。祭祀时间以一年一次，或若干年（以固定的时间长度为限）一次，迎祖时，按预先商议好的顺序，祖亭放置于甲村的祠堂或祖屋，由甲村畲民供奉，一定时间后，由乙村畲民至甲村将祖亭接回，放置自己村内供奉，再由丙村畲民至乙村将祖亭接回，依此类推，周而复始，每个相关的畲民村落均能轮到。与此相类似的是广东畲民拜祭的蓝大将仪式，广东畲民蓝姓居多，蓝大将即指河南传

---

① 广州中山大学《民俗》周刊。

说中的蓝光辉,每年农历四月初九为其生日,届时,在供奉蓝大将的固定场所,将蓝大将神牌抬出巡游,俗称"抬阿公"。巡游路线是预先设定的,一般均能经过与蓝姓有关的村落,蓝大将所到之处均有燃放香烛、鞭炮,以示虔诚。上述二者的主要区别是:前者的祖先神灵是按祭祀规则流动放置,而后者的祖先神灵是固定安放。

据《广东省志·少数民族志》载,广东畲民有祖图祭祀仪式,即春节时举族在祠堂里祭祖,届时族长悬挂祖图和列祖列宗的神牌,各家各户备办三牲、香烛参祭,族长带头燃点香烛,引领族人朝外跪拜,叩请在外行猎的盘瓠太公回坛。族长掷筊杯,若得一阴一阳为胜,表示太公驾到,族长遂领族众转身朝祠堂正中的画像跪拜,献祭品。然后由族长讲述太公非凡的经历。祭毕,众人聚餐。

粤东畲族乡村还有招兵祭祖仪式,是重现盘瓠传说的忠勇王招兵征番的情节。每三五年举行一次,选择冬至前后举行,历时三昼夜。仪式主持者为畲族巫师,共27个程序:1. 起师;2. 大请神;3. 奏文书;4. 请佛;5. 列兴明经;6. 读消灾谶;7. 请龙;8. 安龙;9. 安井;10. 开公谶;11. 拜田君;12. 做供;13. 打路引;14. 给旗;15. 招兵;16. 上香;17. 请师爷;18. 开三奶经;19. 尝兵粮;20. 尝酒肉;21. 安兵;22. 光灯谢土;23. 慈悲经;24. 观音经;25. 牧师;26. 送佛;27. 谢师等。所招神兵,包括东方九夷兵(巫师执蓝色三角旗)、西方六戎兵(黑色三角旗)、南方八蛮兵(红色三角旗)、北方五狄兵(白色三角旗)、中为三秦兵(黄色三角旗)等五营兵马,另有左天生兵、右地生兵,以及本坛、本地福主公共九路神兵。统由巫师调遣。仪式开始时,要举行"开天门",即由家族中的青壮年男子着戎装分列村口,待一声令下,锣鼓鞭炮齐鸣,迎迁外村畲民参与仪式。①

五、结束语:畲民家族大厦的建构模型

拙作《畲民家族文化》中曾对畲民家族大厦的建构模型作了总括性的描绘,认为:

> 从"前家族化"到"家族化"的历史过渡,畲民完成了家族大厦的建构:

---

① 《广东省志·少数民族志》,284~285页,广州,广东人民出版社,2000。

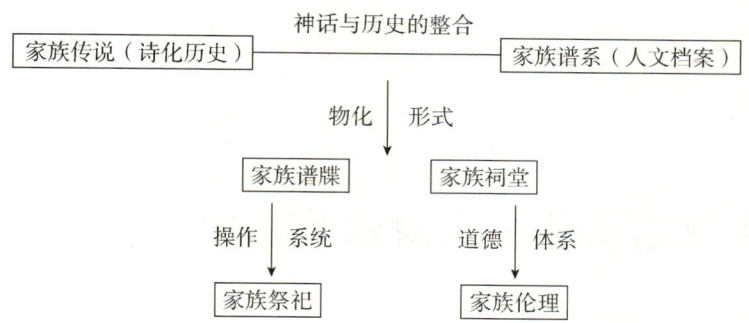

以上畲民家族文化结构图中的每一个构件，我们均作了比较详细的叙述。在畲民家族文化建构的过程中，既吸收了大量的汉民族家族文化的理性成分，又保留了"前家族化"时代自身独有的非理性色彩。几乎在畲民家族文化结构系统的每一个构件中均潜藏着"前家族化"的历史印记和文化积淀。畲民家族文化，作为畲民传统文化的重要组成部分，其诱人之处就在于每一个构件中均充满着文化悖论，凸现着历史传奇：神话与历史的自然交融，实践理性与浪漫情调的虚实相生，家族同心协力的群体意识与家庭独立孤行的个体品格的若即若离，外婚集村家族形制的精致化、完整性与内婚散村家族形制的小型化、灵活性的并行不悖，外界环境压迫与内在心灵创造所构成的持久性的张力——以上种种畲民家族文化的魅力表现出独立于中华民族之林的生命价值和民族精神"。①

这里需要说明的是畲民家族的"前家族化"时期，一般泛指明清之前，即畲民游耕迁徙、居无定所的时候。限于篇幅，本文略去了有关畲民的家族传说、家族谱系、家族伦理等内容。

---

① 蓝炯熹：《畲民家族文化》，404 页，福州，福建人民出版社，2002。

从古籍看历代名人对畲族历史文化的关注*

刘冬

在畲族的社会发展进程中,有一些其他民族的名人,他们的所作所为与畲族连在一起。他们或者作为与畲族平行发展的人物,同时出现在历史叙事之中;或者有意识地将畲族作为叙事对象,写进了个人的笔记文学里或官修的地方史志中。这是一种耐人寻味而值得研究的历史叙事现象,差不多强势民族对于弱势民族的文化表述都有着这种倾向,或者是对于一种文明史所运用的"史家笔法",或者是对于"未开化"人群似有猎奇之心,但也有的是出自知识分子良知。本文分三个方面对与畲族的文化、历史有关的历代名人中的代表性人物进行介绍,以期引起人们的兴趣,以作更加深入的探讨。

一、影响畲族历史文化发展的历代名人

第一个影响畲族历史的人应该算是陈元光。据清代《漳州府志》《云霄厅志》《潮州府志》载:唐高宗总章二年(669年),泉潮间"蛮獠啸乱",朝廷命陈元光之父陈政率军平叛,有五十八姓人从之。陈元光随父入闽,陈政凤仪二年卒,元光"代领其众",时广寇陈谦,连洞蛮苗自成、雷万兴攻打潮州,"光平之"。景云二年(711年),苗自成、雷万兴之子,"复倡于潮,猝抵岳山",陈元光"轻骑往御",被蓝奉高所刃。开元三年(715年),陈元光之子陈珦向率武勇,袭击蓝奉高部,斩蓝奉高。陈元光是被誉为"开漳圣王"的英雄人物,开发闽南功勋卓著。陈元光的作用是巨大的,其中之一是他的行为改变了畲族的历史文化:其一,学术界公认的观点,在隋唐之际畲族先民的聚居地在闽粤赣交界地,由于陈元光的进兵,震荡着他们的领地,从此畲族先民便开始了动荡不定、迁徙

---

* 原文收录《八闽文化研究丛书·畲族文化研究》,民族出版社2007年版。

无着的生活；其二，由于与唐军的对峙，与陈元光父子三代的交战，一个南中国的稳定的人们共同体便从此形成和发展起来；其三，至今闽南畲族不祭陈圣王，以及畲家女出嫁穿白衣、白裤等习俗，盖来源于当年陈元光进漳之事；其四，明末流传于南中国与东南亚的章回小说《平闽十八洞》，虽然所叙为宋代杨文广平闽蛮事，但是"据史无杨文广平闽事，然开辟闽疆，则确有其人，漳州府志载唐总章间陈政、陈元光父子暨部将李伯瑶、马仁等五十八姓入闽，驱峒蛮，辟草莱；元光与蛮酋蓝奉高战于岳山，为奉高手刃而卒。平闽十八洞文广部亦有李伯苗、马殿其人，闽王之名亦为蓝奉高，是则十八洞一书，乃演陈元光平闽之事无疑。"① 平闽十八洞的故事，成了人们说不完道不尽的话题，台湾人类学家李亦园《章回小说〈平闽十八洞〉的民族学研究》揭示了"十八洞显示的少数民族资料"，十八洞中的"族群分类与图腾崇拜"等。②

第二个是王审知。史载，唐末自"安史之乱"后，国内藩镇割据，唐光启元年（885年）正月，王绪率河南光州、固始二州数千人渡江。八月，王潮掌兵权，和其弟王审知统率中州部队南下进入赣、闽。光化元年（898年），王潮卒，王审知继任威武节度使、福建观察史，后加平章事，封琅琊郡王，是五代闽国创始者。畲族的历史文化中与王审知的关系，不可或缺。其一，在现今闽东、浙南、浙西南的畲民族谱中都有一段关于畲民迁徙闽东的记载。如福建省福安市甘棠镇田螺园畲族村《冯翊雷氏宗谱》载："唐光启二年，盘、蓝、雷、钟、李共三百六十一口，从王审知为乡导官入闽，至连江马鼻登岸，时徙罗源大坝头居焉。盘王端（一说为'碧'——引者）一船被大风漂流，不知去向。"③《资治通鉴》云：当王氏"将兵攻福州，民自请输米饷军，平湖洞及滨海蛮夷者，皆兵船助之。平湖洞在泉州莆田县界外"④。这是学者们用来印证上述族谱资料的唯一正史的证据。其二，由以上记载，引发出迁徙"连江马鼻—罗源大坝头"的传说。就是说，畲民迁徙到闽、浙交界地，这块现阶段畲族人口最多、比例最高的地方时，曾经是从连江马鼻登岸又经罗源大坝头而分迁各地的。考察现在的马鼻镇，已不见畲族先民流经的痕迹，查连江县地名办公室编《连江县地名录》，当年，畲族先民驻扎的马鼻大坪村已经消失，现在马鼻镇已经没有畲族村。罗源县大坝头是畲民迁徙的重要中转站，据雷大树《罗源大坝头在哪里？》载，历史上的"大坝头"的确切位置在哪里，已经不得而知。目前，村名"坝头"者仅见二处："其一，起步镇坝头村。此村主姓'蓝'，为罗源县蓝氏最大的支派……其

---

① 叶国庆：《平闽十八洞研究》，见陈锐锋：《笔耕集》，64 页，厦门，厦门大学出版社，1997。
② 参见李亦园：《章回小说〈平闽十八洞〉的民族学研究》，见庄英章、潘英海主编：《台湾与福建社会文化研究论文集》，23～41 页，台北，"中央研究院"民族学研究所，1994。
③ 福安甘棠田螺园：《冯翊雷氏宗谱》，清光绪三十二年。
④ 《资治通鉴》，卷259，《唐纪》，75 页。

二，霍口坝头村，地处霍口畲族乡的西部牛母山（海拔1251米）的山坳，霍（口）东（宅）公路通过该村，交通方便，距县城45公里，隶属于川边村辖区，共有29户128人，系畲族雷姓"。①"连江马鼻—罗源大坝头传说"所涉及的内容是唐五代的事，但是，应该引起我们注意的是，翻检闽东畲族族谱，大多数畲民家族均写明自明代迁入闽东。② 其三，关于王审知的掌故和遗址，均见于永安市青水畲族乡。该乡有位于积谷寮村的必婆洞，据传是当年王氏三兄弟征讨敌军之地；位于龙吴村光坑的罗兜祠是王氏宗祠，据传当年王审知携其母徐夫人在此居住三年，今仍有王姓传人，他们皆尊审知为开基祖；王审知之母徐氏，封为河间夫人，葬于光坑清坑垄梅花落地之穴，坟茔今存。青水畲族乡还流传钟姓畲民助战王审知的故事。其四，有两个畲族人物似乎与王审知有关，一个是武将钟全慕。据永安市青水畲族乡《钟氏族谱》载：开闽始祖全慕公"于唐昭宗时，自中州宗昌县入闽，为汀州刺史，王潮为威武节度使。景福元年（892年），与建州刺史徐归范俱附潮弟（王审知），及朱梁篡唐，封潮弟审知为闽王。审知喜全慕公骁勇有谋略，分汀世守之而家焉"③。另一个是蓝文卿，古田巨富。他是福州五大禅林之一的雪峰寺檀越，据《闽都记》载："里人蓝文卿舍田七千余亩，屋五百楹，诸物称是，遂为南方丛林第一。"④ 蓝在王审知处任职，王审知亦好佛。蓝文卿是否在王审知入闽时立有军功，待考。

第三个为朱熹。畲族是家族文化比较发达的一个少数民族，这与畲族长期处于闽东南有关，这里正是历史上我国家族文化发达地区。南宋大儒朱熹是我国家族伦理的鼓吹者和集大成者，我国家族谱牒的修纂、祠堂的营造等，都与他的倡导有关。特别是福建家族文化的强劲态势，更与长期游学于闽北的朱熹对宗族文化的传播并身体力行的影响分不开。明代万历庚申（1620年）撰修的朱氏《建安谱》中有朱熹的序言。⑤ 福建的家族谱牒中多有假托朱熹名义的序文，如陈支平《福建族谱》中曾列举了周、刘二氏族谱的所谓朱熹序文竟然完全相同的现象。⑥ 在闽东、浙南民间流传着朱熹为畲民家族谱牒所写的序文，如浙江省苍南县莒溪垟尾《蓝氏宗谱》中也有朱熹的序文。全文如下：

> 盖谓先人以前绵绵延延难可既述，其后奕叶云礽弥久而弥光，故有凤崎而乐颂者，皆列入望也。然世远人漓、风移俗易，虽有表表著于当时，不无泯泯湮于

---

① 雷大树：《罗源大坝头在哪里？》，载《福建民族》，1998（4），26页。
② 蓝炯熹：《畲民家族文化》，52~54页，福州，福建人民出版社，2002。
③ 青水乡百艺村：《颍川钟氏族谱》，《开闽始祖全慕公传》，民国二十九年。
④ 陈建才主编：《八闽掌故大全·胜迹上》，22页，福州，福建教育出版社，1994。
⑤ 陈支平：《福建族谱》，7页、23页，福州，福建人民出版社，1996。
⑥ 陈支平：《福建族谱》，前彩插，6页，福州，福建人民出版社，1996。

后世，自非续谱以阐扬之，将人亡而事与之俱亡，股尽而亲与之俱尽，胡以作孝慈，胡以作耀后，夫骨月间不几等若参商乎！今潮州凤崎高辛时瓠王之苗裔卜迁于闽之蓝奎父子，巍巍绍宗功，余游学至此，奎览家乘请予序之。余辑谱书，为先人不泯计也，为后世不朽谋也，为贻垂悠远望也，一举而三善备焉，一事而万世赖焉。丕振家声，猗与休哉！继是，而笃宗盟、重横派者，读先世之谱，览前代之英，了然知一脉相承，亿祀同本，奚翅史册之昭垂？愿世世珍藏之遗也。是为序。

时宋淳熙四年（1177年）岁次丁酉霾月之吉
后学朱熹拜撰①

宋淳熙初年，朱熹曾留寓于闽北武夷山一带，今闽北武夷山市畲族世居于星村、武夷宫等地，这里的蓝姓畲村曾文化发达、人文荟萃。武夷山麓的建阳境内也多有畲民，清道光《建阳县志》载："今兴贤里塘窠，崇政里茶鈚，崇化里书坊，禾平里南山顶，嘉禾里黄坑，类多是种（指畲民）。"② 今建阳市蓝、雷两姓畲民世居于武夷山下的黄坑镇三峡村，邻村九峰村委会后塘自然村有朱熹墓葬地。由此可知，朱熹对武夷山一带的畲民不会完全陌生。

第四个是王守仁。王守仁于明正德十一年（1516年）始为巡抚南赣都御史。此时，南赣正发生"拳寇"之乱，在平定拳寇之乱中，王守仁写了大量的奏疏，呈献朝廷。如正德十二年闰十二月初二日《横水桶冈捷音疏》中称："其大贼首谢志珊、蓝天凤各又自称'盘皇'（即盘瓠王）子孙，收有流传宝印画像，蛊惑群贼，悉归约束。即其妖狐酷鼠之辈，固知决无所就，而原其封豕长蛇之心，实已有不可言……大贼首蓝天凤、谢志珊等盘据（踞）千里，荼毒数郡，僭越王号，神人共怒。"③ "拳寇"之乱，由赣南迅速蔓延于闽、粤数省。地方统治以刚柔相济之手段，熄灭"拳寇"反抗之火。在这场军事活动中，王守仁充当了重要的角色，他既是封建官僚又是思想家，他"檄四省兵备官选募民兵操练"④，对"攻剿如故，率不能尽贼"⑤ 的严峻局面，深感"破山中贼易，破心中贼难"⑥。

---

① 浙江省苍南县莒溪垟尾：《蓝氏宗谱》，民国三年。
② 江远青等：《建阳县志》，卷2，《舆地志·畲民风俗附》，清道光十二年。
③ 王守仁：《王文成公全书》，卷10，《别录二·奏疏》，四部丛刊本。
④ 《明史记事本末》，卷48，《平南赣盗》。
⑤ 《明史》，卷187，《陈金传》。
⑥ 王守仁：《王文成公全书》，卷4，《与杨士德薛尚谦书》，四部丛刊本。

于是，采取了一系列策略，以攻破"心中贼"。如推行"十家牌法"，"革敝以安良善"①。又教化民风"开导训诲，互相戒（诫）勉，兴立社学"②。其中最具影响的成功之作便是设立《南赣乡约》，劝谕乡民曰："自今凡尔同约之民，皆宜孝尔父母，敬尔兄长，教训尔子孙，和顺尔乡里，死伤相助，患难相恤，善相劝勉，恶相告诫，息讼罢争，讲信修睦，务为善良之民，共成仁厚之俗。"③《南赣乡约》是"心即理""知行合一"的王氏心学的社会实践，它超越了一个家族和一处村落的界限，以政治制度和社会伦理来整合南赣乡民（包括畲民）的文化心理和行为规范。随着王守仁镇压"拳寇"之乱的成功，《南赣乡约》作为一种特殊而有效的驯服工具，已产生了普遍而深远的影响。南赣之乱悉平之后，包括畲民在内的黎民百姓在接受和平环境的同时，也不知不觉地被框进了以《南赣乡约》为代表的封建正统思想的牢笼。重建家园是家族复兴的前提，随之是家族伦理的重构。此时，家族伦理与政治精神顺理成章地重叠在一起，构成了社会记忆，支配了南赣乡民。在齐民划一的伦理教化中，畲民家族丧失了个性的本真，畲家与当地汉人——客家融为一体，从此，"拳民""畲民"之称谓在赣南地方志书中消失了。这种外力推动的民族机械同化，是由武力攻击和思想征服双管齐下而实现的。④

二、历代名人揭开了畲族文化、社会之谜

以现存的文化古籍资料来看，从宋代开始，有的文人结集和笔记中已经出现了有关畲民社会生活的记述。最著名、最有代表性的是刘克庄《漳州谕畲》、谢肇淛《五杂俎》《太姥山志》、熊人霖《南荣集》、范绍质《瑶民纪略》、杨澜《临汀汇考》等。

刘克庄《漳州谕畲》。刘克庄南宋诗人，历史学家。福建莆田人，平生足迹遍及八闽、江淮、两湖、岭南等处，曾历知漳州府、建宁府等，著有《后村先生大全集》。其《漳州谕畲》是学术界公认得最早、较详尽地叙述漳州畲民的文章，是研究畲族历史、文化不能不读的难得的民族志资料。此文曾"使漳人刻石"，立碑。关于畲民该文披露了诸多信息：（一）讲述了闽南漳州畲民的分布："凡溪洞种类不一：曰'蛮'、曰'徭'、曰'黎'、曰'蜑'，在漳者曰'畲'。西畲隶龙溪，犹是龙溪人也。南畲隶漳浦，其地西通潮、梅，北通汀、赣，奸人亡命之所窟穴。"（二）概述了畲民的经济、政治生活："二畲（指西

---

① 王守仁：《牌行崇义县查行十家牌法》，见《南安府志》，卷25，《艺文》。
② 杨希闵：《王文成公守仁年谱》，卷1。
③ 《南赣乡约》，见《南安府志》，卷25，《艺文》，王守仁《牌行崇义县查行十家牌法》。
④ 蓝炯熹：《畲民家族文化》，352～355页，福州，福建人民出版社，2002。

畲、南畲——引者）皆刀耕火耘，崖栖谷汲，如猱升鼠伏，有国者以不治治之。畲民不悦（役），畲田不税，其来久矣。厥后，贵家辟产，稍侵其疆，毫干诛货，稍笼其利，官吏又征求土物蜜蜡、虎革、猿皮之类。畲人不堪，诉于郡，弗省，遂怙众据险，剽掠省地。"（三）叙述了当局招捕"二畲"事："……命陈鉴入畲招谕，令下五日，畲长李德纳款。德最反复桀黠者，于是西九畲酋长相继受招，西定。乃并力于南，命统制官彭之才剿捕，龙岩主簿龚镫说谕，且捕且招。彭三捷，龚挺身深入。又选进士张杰、卓度、张椿叟、刘□等与俱。南畲三十余所酋长，各籍户口三十余家，愿为版籍民。"（四）考定畲民史源，已经谈及盘瓠传说："余读诸畲款状，有自称盘护孙者。"

　　谢肇淛《五杂俎》《太姥山志》。谢肇淛，明代学者，万历年间进士。长乐人。一生勤于著述，作品涉及天文、地理、水利、农艺等。他对福建畲民是比较了解的，在当时较有影响的风物志《五杂俎》中，他记录了畲民掌故："吾闽山中有一种畲人，皆能之，其治祟亦小有验。畲人相传盘瓠种也。有苟、雷、蓝等五姓。不巾不履，自相匹配。福州、闽清、永福山中最多。云闻有咒术，能拘山神，取大小木籤其中云为吾致兽，仍设阱其旁，自是每夜必有一物入阱，餍其欲而后已。"《太姥山志》中亦谈及闽东畲民。如《太姥山志》卷中《游太姥山记》云："……过湖坪，值畲人纵火焚山，西风急甚，竹木迸爆霹雳。舆者犯烈焰而驰下山，回望十里为灰矣。"

　　熊人霖《南荣集》记述了明崇祯年间汀州菁民的生产生活行踪。畲民亦称"菁民"，是福建种蓝靛的主要团体。当年，福建蓝靛闻名遐迩，菁民遍布八闽。明代畲民的大迁徙与菁民的种蓝靛有关。《南荣集》留下了许多宝贵的资料，为我们提供了揭开"菁民"生活之谜的钥匙。关于"菁民"生活的内容主要在《防菁议》等文章中，《防菁议下》云，在经营蓝靛的过程中，有三种角色，各有不同的权利。即"山主"，土地所有者；"寮主"，土地承租者；"菁民"被雇佣而直接参与"艺菁"者。"俾山主约束寮主，而寮主约束菁民。""山主者，土著有山之人，以其山俾寮主艺之，而征其租者也。寮主者，汀之以居各邑山中，颇有资本，披寮蓬以待菁民之至，给所艺之种，俾为锄植而征其租者也。菁民者，一曰'畲民'，汀上杭之贫民也。每年数百群，赤手至各邑，依寮主而活，而受其庸值，或春来冬去，或留过冬为长顾者也。"文中又对"菁民之乱"的社会问题和所采取的措施作了详述："今之五六人私出作贼者，畲民也，寮主未必知。若二三十人出掠者，则寮主实使之。为今之计，宜仿湖广肇陈口设缉捕所法柯陈法，责成寮主。如有零贼，则察系何寮部下，令其缚解正法。如有大伙，则责成众寮，令其自首，以分顺逆。顺者许山主以米谷麻靛贸易如旧，毋得惊扰。其逆者，禁山主毋得接济，即与邻寮协同计擒，而以其赏邻寮有功之人。若间有一二山主纵贼出掠，而分所掠得者，则遣精干迹人侦之。要领既得，尺组何难。系其颈哉。至山主取息太刻,每激菁民走险,法当并禁。又宜使临近山主,互相保证,互相觉察。而郡县官,信尝必罚,毋得偏听生奸。至新设山间营哨守把,徒扰民耳,速当议撤,其兵即归各县训练,听各县官调遣。"文中对"菁民之乱"的防范措施真可谓用心良苦。

范绍质《瑶民纪略》。范绍质,清顺治年贡生,为长汀县文吏。于顺治十七年(1660年)奉命绘制本县地图。在此期间,他到了本域东南百余里的畲民乡村,并将所见所闻记录为《瑶民纪略》。《瑶民纪略》相当全面地描述了畲族社会文化的方方面面。《龙岩州志》云:"瑶人即畲客"。瑶民纪略,即记述畲民也。文中范氏首先介绍了畲民的居住:"结庐山谷,诛茅为瓦,编竹为篱,伐荻为户牖,临清溪栖茂树,阴翳蓊郁然深曲。"其二,描述畲民服饰:"其男子不巾帽,短衫阔袖,椎髻跣足,黎面青睛,长身猿臂,声哑哑如鸟,人呼其名曰:'畲客'。妇人不笄饰,结草珠,若璎珞蒙髻上,明眸皓齿白皙,经霜日不改,析薪荷畚,履层崖如平地。"其三,详写畲族生产生活习俗:"种山为业,夫妇皆作。生子坠地,浴泉间不避风日。所树艺曰'稜米',实大且长,味甘香。所产姜、薯、蓣、豆、菇、笋不一,所制竹器有筐筥,所收酿有蜂蜜,所畜有鱼豕鸡鹜,皆鬻于市。粪田以火土,草木黄落,烈山泽雨瀑灰浏田,遂肥饶播种,布谷不耘籽而获。精射猎,以药注弩矢,着禽兽立毙。供宾客,悉山雉野鹿狐兔鼠蚓为敬。豺豹虎兕间经其境,群相喜谓'野菜',操弩矢往,不逾时,手拽以归。"其四,叙述畲民的祭祀仪式:"俗信巫事鬼,祷祠祭赛,则刑牲庀具,戴树皮冠,歌觋者言,击铙吹角,跳舞达旦。送死,棺椁无度,号泣无文,三日而葬,远族皆至,导饮极欢而去。"其五,分叙了畲民村落政治、经济管理:"其散处也,随山迁徙,去瘠就腴,无定居,故无酋长统摄。不输粮,不给官差,岁献山主租毕即了公事,故无吏胥追呼之扰。"其六,谈到了畲民家族伦理和社交:"家人嗃嗃,妇子嘻嘻,各食其力,亦无阋墙御侮之事,其性愿恳,其风朴陋,大率畏葸而多惧,望见衣冠人至,其家辄惊窜,入市贸布易丝,率俯首不敢睥睨,亦有老死不入城郭者,嘻嘻是殆。所谓山野自足,与世无求,与人无争者欤。"其七,引经据典,简述畲民历史:"按《桂海虞衡志》,瑶本盘瓠之后。范晔《后汉书》云,盘瓠……负少女入南山,止石穴中,生六男六女……"《瑶民纪略》是实地调查的记录,为不可多得的古代民族志资料,具有很高的学术价值。民国二十九年(1940年)邓光瀛主修的《长汀县志》中索性全文引用了范绍质《瑶民纪略》。

杨澜《临汀汇考》认为:"观明时汀州瑶弗靖,郡守吴文度设方略抚绥,畲即承赋如居民,其非顽梗不化可知矣。"杨澜对于畲民描述言语凿凿的,他追溯了汀州畲民垦荒史:"长汀为光龙洞,宁化为黄连峒,峒者苗人散处之乡,大历后始郡县,其巢窟招集流亡,辟土植谷,而纳贡赋。其地环万山中,厥壤宜稻田,有山溪水足资灌溉,故郡以汀名,表水利也。于是，负耒耜者，皆望九龙山而来。"他还引用了永定人巫宜耀《三瑶曲》诗云："竹篱茅瓦白云齐，别是山庄望里迷；偶向渔舟来荡桨，匆匆错认武陵溪。哑哑人语可怜生，猿臂鸟声不世情，却怪山中析薪好，屋崖都作坦途行。家家新样草珠轻，璎珞妆来别有情，不惯世人施粉黛，明眸皓齿任天生。青山何地不为家，无数稜禾夹道斜，更问一年鲑菜美，斑衣竹笋紫姜芽。岁岁山房缀蜜脾，迢迢难唤五更时，可能粗识钱刀戒，市上来过漫自疑。生平射猎擅神奇，饱寝雄狐大咒成，夜半酸寒闻角处，声声卷地雪风吹。由来风俗好呼巫，祭赛刑牲也自娱，好是击铙歌且舞，挑灯直到跃阳乌。生男生女自年年，绝少人间汤饼筵，听取喤喤初泣后，清溪便作洗儿泉。解寻山主岁输租，时学诚乌尾毕逋，便是山林散人耳，成群亦复大酋无。"此端描写，娓娓道来，文笔清新，款款写出了畲民的生活起居，生儿育女。俨然一幅畲民村落"桃花源"图。若以诗证史，又可作为清代汀州畲民生活习俗的资料。

三、历代史家将畲族写进了官修的史志

从宋代开始，莽莽的山林和骁勇的畲民进入了历代史家的视野，在这时的正史中，闽、粤、赣的主要兵事几乎都牵涉到畲民或"畲军"。如《宋史》中记载，嘉定年间黑风洞李元砺之乱。《元史》中记载：至元年间"建宁政和人黄华，集盐夫，联络建宁、括苍及畲民妇自称许夫人为乱"。至元二十八年（1291年）八月，"令福建黄华畲军有恒产者为民，无恒产者与妻子编为守城军"。至元年间，又有更大规模的陈吊眼、许夫人等人组织"畲军"，配合文天祥、张世杰讨伐蒲寿庚。至元二十三年（1286年）钟明亮等人在广东的循州举事，义军转战于闽西南、赣东北等地。钟明亮的军队"拥众十万，声摇数郡"。《明史》记载了王守仁镇压赣南"輋民之乱"。等等事端，见诸史册。

清代福建、浙江、广东等省的大量的地方志书中出现了关于畲民的记载。其中有价值的志书多多，为今天的畲族历史、文化研究提供了难得的资料。

如清光绪本《福安县志》在福安三十六都"各都畲民村居"。记载了215个村名。其中许多村落至今仍然是福安的主要畲族聚居地，如铁湖、仙岭洋（即今"仙岩"）、大兰（即今"大林"）、金斗量（即今"金斗洋"）、井口、南山、墓亭、溪塔、彩花桥、坑源里（即今"坑门里"）、林洋、金腰带等。

光绪本《永泰乡土志》云：畲民"其栖止岩穴间者。言语啁哳，所谓南蛮鴂舌也。永之畲种与滇黔之苗瑶略同，若畲洋、畲村两乡，其旧窟也，雷、蓝、钟三姓其遗族也。今则出入相友、婚嫁相通，与汉种无分彼此焉"。此为概述该地畲民婚嫁习俗。

道光本《罗源县志》载："（万历）三十九年，群虎伤人。知县陈良谏祷于神，督畬民用毒矢射杀四虎，患方息。""游日隆，字升吾。博涉经史，留心典故。明万历间，献保城八策于巡道马公，有资药弩，则用畬民设车船以固水隘之语盖要著也。"此为畬民生产习俗。

道光本《建阳县志》载："今兴贤里塘寨，崇政里茶墟，崇化里书坊，禾平里南山顶，嘉禾里黄坑间有是种。所居在丛箐邃谷，或三四里或七八里始见一舍，无比屋而居者。男子服饰、职业与汉人略同。女子不缠足，不施膏泽，无金银佩饰，服色惟蓝、青与白。常披蓑戴笠，跣足负耒，日与男子同耕种。生子逾月，服农事如常日，止哺儿一次。所耕田皆汉人业，岁纳租外，得赢余以自给，然未获之先或屡贷于人，则余谷仅足偿逋负，终岁多猥榍柮食地瓜，惟取给于种山已。屋以竹为盖，或编茅辑箬为之，间亦有用瓦者。女子将适人，则择方向之利，新辟门以嫁之。其种止三姓，世为婚姻，不与汉人偶。聘礼悉二十四金……嫁赍，稍充裕者予以田器，此外无他物。先期二三日，婿来迓略如古亲迎礼。及期，婿前导，新妇裹红帕于首，衣蓝色衣，张雨伞，徒步随之，女父殿其后，若拥护然。至婿家，亲宾已先匿，庭无一人，新妇必先詈之曰：'汝家绝人种耶！'众始出应之曰：'正赖汝来接人种耳。'闻其度亡作斋事，惟率同类系钲鼓于堂，口喃喃不知作何语。所奉神像乃古画一帧……疑即其始祖也。事毕，卷而藏之，祕不示人。虽素称莫逆之交者终不得见，然合百十家亦祇二三轴而已。五月五日，率焚楮币奉其先，如华人之祀。中元是日，捣药草为饼，曝而藏之，病则服焉，绝不用外间医者。度岁谓之过难，必席地而饮，亦有终岁不设几案者。其俗亦尚鞭炮，正月初旬，诸戚友家未至百步许，则声爆竹为号，为之主者必倍其数以应，多者恒至累千百。外人每闻其声震山谷，喧豗不绝，知畬民之肃客也。"这里，写畬民居住、生产、婚嫁习俗极其详尽。

道光本《重纂福建通志》记载了钟良弼应试受阻得福建巡抚李殿图审理帮助事。清嘉庆七年（1802年），"福鼎童生钟良弼呈控，县书串通生监诬指畬民不准与试，殿图饬司道严讯，详复张示士林，其略曰：读书所以明理，而必明理然后可以读书。以女妻犬，理所必无事，或有之，谁则实见其事，且审其姓氏于洪荒之世而为之记载乎。今以妻盘瓠者为高辛氏女，是则放勋稷契才子八元之姊妹，而英皇之姑母矣，有是理乎，始作俑（原书为'诵'）者起于《玄（原书为'元'）中记》。承其祧者，则闵学瞿之，粤述陆次云之《峒溪纤志》，其滇、黔、闽、蜀之志。至以蓬首赤足指为异类，山居野处，不相往来，更为不通之论，上古之世，穴居野处，饮血茹毛。所谓衣冠文物原经数千百年以渐而开，非邃古以来即黄帝之冠裳，周公之礼乐也。至闽、粤、川、滇等处苗、瑶、畬民，随地易称，皆不识不知。即所谓无怀氏、葛天氏、上古之民，惟古多而今少，故觉其可异耳！方今我国家天山南北……其南路为四疆，北路为准噶尔地，即与畬民无异。今北路之巴里坤改为镇西府,乌鲁木齐为迪化州,业经兴学设教,诞敷文德,是未入版图者无不收入版图。尔等将版图之内曾经输粮纳税,并有入学年分确据者,以为不入版图,阻其向往之路,则又不知是何肺腑也。娼优隶卒三世不习旧业,例尚准其应试,何独畲民有意排击之……"李殿图的言论是具有权威性的,在后来畲民的谱牒中均有类似的内容。钟良弼事迹被畲民编成山歌长连,在闽东、浙南广为传唱。

近代闽东一个畲族村落的茶叶商帮（1874—1927）*

蓝炯熹

在晚清闽东（福宁府）的畲族经济发展进程中，宁德县猴墩畲族村是一个典型，这里除了从事传统的农业生产外，还顺应咸（丰）同（治）年间福建华茶对外贸易的经济形势，办起了茶庄，形成了福建省唯一的畲族茶叶专业市场，并兴办了第一个畲族茶庄。分析半个世纪以来猴墩茶市形成的原因、运营特点和成功经验，对于研究封建时代散居地区的少数民族商品经济运行有一定的历史启迪意义。

一、猴墩茶事的地理背景

清代福建是我国的重要茶区，宁德"其地山陂，洎附近民居，旷地遍植茶树……计茶所收，有春夏二季，年获利不让桑麻"①。咸（丰）同（治）年间是福建茶叶贸易的黄金时代，当时，福建每年不仅茶叶的输出量居全国首位，而且，福建茶在国际茶叶市场也风靡一时。在福建茶最为风光的时候，闽东（福宁府）的"北路茶"扮演了重要的角色。早期福建出口的茶叶主要是"西路茶"，即武夷山茶，由陆路运往广州出关，道光《重纂福建通志·田赋·茶课》载："福建省武夷山茶商人贩运经过关口，照则输税，在省不科引课。"② 福州口岸作为"五口通商"的港口之一，于道光二十二年（1842年）开埠之初，本口贸易不很景气。福州港的转机缘于太平天国起事，咸丰、同治年间太平军先后四次入闽，切断了闽北的茶叶商贸之路。③

---

* 原文载《宁德师专学报·哲学社会科学版》2008年第1期。
① （清乾隆）《宁德县志》，卷1，《舆地志·物产》。
② （清道光）《重纂福建通志》，卷50，《田赋》，正联书院藏版。
③ 参见朱维干：《福建史稿》，591~611页，福州，福建教育出版社，1986。

近代闽东一个畲族村落的茶叶商帮（1874—1927）

美国旗昌洋行为了使武夷山"西路茶"的出口不至于中断，首先派遣该行的中国职员在茶季携带巨款到武夷山产茶区，大量收购红茶，并循闽江运到福州。同时，该行还包租船只往福州装载这些茶叶，由海路驶出口岸。此举的极大成功，引起了各商家竞相效法，到了咸丰五年（1855年）已有5家洋行"在福州抢购茶叶，竞争日剧"。"福州由是遂成驰名世界之茶叶集中地"。① 这一年，从福州输出1573万余磅茶叶。次年，上升到3500万余磅。逮至19世纪60年代突破了6000万磅大关。此时，"福州之南台地方，为省会精华之区，洋行、茶行，密如栉比，其买办多广东人，自道（光）咸（丰）以来，操是术者皆起家巨万"②。他们每年"首春，由福州近代闽东一个畲族村落的茶叶商帮（1874—1927）结伴溯江而上，所带资本，辄百数十万"③。往返于闽江沿线。

由于福州港独特的地理优势，更使其茶叶出口地位日益凸显。斯蒂芬 C. 洛克伍德《琼记洋行：1858—1862年的在华美商》认为："茶叶从福州出口可以比上海或者广州快五到六个星期，更不用说与汉口相比，这样飞剪船们（clip－pers 旧时将快速帆船译为飞剪船）可以在西南季风来临之前，带着这年的新茶启程。我想我可以证明广州是所有口岸中最不受欢迎的，而有一个迄今尚不为人知的口岸——就在产茶区福建的福州，是最合适的。……福州府成为贸易中心（an Emporium of the Trade）之后带来的财富将会显著并且立即地增加福建省对欧洲商品的消费。"④ 这时的福州是我国三大茶市（另为汉口、九江）之出口总量最大者。据闽海关税务司洋人代理的统计资料，从1865年至1910年的任何一个年份，我国的任何一个海关的进出口栏里，鸦片与茶叶分别是进出口的最大宗货品。如闽海关总务课主任李瓦特统计，同治六年（1867年）福州口岸总进口额为5 369 000元，其中鸦片占了3 775 000元，比例占到了70%以上。总出口额为20 759 941元，其中茶叶出口额为18 974 667元（红茶），105 998元（绿茶），总计19 080 665元，占出口总额的91.9%。⑤ 在福州口岸呈现明显的贸易顺差，出口额是进口额的近4倍，福州口岸是全中国唯一的贸易顺差口岸。⑥

---

① 班思德：《最近百年中国对外贸易史》（1832—1931），转引自姚贤镐：《中国近代对外贸易史》第三册，北京，中华书局，1962。
② 《申报》，光绪六年（1880年）十二月十一日。
③ 衷干：《茶市杂咏》，转引自林馥泉：《武夷茶叶之生产制造及运销》，福建省林业处农业经济研究室编印，1943。
④ Robert Gardella, Harvesting Mountains, Fujian and the China Tea Trade, 1757—1937, Berkeley, University of California Press, p59, p48, 1994.
⑤ 池贤仁：《近代福州及闽东地区社会经济概况·闽海关年度贸易报告（1867年）》，47页，北京，华艺出版社，1992。
⑥ 池贤仁：《近代福州及闽东地区社会经济概况·闽海关年度贸易报告（1867年）》，50页，北京，华艺出版社，1992。

清同治三年（1864年）四月，天京将陷之时，六股太平军最后一次同时入闽，① 规模极大，从西北到西南，战事几乎覆盖整个建州府、漳州府，并直接影响了"西路茶""南路茶"的种植与销售。而政局相对平静的闽东"北路茶"的比重便势必因此而逐年增大。"北路茶"地理方位临近福州，遂为大宗的茶叶出口提供了充足而雄厚的货源。"北路包括旧福宁府属之福鼎、霞浦、寿宁、福安、宁德、周墩、柘洋等县区及屏南一县。此路各县除沿海一带，因海风剧烈，土壤多含盐质不宜种茶外，虽穷乡僻壤无不有茶树之种植，产量之多，几占全省总产量十分之七，其繁盛盖始于海禁通后……"② 咸丰、同治年间，福宁府的茶商们从武夷山"西路茶"产地请来了制茶师傅，开始揉制红茶，红茶作坊很快便遍及闽东北，时至今日的福建"闽红三品"（即福建三大功夫茶）中之二品，便是闽东北的福安"坦洋功夫"和福鼎"白琳功夫"。

宁德县为福宁府之门户，而九都猴墩畲族村为宁德所辖又地处宁德、福安两县交界地。据史书和畲民家族谱牒记载，畲民大量迁徙闽东是始于明代。畲民雷天辟于明隆庆四年（1570年）到宁德尖山大坪兴居立业。过了三年，因遭兵燹之乱，他的7个孩子，遂散处离居，各奔东西。四子雷光清于明万历元年（1573年）旋游宁德九都闽坑堂的猴墩地界，他"见其山水秀丽、地土肥饶，遂卜筑焉"③。

清初，两条道路修到了猴墩村。清乾隆三十七年（1772年），宁德贡生叶禹为了恢复清初迁界时被毁的官道，"倡捐力辟旧路，百余年废路复睹周行，邑人竖碑以志"，官道"由六都左旋七都至铜镜又分东西二道，一右旋为东路，历福口、洋头、闽坑至福岭头，离城五十里与福安福岭塘交界。一左旋属西路，历九都、霍童等地至咸村（今周宁）"④。上述之"东路"又称"大岭"，位于猴墩村的东部。闽坑还辟有一路，位于大岭以西，并伸入闽东北腹地的更为偏远的"十二洋"，（因12个村名均冠有"洋"字，故总称"十二洋"）这一条路也穿过了猴墩村。加之，猴墩村离八都镇的霍童溪码头不到15里，霍童溪可通向三都澳、官井洋，这条海路可达福州、广州、上海。猴墩村既得人工开凿的陆路之利又得天然形成的水路之便。民国猴墩村《雷氏宗谱·序言》载："清咸丰、同治时，闽省大开茶局，猴墩遂为商旅辐辏之场，而五都（指宁德七都、八都、九都、十都、十一都）之市集焉。"得天独厚的经济地理背景给猴墩畲村茶市的形成带来了难得的契机。

---

① 参见朱维干：《福建史稿》，611~618页，福州，福建教育出版社，1986。
② 唐永基、魏德端：《福建之茶》，13页，福建省政府统计处，民国三十年（1941）。
③ 《源流谱序》，见《雷氏宗谱》，民国十六年（1927）。
④ （清乾隆）《宁德县志》，卷2，《建置志·道路》。

二、猴墩茶商的人文环境

在猴墩村，最早抓住这个契机的是乡土精英雷志波，关于他的生平事迹，在该村的《雷氏宗谱》中作了记载。猴墩村《雷氏族谱》始修于光绪二年（1876年），二修于光绪二十三年（1897年），三修于民国十六年（1927年），基本遵循二三十年重修族谱的畲民家族定则。从1876年至1927年是猴墩村茶叶经济的鼎盛期，猴墩茶市已积累了一定的资金，形成了一定的规模。鼎建于民国五年（1916年）的砖木结构的雷氏祠堂，主要靠本村茶商的资助。自然，三修族谱的资金也来自猴墩茶商的支持。民国时期，猴墩村仅仅修过这一次族谱，随着时局动乱、村庄茶叶经济的滑坡，雷氏家族再也没有足够的资金与能力来支撑这些耗资巨大的家族文化工程了。

据《雷氏宗谱》载，民国十六年（1927年）仲春，猴墩村"夏、汤、商、齐、鲁、晋"六房有人口457人，其中男259人、女198人。六房共嫁女204人，六房内女性194人中大多为娶进的，而且，主要都是民族内部通婚，猴墩村是倡导族内婚的畲村。在雷家六房中，"夏房"为长房，共有232人，占了人口总数的一半，是猴墩雷氏家族的主要房支。据猴墩村的三本《雷氏宗谱》记载，从光绪二年到民国十六年（1876—1927年），猴墩村人口规模大体维持在400人。从村落单一姓氏和人口规模看，猴墩村是福宁府的一个典型的畲族聚居村。猴墩村气候、土壤适应栽种茶叶，村民都有种植与初制绿茶的传统。

畲民家族文化有自己的显著特点，一贯认为"盘、蓝、雷、钟"四大姓自古本为一家人。畲族古谣谚（畲语称谚语为"插头话"或"凑头话"）所说的"山哈（畲民自称）、山哈，不是亲戚就是叔伯""凤凰山上好开基，同是南京一路人""蓝雷三姓共门寮，不共锅灶同族亲"① 等，是畲民家族文化中"民族即家族"的"泛家族"观念最为权威的注脚。畲民的家族话语逻辑建立在"民族—家族—家庭"的法则之上。我们在畲族乡村时时能听到的一句话语是"畲家阵"，"阵"即一伙人的意思，这是畲民家族话语中的一个重要的单词，对"畲家阵"的阐释，应在"民族—家族—家庭"的三重含义上理解。"泛家族"理念成为猴墩茶人经商过程中选择交易伙伴的一条永恒不变的基本标准。《雷氏宗谱·家范》定了"尊祖宗、孝父母、和兄弟、睦宗族、务农业、崇节俭、善家治、戒赌博、息争讼、严闺门"十条规矩。其中"睦宗族"载："同乡共井，尚宜守望相助，疾病相扶持，况宗族均一祖所出，岂可途人相视……一族之内，喜必庆，忧必吊，有无相济，

---

① 萧孝正：《中国谚语集成·福建卷·闽东畲族谚语》，79页，福建省宁德地区民间文学集成编委会编印，1990。

犯难相恤，勿以富欺贫，勿以贵凌贱"。"息争讼"载："谚云'一代动笔，九代不识。'语虽浅俚，里亦甚远，言讼不可长也……族中凡有授受不明，数目不清，先禀族长，听凭公断，依旧平心静气复归于好，勿致行苇践履之伤。"以上的家族伦理既是猴墩茶人处世基准，也是他们的经商原则。

在畲民家族谱牒中，往往有专门的章节历数大量的具有官阶品秩或雄才大略的"列祖列宗"。这些"列祖列宗"，或者在史书上确有其人，但未必与畲民同宗，只因为他们的姓氏均同于畲民四大主要姓氏"盘、蓝、雷、钟"，便不管属于什么民族、什么家族，一概伪托攀附，以增强畲民家族的政治、经济、文化力量；或者许多人物根本无法考证，也许本身就是子虚乌有，听凭家族的有意塑造，借以伸张畲民家族的政治、经济、文化声势。民国猴墩村《雷氏宗谱》中也与其他畲族家谱一样，辟有《历朝封赠》内容，同时又增设《闽省簪缨录》专章，以历数闽省37位雷氏政治、经济、文化名人，其中雷志波被公推作猴墩本村的唯一被选人而载入上述名人录。在猴墩茶市中，他的作用是至关重要的。

雷志波是猴墩村开基祖雷光清的第十一世孙雷天德的长子，生于清道光二十七年（1847年），卒于民国七年（1918年），享年71岁。他是猴墩村诸位茶商中最有名气与威望者，也是猴墩茶市的创始人与主导者。民国《雷氏宗谱》中赞扬他："天资高迈，器宇超凡，海涵地负之襟怀，有非浅局可规也。我兄（指志波）能人所能，人不能能我兄之能"。他具有超乎常人的智慧、抱负、远见、胆识和魄力，在同治十三年（1874年），把自家住屋辟为茶庄，起名"雷震昌号"，筹措资金，主动与驻福州的古田茶庄联系，将猴墩村作为茶叶经销点，做起茶叶买卖。据民国《雷氏宗谱》记载，他与地处福州府的闽中知县候选雷铭勋交往甚笃，雷铭勋在他与夫人双寿时，赠送的"婺星焕彩"牌匾，至今还悬挂在祖屋厅堂上。有雷鸣勋这个政治靠山在九都这样的乡村一级社会还是能够应付裕如的。在我们调查猴墩茶人的历史时，村民记忆犹新的一件事是，在猴墩茶市方兴之时，茶叶贸易并不顺畅，在雷铭勋的直接干预下，打赢了官司，确保了猴墩茶叶运输之路的畅通，优化了茶叶市场的社会环境，增强了猴墩茶市的竞争力。雷志波凭借自身的政治影响力、经济实力和个人魅力，既任猴墩村雷氏家族的族长，又任九都茶叶商会会长。他扶持堂兄弟雷志满办起了第二家茶庄，商号为"雷泰盛号"。又带动了其族亲雷成学办起了第三家"雷成学号"茶庄。随着茶叶市场的拓展，雷志波的"雷震昌号"茶庄扩展为"灿记""庆记"茶庄，雷志满的"雷泰盛号"茶庄扩展为"满记""祥记"茶庄。① 400余

---

① 参见蓝纯干主编：《宁德市畲族志》，131页，天津，天津古籍出版社，2001。

人的畲族村落有5家茶庄,并都是雷氏畲民家族成员经营,他们的贸易伙伴也基本上是"畲家阵",即以附近畲族村为主的畲族茶农。这些畲族村落包括七都的潦头、高山,八都的半山、南岗、灵山,九都的九仙、后湖、柴坑、施洋、巫家山、上乌坑,赤溪的社洋、棉头石、尖山等。临近福安县甘棠、溪潭、穆洋等乡镇的畲族村落的茶叶也流向猴墩村。猴墩茶市以"畲家阵"的本民族认同感构建起了茶叶物流的社会经济网络。

猴墩茶庄以收购绿毛茶为主,每届茶季,茶庄隔两天即平均有百担茶叶装袋出运。在猴墩茶叶市场的鼎盛期,头春茶可收购1500担之多,二春、三春能收2500担。那时,畲族村大户茶农年平均可采收茶叶3担,就是一般的小户人家也可采收1担左右,每担茶叶的均价为25块银元。猴墩茶人除了将每年4000多担干茶叶运往福州茶栈外,又在猴墩村建起了村街饮食店、旅馆,接待各村送茶的畲家茶农。他们还在九都南部人口较密集的八都集市置业经商,办起了多家杂货店,经销煤油、布匹、海产、山货等。为了扩大经营范围与规模,进一步繁荣地方商品经济,猴墩茶商在用心主业的前提下,调动家族的力量,有意识地开始涉足服务业、零售业等。

受猴墩茶人的影响,一些畲族村也办起茶庄。如潦头畲村办起了"雷伏保"茶庄、中前畲族村办起了"雷德庚"茶庄。同时,外地汉族茶商也来到八都,兴办了"吴兴记""鲍乾""顺德""经永"等多家茶庄。民国《福建之茶》记载,宁德县共有6个茶叶初级市场,其中九都、八都两个初级市场即泛指以上的畲汉茶庄。① 猴墩茶市拉动了九都、八都等地畲族村庄的规模化生产,并使地方性的民族商品经济融入了超民族的区域性经济之中。

三、猴墩茶市的运营模式

福建茶叶贸易市场的组织结构,分为二级。其一是以内地茶庄为主的初级市场,"内地茶庄",亦称"茶号",直接收购茶区茶叶或者通过茶贩间接收购茶叶。"茶贩之业务,系向茶农收集零星毛茶,和成大堆,就近转售于内地茶庄。乡僻茶农,端赖茶贩,始能脱售其零星粗制之茶……茶贩系属于临时性质,无专营与固定资本,凡各识门径者,均能任之。"其二是由茶栈组成的"中心市场",即通过内地茶庄或庄客将初级市场所收购的茶叶集中推向海外或省内外,庄客不同于内地茶庄,主要区别在于"惟系受茶栈委托,或自

---

① 唐永基、魏德端:《福建之茶》,241页,福建省政府统计处,民国三十年(1941)。

与茶栈接洽，代其往产地采办"①。中心市场主要设在福州、厦门等贸易口岸。茶栈分为"洋茶栈"和"毛茶栈"，前者负责外销，后者负责内销。洋茶栈通过买办、洋行、进口商等将茶叶投向海外市场，毛茶栈通过经纪人向省内外推销。国内外茶行（或集市茶庄、茶叶店）则直接面对消费者。两级市场，三个环节构成了福建茶叶销售链。（文后附有晚清至民国初期福建茶叶贸易运行图）②

猴墩畲族茶庄属于内地茶庄，他们收购的对象主要是四邻乡村畲族茶农，由于同属"畲家阵"，彼此信任，根本无需茶贩中介代劳，因而降低了运营成本。和一般的内地茶庄一样，猴墩茶庄"资本不甚充足，多赖中心市场茶栈之货款以资周转……其制成之茶少有直接出口者，均须运至中心市场投栈"③。每年入冬，猴墩茶庄从福州茶栈挑回一桶桶银元，每担银元重90斤（官秤），作为定金分发给畲族茶农。四乡的畲族茶农得到了定金，用于修整茶园、发展茶叶、置办年货、盖房娶亲。到了来年三春茶季，担担茶叶定期送到猴墩茶庄。茶庄将茶叶运往福州，取回余额，购回杂货。回到猴墩，卸下杂货，备足资金，好让茶农索取。一般一个来回需一旬时间。春去秋来，周而复始，资金循环，50余年如一日，畲族茶农—猴墩茶庄—福州茶栈，三者所构成的经销网络，相互默契，合作共赢，信用的链条从不曾中断。

晚清的福建茶叶市场虽然看似有序，但是由于地方政府较少作为，勤于税收，疏于管理，缺乏实行茶叶经济执法的有效控制力，在两级市场之间的经济往来与贸易互动中，仅凭伦理道德的约束，而没有对商业契约的法律保障。因此，茶叶市场运作的链条便十分脆弱，封建时代商品经济的弊端也十分明显。光绪福州《福报》评论员慨然叹息："中国则官自官，商自商，其赢余亏折，官自袖手而不问也；其强食弱肉，官又熟视而无睹也。甚且从而侵蚀之，而骚扰之，而冤抑之。"④ 地方政府的无能与偏执必然给茶叶市场带来了不尽的麻烦与灾难。

《福报》还列举事实，反映茶市的信用危机："前此有粤商某某者任用一无籍之人，裹十万余金，听此人俵散山贩。如是数年，某之金竟无归宿。而山贩每人挥霍纵博，动至千余……此者指不胜屈。粤商仍复不悟，仍行俵散。甚至金去而茶不归。又有甚者，受商之金，而茶不敷额，乃浮张其价：如十金足矣，乃张之曰十六金；二十金足矣，乃张三十金。久阁（搁）不售，而山贩归山，商之金已散于贩，而抱持疲货无可销售，则不能不末

---

① 唐永基、魏德端：《福建之茶》，195页，福建省政府统计处，民国三十年（1941）。
② 唐永基、魏德端：《福建之茶》，196页，福建省政府统计处，民国三十年（1941）。
③ 唐永基、魏德端：《福建之茶》，195页，福建省政府统计处，民国三十年（1941）。
④ 《福报·振兴商务策（中）》，第四十八次，福州美华书局印发，光绪二十二年九月初三。

减其价以付洋商……始而愤争，继而大讼，甚而各贿胥役，各延绅衿。起平地之波澜，生弥天之恫喝。若此者，茶商安得不疲，茶市安得不败。要之粤商轻于任人，山贩忍于行诈，辗转相寻，均归两败。"① 晚清潜在的信任危机造成福建茶叶市场的日益衰败。"闽之茶市，一年之间，春夏方交，闽之茶商皇皇然，闽之贩省省然，闽山采茶之户挚挚然。及秋冬之交，茶尽商停，而传闻巨商某某者失业倒闭矣，小贩某某者逋负自裁矣，而采茶之户仍服蔽衣，饭山薯脱粟，曾不一饱。于是三种人皆敝然。"② 在百般无奈之中，闽、粤茶帮自发设立"公义堂"③，意在用行会的力量斡旋地方政府，疏通、整合各级茶叶市场，以保障自身权益，维护商业信用。行业自律对于业内人士的约束也许具有效力，但对于游离于茶叶市场的亦商不商的自由茶贩来说，其控制力量就十分有限。福州《福报》所言及的现象，虽不一定是普遍的，但绝对是典型的。猴墩茶市虽然规模不大，但是却能始终如一、长盛不衰。究其原因，在于猴墩茶市全靠方圆数十里的畲族乡村支撑，这个与众不同的茶市运营模式，是在畲民家族伦理的支配之下推进的，法律的真空由本家族的同心和本民族的协力来填补。猴墩茶市的主体是由畲族茶商与畲村茶农构成，这个特殊的农商结合经济群体，在宁德县九都茶叶初级市场中，以家族文化的壁垒，杜绝了商场上的失信、瞒骗和讹诈等弊病，并以极端传统的社会诚信与贸易取予的基本规则，与福州中心市场的有关茶栈缔结了稳定的经济联盟，这种独树一帜的市场优势是清末民初其他茶叶市场根本无法达到的。

四、猴墩茶旅的保障机制

茶叶市场内部的正常运转，受到政治时局、社会环境、经济形势等诸多外部因素的制约。营造一个安定的社会环境，对于猴墩茶人来说，是至关重要的。清代福宁府畲族乡村的社会治安中的一个突出问题是丐帮的骚扰。"流丐恃强乞讨，动辄作赖，最为宁邑恶习。"今存闽东霞浦县岭头畲族村的资料载："道光二十七年（1847年）十月，二匪、棍徒并恶丐、流乞潜入村户，日则强乞撒赖，夜则横行穿穴趴墙，盗牵牛猪牲畜、衣服，坐地分赃……村民遭害，苦不胜言……盗贼、恶丐、流乞呼朋强索，并喜事诈讨花彩酒食等"。美国汉学家孔飞力将清代横行乡里的丐帮行为，称为"社会恐怖主义"，他认为他们主要运用"污染"和"破坏礼仪"两种武器，即以褴褛衣冠、腐臭身躯和恣意放荡的

---

① 《福报·闽茶论（二）》，第十次，福州美华书局印发，光绪二十二年四月十七日。
② 《福报·闽茶论（一）》，第九次，福州美华书局印发，光绪二十二年四月十四日。
③ 《福报·闽茶论（三）》，第十一次，福州美华书局印发，光绪二十二年四月二十一日。

反常规言行,侵扰乡村社会,破坏四境安宁。① 福宁府许多畲族村落对丐帮横行十分无奈,只得求助县衙,"乞出示严禁,以儆盗贼而安弱农"。当地政府则复示文告,明令禁止,并饬令地保、甲长务宜督率村民做好治安巡查,以确保乡村宁靖。对于丐帮入侵村落之情节严重者,则明令"地保、甲长人等,立即扭送赴县,以凭案律,严挐究治,断不姑宽"畲族乡村则往往将县衙告示勒石立于村口,昭示路人,震慑丐帮。现在,闽东宁德、霞浦等县(市)还保留着近10通内容类同的清代县衙"禁骚扰"石碑。但在实际上,县衙的告示到底有多少法律威力,是值得怀疑的。人少地偏的畲族村落仍然无法摆脱丐帮的侵害,更没有能力控制局面,维护治安。猴墩茶人与众不同,他们有一支训练有素的村民自卫队伍,名为"巡洋社"。在清嘉庆年间,这支队伍就已经成立了。民国猴墩《雷氏宗谱》所载的一份政治文书可资佐证:

> 特授宁德县正堂加三级随带加一级吴
> 违例巡洋等事——
> 本年十月十五日,据雷朝元、蓝奶弟、钟文乐等呈称:住居九都猿墩(即猴墩)地方,安业田园。所有巡洋各人向在平洋查看,从无夜间至。元等山宅巡查,田园有被盗时,元等向投不理。凡遇收成,各到山宅额外索取,被盗无赔。迩来并襁粮又要索取。元等理论,反欺畲民山宅,摩拳擦掌,种种被陷。切思巡洋所以御盗,被盗投验赔偿,故得抽送。似此,夜巡不到,被盗投验不理,凡有所收,一切统要额外抽送,且被盗更多,为害不浅焉!用此巡洋为哉?元等合同公议,各人自种自看,不失守望相助之意,无滋抽费,以省事端。现在本年八月,元族于闽坑林姓互控,元等即行各人自看田园,并无被盗。但未蒙给示,苟延一时,恐将来仍蹈旧辙,争闹滋弊,畲民奚堪。无奈呈恳恩准给示,以杜后患等情到县。
> 据此,除批示外,合行出示严禁。为此,示仰该处居民人等知悉:嗣后该处田园,以及襁粮等项,听雷朝元等自行防守,不许棍徒包揽巡洋,致滋事端。倘有前项匪棍仍前包揽,许即协保票解赴县,以凭究治,毋得始勤终怠。亦不得借端滋事干究。特示!
> 嘉庆十六年(1811年)十月二十一日给告示!
> 发九都猴墩,实贴晓谕。

---

① 转引自王笛主编:《时间·空间·书写》,61页,杭州,浙江人民出版社,2006。

近代闽东一个畲族村落的茶叶商帮（1874—1927）

以上告示涉及原有维护乡村治安的闽坑堡巡洋社不能恪尽职守，致使猴墩村不但夜间屡受盗匪侵害，而且还得负担巡洋社日常开支。猴墩村民便呈文县衙，要求在本村组织巡洋社"自看田园"。县衙以告示颁布，准许猴墩村"自行防守"。猴墩村向多习武之人，家族秘传的畲家拳形威力猛，出手快捷，猴墩村巡洋社纪律严明，白天习武健身，夜间巡看田园山林，丐帮望而却步。清光绪年间，猴墩茶市兴盛，以猴墩村巡洋社为主体，九都成立了巡洋联社，由猴墩村雷志波的堂弟雷志漆出任联社社长。民国猴墩《雷氏宗谱》评价雷志漆："翁嗜酒、刚方、尚侠、抑强，见乡邻有鼠牙雀角之争，出而排难解忧，慨当而慷。"与雷志波一样，他也是猴墩茶市中的主要角色，主要负责维持茶市的正常秩序。雷志波逝世后，他继任族长，是三修猴墩《雷氏宗谱》的主持人。

立于猴墩村口的光绪二十年（1894年）"禁骚扰"石碑耐人寻味，与其他畲村石碑的不同之处在于从碑文看出"县衙—村民—流丐"之间达成某种默契。以往，猴墩茶人对于偶尔流丐，多有接待，"故从前每欣然去，以是两得相安"。"乃迩来景况愈坏，流丐愈增，逐日成群，私取衣服或攘窃鸡豚、农具。倘与斗，则强拼赖许，事端丛生。""在康庄大道，丐所常有徙，未有如此杂沓，应接不暇之忧。"以故，茶人"佥议，以按月定于初二、十六为期，准丐告乞大家"。他们要求县衙"恩赐给示，严禁合乡，感德顶期施给，亟应示禁，以杜滋扰悰"。县衙答复："示二、十六两日为定，听凭施给，不得争多论少，强乞诈赖窃扰。余不姑宽丐首，不为约束，一体究惩，其各凛遵，毋违特示！"村里已有巡洋社组织，却对丐帮如此宽容，定期施给，猴墩茶人也许认为，"堵不如疏"。如此魄力与做法，更显出猴墩茶人的人情味与生存智慧。巡洋社还有一个重要的职责是保证茶市运输的绝对安全。在茶叶贸易的过程中，茶叶运输是极其重要的一个环节，这个环节必须确保茶叶质量与数量的稳定，不因搬运而缺损，直接影响茶叶的品质与价格。对于茶商而言，这个环节越规范、越简便越好。猴墩茶市创办伊始，采购的茶叶径自猴墩村运往附近的八都岚尾港下水，用运输脚踏船装载，集中三都澳"福海关"茶驳船出口。茶叶到了福州，卸货入仓等手续即由省城茶栈负责办理，押送茶担人只领到一张货运收执，到福州茶行报账领银即可，手续较为方便快捷，信用可靠。到了清末民初兵荒马乱，海盗出没。猴墩茶市的茶叶运输主要改走陆路。宁德没有镖局，猴墩巡洋社肩负护卫茶旅的责任。他们以过人膂力，无穷汗水，甚至生命代价，维护茶叶产销链条的正常运转。他们知道，猴墩茶旅是维系都畲村茶农的生命线，不可有丝毫闪失。畲家不论男女，都是挑重担、走长路的好手。巡洋社社兵既当挑夫，又任保镖。他们特制一副杂木担子，木制的扁担可承受200多斤重量，木制的挂杖尾部嵌入半尺长的铁棍。平日这副担子可以挑起150斤左右的长担。万一遇到麻烦事，挂杖便可充作七尺"齐眉棍"，用以御敌防身。按汉族的规矩，女人是不能出入茶行的前厅,更不能跟随茶担之旅。但是,畲族没有这种规矩。当年,随茶队到福州是猴墩村畲族妇女的一种时髦。她们在茶队里,帮助洗衣烧水,聊歌解乏。猴墩茶人妇女介入茶事,把茶叶经济渲染成了快乐经济。

猴墩巡洋社把茶市作为展示自身力量的舞台,从巡洋社维持一个村落的治安到巡洋总社治理整个茶市的社会环境,他们都发挥了积极的作用。在产、购、运的过程中,他们能够独当一面,数十年的茶叶之旅,在他们尽心的呵护下,整个茶叶运输的每一个环节,从不曾有很大的闪失。在确保茶叶产销、运输之旅的安全性问题上,猴墩茶人依靠家族自己的力量,以家族伦理精神运用独有方式打造了一种保障机制。

附:

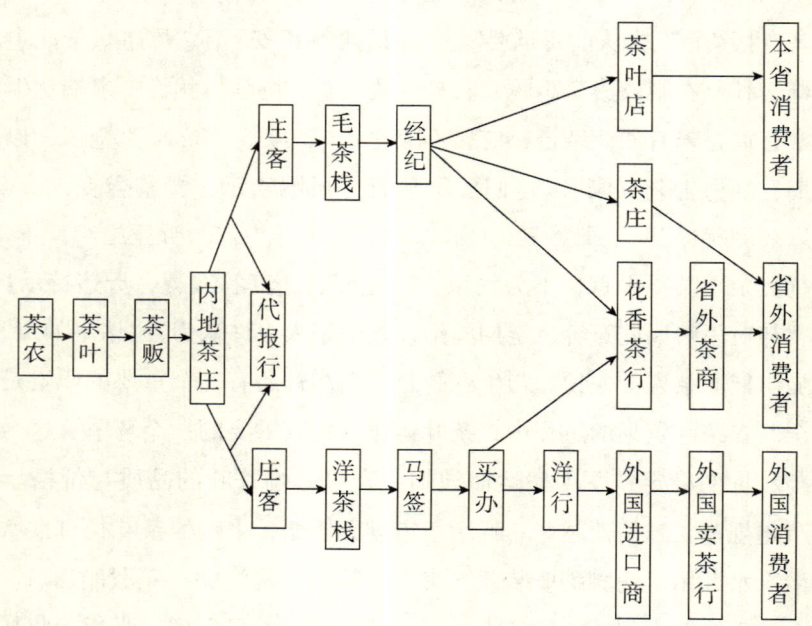

晚清至民国初期福建茶叶贸易运行图

结 语

民国《福建之茶》的作者对本省茶叶经济的发展前景并不乐观,认为闽茶界"内讧不息,遍地崔苻,茶产不特,未加保障,且极力摧残,沿途有苛捐杂税,名目之多,不胜枚举。省内交通不便之外,尚有强梁截劫之事,茶业已疲于奔命,安得有改良之余裕。且

近代闽东一个畲族村落的茶叶商帮（1874—1927）

商人又取掺假与回笼茶以图厚利，政府既无鼓励与改良之举，茶商又取自杀政策，于是闽茶（华茶）之声誉日隳。国际之市场为日本、锡兰等竞争者所夺，以至一蹶不振"①。根据上述经济、社会环境分析，即使再坚挺的茶叶市场也难以为继。随着政局不稳，社会动乱，经济萎靡，茶业日衰，猴墩茶市日渐萎缩。到了20世纪40年代末，全村仅剩下一家茶庄，名为"合茗珍"，由原先的茶人后代合股而成。茶庄惨淡经营，直至新中国成立初期经济体制变更，才最后终结。必须作最后交代的是，在改革开放的20世纪80年代，新一代的猴墩茶庄再度崛起。

从1874年至1927年，我们看到了闽东一个畲族村落茶叶商帮的半个世纪的繁荣，这个民族社区的茶市有六个特点：第一，猴墩茶市是初级茶叶专业市场，最贴近茶区与茶农，其交易伙伴以"畲家阵"为主体，广大的畲族村落是维护猴墩茶市经济正常运行的稳定基础和坚强后盾。从猴墩茶市，我们看到了今天"公司加农户"的雏形。第二，猴墩茶人具备亦农亦商的身份，他们既熟悉茶叶种植与制作的全过程，对货品质量的优劣有着较强的鉴别力，又熟悉茶叶初级市场的运行规则，还具备富有创意的运营本领。因此，在猴墩茶市的茶叶交易中不会出现重大的失误。第三，猴墩茶市成功的关键还需要一批乡土精英与经济能人，如雷志波、雷志溙等人，他们不仅具有商品意识、商人素质，而且还具有社会公信度，能够主导并掌控整个茶叶初级市场的运行。第四，猴墩茶市具有地理方位的优势与水陆两便的运输条件，在闽东茶市兴起时，他们抢到了先机。第五，与猴墩茶市与福州茶叶中心市场（福州茶栈）对接，在产、购、运、销的全过程中，"九都等地茶农—猴墩茶市—福州茶栈"三者构建了稳定的经济网络，他们按照产销规则与商业信用，各行其是，各获其利，他们的经济活动暗合了现代社会资本理论，测量现代社会资本的三个指标便是"信任、规范与网络"。不同之处是，猴墩茶市的信任度不仅建立在畲民的族规家范上，以"畲家阵"为主体的畲族茶农的同心协力是更为重要的砝码。民族意识与家族道德融为一体，"民族—家族"的经济伦理精神，虽有历史的局限性，但在封建时代的商品经济活动中却能够独放异彩。第六，猴墩茶市主要经营绿茶，绿茶在海外市场的竞争力不如红茶，但内销国内却有绝对优势，因此，不容易受到国际茶叶市场风波的干扰。初级市场的利润空间不如中心市场大，但所承担的风险也相对小，因此，猴墩茶人农商并举，持筹握算，细水长流，家境还是会逐步殷实，其经商之路也能够走得较远。

总之，猴墩茶人在留下历史记忆的同时也留下了精神遗产，在当下少数民族地区培育和发展社会主义市场经济的形势下是有一定借鉴意义的。

---

① 唐永基、魏德端：《福建之茶》，9页，福建省政府统计处，民国三十年（1941）。

闽东畲族传统文化特征[*]

刘冬

明清以来，畲族大量自汀、潮一带迁往闽东、浙南，形成新的畲族聚居区。畲族为该地区的经济开发作出贡献，并且使畲族传统文化在闽东、浙南得以较好的保存。畲族社会历史发展的进程塑造了畲族的文化心理和民族性格，也构筑了畲族传统文化，并形成如下的畲族传统文化特征。特别需要申明的是，畲族传统文化在闽东地区表现得更为丰富、明显。

一、多元的农耕文化

这是畲族传统文化的基石和最根本的特征。畲族农耕文化的多元性，表现为耕作方式的更替、耕作内容的多样和与农耕相关的多种经营并举。畲族原始固有的生产方式为游耕和狩猎，即"随山散处，刀耕火种，采实猎毛，食尽一山则他徙"。自唐至元，封建经济的压力和兵事频仍，畲族游耕和移民相结合，迁徙的区域不断扩大，直至明清以后，这种状态才逐渐稳定下来。一般地说，畲族的迁徙，以家庭个别成员或家族若干成员为单位，徐徐而行，散点移动，移动的路线是以闽、粤、赣交界点为中心向东北、西北弥漫开来。畲族民间说法，福建畲民多祖居广东。福建内部的迁徙从闽西南向闽东北，浙、赣畲民多源自福建，安徽畲民迁自浙江，湖南、贵州畲族畲民迁自江西，迁自江西。明清以后，畲族生产方式由游耕型转为定耕型。闽东畲族大多表现为这种特征。定耕型生产方式中又含梯田型水稻耕作和旱地型杂粮种植两种形态。前者是在汉族先进生产方式影响和自身生产力水平提高的交互作用下发展而成；后者则是传统游耕型刀耕火种适应定居后的技术传

---

[*] 原文载《宁德师专学报·哲学社会科学版》2008 年第 2 期。

承。旱地型杂粮品种包括畲禾、畲客豆、番薯、马铃薯等，其中畲禾、畲客豆为传统品种。畲禾又称"畲稻"，是种植于旱地、不水而熟的稻谷，曾为畲族主粮，故畲族聚落又有"畲寮"之称。畲家与农耕相关的劳作，除擅长狩猎外还有艺蓝（种菁）、种苎传统。蓝靛和苎麻是畲族传统的生产、生活资料，以故畲家又有"菁寮""苎寮"之称。上述三寮之谓成了古代畲族的代名词。

二、典型的山地文化，又兼含江海文化因子

畲族迁徙活动和散居的区域大都是东南中国的山地、丘陵。闽赣交界的武夷山、黄岗山，闽浙交界的太姥山、仙霞山和洞宫山，闽东境内的白云山、鹫岭山，闽中境内的戴云山，浙西、浙南境内的雁荡山、敕木山、天目山、括苍山，广东境内的罗浮山、莲花山、九莲山和凤凰山等都是畲族世居之地。取之于山，用之于山，衣食住行受制于山，山地与畲族息息相关，畲族的精神文化遗产多以"山"为背景和以"山"为母题。畲族之于山地有极强的适应性，山地之于畲族有很大的制约性。与山地相依存的传统居住环境是洞穴和山寮，著名的有"百家畲洞"（位于福建省漳平县）以及简易搭盖的"峒寮"，成为畲家居屋的称谓延续至今。与此同时，畲族的生存空间多属北回归线亚热带湿润季风气候，雨量充沛，江河纵横，历史上有"蛮疍"兼称，"在山为畲，在水为疍"，畲民与疍民长期相处，相互影响。畲族乡村流传着盘姓畲族生性好游、泛舟揖漂泊无踪的典故。史料记载着王审知引兵入闽，得助于"平湖洞及海滨蛮夷"。畲族传统山地文化中又包含着江海文化的因子，因此畲族文化心理的内向性又加之开放和接纳异质文化的特征。畲族传统文化能够在我国经济、社会相对发达的沿海地区闽、浙、粤等地存活下来，并始终保留一定的地位，其主要的原因之一便是畲族所具有山地文化的顽强固守和江海文化的适度接纳的二者互动。

三、以南方蛮僚文化为内核的畲汉文化互动而形成的兼融性民族文化系统

"蛮僚"是史料中对中国南方少数民族的统称。千百年的历史沧桑，畲族作为南方中国一个独立的民族实体，是由众多部落以及其他族体分化、同化、融化而成的，畲族传统文化必然蕴含着中国南方其他少数民族的文化因子。在宗教信仰、风俗习惯、心理积淀、体质遗传等方面，畲、瑶、苗等少数民族都具有相近的特征，这是相近的生存空间、相近的历史际遇、相近的生活习惯而形成的。在考察畲文化时，可以以瑶、苗文化作为参照

系，因此，考察瑶、苗文化有助于对畲族文化的认识和理解。较之瑶、苗文化，畲文化与汉文化关系更为密切。早在公元7世纪，唐王朝在闽、粤、赣交界地的畲族社区设置郡治后，汉族人口开始大量迁入该区，使该区成为"民僚杂处"之地。唐中叶，安史之乱以后，特别是唐末至宋元之际，先后又有大量的主要来自中原和江淮的汉人迁徙到这一地区，在此落籍定居，开垦耕种。他们与畲族历经长期的斗争融合、文化互动，形成南方汉族重要的民系——客家人。客家民系形成的过程既继承本民族文化，又吸收了当地土著畲族文化成分。而畲族文化在汉族移民的占有巨大优势的政治、经济、文化的压力下，也吸收了汉族移民文化。于是，汉族移民文化赋予畲族的原始蛮僚文化以新质，在社会风尚、宗教观念、礼教伦理、语言文字等方面，客家文化对畲族文化的影响是浓厚的。明清是畲族历史文化发展的重要时期，也是畲族传统文化与主流文化，即汉文化互动的重要时期。明清以后，由于汉族移民文化牢固扎根并排挤畲族土著文化，封建统治者的民族压迫和阶级剥削的加深，以及畲族自身山地游耕生产方式的驱使，大量畲族迁出闽、粤、赣交界区域，向闽、浙、赣、粤、皖、湘、黔等四周扩散迁移。在这个五百多年漫长的历史进程中，畲民随山种插的游耕传统渐渐转化为以种植蓝靛为代表的定耕经济，并逐步形成了现代畲族山地聚落的雏形。在迁移过程中，与当地汉族文化不断加深接触，又吸收汉族先进生产技术，采用先进的生产工具，生产力有了提高，逐渐由游耕和狩猎经济发展为定居农业经济，分布上的"大分散、小聚居"的居住格局业已形成。定居后的畲族聚落一般与汉族村落交错毗邻，与汉族村落既保持一定距离，又相距不远，既相对独立，又有密切的依存关系。同时，畲族地区由于没有形成自己的交易市场，一般买卖交易都在邻近汉族区域进行，与汉族形成相互依赖、互为补充的共生依存格局。随着畲汉两族长期依存共生关系的加深，畲族地区汉化的程度加深。在这个发展过程中，"边缘化"的畲民群体与当地汉族的频繁交往，从社会生活、文化心理到伦理道德均不同程度地融入了所在区域的汉族民系社会之中。即由闽省不同的汉族民系所建构的不尽相同的区域文化，始终或多或少、直接间接地影响着当地的畲族文化。因此，"现在时"的畲族传统文化因其所处区域的不同而呈现丰富多样的特征。在清代畲民的社会生活中处处显示这种特征。现今闽西畲族文化、闽南畲族文化既潜存着本民族传统文化，又明显地表现出来自闽、粤、赣交界地的客家文化和闽南当地汉族（福佬人）的地域文化的双重影响。同理，闽东畲族传统文化中也不同程度地受到属于福州民系的当地汉族文化的影响，并不同程度地反映在畲族精神文化、物质文化和社会文化中。

四、言传身教的文化传承机制

畲族没有本民族的文字，仅有自己的民族语言。畲家"语言侏离"，"服饰言语均沿蛮俗"。"方言与汉人异，朝食曰吃蓬，晡曰吃暗，婿曰长蒲，其语言不道，类如此计"。现今的畲族语言有"山哈话"和"活聂话"两种。畲族传统文化的积累和传承不能像汉族通过文字进行，而主要是通过口头语言传播和手头技艺传播来进行。有些畲族地区虽借助汉字记录畲族语音来传承传统文化，但毕竟不占主导地位。畲族民间口传文艺特别发达，其原因是要担负着传统文化积累和传播的功能。本民族的历史源流、宗教信仰、伦理道德等精神文化的发展主要是通过家庭学歌、家族活动、习俗活动和宗教活动过程中以口耳相传的歌谣、故事、谚语等代代相传而实现的。特别是畲族学歌有一个专有名词曰："歌教"。歌教为畲民家族传统教育特殊手段。"歌教"唱本是家族最主要和最基本的教材，这些唱本在畲民家族中一律公开传阅、传抄、传唱。唱本内的文字以汉字为主，兼有别字、造字和特殊的符号。唱本的内容十分丰富，包括历史、宗教、礼俗、文学、农事等。盘歌是畲民家族社会生活的重要内容，融会在各种生产和生活习俗中。畲民祖祖辈辈凭依畲歌唱本启蒙，一代代人通过习歌、练歌、会歌、盘歌，识字习文，畲民家族视唱本为珍贵而神圣的传家宝。由于日间劳作的繁重和生存的艰辛等诸多原因，一般而言，家族中能完全依照唱本而歌者终究少数，大多数人主要靠记忆，通过口耳相传、博学强记、历经歌场而练就盘歌的本领。除此之外，本民族的建筑、耕作、狩猎、染衣、制衣等传统技艺的延续，主要是通过老一辈族人的身体力行传授给下一辈而完成的。畲族传统社会中个体成员继承和创造本民族文化不是借助学校教育体系，而主要是通过家庭和家族为中心的社会教育体系。畲族言传身教在畲族传统文化中的地位超乎艺术或技术自身的单纯的功能意义。

五、以"族缘—血缘"观念而形成的家族伦理的支配力量

畲族在历史上没有形成统一的政权，也没有产生跨地域性的强有力的社会管理机构，其社会文化的生产力和创造力，社会整合的传统机制主要由以血缘关系和族缘观念为基础的家庭组织和父系世系（宗族）组织构成，血缘关系和族缘观念成为畲族内部传统社会的凝聚力和支撑力。血缘关系和族缘观念来源于畲族原始宗教信仰的盘瓠图腾和祖先崇拜，形成于漫长的为了种族繁衍、民族生存而与自然的斗争和发展过程中，巩固于包括客家文

化在内的汉族传统文化的门第观念、中原正统观念和封建宗法礼教观念对畲族文化的浸透。根据盘瓠图腾和祖先崇拜观念，畲族的成员认为盘、蓝、雷、钟四姓都有血亲关系，都奉忠勇王、三公主为民族始祖，并认为广东潮州凤凰山有畲家总祠，畲族谚语云："山哈，山哈，不是同宗就是叔伯"。"每祭祖，则四姓毕集"。民族即家族的族缘观念作为民族认同的基石。畲族把依"族缘—血缘"关系而确定的忠勇王、三公主以及四姓始祖的（即盘自能、蓝光辉、雷巨祐、钟志深）相互关系，作为畲族原始宗教的神系加以供奉。这种"族缘—血缘"观念的直接后果是传统族内婚规制的壁垒森严，"婚姻惟四姓相通，居室不乱"。受汉族文化特别是客家文化的影响，畲族又以姓氏为界限，以同姓同宗血缘序列建构"公祠—支祠—户—家庭"的封建宗法组织，所不同之处是每一个姓氏的远祖追溯中都冠以忠勇王家庭神系，以表现畲族"族缘—血缘"观念。畲族社会文化受客家文化的影响，根据封建宗法礼教观念，热衷于修谱、建祠、祭祖、迎祖，设立族长、房长，订立族规、家训；根据门第观念，将中国历代同姓的文武官宦各色人等附会为本族本姓祖宗，又虚构历朝皇帝的封赠借以显宗耀祖；根据中原正统观念，把畲家四大主姓的郡望嫁接为南阳郡（盘姓）、汝南郡（蓝姓）、冯翊郡（雷姓）、颍川郡（钟姓）。从清代到民国时期，闽东出现了一批著名的畲族修谱先生和熟悉畲民家族文化的汉族修谱先生，他们为闽东畲族谱牒的定型化和民族化发挥了重要作用。有着固定的行文内容与格式、有着本民族固有的秘而不宣的《敕书》《龙首师杖志》《历朝封赠》等近乎家族教本的权威性的乡村文献，在闽东畲族精神文化系统中确立了代代相传的家族伦理范本。还有一点必须强调的是在闽东各地畲民家族谱牒中还有特殊的排行和与之相关的"郎名""娘名"。畲族古歌谣云："排行算来你细听，雷姓缺'念'钟无'千'，男人无'一'女无'二'，蓝姓五六两样生。"歌言的意思是蓝姓按世（代）排列为"大、小、千、百、万、念"，而雷钟两姓缺一字，一般，前者缺"念"字，后者缺"千"字。但也有的雷姓缺"千"字，如福建省福鼎市牛埕下：《冯翊雷氏宗谱·叙明从前排行序》载："盖我蓝雷钟先人皆遵循排行者，蓝姓定以'大、小、千、百、万、念'六字，我雷姓定'大、小、千、万、廿（念）'五字。此五字即五世也。三十年排列一次，周而复始，联一族之男女、长幼、多寡已耳。至于派别支分，生娶卒葬，乔寓迁所，无复书及，如有记载者，不过自己一派耳，而一族无联也。溯其世系不紊，兹修谱牒废忘排行之典，若不备述以纪之，恐我后者不能知其义者。"作为畲族社会文化的最主要内容，家族文化有着较为完善的系统，包括家族观念、家族情感、家族行为和家族体制，家族文化系统的成型是畲汉家族文化互动的结果。

六、田园生活的艺术化倾向

这种艺术化倾向主要表现为畲歌覆盖了畲族传统文化的各个领域。畲族是一个热情豁达的民族，即使是异常恶劣的生活环境中，畲族也没有停止歌唱。歌唱是畲族的一种生命行为和本质力量的外化，是习见的生活方式。畲族乡村永远是畲歌的天堂。畲族称"歌谣"为"歌言"，歌谣是畲族固有的话语，他们认为歌谣的起源是人与自然的默契和沟通，人对自然的效法和模拟，一如古畲歌云："鸟唱歌言教人传"。畲家认为，唱歌是庄严神圣的家族行为，是家族每一个成员必修的功夫。"歌言原是祖宗礼"（古畲歌），歌言是民族认同、文化传承的工具，歌言有着敬神、娱情、教化、述史的多种功能。畲谚云："俗不离歌"，衣食住行、婚丧年节、祈神祭祖都有歌唱活动。而且，歌唱行为的本身已习俗成规，许多畲族社区都在固定的时间（歌节）和固定的空间（歌墟）举行歌唱活动。畲歌题材广泛，内容丰富，大致分为宗教歌（巫歌）、讲古歌、习俗歌、风流歌（情歌）、小说歌。如《高皇歌》是畲族史诗，《插花娘》是典型巫歌。畲歌格律严谨，少有变化，男女盘歌是畲族最主要的歌唱形式。畲歌崇尚假声唱法。曲调多种，有民族和地域色彩。"双条落"唱法是畲家演唱的绝活。

七、信巫事鬼的原始宗教神秘主义色彩

畲族和南方诸少数民族一样，崇尚巫风，伺奉鬼神，具有一套原始宗教信仰体系。在畲族传统的原始宗教信仰中，最核心最主要的部分是图腾崇拜和祖先崇拜，其次是英雄崇拜和泛神崇拜。受当地汉文化的长期影响，又形成佛、道信仰与原始宗教并存或混融的局面。佛教、道教信仰虽系汉文化传入，但是在很大程度上本土化、畲族化，融入了原始宗教信仰和巫术文化的形式和内容。畲族的宗教活动和家族活动融为一体，盛行祭祖活动，一种是祭祀同姓近祖，这是父系家族制度的产物，一种是祭祀整个民族的共同始祖忠勇王、三公主神系以及民族共同拥有的地域性保护神，保护神包括区域神话传说人物和历史上有影响力的英雄、巫师和家族领袖等。与祭祖相关的还有迎祖、醮名、招兵等多形式。上述活动的主持者是族长、房长，操作者是巫师（又称"师公"或"尪师"）畲族民间尚无完善的宗教组织和教规仪轨，但原始民间信仰神系渗透在畲族传统的衣食住行、人生礼仪、生产祭仪和歌唱活动中。畲族巫师是仅次于家族领袖的社区显赫人物，支配着畲族传统的精神世界，巫师按较为系统的巫术经典，行罡作法，祈求社区人文繁茂、谷物丰稳，

并卜吉兆凶,驱鬼招魂,去邪治病。他(她)们是畲族乡村宗教活动的导演与主演者,他(她)们不仅是信巫事鬼的执行者而且是传统神秘主义文化的传播人。

八、百折不挠的叛逆者意识和忍辱负重的退守者思想相融合

根据列宁关于两种文化的理论,畲族传统文化属于被统治者文化。这种文化固然不是主流文化,但因为在千百年历史进程中,多以叛逆者形象出现的畲族文化仍然显示出自身的独特价值。畲族是一个英勇善战、百折不挠的民族,畲族作为人们共同体在史料中的明确亮相是与唐王朝的军事对峙中出现的,自唐至元,畲族先民始终以叛逆者的形象活跃于历史舞台。畲族人民自唐代以来,在长期深受阶级剥削的民族岁月中,对历代统治阶级和外来侵略极端仇视,奋勇反击。畲民多为猎户,能攻擅射,显示强悍骁勇的军事力量。历史上规模较大的畲军行动有唐总章二年(669年)"蛮僚啸乱",乾宁元年(894年)"峒蛮二万,围汀州"。宋嘉定二年(1209年)江西峒蛮"从数万,连破吉、郴诸县"。景定二年(1261年)漳汀诸畲"怙众据险,剽掠省地"。咸淳五年(1269年)潮州峯民"群聚剽劫,累政"。元代有"畲军"组织,漳州地区抗元斗争此起彼复,从不间断。如至元年间漳潮抗元斗争,畲军有组织,有年号,"聚众十万,连五十余寨,扼险自固",元军"十攻九败"。在历代军事舞台上,畲族英雄有苗自成、雷万兴、蓝奉高、李元励、陈大举(陈吊眼)、许夫人、钟明亮等。明清以来,由于畲族"大分散、小聚居"聚落格局,无法形成大规模的群体行动,但畲族不畏强权的反抗意识仍然流露在最发达的艺术样式—歌谣中。"皇帝退换几多位,哪个朝代禁歌谣"(古畲歌)从民族史诗至时政叙事《长毛歌》都控诉统治者、剥削者和入侵者的罪恶行径,讴歌反抗叛逆的民族精神。虽然畲族大规模迁入闽东始于明清,但是在历史舞台上仍然可以见到畲族威严孔武的身姿。万历《福安县志》中记载了福安县令向畲族乡村搬兵的事迹。明末清初,闽东福安人刘中藻(1605—1649年)先后在南明唐王、鲁王政权任职,先后任巡抚、右佥都御史、东阁大学士兼兵部尚书,南明文臣中通晓军事者首推刘中藻。顺治三年(1646年),他率步卒万余人极力抗清,先后攻克闽浙交界的庆元、泰顺、寿宁、福安、宁德、古田、罗源等七县,顺治六年正月,刘中藻驻扎福安,遭清兵十万众围困,终因寡不敌众,于四月十二日自缢身亡。所部将士从死者9700余人。刘之精兵多来自畲民,清《思文大纪》曰:"上谓金衢巡抚刘中藻曰:'选练精兵,可取苎寮、菁寮、畲寮三项,此议诚是,取用之后,即当给示,免其差徭,仍勉令与百姓相安,兵数准一千名,衣甲银两,准于该州动支二千两正项,务其兵精而饷不糜。'"此中"苎寮、菁寮、畲寮三项"即指位于闽浙交界处的畲村乡民。

叛逆者意识是畲族传统文化中所固有的顽强生命力。叛逆者文化的精神遗产是流传于畲族乡村的拳术与棍术，畲族武术有着后发制人的特点。在主动进攻同时，畲族兼具及时退守山林的生存智慧和处世谋略。刘中藻事件失败后就有大量的畲族乡民退隐山林，在畲族家族谱牒中曾作记载，这是直接战事的退却。另者，在封建地主豪强土地兼并势力压迫下和汉族家族文化的强势包围中，畲民家族的步步退却似乎是无奈而又必需的，即常常表现在居无定所的迁徙中，畲民的迁徙不是家族集团的大规模移动，而往往三三两两，徐徐而行，大多以一个或若干家庭为单元的见缝插针式的安身立命。他们所到之处有时是仅有土地幅员而缺乏自然资源的不毛之地，或者生存条件异常恶劣的地方。他们依靠家族文化中那充满幻想和达观的情感，以及"野火烧不尽，春风吹又生"的野草一样倔强求生欲望和生命力，维系着家族的繁衍。闽东畲族传统聚落的分散是有目共睹的，在依靠家族力量的支撑的同时，依靠族内婚的壁垒，打造了畲族人独有的团结和顽强，不管自然与人文条件多么不适合人们的生存，但是都能够极其顽强地生存下来。上述刚柔相济的民族性格和文化传统，是畲族传统文化能够在我国封建地主经济、家族文化相对发达的闽、浙、粤沿海地区等地繁衍生息，且始终保留自我的文化特色并占有一定的文化地位的又一主要原因。

九、女性文化的特殊地位

畲族女性文化是以女性为主体的精神文化、物质文化和社会文化的总和，是畲族传统文化的重要组织部分。学术界认为，畲族女性在畲族社区的重要地位是母系社会的残余，是畲族原始宗教信仰中的三公主崇拜，以及女性在生产生活中的作用决定的。盘瓠传说中的忠勇王之妻是高辛帝之女三公主，为畲族宇宙之神，畲族古歌《祖公婆歌》歌颂三公主的善良和权威。与三公主相关，在畲族民间信仰的偶像中有多尊女神，如畲家自造神灵插花娘娘、假借神灵临水奶娘、嫁接神灵太姥山蓝母等。从生活习惯到思想观念，三公主的影响力确定了畲族女性的社会地位。在畲族的风情习俗中最能体现民族特色的，基本上都是与女性有关的民俗事象。畲女发式绚丽多彩，分布妮头（小姑娘发式）、老姐头（老妇女发式）和山哈娜头（年轻妇女发式）。山哈娜头又称"凤凰髻"，山哈娜衣服又称"凤凰衫"。畲家婚姻规制中有一种称为"喊儿"的独特习俗，即畲女初长成，不谋出阁，却事招婿，即使家有男儿也叫自家男儿当上门女婿，而招进自家女婿。有的富家子弟与独生儿子也热衷"喊儿"婚俗。这类婚事热闹隆重，村人从不歧视、干涉。"高头嫁女，低头迎亲"，畲家婚礼中女性地位崇高，"做亲家伯""荆条拦路盘歌""撬蛤""借镬"等奇风异俗均发生在女家。男女拜堂时，因遵从古俗，新娘是高辛皇帝的公主，新郎下跪新娘不跪。婚后若男方对女方稍有怠慢，便以"打生利亲"显示女家的威严。即妇女出嫁后，如受夫家虐待，娘家便会组织亲房叔伯母舅等人到男方家讲理，直至男方认错，畲语称之为"打生利亲"。畲家崇尚女性还表现在母舅的权威超乎叔伯，即操办甥辈婚事，主持外甥兄弟分家等。畲族传统文化的现在时中表现为畲族女性文化占据了相当大的比重。

十、乡村精英文化的独特性

英国人类学家弗立德曼有一个著名的论断至今仍为学界所认同。他说："精英文化和农民文化不是不同的两回事；前者是后者的另一个版本，而后者也是前者的另一个版本。"对于整个社会或一个社会中的主体民族而言，弗氏的话也许是对的。但是，如果对于这个社会中的一个边缘化的民族或族群而言，却又另当别论。因为这个民族精英文化的形成是由该民族的精英分子锻造的，而这些精英分子之所以成为"精英"的过程是汲取了社会上的主流文化，并基本上牺牲了本民族的边缘文化而实现的。畲族的精英文化和庶民文化（包括农民文化）的关系并不是如弗氏所言，即二者是形式不同而内容相通的版本，而是从形式到内容上均几乎断裂的体系。这种不同的文化体系所存在的不同表现方式，反映了畲民生存的悖论，在清代畲民的社会生活之中时时凸现这种窘境。闽东畲族虽然也不同程度地反映出这种窘境，但是仍然有一部分畲族乡村文化精英并没有完全忘却本族文化之根，他们的可贵之处在于力图以各种方式来保留本民族的历史和文化。如霞浦县白露坑半月里畲族村的科场秀才们和宁德县八都猴墩畲族村的茶叶商人们，他们热衷仕途经济的同时，也热衷于民族传统文化的建设与弘扬，并为闽东畲族传统文化赢得一席之地作出不可磨灭的贡献。上述种种特点框定了畲族传统文化运行的轨迹，也推动和制约了畲族历史发展的进程。畲族传统文化的心理积淀影响着本民族群体和个体的道德规范和行为准则。

参考文献

[1] 顾炎武．天下郡国利病书．第二十七册．

[2] 资治通鉴．卷259．《唐纪》75．胡三省注．

[3] 褚成允．遂昌县志．卷11．风俗·畲民附．

[4] 江远青，江远涵．建阳县志．卷2．舆地志·附畲民风俗．

[5] 黄联珏．贵溪县志．卷1．杂类轶事．

[6] 冯翊雷氏宗谱．清同治六年．

[7] 宋史.卷39.宁宗本纪三.

[8] 刘克庄.漳州谕畲//后村先生大全集.卷93.

[9] 文天祥.知潮州寺丞东岩先生洪公行状//文山先生全集.卷11.

[10] 元史.卷162.高兴传.

[11] 郑所南.铁函心史·杂文·大义略序.

[12] 福安市地方志编纂委员会.福安市志.北京：方志出版社，1999.

[13] 思文大纪.卷6.痛史.第六种.

[14] 中国社会研究：弗立德曼随笔集.帕洛阿尔托：斯坦福大学出版社，1979//转引自王尔敏.明清时代庶民文化生活.刘广京序.长沙：岳麓书社，2002.

清代福建畲族山区的社会治理*

蓝炯熹

清初,福建省畲族乡村的经济、社会发展并不平衡。处于客家、福佬(闽南人)区域的畲族乡村,与当地汉人频繁交往,文化交融,经济生活几近汉人,村民已然成了黄册齐民。① 但是,福建的其他畲族乡村仍属于"化外之地",其聚落偏僻、分散,自成一统,畲民"相得匹配,不得与齐民齿……语言自为一种,亦不与郡国同"②。他们维持着原有的游耕传统。这些畲族乡村主要分布在福宁州(后改福宁府)、福州府、延平府、建宁府、兴化府等山区,其人口占福建畲族的绝大多数。因为畲族为我国东南沿海民族散杂居地的"苗夷"之属,清政府对他们所采取的政策,不同于少数民族聚居区的土司制、盟旗制、伯克制等"羁縻之术",而主要以登录畲族乡村户籍入手,并通过各级官员的具体行政实践,实现对畲族乡村的行政治理和政治控制。

一、畲族乡村的"编图隶籍"

福建省仙游县博物馆内现存一通关于畲民"免差徭"的石碑。③ 其石碑上方刻一篆书"清"字,碑文以正楷阴刻。文曰:

---

* 原文载《宁德师专学报·哲学社会科学版》2009年第3期。
① 清康熙五十三年(1714年)《平和县志》,卷12,《杂览志》载:瑶僮(即指畲族)"盖传流渐远,言语相通,饮食起居往来多与人同,瑶僮而化为齐民";民国二十九年(1940年)《德化县志》,卷3,《疆域志·附风俗》载:畲民"入清遵制编保甲,从力役,视平民无别";乾隆五十二年(1787年)《永春县志》,卷7,《风土志》载:"邑有畲民……今具遵制编保甲,从力役,视平民无异";清道光十五年(1835年)《龙岩州志》,卷20,《杂记》载:"今畲客固安分,而汉纲亦宽,许其编甲完粮,视土著之民一例";上文又载于民国三十四年(1945年)《龙岩县志》,卷29,《杂录》。
② 乾隆《仙游县志》,卷53,《抚摭志下·丛谈》。
③ 原文庙正殿回廊左侧。

圣王御极，皇仁浩荡，凡民间一切差徭，蒙谕查实豁免，况雷、蓝、盘三姓畲民原无一定住籍散□，自食其力。沐历代洪恩，载入流烟册内，概免一切差徭。如福州各属畲民现有勒石优免。独兴属（兴化）□例动欺孤丁单姓，诸色杂差丛集，畲民是以疾于奔命。

本年五月内，畲民蓝圣时□等永保畲民生聚等事，具呈总督部院大老爷高蒙批府行县查例。幸蒙本县主正堂加一级萧，照例具详并饬示禁在案，但恐年久月深，风雨损坏，谨勒□圣朝浩荡之恩，督宪矜恤之仁也。

谨志！

时龙飞岁次丁未年，戊申之秋。（康熙六年，即1667年）

畲民蓝圣时、朝容、雷永雪、蓝元长、振□、元贤、秀□、祐□、圣□、□妹、□□、雷□□、钟□□等同立。

（上述碑文中的符号"□"，为字符模糊而无法识别者。）

类似上述内容的政治文书在福宁州、福州府也多处出现，现在石碑已不复存在，但是其内容尚留存在畲民家族谱牒的记忆系统中。

如清光绪三十二年（1906年）福安县田螺园畲村《冯翌雷氏宗谱》载有《福宁府石碑文》云：

福宁府霞浦县正堂加五级纪录五次曹　为呈请立碑等事。

乾隆三十九年（1774年）六月二十一日，据畲民钟允成等具陈前事，词称：成等始祖乃高辛皇帝敕居山颠（巅），自食其力，不派差徭，历代相沿，由来已久。叠蒙历朝各宪布化宣仁，案炳日月。迨康熙四十一年（1702年），又蒙董州主赐立石碑，永禁各都乡保滥派畲民差徭。各县石碑现存可考。惟州前，即今府前石碑被毁，各都保遂有滥派、索贴之弊。成等呈恩府宪徐，蒙批候檄饬严禁，毋许各都保滥派尔等差徭，并索贴差务，俾其各安生业可也。合请金恩伏恩准立碑，永彰鸿案，啣结不朽等情。据此，为查畲民钟允成等，前蒙本府宪徐檄行出示严禁在案，兹据前情，除核案批示外，合再示禁。为此，示仰各都保人等知悉：嗣后务遵照宪，毋得仍前滥派畲民差徭，借端索贴扰累，并索砍竹木等项，俾得各安生业。倘敢故违许准，受累畲民，指名直禀，以凭拿究。各宜凛遵毋违。特示。

乾隆三十九年八月十二日　给

以上政治文书表明，清初福建大多数"苗夷"，即畲民，仍"垦山为业，租庸不及"①清朝廷还没有考虑到他们的入籍问题。清代是福建畲民居住格局形成的时代，即由于明代种菁业的发展，畲民广为栽种蓝靛等动因而形成的人口大规模迁徙和流动，到了清代几成定局。如占福建畲族人口最多的福宁州畲民，其大多数便是明代由汀州府迁入的。随着畲族村落的逐步形成和稳定发展，畲民与当地汉人的交通日益频繁，以及清政府对乡村户籍制度的日益重视，畲族乡村编图隶籍的条件便日趋成熟，因此，福建山区畲民便逐渐被清政府所确认而相继纳入了户籍制度之网。清代福建各地畲民的入籍没有整齐划一的时间，就现存的文字资料也无法表现畲族山区编图隶籍的全过程。但是，以下私家谱牒与官方志书的记载，还是弥足珍贵的。清同治福州府《连江辋川蓝氏族谱》记载了连江县辋川畲村蓝姓畲民编图隶籍的情况："兹逢大清我皇上新制版图，时康熙二十五年（1686年），岁次丙寅，奉文审编造册。蒙本县仁爷示文批准，招集百姓，顶立门牌，应办差事者，许其隶图……鸠集曾、郑、蔡、汪、吴、庄、邱、黄、陈、郭、周、洪、蓝等，以共十三姓各楚图价，特与下宫吴姓议定分值二图五甲，排年于是乎成。"② 民国《南平县志》记载了乾隆年间延平府南平县畲民"编图隶笈"情况，③ 南平县在清顺治十四年（1657年）时，总共92图。"乾隆五年（1740年）编钟、蓝、雷三姓（即畲民），立普顺图，合为九十三图。"④ "普顺图共征：银一十九两四钱八分一毫。米四石二斗四升三合四勺。观米七斗一升一合。"⑤ 这里所交纳钱粮的数据主要应来自畲族乡村的统计汇总。

　　清朝廷历来重视户籍制度的建立，《清史稿》载："世祖入关，有编置户口牌甲之令。其法，州县城乡十户立一牌长，十甲立一保长。户给印牌，书其姓名丁口。出则注所往，入则稽所来。""及乾隆二十二年（1757年），更定十五条：……各省山居棚民，按户编册，地主并保甲结报。""棚民之称，起于江西、浙江、福建三省。各山县内，向有民人搭棚居住，艺麻种菁，开炉煽铁，造纸制菇为业。"⑥ 棚民，非民族之称，仅是以生活、生产方式而划分的人群。同治《仙游县志》载：畲民"大略与浙之棚民，云、广之苗瑶相类"⑦。在福建，"搭棚居住"并以"艺麻种菁"为业者，包括许多畲民，他们也属"棚民"之列。随着清王朝户籍制度在福建畲族山区的逐步施行，至乾隆年间，福建畲民的编

---

① 《南平县志》，卷11，《礼俗志·杂俗》，民国八年。
② 《连江辋川蓝氏族谱·第四世功主朝参公等封公堂兄弟合传》，清同治十年。
③ 《南平县志》，卷11，《礼俗志·杂俗》，民国八年。
④ 《南平县志》，卷1，《沿革》，民国八年。
⑤ 《南平县志》，卷5，《田赋志》，民国八年。
⑥ 《清史稿》，卷120，《食货一·户口·田制》。
⑦ 乾隆《仙游县志》，卷53，《抚抚志下·丛谈》。

图隶籍已陆续完成。

二、《皇清职贡图》中描绘的福建畲民

《皇清职贡图》是清代乾隆年间以"御制"名义编绘的巨型画册，描绘了乾隆朝邦交国和藩属国诸民族以及国内少数民族的状貌、服饰、生活习俗等。图册包括国内外族类名目 300 余种，画像 600 余幅。《皇清职贡图》是"康乾盛世"的产物，体现了清帝国的国力强盛，疆土辽阔，外邦交聘，藩属宾服，边地绥宁，海域安定。自古"职贡"指藩属或邦国向中央王朝朝贡的赋税或贡物，《皇清职贡图》以"职贡"为书名，象征图内各色人等对清帝国的"臣服关系"，试图构筑一个"远轶前古"[①]的大一统"职贡"体系。

绘制《皇清职贡图》始于乾隆十五年（1750 年），是乾隆皇帝亲自策划，由军机处具体负责，各地提供画稿，宫廷画师绘制完成，以四川为工作试点。据台北"故宫博物院"藏《宫中档乾隆朝奏折》载，乾隆十五年十一月十七日四川总督策楞奏折称，乾隆十五年八月十一日，大学士傅恒向策楞传达上谕，命将所知"西番、㑩㑩男妇形状，并衣饰服习，分别绘图注释"。[②] 这是目前所知有关绘制《皇清职贡图》的最早记载。随后，策楞将所绘苗疆民族图 24 幅进呈御览。军机处收到此图后，对原图作了修改，并以统一版式，于乾隆十六年（1751 年）送回策楞，命将所属民族照统一版式绘图。

绘制工作的全面推开是乾隆十六年，四库本《皇清职贡图》卷首载："乾隆十六年六月初一日，大学士忠勇公臣傅恒奉上谕"，命各地督、抚绘制图稿呈军机处。并严令各地不准声张，以免"或生疑畏"。《清实录·高宗实录》卷三九〇载："谕军机大臣等：我朝统一寰宇，凡属内外苗夷，莫不输诚向化。其衣冠状貌，各有不同。今虽有数处图像，尚不齐全。著将现有图式数张，发交近边各都、抚，令其将所属苗、瑶、黎、僮，以及外夷番像，俱照此式样，仿其形貌衣饰，绘图送军机处，汇齐呈览。"以此可知，乾隆皇帝亲自主持这项文化工程。

绘制《皇清职贡图》的素材源自各地督、抚组织人员绘制的画稿。乾隆十七年（1752 年）七月，闽浙总督喀尔吉善等奏："前奉旨令近边各省将附近番、夷形貌衣饰绘图呈览。查闽省界在东南，外夷番众甚多。臣等绘图进呈，通计畲民二种，生番社番十四种，琉球等国外夷十三种。种各有图，图各有说。凡风土、嗜好、道里远近，无不俱载报

[①] 《清史稿》，卷 153，《邦交一》。
[②] 《宫中档乾隆朝奏折》第一辑，91 页，台北，"故宫博物院"编印，1982。

闻。"①《皇清职贡图》中福建畲民的素材来自福州府古田县、罗源县两地,乾隆《古田县志》刊载了福建省画工奉谕描绘古田县畲民草图的过程,文曰:"今则附近民居在邑之四都上洋等村,与民往来交易,亦有承佃民业为生业者。但畲民由来虽久,尚未载入邑志,因乾隆十七年七月内奉督抚两院宪绘画畲民图册具奏恭敬,九月二十八日,奉朱批:'知道了。钦此。'行知在案,附载风俗之后,以备查考。"②闽浙总督提供画稿并经宫廷画师绘制而成的福建畲民二种,载于《皇清职贡图》彩绘本卷二、刊刻本卷三之内。彩绘本每幅各画畲民男妇二人,上附满、汉两种说明文字。其中之一文曰:"福建省罗源县畲民:福州府罗源等县畲民,即粤之瑶人。《福建通志》云:'汀瑶人与虔、漳、潮、浔接壤,以盘、蓝、雷为姓。'又《连江志》:'畲民,五溪盘瓠之后也。'《桂海虞衡志》谓之'瑶,今居罗源者,祇蓝、雷二姓,相为婚姻。或云海南民蓝奇、雷声,随王审知入闽,因居罗源村中,然不可考。'其习俗诚朴,与土著无异,无酋长统辖。多在荒僻山颠(巅),结茅为屋。男女相助力作,采薪捕鱼,以供食用。男椎髻短衣,荷笠携锄;妇挽髻蒙以花布,间有戴小冠者,贯绿石如数珠垂两鬓间。围裙著履,其服色多以青蓝布。"另者曰:"古田县畲民:古田畲民即罗源一种,散处县之上洋等村。以耕渔为业。竹笠草履,勤于负担。妇以蓝布裹发,或戴冠……短衣布带,裙不蔽膝。常荷锄跣足而行,以助力作。"将福建畲民画像载入《皇清职贡图》,说明畲族已纳入了"天朝"的政治视野,同时也表明他们有别于普通的汉族,是当地的少数民族。清朝廷将畲民编图隶籍,以求"齐民"之同;又绘制畲民画像入"职贡图",为存"苗夷"之异。

三、福宁府畲族乡村的"禁骚扰"石碑

从清康熙二十三年(1684年)到咸丰二年(1852年)止,福建有170年的安靖。雍正年间,摊丁入亩,使农民不受徭役的骚扰。福建农村经济得以相当的发展。③ 雍正十二年(1734年)福宁州升为福宁府,这是福宁之经济发展、人口递增的必然结果。福宁府是福建畲族的相对聚居之地,其所辖之霞浦、福鼎、福安、宁德诸县,均有大量的畲民村落分布。清代福宁府所属的官修地方志中或多或少都有关于畲族乡村与畲民的记载。其中较为详尽的是光绪十年《福安县志》,该书卷3《疆域》中记载了福安三十五都200余处畲族自然村村名。这是迄今为止,所见的清代地方志中罗列畲族村落最多的一书。在开发

---
① 《清实录·高宗实录》,卷419。
② 辛竞可:《古田县志》,卷2,《风俗·畲民附》。
③ 朱维干:《福建史稿》下册,431~432页,福州,福建教育出版社,1986。

福宁山区，发展闽东山区经济中，也有畲民之功。畲民兴修水利，种植畲禾（一种不水而熟的田园稻谷）、苎麻、茶叶等农作物，畲族乡村生产稳定，生活安宁。但是，畲族乡村的社会治安仍然是福宁府各级官员的一个难题。由于畲族村落分散、人丁较少，平时就有一些地痞流氓寻衅滋事，敲诈勒索。特别在收获季节，更是变本加厉。乡间畲民已经意识到单纯家族的防御力量已无补于世，能较为有效地维护社会治安，抵御流氓无赖的，只有县衙的"告示"的王法震慑力。畲民只好求助于官衙，"乞出示严禁，以儆盗贼而安弱农"。当地官员当即复示文告，明令禁止骚扰畲族村。并饬令地保、甲长务宜督率村民做好治安巡查，以确保乡村宁靖。畲族乡村将此类政治文书勒石村头，明示路人。今蕉城区（即宁德县）猴墩村、新楼村、海潮山村、岑田村、霞浦县岭头村、磨石坑村、上水村、半月里村等畲族村还保留着这类石碑。霞浦县岭头畲族村的石碑立于清道光年间，碑身青石质地，高128厘米，宽50厘米。碑文题为《禁议示给》，落款"道光二十七年十月二十九日"。碑文言及：

> 调署霞浦县正堂加十级纪录十次记大功九次姚出示严禁：据二十五都六岭头九境村民钟廷开等具呈称……贼匪、棍徒并恶丐、流乞潜入村户，日则强乞撒赖，夜则横行穿穴趴墙，盗牵牛猪牲畜、衣服，坐地分赃……每逢秋收之时，勾践呼群蜂拥，私登田园屋宅，恶化掏摸……村民遭害，苦不胜言。利匕陷害，情实难堪……准给示，以除民害……地保、甲长务宜督率村民守望相助，日夜巡查……盗贼、恶丐、流乞毋许呼朋强索，并喜事诈讨花彩酒食等……地保、甲长人等，立即扭送赴县，以凭案律，严拏究治，断不姑宽……地保、村民等亦不妄拏无辜……各宜凛遵，毋违特示。

畲族乡村自行成立自卫组织也得到县衙的支持，民国十六年（1927年）宁德县猴墩村《雷氏族谱》刊载了清嘉庆年间的县衙对畲民呈文的复示。全文如下：

> 特授宁德县正堂加三级随带加一级吴
> 违例巡洋等事——
> 本年十月十五日，据雷朝元、蓝奶弟、钟文乐等呈称：住居九都猿墩（即猴墩——引者注）地方，安业田园。所有巡洋各人向在平洋（平原——引者注）查看，从无夜间至。元等山宅巡查，田园有被盗时，元等向投不理。凡遇收成，各到山宅额外索取，被盗无赔。迩来并襀粮又要索取。元等理论，反欺畲民山

宅,摩拳擦掌,种种被陷。切思巡洋所以御盗,被盗投验赔偿,故得抽送。似此,夜巡不到,被盗投验不理,凡有所收,一切统要额外抽送,且被盗更多,为害不浅焉!用此巡洋为哉?元等合同公议,各人自种自看,不失守望相助之意,无滋抽费,以省事端。现在本年八月,元族于闽坑林姓互控,元等即行各人自看田园,并无被盗。但未蒙给示,苟延一时,恐将来仍蹈旧辙,争闹滋弊,畲民奚堪。无奈呈恳恩准给示,以杜后患等情到县。

据此,除批示外,合行出示严禁。为此,示仰该处居民人等知悉:嗣后该处田园,以及襁粮等项,听雷朝元等自行防守,不许棍徒包揽巡洋,致滋事端。倘有前项匪棍仍前包揽,许即协保禀解赴县,以凭究治,毋得始勤终怠。亦不得借端滋事干究。特示!

嘉庆十六年十月二十一日给告示!

发九都猴墩,实贴晓谕。

以上政治文书叙述了原有的巡洋组织,多系玩枪弄棍之徒,与畲民无涉。他们只会向畲村摊派,却不能行使应有的职责。往往遇盗不理,而遇畲村收成时,却前来强行摊派索取。畲民稍有非议,他们便"反欺畲民山宅,摩拳擦掌,种种被陷"。畲民认为这种不负责的巡洋"违例",是明火执仗,助纣为虐,理当革除。若改为畲民自行巡洋守护,则"巡洋"所发挥的作用和影响力更大,并经初步尝试,已产生良好的效果。畲民的上述请求得到了宁德县衙的批准,猴墩畲村自行建立了巡洋队伍,护卫本村。巡洋队伍从小到大,发展迅速,波及宁德八都、九都的十余个畲民村落。

从现存的多面"禁骚扰"石碑可知,从道光至光绪年间,福宁府畲族乡村的治安问题一直困扰着当地的官员。清朝廷为了维护和保障畲族乡村权益,行了善举。畲族村民为了村落的安全一直做着不懈的努力。

四、各级官员行政实践中的三宗涉畲案例

清代福建各级官员中之有心于畲族乡村者,在处理日常公案或下乡巡查时会时时涉及畲村畲事。他们以自身的施政理念和对"苗夷"之属畲族文化的不同理解来裁断和处置相关事体,而他们的种种行政行为则往往会直接或间接地对畲族乡村产生相当的影响。其中以下三宗案例,在政治、文化和生活习俗诸端,对福建畲族乡村均产生了极大的震荡。

其一,李殿图与钟良弼事件。

据《清史稿》载:"李殿图,字桓符,直隶高阳人。乾隆三十一年进士,选庶吉士,授编修。典湖南乡试,迁御史。督广西学政,迁给事中。"① 乾隆六十年(1795年),李殿图迁福建按察使;嘉庆三年(1798年)就任布政使,七年(1802年)任福建巡抚。在闽期间,他"嫉恶维严,治尚操切"②。"狱讼必速为审结,开释无辜,小民始得安业。"③ 道光《重纂福建通志》载:嘉庆年间福宁府"福鼎童生钟良弼呈控,县书串通生监诬指畲民,不准与试"。书吏假借畲族盘瓠传说,诬蔑畲民为异类,将畲民排斥于贡院之外。李殿图审理果断,"饬司道严讯详复,张示士林"。他仗义执言,据理力争,驳斥了借盘瓠之说打压畲民的荒诞举动。他认为:"娼优隶卒三世不习旧业,例尚准其应试,何独畲民有意排击之? ……本部院为世道人心风俗起见,不惮与尔等谡缕言之。"④《重纂福建通志》在《国朝宦绩》"李殿图"条单独以大量的篇幅详写了他处理钟良弼事件的言论,可见事件在福建政坛的影响。次年,福鼎县岳廷元主科试,钟良弼再次应考,终于考取府学生员第二十名。钟良弼上告胜诉、继中秀才的事迹被畲族歌先生(民间歌手)编成歌言长连(即畲族小说歌)在闽、浙畲民中广为传唱,经久不衰,延续至今。道光《建阳县志》也记载了类似事件:畲民"嘉庆间有出应童子试者,畏葸特甚,惧为汉人所攻,遽冒何姓"⑤。钟良弼事件后扭转了这种局面,即官方承认山地畲民诉讼的话语权与应试的参与权。在官修志书上披露钟良弼事件和李殿图言论,表明清朝廷对山区畲民读书取仕的认可。从此,福建山地畲民可以自由出入庠序、参与科试,汲纳主流文化,造就文化精英。在福宁府,最引人注目的是,从道光至光绪的60年间,霞浦县半月里畲族村就连续出现了雷世儒、雷步缘、雷步武、雷加润、雷加上五位秀才。

其二,李鼐与金斗量事件。

光绪《福安县志》载:"知县李鼐,浙江鄞县人,监生,咸丰七年署。断案明允,重士恤民,去之日,民立德政碑。"⑥ 今福安市文化馆藏有一通残碑,据考此碑就是清咸丰七年(1857年)福安乡民为其县令李鼐所立的"德政碑",该碑原立于县城文庙内。残碑留下的文字曰:

……所至皆有政声,丁巳间,署篆福安。廉洁……即拳拳以勤学兴贤为首

---

① 《清史稿》,卷359,《列传》146。
② 道光《重纂福建通志》,卷140,《国朝宦绩》,正联书院藏版。
③ 《清史稿》,卷359,《列传》146。
④ 道光《重纂福建通志》,卷140,《国朝宦绩》,正联书院藏版。
⑤ 《建阳县志》,卷2,《舆地志·附畲民风俗》。
⑥ 光绪《福安县志》,卷16,《职官》。

务……邑金斗量畲民负嵎，慭不畏法，往往……不慑服远窜，数十年地方之害，公力除……

金斗量今名金斗洋，是福安市康厝畲族乡所辖的一个以武术为闻名的畲族村落。在福安穆洋一带流传一则掌故，即清雍正年间，力倡反清复明的南少林寺武僧林铁珠，隐姓埋名号称"潘"先生（又称"樊"先生），藏匿于金斗量畲村，教村民习武。故该村男女个个能拳善棒。乾隆年间，该村曾出过艺德双馨的雷国楚，人称"雷大三十二公"，金斗洋村现存祭祀他的庙宇。金斗量畲族村的名声和社会影响引起清政府的不安，被视为"数十年地方之害"。在咸丰七年（1857年），终被福安县令李鼐"力除"。据金斗洋村的畲民说，这场浩劫的实施者是福宁府的杨镇台。当今人查阅金斗洋村《雷氏族谱》时，族谱中便有原族谱于咸丰年间"毁于火"的记载，至于被毁缘由，则语焉不详。

畲民素有习武健身、防身，英勇善战的传统，万历《福安县志》载：明嘉靖三十八年（1559年）四月初三，倭寇进犯，知县李尚德"复令晓阳快手并民壮召畲人协战"[①]。光绪《福安县志》载：顺治初年，南明兵部尚书刘中藻抗清，"取苎寮、菁寮诸种人，练之为卒"[②]。明清时期，"畲人""苎寮""菁寮""畲寮"等均泛指"畲族"。清官府对畲民历来的反抗性品格是戒备在心的，他们关注畲民乡间武术风行的动向，当山地畲民的影响力扩展到令统治者不安的程度时，当局便会动用国家机器予以打击。至于李鼐离任"民立德政碑"，应作如下理解：倡立"德政碑"者大多是当地乡绅之类，他们作为百姓的代表人物，是以维持既有的社会秩序为己任的。而金斗量畲村的村民们，可能对强势群体所构成的有形或无形的包围圈不那么尊重，可能对既存的社会秩序和行政法度不那么驯服，还可能对治理乡村的某些草根权威采取了挑战性的举动等等，终于授人以该村畲民"慭不畏法"和"不慑服"的口实，于是被当作了"数十年地方之害"而遭剪除之灾。李鼐的政绩是以果敢的举动迎合了社会的舆论，维护了乡村固有的行为准则。自金斗量事件之后，福宁府福安县畲族乡村习武之风元气大伤，许多村民心有余悸，甚至不敢公开大胆习武，以致有的畲村武艺失传。距离金斗量畲村不远的高山畲村光绪二十二年（1896年）《钟氏族谱》载："先世肇迁祖为忠震公，武略冠一时……其所持械重皆倍于常，后世子孙弗能用，因铸为农器。"

其三，钟大焜与《华美报》告示。

---

① 万历《福安县志》，卷9，《杂纪志》。
② 光绪《福安县志》，卷22，《人物》。《痛史》第六种《思文大纪》卷6载："上谓金衢巡抚刘中藻曰，选练精兵，可取苎寮、菁寮、畲寮三项。"

钟大焜,江西省萍乡人,随祖父自江西迁入福州三牧坊。同治九年庚午科(1870年)进士,官至四品衔刑部直隶司主事,部选知县。① 在光绪年间,钟大焜热衷于编修钟氏连环谱。他联系了福建、广东、江西等地钟姓官员共同订立《颍川钟氏修辑总谱章程》,并利用公务之便,走访于福州府、福宁府诸地钟姓村落,以此为起点,编修钟氏"总谱"。历数年之功,于光绪二十七年(1901年),共汇集了福州省城、江西萍乡、侯官、闽县、福清、罗源、永福、霞浦、福安、宁德等地177处钟氏家族谱系,编成五卷本《颍川钟氏族谱》。同年十二月,"在闽福清棋山(畲族村)族人处议,延请族人遍历近省钞辑谱帙,冀得善本,校合同异"②。他想继续扩大这项宗族文化工程的规模。五卷本《颍川钟氏族谱》今藏福建省图书馆,而后续工程没有完成。

　　光绪二十四年(1898年)钟大焜到福宁府各县修谱,他途经各县钟姓畲族乡村。"见有一种山民,纳粮考试,与百姓无异,惟装束不同,群呼为'畲'。山民不服,时起争端。"钟大焜"向山民劝改装束与众一律,便可免此称谓,无不踊跃乐从"。钟大焜考虑"山民散处甚多"特呈请福建按察使司发布文告,令畲民改装,并要求"百姓亦屏除畛域,等类齐观,勿仍以畲民相诟病"③。告示刊载于清光绪二十五年(1899年)四月的福州《华美报》。文告云:

　　……本署司查,薄海苍生,莫非天朝赤子。即闽粤之蛋户,江浙之惰民,雍正年间,曾奉谕旨,准其一体编入民籍。况此种山民完粮纳赋,与考服官,一切与齐民相同,并非身操贱业者比。在国家有包含编覆之仁,在百姓岂可存尔诈我虞之见,但其装束诡异,未免动人惊疑。且因僻处山陬,罔知体制,于仪节亦多僭越。自非剀切晓谕,则陋俗相沿不革,即群疑亦解释无由。除禀批示并通饬外,合亟示谕为此示,仰合省军民、诸色人等知悉。古来盘瓠之说,本属不经,当今中外一家,何可于同乡共井之人,而故别其族类。自示之后,该山民男妇人等,务将服式改从民俗,不得稍涉奇裳,所有冠丧婚嫁应遵通礼,及朱子家礼为法,均勿稍有僭逾,授人口实。百姓亦屏除畛域,等类齐观,勿仍以畲民相诟病。喁喁向化,耦俱无猜,以成大同之治。本署司有厚望焉,其各凛遵毋违,特示!④

---

① 参见钟大焜:《颍川钟氏族谱》,光绪二十七年(1901)。
② 钟大焜:《颍川钟氏族谱·颍川钟氏修辑总谱后序》,光绪二十七年(1901)。
③ 《华美报》,光绪二十五年第17号,15页。
④ 《华美报》,光绪二十五年第17号,15页。

钟大焜编修钟氏连环谱、《华美报》刊布文告等在福州府、福宁府畲族乡村反响巨大。两府畲族村的许多钟姓族谱均将文告载入其中，同时有的畲族村落还将文告刻石立于村头。福宁府宁德县长园畲族村的石碑保存至今。在福宁府畲民间还流传着钟大焜为畲民主持正义与当地不法官员、士绅斗智的故事。1990年宁德地区民间文学集成编委会编辑的《中国民间故事集成·福建卷·闽东畲族故事》内就收录了《一场官司气死拔贡》《一条手巾罢贪官》《钟大焜与王子明》等多篇关于钟大焜的掌故。

钟大焜编修《颍川钟氏族谱》的价值，远不止于宗谱面世的本身。他以宗族的名义，为钟姓畲民正名，规劝他们改装，避免他们因服饰之异而被目为异类。钟大焜之举可谓煞费苦心，他不知道，机械同化并不能根本改变畲民的命运，也根本无法改变根深蒂固的民族歧见。但在封建时代，钟大焜作为畲民的特殊代言人，仍是难能可贵的。钟大焜的言行和《华美报》的文告，在福建产生了一定的效力，对畲民的生活习俗产生一定的影响。

上述各级官员的涉畲言行反映了清官府对畲族乡村行政治理和政治控制的两难和困惑，在畲族乡村社会的治理上，既要保障山区畲民的权益，并希望他们能自发组织起来维护社会治安，又担心他们的群体性举动会逾越封建法规而造成社会的不稳。同时，他们在为畲族谋取平等的话语权和处世权时，往往站在正统的历史哲学的语境中，无视畲族传统文化的特殊性。对于盘瓠传说，李殿图认为："苗夷者无不援引之，以自夸博洽。"[①] 畲民的失误在于对盘瓠传说的依恋和崇拜；钟大焜则要求畲民改装，只要如此，便可与汉人等类齐观。而事实上，要畲族完全忘却历史、放弃传统是不可能的。而谋求民族的平等，处理民族关系问题，其关键并不在于弱势民族这一边。由于历史的局限性，李殿图们看不到这一点。

---

① 道光《重纂福建通志》，卷140，《国朝宦绩》，正联书院藏版。

闽东畲族文化产业的个案分析
——以宁德市蕉城区上金贝"民族村寨游"为例*

刘冬

2006年《宁德市国民经济和社会发展第十一个五年规划纲要》提出，深化文化体制改革，建立完善党委领导、政府管理、行业自律、企事业单位依法运营的文化管理体制和富有活力的文化产品生产经营机制。建立多元化投资体制，发展经营性文化产业，繁荣新闻出版、广播电视、文化艺术，创造更多更好适应人民群众生活需要的文化产品。近年来，闽东文化产业的发展已经开始出现了多元化的格局，特别是在文化休闲与文化旅游的开发上成绩斐然：2008年宁德市全年游客接待总量达550万人次，旅游总收入42.1亿元，分别比增19.6%和17.4%。其中较为突出的是与畲族文化相关的休闲、旅游文化产业。如设立了蕉城区的中华畲族宫（包括亭坪畲族风情村、民俗街）、蕉城区金涵畲族乡上金贝村、福鼎市方家山畲族民俗村、福安市穆阳畲族民俗村（溪塔—长潭—红坪）、霞浦县溪南镇白露坑半月里畲族民俗村、古田县平湖镇富达畲族村等6个旅游点。其中溪塔旅游点由中央电视台作了专题报道，上金贝村被列为全省10个旅游村之一。为了研究闽东畲族文化产业的发展状况，本文选取宁德市蕉城区金涵畲族乡上金贝村"民族村寨旅游"为个案进行剖析。

宁德市蕉城区金涵畲族乡上金贝畲族村地处海峡西岸的宁德市区周边，全村人口82户303人，属畲族建置村。上金贝村民风淳朴，完好地保留着畲族的传统文化，包括畲语、畲歌、畲民服饰、畲家习俗等。上金贝村历史悠久，现存唐大中八年（854年）的金贝寺。上金贝村还拥有遮天蔽日、固土护村的原始次生林。

2006年，上金贝畲族村围绕"新农村建设示范园""畲族村寨风情园""郊区生态休

---

* 原文载《宁德师专学报·哲学社会科学版》2010年第4期。

闲园"三大目标建设民族特色村寨。投资300多万元拓宽上金贝公路,完善交通等基础设施,种植500多亩蜜柚果园和500多亩茶园。上金贝民族村寨的开发离不开政府的引导和扶持,省、市各级组织和部门共投入资金900多万元。上金贝畲族村近年来被评为国家"AA"级旅游景区、"宁德市十大最美乡村",并通过了省环保局组织的创建省级生态村的考核评审验收,被列入省级社会主义新农村建设示范村。

上金贝畲族村等民族乡村开发的"民族村寨旅游"作为一种特殊的旅游形式,给当地少数民族乡村带来显著的经济效益和社会效益。村集体收入从2006年的2万余元跃升到2009年的30多万元,村民人均年纯收入达到5316元,比全省民族村平均水平高出27%。

2009年7月3日,时任国家民委主任杨晶,党组书记、副主任杨传堂在国家民委《民族工作简报》(第51期)关于《增强活力,凸显特色,惠及群众,福建省上金贝畲族村围绕"三园"目标建设民族特色村寨》的信息上分别作出批示,认为福建省宁德市上金贝畲族村在省、市各级组织和部门的支持,大力发展民族特色村寨建设,科学规划、增强活力,突出特色、惠及群众,取得了明显成效,成为省级社会主义新农村建设示范村。这充分体现了福建省各级组织认真学习贯彻省委、省政府部署,对民族工作的高度重视;充分体现了福建省各族群众在科学发展观指引下,立足实际,创造性贯彻党的民族政策的智慧和力量。

如今,依托丰富的、原生态的自然和畲族文化遗产而发展起来的上金贝民族村寨旅游,已成为旅游市场上别具特色的旅游产品。上金贝民族旅游产业的开发,对于促进民族文化的交流,增进不同民族之间的互相了解,开拓村民的视野,推动民族乡村经济发展具有重要的意义。考察上金贝的"三园"建设状况,我们认为它存在着以下较为突出的问题,现尝试着探求解决这些问题的路径。

第一,上金贝民族村寨相对缺乏对各种无形但是可感知的畲族文化内涵的挖掘和表现。

民族旅游是以特定的民族文化为主要旅游吸引物的一种文化旅游产品,是将少数民族的文化和生态环境作为旅游资源来开发的旅游活动。作为民族旅游业发展物质基础的民族传统文化资源主要有衣食住行方面的生活文化;婚姻家庭和人生的礼仪文化;民间文学艺术、民间歌舞、民间游乐、信仰、巫术文化、节日文化;等等。以上的方方面面为旅游业的培育提供了广泛的发展空间和开阔的视野。而在上金贝畲族村却鲜见畲族文化传承人、畲族标志物、畲族风俗、畲族歌舞的展示。民族村寨旅游的消费者主要来自城市和异域,是一种跨文化的交流形式,其中民族地区独特的民族文化和自然环境,民族地区群众的友好、村民的生活方式等都属于旅游产品的成分。需求的变化趋势决定产业发展的方向。民族村寨旅游的发展必须以需求为导向，根据需求特点决定产品的生产和服务的提供。上金贝村畲族文化产品和服务的欠缺，势必无法满足以体验异质文化、求新、求异、求乐、求知为消费动机的旅游者，无法适应城乡居民消费结构不断变化和审美新需求。

可以尝试在上金贝建立畲族生态博物馆，作为民族村寨旅游开发与保护的一种持续旅游发展模式，将畲族文化保留在文化的原生地，深深根植于肥沃的生活土壤之中而得以生机勃勃地发展与延续，为民族村寨旅游业增加文化因素。按照国际惯例，所谓的生态博物馆，区别于传统博物馆的是，后者被清晰地界定为拥有一定藏品的静态的特定建筑，在将一定的文化遗产搬移到其中。而前者是将文化遗产应原状地、动态地保护和保存在其所属社区和环境中。上金贝畲族生态博物馆的建立，将有利于为闽东旅游业打造民族文化品牌，为闽东旅游业的发展提供文化支持，增加文化品位，同时也将为专家学者深入了解、研究和挖掘畲族文化提供一个动态的基地。

上金贝畲族村有一定的民族代表性，有丰富的历史积淀和畲族文化遗存，现存自然与畲族文化生态现状保护良好，具备建立民族生态博物馆所需的要素。在畲族生态博物馆建设过程中，国家拨款将会增加，扶贫项目、对口帮扶单位也会相应增多，这将带来公共设施等方面的改善，畲族村民也将从中获得好处。畲族村民在生态博物馆的建设中获得利益之后，又将会激发他们在畲族文化保护中的自觉性，对自身民族文化价值的认识将提到科学的高度，情感上达到珍惜的程度，真正成为自己文化的主人。他们的民族风俗展示将不会是仅仅为了出售而会是出自内心的自豪感。

第二，在上金贝民族村寨旅游开发过程中，村民主动参与的程度较低。

农村文化产业开发，如果完全依靠政府无限制地投入，在现阶段是很难做到的。上金贝民族村寨旅游业的开发主要靠政府的拨款和财政的支持，没有形成良性的资金运行机制。在上金贝旅游开发中，政府没有将畲族村民作为旅游开发的主体来考量，存在着政府过于包办代替，而少数民族个体、家庭和家族力量缺位的状况，投资开发者没有充分意识到，将生态环境、畲族文化、畲族村民没有形成整体"产品"投入市场必要性与可能性。

应当由民俗旅游文化企业出面依据市场需求来运作。农村民俗旅游的开发离不开村民的参与，政府应培训引导当地群众自觉参与，让他们熟悉从旅游扶贫规划、旅游扶贫实施到旅游扶贫监督的全过程，激发群众的主人翁意识。可以参考农业产业化的形式，采取"龙头企业带动型"的模式，农民作为企业的员工参与生产。农村民俗旅游企业整合当地各种民俗旅游资源，组成旅游线路，而指定一些达到条件的农户家庭作为接待站，这些农户或者以合同制、股份合作制的形式与龙头企业发生联系协作，或者是作为龙头企业的员工直接融入。上金贝民族旅游业在初创之时，就应该让村民参与规划和决策制定过程，使规划能反映当地居民的想法和对民俗旅游的态度。

事实上，以畲族村民家庭为单位的衣、食、住、行、婚娶、宗教信仰、工艺美术等，都可以作民族村寨旅游可利用的资源。而畲族歌舞、游艺竞技、岁时节庆等习俗则与村民家族的有关仪式或村集体活动休戚相关。此外，畲族文化传承人对民族村寨传统文化的保存、弘扬及展示也具有重要作用。可将旅游产品沿着畲族文化传承个体、畲族家庭、畲民家族、畲族村集体进行阶梯式开发，在考量经济、文化、生态之间平衡中彰显畲族文化特色，形成"畲家寨"旅游品牌。这样既能弘扬民族文化，也能给民族乡村带来直接的经济效益。

第三，闽东民族乡村文化产业创意人才、经营管理人才、民族文化传承人才的缺失。

众所周知，文化产业是一个创意产业，为了永葆生机、可持续地满足消费者的需求，对企业创新性人才的渴望与产品独特性与生命力的热衷，是所有文化产业共通的理念。由于产学研合作培养人才的机制不健全，对文化从业人员的培训和继续教育不够，对文化创意和经营管理人才重用、重奖的激励措施的力度不够等原因，文化产业人才匮乏在全国都是个问题，在农村这一问题更加尖锐。闽东畲族民间文化的传承人正逐年减少，且无法适应农村文化产业发展的需要。民族文化产业创意人才难觅，尤其是即懂文化又善经济的复合型文化经营管理人才更是凤毛麟角。

历史赋予闽东畲族文化深厚的积淀，具体表现在饮食习惯、衣着服饰、建筑风格、生产方式、技术技艺、文学艺术、宗教信仰、节日风俗等方面，需要当下人们的聪明才智与不懈努力来造就它的辉煌。对于目前闽东民族乡村文化产业急需的文化创意人才、复合型文化经营管理人才、民族文化传承人才，各地有关部门要加大培养力度，建立人才培训基地，在文化创意、市场营销等环节形成结构合理、梯次清晰、门类较为齐全的高层次人才队伍。此外，还要建立有利于吸引人才的良好机制。一方面，要鼓励和支持农村文化产业人才的艺术创新，充分发挥各类文艺人才在农村文化产业开发中的积极作用；另一方面，要开展丰富多彩的民族文化活动，各地有关部门要根据新形势下闽东少数民族乡村群众的文化生活需求，利用农闲、民族节日和集市，积极组织和引导乡村少数民族群众开展文化活动，形成良好的民族民间文化生态环境与培育艺术人才的土壤。

在闽东畲族民间文化艺术传承人保护和培养工作中，要健全闽东畲族民间文化的重点保护和传承机制。在有利于社会发展和民族进步前提下，在民族民间文化普查机制基础上，切实尊重、保护和传承具有重要历史、文化价值或濒临消亡的畲族民间文化遗产培养传承人。按照中央有关部委的指示精神，对闽东畲族民间文化传承单位、畲族民间文化艺术之乡和畲族文化生态保护区给予资助，鼓励和支持闽东民族中小学开展普及优秀民族民间文化的活动，将优秀的民族民间文化列入民族中小学教育教学的内容，鼓励和支持大专院校开展民族民间文化保护的研究和专业人才培养，要在保护畲族民间文化艺术遗产的专业技能和学术方面，尊重畲族文化学者和老艺术家的经验、意见，以防止对畲族文化艺术遗产的误读。

根据2008年福建省少数民族社会经济统计资料，宁德市8个畲族乡三大产业的总产值为462 015万元，其中第一产业77 507万元、第二产业319 666万元、第三产业64 842万元，三者比重分别为16.78%、69.19%、14.03%。倘若将闽东畲族文化产业作为民族经济发展的一个不可或缺的增长要素，有意识地加快闽东畲族文化产业的开发，势必使闽东三大产业的产值比重得以调整，并逐步接近我国现有的三大产业产值比重分别为15%、52%、33%的总体水平。因此，关注畲族文化产业，拓展其发展空间，探索其科学、健康、良性、有序的发展之路，对于促进闽东少数民族与民族地区的全面进步，具有显著的现实意义与深远的战略意义。

参考文献

[1] 陆扬主编. 文化研究概论. 上海：复旦大学出版社，2008.

[2] 福建社会科学院. 福建文化发展蓝皮书（2007—2008）. 厦门：海潮摄影艺术出版社，2008.

[3] 钟雷兴主编. 闽东畲族文化全书. 北京：民族出版社，2009.

[4] 福建省统计局，福建省民族与宗教事务厅. 福建省少数民族乡村社会经济统计资料（2008）.

[5] 宁德市政协文史委. 闽东非物质文化遗产 [（宁）新出（2009）第3号].

论闽东校园文化中的畲文化传承

——以福安市康厝中心小学为例*

刘冬

在闽东的校园文化建设中,畲族文化的引进是一个应该考虑的问题,尤其是畲族聚居地区的中小学更显得重要。福安市是全国畲族人口最多的聚居地,康厝畲族乡是福安市三个畲族乡之一。康厝中心小学地处福安市康厝畲族乡全校学生总数614人,其中畲族学生164人,占总数的26.71%。全校教师总数为55人,其中畲族教师15人,占教师总数的27.27%。这是一个比较典型的民族小学。近年来,该校在导入畲文化、传承畲文化的校园文化实践中,取得了成效,积累了经验。

一、校园文化中的畲文化传承需要整合相关的社会资源

曾经是教育工作者的康厝畲族乡书记江成泉认为,"加强民族教育,传承民族文化,才能促进民族团结,才能促进康厝畲族乡的和谐健康发展"。校园文化的建设中畲文化的传承是一个系统的社会工程,需要政府统筹协调、部门密切配合以及社会各界的广泛参与。康厝中心小学主动将畲族文化导入教育的办学方式,得到当地教育部门、地方文化部门的有力支持。宁德市文化与出版局在康厝中心小学创建"闽东畲族文化传习点"。福安市文化馆选点康厝畲族乡中心小学创建"畲族文化传习所",将拯救畲族文化与非物质文化遗产保护工作结合起来,统筹推进少数民族文化保护和创新发展。福安市教育局对于在民族中小学积淀和彰显校园文化的民族特色,整合民族教育资源,创建"畲文化魅力校园"已达成共识。福安市教育局鼓励引导民族文化进校园,薛建雄副局长亲自担任学校畲

---

* 原文载《宁德师专学报·哲学社会科学版》2011年第4期。

族民歌传习所顾问。福安市民族宗教局也为学校提供 50 套古朴艳丽的畲族服饰，让畲族学生亲身体验畲文化蕴含的外在美，增强学生对本民族的归属感和认同感。

2007 年至今，福建师大美术学院将康厝中心小学作为大学生社会实践基地，并充分发挥高校智力优势，帮扶康厝中心小学，免费为康厝中心小学美术教师提供培训。几年来，美院还选派大学生到康厝中心小学开展支教活动。

为改善学校的基础设施，乡政府斥资 120 多万元为康厝中心小学修建寄宿生宿舍楼。康厝乡党委政府和穆阳交警中队还开通了两辆公交车供学生上学，并为每位"留守儿童"统一做了月票，并对家庭经济困难的"留守儿童"给予适当的费用减免。省委统战部"海西春雨行动"、省工商联的"阳光春雨行动"、福建教育出版社主办的"薪火传承活动"、福建师大美术学院的手拉手活动、福安市工商联送爱心活动以及福建福安天工电机有限公司的助学活动，都给予康厝中心小学支持和帮助。

二、校园文化中畲文化传承的实施特征

康厝中心小学适应学生精神需求多样化、个性化的特点，将民族文化课程化、校园文化民族化，探索出一条贴近学生生活与经验的新模式。它不但丰富了教学内容，还培养了学生的学习兴趣，有效地避免了途径的单一化、内容的空泛化、手段的简单化、过程的无序化。这是一个有计划推进、持续实践的艰难过程。

（一）营造学校的民族文化氛围

康厝中心小学校首先在营造学校民族文化氛围、突出学校环境的民族文化特色方面下功夫。校标的设计以"学"字为原型，选取了具有畲族特征的且对比强烈的红、黄、黑三种色块组合而成，表现了民族学校的校园景观。在教学楼走廊上设置"畲文化长廊"的壁画，反映畲族历史、畲族文化、畲族民俗，优化、美化校园民族文化环境，帮助学生充分理解民族文化广泛深刻的内涵，提高他们对于民族文化的审美能力。学校的标准化图书室，拓展了校园民族文化建设的渠道和空间。同时，还为学生提供了古朴艳丽的畲族服饰，让畲族学生亲身体验畲文化蕴含的外在美。

（二）组成富有特色的师资力量

拓展和深化畲文化的传承，还需要全校的师生共同努力。这其中领导者的办学理念、办学意识的影响不可低估，而教师的作用却是关键。学校为每个班级至少配备一名畲族教

师，方便师生交流与教学。设立"依托畲族文化，促进学校发展的实践研究"课题，定期组织教师交流研讨，举行教学研讨会以及成果展示活动，做到70%的教师会说畲语，唱畲歌。学校倡导教师关注每位学生每天的学习和生活，并将教学行为及教育成果，学生的行为转变和能力形成等纳入师生发展性评价之中。

在民族文化教师相对不足的情况下，学校还借助社会上各种办学力量。如聘请民间畲族艺人全国农民运动会武术冠军雷寿荣为畲拳兴趣小组教练来校任教。邀请宁德市非物质文化遗产福建畲族民歌项目代表性传承人雷志华、福安市舞蹈家协会秘书长刘雯、台湾高山族艺人高子洋等专家来校指导。

(三) 在学科建设中融入畲族文化中的各种元素

学校将当地畲族喜闻乐见的文学、服饰、民歌、舞蹈、体育、武术等民族文化与语文、音乐、体育、美术等课程有机结合，编成教材，纳入教学计划。如在语文教学中融入畲族传说、故事，在音乐课中教唱畲歌、跳畲舞，将畲家拳等民族体育项目列入体育课，在美术课上欣赏并练习畲族剪纸。通过这种形式，不让学生被动地接受传统的民族文化，而是引导学生鉴赏畲文化的美、追求畲文化的美、创造畲文化的美。

学校还自编《畲乡情缘》校本教材，以民族团结、热爱家乡、弘扬民族优秀文化为主题，结合本民族及本地区的传统习俗、传奇故事、民歌舞蹈、武术、民间艺术、畲医畲药等内容，在每周综合实践课程上向畲汉学生系统传授。这些本土民族文化课程有助于学生全面了解本民族的历史和文化，加强学生的文化认同。

(四) 采取形式多样、生动活泼的传承方式

根据学生的身心特点和认知规律，学校让不同年级学生学会一项畲族文化技能。即一年级学生要会说一句畲语，二年级学生会讲一个畲族传说，三年级学生会唱一首畲歌，四年级学生会跳一段畲族舞蹈，五年级学生会打一套畲拳。在每周三下午第三节课开展。

为了将畲族文化传习活动贯穿在学生的学习、生活中，学校提倡畲族学生讲畲语，在每个班级中设立畲语角，开展畲语进课堂、班班有畲歌等活动。学校还成立了师生民族歌谣协会、民族舞蹈、民族武术兴趣小组，创建"畲族村寨小导游队"。用畲族体育取代了广播体操，在强健学生体质的同时也弘扬了当地文化，

学校还充分利用课堂以外和节假日的时间，寻找适合学生特点的内容与形式。如以畲族社区实践、畲族技艺教育、班集体队活动、畲族传统节日以及参观畲族古迹等灵活、开放、动态、多样的形式作为课堂教学的补充和延伸。

在每年"三月三"前夕，学校举办以"传承民族优秀文化，培育高雅艺术素养"为主题的"三月三——畲歌传唱"歌咏比赛。每年举办"畲乡情"校园文化艺术节专场演出，为家乡群众展演新编畲歌、畲家拳、畲汉经典诵读、畲族集体舞等民族特色节目。

三、校园文化中畲文化传承的成效

畲族文化在闽东具有很丰厚的资源，其积淀深厚、亮点鲜明，包括世代流传下来许多优美的歌谣、舞蹈、神话故事和语言、服饰、节俗、人生礼俗、传统体育、畲医畲药、文物文献等。然而，近年来不仅是汉族人，甚至有些畲族人对畲族历史文化和风俗也不甚了解，畲族文化虽然源远，却难以流长。畲民族固有的部分特色文化已逐步削弱、萎缩，甚至消失。在畲族村寨说畲语、唱民歌、穿畲族服装的越来越少。为此，闽东的畲族民歌、武术、节俗相继被列入国家级、省级、市级非物质文化遗产和传承人名录。

康厝中心小学以民族教育推动民族文化的传承，改变了长期以来民族教育悖离少数民族多元文化背景和脱离少数民族学生生活实际的状况，丰富和创新了民族教育模式，激发了少年儿童学习民族文化、热爱民族文化、参与保护文化遗产的热情。各学科教师在传授民族文化的同时，也同时担当了收集、整理和创新民族文化的义务，实现了民族文化多渠道、多形式的保护与传承。学校的民族文化教育与当地民族节日活动，与民族宗教仪式、婚俗等形式共同承载着民族文化的延续发展，其终极结果将有利于民族地区经济社会的和谐发展。

康厝中心小学以民族文化滋养民族教育，对于学生的影响虽然不能立竿见影的，但是可以稳定渐进的。学生获得了关于自己民族文化的历史记忆，形成了民族自豪感和认同感，产生了热爱自己的民族，热爱自己的家乡这样一种深沉厚重的情感，从而提高了人格修养，促进了心智发展。

畲族文化传承活动还培养了学生的兴趣特长及创造能力，进一步拓展了人才培养渠道。2008年，学生歌舞节目《山哈童谣》晋京参加第八届全国校园文化艺术节获银奖，参加福建省新童谣大赛获一等奖；雷雪杰等三位同学在中国畲族民歌节获得"全国畲族优秀歌手"称号；教师小合唱《歌是山哈传家宝》参加"中国长三角、中国澳泰、金港名都杯（华东地区）"青年歌手大赛荣获铜奖；2009年，教师畲歌小合唱《茶山情歌》参加"第二届中国畲族民歌节"民歌大赛荣获银奖；2010年，师生表演唱《爱唱歌言》参加"第三届中国畲族民歌节"大赛荣获铜奖。

学校频繁的对外交流，提高了学校的社会认知度，也让畲文化传承的影响日渐扩大。

学校编排的各类畲族节目应邀参加福建省文化厅文化三下乡文艺演出、海峡两岸民间艺术节、福建艺术节音乐舞蹈杂技展览、五省区与香港特区共同举办的广西南宁"紫荆龙情在广西"电视文艺晚会，以及宁德、福安"三月三"活动等。展示和交流畲族文化传承的成果和经验。学校还应邀参加了台湾东森电视台、海峡卫视"福建行、两岸情"专题摄制组、海峡卫视"散落的瑰宝"节目组和海峡时空组的节目录制。

外界对于畲族文化的由衷赞赏，让师生们认识到，民族民间传统文化没有优劣高低之分，都镌刻着每个民族历史的烙印，传承本民族文化的意义在于让本民族文化不至于淹没在历史的洪流中。更多的人在见证了民族学校对本民族文化的自信和坚守之后，自觉投身于民族文化的保护。与此同时，畲族文化也为学生们观察社会提供了一个窗口，为学生提供了广泛的交际场所，提高了学生的交际能力。

康厝中心小学具有民族性和多元性特点，汉族师生和少数民族师生各自具有不同的文化背景，这在一定程度上影响着不同民族学生的态度、信仰、行为习惯及思维方式。校园文化传承活动在无形当中让课堂内外成为民族文化共生、共享、交流、融合的殿堂，在参与全国各项赛事的过程中，来自外部环境的压力和自身发展的需要都要求学生处理好个人和集体的关系，以建成一种友好互助的群体氛围，有利于形成民族团结和谐的氛围。

近年来，学生家长纷纷将在外寄读的孩子转回康厝中心小学就读，学生人数每年都以二三十的数量递增。学校获得了全国校园文化先进单位，全国艺术教育特色学校，全国艺术教育先进学校，福安市素质教育先进校等荣誉。校长陈妙洪获得"全国校园文化先进工作者"称号。

总之，当今文化越来越成为民族凝聚力和创造力的源泉，民族文化是民族生命力、聚力和创造力的重要源泉。闽东是畲族地区，少年儿童感觉敏锐，善于模仿，思维活跃，富有创造能力，是接受民族文化的最佳时期。康厝中心小学积极主动地参与畲族文化的保护与传承中，在校园内外延续了畲族地老天荒的文明历史，再现了畲族独特的审美情趣和价值取向，传承了畲族丰富的生活智慧，便于学生将来更好地承担起传承和弘扬优秀民族文化的重任。

福建省农村文化建设语境中的民族文化建设和民族文化工作*

蓝炯熹

民族乡村的文化建设是福建省农村文化建设的组成部分。在民族乡村文化建设中,既要考虑到新世纪福建省农村文化建设语境中的既定目标与总体要求,又要特别关注民族乡村文化建设的特殊性。所谓民族乡村文化建设的特殊性,主要体现在乡村的民族性上,即如何在乡村文化建设中关注民族传统文化的保留与弘扬问题。本文主要从民族文化与民族工作的认识与实践中探讨这个问题。

福建省的少数民族文化区域与文化资源主要在农村,民族文化工作的重点也在农村。据2000年第五次全国人口普查资料,福建省的少数民族总人口为580 749人,其中农业人口516 484人、非农业人口64 265人,农业人口的比重为89%。较之全省农业人口的比重80%,高出了9个百分点。福建省少数民族聚居地主要在农村,2009年全省共有19个民族乡、558个民族村。

福建省是民族散居省份,全省的84个县(市、区)都有少数民族,少数民族人口比例高于全省平均比例1.71%的有19个县(市、区),其中福安市少数民族人口比例为11.28%、霞浦县为8.10%、罗源县为8.03%、上杭县为7.13%、福鼎市为6.15%、泉港区为5.56%、蕉城区为5.55%。2004年,全省18个民族乡,分布在全省12个县(市、区),占福建全省350个乡的5.14%。全省有522个民族村委会,分布在54个县(市、区),占全省84个县(市、区)的64.29%;分布在209个乡镇,占全省678个乡镇的占30.83%;占全省14806个村委会的3.53%。福建省少数民族呈"大分散,小聚居"的特点。

---

* 原文收录《农村文化建设:探索与实践》,海峡出版发行集团、鹭江出版社2010年版。

以上两个特征是我们思考福建省民族文化和民族工作的基本前提。

一、对福建省少数民族传统文化的历史与现状的思考

新时期福建省民族文化工作的思路是在以往工作的基础上确立的，在确定新时期民族文化工作时，首先必须对工作对象，即福建省少数民族文化历史与现状进行认真而深入地思考与分析，给福建省的少数民族文化以恰如其分的定位，并处理好从事民族文化工作时所存在的主要问题。

（一）全面考察"主流"文化与"边缘"文化的关系

福建省是民族散杂居地区，其主体民族是汉族，在研究福建省的少数民族传统文化时不能忽视对福建省汉族传统文化的关注。相对于福建省的汉族"主流"文化而言，福建省的少数民族文化仅是"边缘"文化。由于汉族文化的主导性与强势性，其对于福建省少数民族文化的影响力是巨大而深入的，这也是散杂居地区民族文化的普遍性特征。又由于福建省的汉族有着众多不同民系，如闽南福佬人、闽西客家人、闽北上府人、闽东福州人等，其各具鲜明特色的传统文化均不同程度地影响了当地的少数民族，这就造成了虽属于同一少数民族，但因为地域的差异和所处的"主流"文化区域的不同，而形成同一少数民族文化的地域的差异性。同时，福建省的少数民族文化不是单向度、被动地吸收汉族传统文化，而是始终经历着二者互动的过程，即不是简单的少数民族被汉族文化"同化"的过程，却是两种文化相互影响和涵化的过程。即少数民族文化受当地汉族文化影响的同时，也不同程度地影响着当地的汉族文化。比较明显的是闽南福佬文化受海外伊斯兰文化影响，闽西客家文化受畲族文化的影响等。如泉州古老的原曲南音以及梨园、高甲、木偶戏中的乐器，有一种叫"唢呐"的乐器，当地人称为"嗳仔"。它原是伊斯兰乐器，名"苏尔奈"，由波斯传入。泉州的地方戏剧中，凡是演到欢乐或庄严威武的场面，都要用"嗳仔"这种乐器主奏，以增加热烈的气氛。泉州的几种地方戏剧中的司鼓者，虽然采用传统击鼓法，但是也吸收外来演奏技艺。如梨园戏中司鼓人根据剧中的情节，有时跷一足板或两足板压在鼓面的边缘，以控制音响的强弱，这种击鼓法就是古代波斯的一种演奏法。而客家人崇尚女性和爱唱山歌的习俗，他们将唱山歌说成"逗拳（畲）歌"，这就是来自畲族女性文化和歌谣文化的浸染。

由于上述两者的文化涵化关系，在确定福建省民族文化工作思路，制定民族文化政策时，我们既要看到本省各少数民族传统文化的独有的价值与特征，还有顾及与之相关的当

地汉族文化背景与影响。

(二) 正确认识现代文化与传统文化的关系

现代文化是现代化的产物,现代文化塑造了符合人的现代化与社会现代化的本质要求的内容与形式。现代化的过程包括工业化、城市化、市场化等。相对而言,农村现代化的步伐会慢于城市。因为农村习见的传统文化是农耕文化、家族文化等,这些传统村落的文化特征所表现的是血缘性、聚居性、自给性、等级性、封闭性、稳定性等,这与现代社会的社团性、流动性、交易性、法制性、开放性、创新性等是格格不入的。但是,现代文化与传统文化并不是完全断裂的文化体系。现代文化的根基来源于对优秀的传统文化的传承。尤其是现代文化所具有的民族性品格是脱胎于传统文化。因此,民族乡村的传统文化所具有的民族特色内容是可以付诸时代性而富有勃勃生机的。民族工作者在看到民族乡村急需现代文化的转变时,还不能完全抹煞传统文化所蕴含的内在生命力。民族乡村所保存的非物质文化遗产和物质文化遗产丰富多彩:前者包括民族语言、生产生活习俗、民间文学、戏曲、音乐、舞蹈、绘画、工艺美术;民族医药;传统节日、庆典活动、体育、民间游艺活动和民俗活动;民间文化传承人及其所掌握的传统工艺制作技术和技艺;民间文化的其他表现形式等。后者包括有价值的典籍、文献、谱牒、经卷、契约、手稿、碑碣、楹联;反映民族特色和历史发展的民居、服饰、器具、用具;代表性建筑物、设施、标识和节日、庆典活动中使用的特定自然场所等。

(三) 认真处理民族乡村文化与所处的县域文化的关系

县域文化与县域经济是互相联系的,县域经济是指县级行政区划的地域和空间统筹安排经济社会资源而形成的区域经济。党的十六大提出了"壮大县域经济"是新时期缩小城乡差别、夯实国民经济发展、促进区域经济协调发展的重大战略举措。只有县域经济发展了,才能有效地促进县域文化的发展。和民族乡村的经济建设不能离开当地县域经济的发展进程一样,民族乡村的文化建设也要置于当地的县域文化中全盘考虑。民族乡村的文化建设不能游离于当地农村文化建设的总体规划而单独存在,尤其像福建省这样的散杂居地区更是如此。20世纪90年代,福建省确立的繁荣八闽民族民间文化的"芳草计划"和建立海峡文化长廊中,都是将民族乡村文化点建设纳入上述文化展示工程的整体框架中。如当年在具体实施闽东各县(市、区)的"芳草计划"时,就将社口的畲族茶俗文化点与双华的畲族节俗文化点分别置于福安市和福鼎市的"芳草计划"中。将民族乡村的文化建设置于当地县域文化建设的总体规划中,便于充分调动当地政府与民间、干部与群众的积极性，有效而合理地整合当地的文化资源，使之与当地县域经济建设同步推进。在发展民族乡村的经济中，虽然强调了"一村一品"的特色经济，但是为了培育与发展当地的专业市场，更强调突出民族乡村特色经济与县域特色经济的同一性。只有扩大规模和增加总量，当地的县域经济才能立于不败之地，并不断增强竞争力。如陈埭镇7个回族村所主要生产经营运动鞋的品种和范围是离不开整个晋江市、陈埭镇运动鞋专业市场背景的。只有保质保量地"做强""做大"运动鞋的生产规模，才能增强整个晋江专业市场的开发力、辐射力与影响力，并使之成为驰名中外的中国运动鞋专业市场。而民族乡村的文化建设既要强调与经济的同步发展，更要突出其自身的民族性与独特性。只有凸显了民族乡村文化的特殊性与相异性，才能构建县域文化的丰富性。因此，一般而言，在营造民族乡村的经济结构时，主要偏重于与县域经济结构的同一性。而思考县域内民族乡村的文化建设时，不能不注重其自身的独特性。当将民族乡村的文化产业纳入到县域文化产业发展的蓝图中时，更强调了这种独特性。

（四）同时兼顾政府行为的引导与少数民族村民的自觉参与

民族乡村的文化建设，既要有政府行为的正确引导，又要依靠乡村群众的积极参与，两者不可偏废。以往我们考虑民族乡村的文化建设时，都特别强调政府行为的"分类指导"，在开展工作时，把民族乡村的群众作为"工作对象"，在事先确定了工作预案后，再做发动与动员群众的工作。有的地方在早期开发少数民族旅游产品时，不切合实际，没有充分考虑到当地少数民族群众的权益，甚至把他们当成了"局外人"，盲目性和片面性的投资必然导致项目工程的失败。以人为本的施政方针是，民族乡村的文化建设是少数民族群众自己的事情，他们不仅有决策权，还有参与权。在这个民族乡村的文化工作中，他们是"主体"而不是"对象"。只有观念的转变，才能采取正确的工作立场、态度、方法和措施。民族文化工作不是"分类指导"，而是"深入引导"。要在充分尊重民族乡村村民权益、准确把握民族乡村村民群众愿望的前提下，开展工作。

最近，宁德市委、市政府做出了"开展抢救与发展畲族文化工作的决定"，并成立了宁德市抢救与发展畲族文化领导小组，由市委书记和市长担任小组长，亲自主持这项工作，并将这项工作列为当年为民办实事之一。宁德市民族工作部门调查了霞浦县溪南镇白露坑畲族村，发现当地仍然保存着大量的民族文化遗存，包括古民居，清代、民国时期的碑刻、歌谣唱本和生产、生活用品等。那里的畲族村民曾采取有效措施，讲究策略，排除来自"左"的干扰，并克服了重重困难，杜绝了文物贩子的金钱诱惑，自发成立了民族文化保护小组，数十年如一日自觉保护民族文化。村民们的文化自觉精神是弥足珍贵的，宁德市委、市政府将白露坑定为民族文化村,并推广了这种保护民族文化的经验。宁德市抢救与发展畲族文化领导小组办公室发出《致全市畲族同胞的一封信》,要求闽东17万名畲族群众在开展抢救与发展畲族文化工作中,"……以实际行动配合做好这项工作,积极、主动投身到保护与抢救畲族文化的行列"。只有民族乡村村民真正行动起来,民族文化的文化建设才能卓有成效。

(五) 充分重视少数民族村民既是劳动者又是消费者

我国的经济结构中心已经逐步从生产转向消费,并开始迈进了以消费为中心的时代。消费文化的形成既是社会发展的结果,又是社会生活的进步,消费文化正在对现代社会产生越来越重要的影响。由于城乡的差异性,居民与村民的消费水平是不同的。从福建省城乡人均收支可看出这种差距。

福建省城镇居民家庭2000年人均消费性支出占实际收入的比例为75.33%,2004年为68.01%;农民家庭2000年人均生活消费支出占纯收入的比例为74.59%,2004年为72.52%。2000年居民人均消费支出比村民多3230元,到了2003年人均消费支出前者比后者多4638.04元。

2000—2003年福建省城镇居民家庭与农民家庭的人均收入支出对照表

城镇居民家庭			农民家庭		
项目	年份		项目	年份	
	2000	2003		2000	2003
人均可支配收入/元	7432.00	10000.00	人均总收入/元	4103.55	4639.46
人均实际收入/元	7486.00	10816.00	人均纯收入/元	3230.49	3733.93
人均消费性支出/元	5639.00	7356.00	人均生活消费支出/元	2409.69	2717.96

这种消费差异性不仅表现在消费数量上,还表现在消费质量上。在城乡人均各项消费比重中,食品与居住消费农村高于城镇,而衣着、家庭设备、交通通信、文化娱乐等方面的消费城镇高于农村。

2003 年福建省城镇居民与农民的人均支出对照表

城镇居民人均			农民人均		
项目	数额/元	比重/%	项目	数额/元	比重/%
人均消费性支出	7356.26	100.00	人均生活消费支出	2717.92	100.00
食品	3104.80	42.21	食品	1227.07	45.14
衣着	576.18	7.83	衣着	144.35	5.31
家庭设备用品及服务	440.43	5.99	家庭设备用品及服务	146.42	5.39
医疗保健	348.81	4.74	医疗保健	128.75	4.74
交通与通信	867.82	11.80	交通与通信	277.98	10.23
娱乐教育文化服务	898.57	12.20	文化教育娱乐用品与服务	296.17	10.90
居住	878.94	11.95	居住	397.50	14.63
杂项商品服务	240.72	3.27	其他商品和服务	99.69	3.67

我们在福建省少数民族人口比例最高的福安市调查时，发现福安畲族农户收支状况，不仅低于全省，也低于当地农民。福安畲族农户人均收入 2550.43 元，仅占全市（县）农户人均收入 3897.04 元的 65.45%。福安畲族农户人均总支出 2163.23 元，仅占全市（县）农户人均总支出 3446.70 元的 62.76%。福安市农户人均总支出占人均总收入的 88.44%，而福安畲族农户人均总支出占人均总收入的 84.81%。在总支出中畲族农户用于文教娱乐消费支出与当地农户的平均值相差是巨大的，与宁德地区农户相比人均少了 171.08 元，与福安市农户人均少了 154.90 元。其中福安市畲族农户人均在音像制品、电脑、体育用品、鲜花、旅游、休闲娱乐等项目的开支上均为零元。

2003 年福安市畲族农民的人均文教娱乐消费支出对照表

项目	宁德地区农民支出/元	福安市农民支出/元	福安畲族农民支出/元
文化教育用品消费	24.46	6.93	1.13
教育服务消费	195.79	195.71	56.47
文化体育娱乐服务消费	9.22	10.64	0.79
文教娱乐总支出	229.46	213.28	58.38

以上的分析中，我们看到了福建省城乡收支的差距，而福建省少数民族的收支水平更低，其中有些地方的文化消费几近空白。农民是物质财富的创造者，也应该是物质财富的

消费者，他们有权享受人类创造文明的一切成果。民族乡村的少数民族群众也应如此，民族乡村的消费不仅包括物质消费，还包括精神消费、文化消费。从保护民族乡村消费者利益的角度来考虑民族文化工作，才能重视少数民族村民的文化消费，并创造条件来满足他们的文化消费。

二、新时期福建省民族文化发展动向和民族文化工作思路

21世纪的民族文化工作，要以"三个代表"重要思想与科学发展观为指导，以福建省少数民族与民族地区的全面建设小康社会为总目标，以代表先进文化为工作方向，以民族乡村的文化建设为主要内容，并结合福建省情和少数民族文化的历史与现状，来确定福建省民族文化工作的思路。民族文化工作要突出与时俱进的时代特征，在继续深化原有工作的基础上，根据民族文化发展的新动向，开拓民族文化工作新领域。

（一）民族文化工作的法制化

我国行政许可法的颁布、施行，标志着政府行为的法制化，作为政府成员单位的民族工作部门正逐渐走上法制化的道路，福建省的民族文化工作也要依法办事。在2000年开始实施的《福建省少数民族权益保障条例》第二十七条中，关于民族乡村的文化建设对各级政府提出了相应的要求："各级人民政府应当扶持民族乡、民族村创办和改善各种文化、艺术、体育活动场所，实现民族村广播、电视全面覆盖；帮助少数民族开展具有民族特色的、健康的文化、艺术和体育活动，培养少数民族文艺、体育人才，挖掘、继承、发扬和保护少数民族的优秀文化遗产，加强对少数民族文物的保护。"福建省人大已经从法律的角度考虑民族民间文化的保护问题，目前，已经把《福建省民族民间文化保护条例》的颁布列入了议事日程。民族民间文化保护工作的指导方针是保护为主、抢救第一、合理利用、继承发展，实施过程采取了政府主导、社会参与、统筹规划、分步实施的原则。福建省的少数民族传统文化也属于民族民间文化的范围，福建省民族工作部门应该配合做好有关方面的工作。为保护少数民族传统文化立法，是新世纪民族工作法制化的重要步骤之一。

（二）继续调查、整理、保护少数民族文化遗存

福建省的民族文化的保护工作，主要表现在少数民族古籍工作上，该项工作的全面启动始于2001年底。遵照党和国家关于少数民族古籍工作的指示和国家民委的有关工作要

求，福建省成立了福建省少数民族古籍工作领导小组，并根据国家民委少数民族古籍工作"十五"规划要求，制定了《福建省少数民族古籍工作"十五"（2001—2005年）规划》和"福建省少数民族古籍总目提要"的实施方案。

福建省民族宗教厅积极参与南方回族古籍协作工作，并于2002年10月31日至11月1日，承办了南方回族古籍整理第七次会议，来自南方12个省、市、自治区的分管领导、少数民族古籍工作部门代表和专家学者40余人参加了会议。与此同时，参与、编辑了《南方回族古籍商贸经济资料》（云南民族出版社）、《南方回族古籍社会团体资料》（四川民族出版社出版）、《南方回族古籍清真寺资料》（贵州民族出版社）专集。与此同时，筹划出版"福建省少数民族古籍丛书"。丛书按不同民族，分若干卷出版。其中包括《福建省少数民族古籍丛书·少数民族古籍总目提要卷》。目前已经完成了《福建省少数民族古籍丛书·满族卷》的编辑、校点，并拟于本年度由民族出版社出版。

（三）在国民教育中实现民族传统文化的现代转化

民族教育是民族文化建设的重点工程，如何有效地将民族传统文化教育融入现代国民教育体系中是民族工作者思考的一个课题。民族乡村传统文化传承的现状是不容乐观的。如畲族乡村千百年来经久不衰的畲族歌谣正面临着空前的危机，包括畲歌传人的消亡，畲歌唱本的散失，出门盘唱的递减，"歌教"传统的式微。为了扭转这种局面，闽东民族地区正尝试着采取补救办法，让畲歌进民族小学的课堂，宁德市民族中学编写了民族知识的乡土教材等。但是，要在国民教育中真正实现民族传统文化的现代转化，是一项艰巨的系统工程，要学校与社会的共同关心、彼此呼应、互相支持、不懈努力。其中民族工作者是应该有所作为的，首先要营造一个保护、弘扬民族传统文化的环境，其次是总结和推广先进典型的经验。

（四）从生活方式上倡导民族乡村的现代文明

党的十六大提出了"人的全面发展"问题，人的全面发展的最基本途径体现在人的高雅、健康、向上的生活方式上。生活方式指人们消费物质资料和精神产品的活动，以及互相间在生活上的联系和交往。主要指人们的日常生活或闲暇生活。人的生活方式转变是最基本的转变，生活方式的转变主要是通过文化生活过程实现的。较之村民，城市的居民文化生活是丰富的，城市正开展学习型社区活动，以活跃居民的业余文化生活，使他们在闲暇之中追求积极、健康的生命质量。而农村尚缺乏适合于农村学习型社区的构想，民族乡村也是如此。目前，一般的民族乡村，连当年的俱乐部组织都没有，更谈不上进行群体性的业余文化活动。在文化生活方面，城乡的差别是十分突出的。由于农村大量的青年外出经商打工，群体性的文化活动缺乏了一支不可或缺的生力军。在我们调查闽南民族乡村，那里的老人会是民族乡村文化生活的主要主持者和参与者，他们一般是三三两两在老人会活动场所打麻将等，或者操办乡村的婚丧喜庆，以及参与游神赛会等。在家族文化还有一席之地的农村，老人会的作用是无法替代的。在我们调查的晋江市陈埭镇回族七村都建立了老人活动中心，成立了侨乡老人协进会分会。分会隶属于总会。总会在节日里举办体育比赛和文娱联欢活动，并经常开展打腰鼓、扭秧歌等各种健身、文艺活动。7个分会都创办了老年学校，学校设立了武术、南音、健身、伦理、法律等课程，陈埭回族老年学校被评为晋江市老年示范学校。回族村老年人还以身作则，发扬尊老爱幼的优良传统，他们的言传身教影响了当地的年轻人。如何发挥老人会的积极、正面作用，丰富民族乡村的文化生活，是民族工作者思考的问题。

（五）在城镇化过程中激活文化要素

民族乡村的城镇化之路是全面建设小康社会的必由之路，城镇化的过程既是经济建设的过程，也是文化建设的过程。工业化、市场化等经济要素为城镇化提供了硬件，而生活方式、价值观念、实践伦理等文化要素为城镇化提供了软件。晋江市陈埭镇的回族七村基本实现了城镇化，随着七村城镇化的进程，七村的文化生活发生了实质性的变化。在丰富回族七村的文化生活方面，陈埭镇回族事务委员会（简称"回委会"）充当了重要的角色。回委会主持建立了陈埭回族史馆，馆内设立了5个部分6个专题，全面反映了陈埭丁氏回族的历史和现实，1997年该馆被评定为"晋江市爱国主义教育基地"。回委会与福建省历史学会联合召开了"陈埭回族历史学术讨论会"，论文结集为《陈埭回族史研究》，由中国社会科学出版社出版。回委会还先后接待了来陈埭回族申请参观的联合国教科文组织"海上丝绸之路"考察团和该组织在泉州主办的"海上丝绸之路与伊斯兰文化学术讨论会"代表和联合国官员。陈埭回族七村都成立了民族南音社、成立了民族诗词研究社丰富日常的文艺生活。网络文化几乎进入了回族七村的每一个家庭，企业文化几乎覆盖了回族七村的每一个企业，树立品牌意识、活跃工会文化正成为回族企业的时尚。在回族七村的街道边，每天都可以见到晨练的人群，近百名年轻的回族企业家每天清晨还驱车到泉州清源风景区登山。陈埭回族七村的文化生活为福建省的少数民族和民族地区树立了榜样。

当然，不是每一个民族乡村都可以实现城镇化，但是，每一个少数民族村民，尤其是民族乡村年轻的一代都有可能实现思想上的"城镇化"。即进城经商务工，接受工业文明和现代文化。闽东山区的少数民族村民正在走这一条路。闽东是福建省乡镇企业欠发达地区，据2003年统计，在当地农户人均纯收入中，乡镇企业的收入仅占总收入的1.89%。但是，大量村民外出务工，不仅增长了见识，同时也增加了收入。在闽东农村农户人均的工资性纯收入中，2003年外出从业纯收入的比重为39.02%，比2002年增加了32.2%，其中在省外从业纯收入比增为134.2%。在外出的农民工中包括了少数民族村民。

2002—2003年闽东农村农户人均纯收入统计表

年 份	2003年	2002年	2003年比2002年增长/%
农民人均纯收入	3245.59	3086.59	5.2
一、工资性纯收入/元	1105.09	1030.96	7.2
1. 在非企业组织中劳动得到的收入	155.68	170.94	-8.9
2. 在本乡地域内劳动得到的收入	518.13	533.84	-2.9
其中乡镇企业收入	61.41	68.73	-10.7
3. 外出从业得到的收入	431.28	326.18	32.2
在乡外县内从业得到的收入	132.31	95.60	38.4
在县外省内从业得到的收入	139.77	162.59	-14.0
在省外国内从业得到的收入	159.20	67.99	134.2
二、家庭经营纯收入/元	1903.42	1822.75	4.4
第一产业纯收入	1417.86	1341.98	5.7
第二产业纯收入	123.11	126.88	-3.0
第三产业纯收入	362.45	353.89	2.4
三、财产性纯收入/元	96.87	72.74	33.2
四、转移性纯收入/元	140.21	159.83	-12.3
五、非收入所得/元	0	0.31	

这些少数民族农民工其中的大部分人最终都会回到自己的乡村，他们接受了"城镇化"的熏陶和洗礼，会自然而然地在民族乡村的文化建设中发挥应有的作用。民族工作者应该看到这种趋势，积极联系、帮助他们，为他们疏通进城务工的渠道。

（六）民族文化的资本运作

现阶段与将来的一段时间里，民族文化的资本运作主要表现在民族文化旅游资源的开发与利用上。文化与旅游的关系密切，旅游理论界的一句行话是："在文化的沙漠中不会长出旅游的大树。"文化影响区域旅游资源的丰度与质量，只有鲜活的文化存在，该地区的旅游资源才不会枯竭。民族文化旅游作为一种产品正日益受到开发者和游人的青睐，民族文化旅游强调区域整体上的文化体验，民族文化旅游突出本土的文化内涵，挖掘历史文化遗存实体背后的文化意味，强调传统文化的历史继承性的精神财富。福建省的民族文化旅游是少数民族与民族地区新的经济增长点。民族乡村的文化旅游要立足本地资源特点，以当地的"文脉"为依据，合理开发与运作。"文脉"是旅游理论的一个术语，指旅游区所在地域自然、人文地理背景，是一种综合性的、地域性的自然地理基础、历史文化传统和社会心理积淀的时空组合。根据"文脉"理论，民族文化旅游最佳产品要以自然景观的衬托下民族文化景观。

福建省民族文化旅游运作得较好的往往都较能达到人文与自然的有机融合。如罗源县霍口畲族乡的民族风情漂流，便是福湖畲族村的民俗活动加之畲族乡内的岱江漂流。连江县小沧畲族乡的畲山湖旅游，便是七里畲族古寨民俗风情辅诸山仔水库的湖光山色。另者，在福鼎市太姥山上设立畲族风情园的方案是可取的。因为，太姥山本来就有畲族的活动，早在明代，文人谢肇淛曾记载了太姥山下畲族的农事活动。

在民族文化工作中，考虑民族文化的资本运作时，民族工作者应该对民族文化旅游开发应用中的关键问题进行分析与探讨，如民族文化资源开发中树立旅游产品的精品化问题，防止旅游目的地文化在开发经营中被过分商品化、庸俗化问题，民族文化旅游中社会氛围的营造问题，以及民族历史文化遗存在民族文化旅游中的如何适度开发和保护问题，等等。民族工作者要帮助民族乡村准确把握民族文化旅游资源开发的"文脉"，努力寻求民族文化旅游景区的特色，精心设计民族文化旅游的形象，极力针对民族文化旅游的市场需求，既要加强民族文化旅游的综合开发深度，又要加强民族文化旅游资源的保护。

新考工记：福安市凤翔畲族服装服饰技艺*

刘冬

一、凤洋畲族村概况

凤洋畲族村隶属福安市康厝畲族乡，位于乡政府驻地东北5公里处。其地理坐标北纬26°57′52.0″，东经119°38′54.2″，海拔225米。凤洋又名"凤翔"，因坐落于凤翔山之阳面而得名。凤洋畲族村辖牛石坂、半岭、太阳山、詹洋4个自然村。"主姓钟，为大林钟氏支派，于清康熙年间（1662—1772年）由坂中乡大林迁入，已传二十五世。"[①] 凤洋畲族村至今有300多年历史。据福建省民族宗教厅、福建省统计局《2011年福建少数民族乡村社会经济统计资料》显示，全村有343户1339人。畲族人口比例占99%，是福安畲族人口最多的乡村聚落。

凤洋村落至今保留着丰富而深厚的畲族文化生态资源，主要有风俗文化、服饰文化、巫术文化、歌言文化与家族文化等。村民日常交际仍使用畲语。20世纪50年代初期，凤洋畲族村建立了福建省第一个公办的文化站。2006年与2008年，凤洋畲族村先后被宁德市人民政府命名为"宁德市第一批畲族文化重点村""宁德市第一批历史文化名村"。

凤洋畲族村是闽东闻名的畲族"百艺村"，世代传承的能工巧匠所从事的行业涵盖了人们的衣食住行与生老病死等方面。凤翔畲族服装服饰的制作便是其中的一门独特技艺。其民族特色和地域特色较鲜明，且传承形式良好，现今仍以活态延续着。

---

* 原文载《宁德师范学院学报·哲学社会科学版》2013年第1期。
① 钟雷兴主编：《闽东畲族文化全书·乡村卷》，113页，北京，民族出版社，2009。

二、凤翔畲族服装服饰的传统技艺

闽东畲族服装服饰是闽东畲族长期以来社会生活经验的积累。各地畲族服装服饰在材质的运用、色彩的搭配、纹样的选择、制作的工艺等等方面，风格有所不同，由此形成"福安装"（即"福宁装"）以及"连罗装""霞浦装""福鼎装"等各个系列。其中"福安装"覆盖人口最多，占闽东穿着畲族传统服饰的畲族人口一半以上，大约10万人。"福安装"中最具有代表性与典型性的便是凤翔畲族服装服饰。

畲族村民将男女老少所穿的上衣称为"衫"，制作过程称为"做衫"，制作衣服的手艺人称为"做衫师傅"。其制作工具主要有木尺、画线袋、剪刀、针、烫斗等。凤翔畲族服装服饰按布料分有棉布衫、纻布衫。据凤翔畲族村村民叙述，纻布曾经是他们做夏衣的主要布料。纻布的工艺流程复杂，从种植纻麻到织成纻布，一丝一线都是出于畲族女性之手。畲族女子到15岁左右便开始学习捻纺线和织布。织一丈布约需要纻麻1斤，花工11天左右。纻布通常被染成蓝色或黑色。制成衣服经久耐穿，一件"纻布衫"通常可穿两年。畲族布料的染色大多取自身边自然物的丰富色彩，如蓝靛。

畲族女子完成纺线、织布后，畲族男性技师继而量体裁衣、绣花镶边。畲族谚语中所谓的"男绣女不绣"即指整个绣花过程均由男性师傅完成。畲族"做衫师傅"均精通女性上衣、裙子的装饰性绣花工艺。

凤翔畲族服装按季节分为冬季衫、夏季衫。按年龄分为大人衫、小孩衫。按性别分为男人衫、女人衫。按用途分为婚礼衫、戴孝衫、寿终衫等。按衣服的长短分为长摆衫、短衫、长袖衫、短袖衫。

男性上衣又可分为"面前扣""烟铜衫"两种。面前扣指的是整件衣服为左右各一块连体布。胸前一排7个用布绳缝钉的扣子。肩膀前后内层缝订一层圆形"替肩"布料，其作用是挑担时耐磨。下方左右两边各缝钉一个大口袋，左胸位置上方缝钉一个小口袋，称为"三袋"，意为香火连续传三代。衣服的左右腋下方两边处开口，山哈方言土语称为"衫岔"。"烟铜衫"与"面前扣"基本相同，但胸前没有订口袋，右手腋下的旁边内里钉一个小口袋，为50岁以上男子穿用。

女性上衣多为黑色布料做成。袖口与下方"衫岔"衣领等处用红布条搭配，有的还刺绣着花纹。它的款式虽与"烟铜衫"基本相同，但绣的花芽不同，故又分为"里的衫""三步针衫""副芽衫"。里的衫的款式与烟铜衫相似，没有绣花边，做工最简单，平时野外劳动时穿用。三步针衫与里的衫款式完全一样，仅在衣领上下边沿用红、黄、绿三种颜色的花线绣上马牙花纹，在衣领底层再用黄、绿、红三种颜色的布条与白布条交叉叠上，衣领中央也用红、黄、绿、白四种颜色花线绣上米字形一排。右边胸前的一块布用红、黄、绿三种颜色小布条，与白色小布条交叉叠上，边沿用红布条沿边裹包，一般在家时穿用。副芽衫的款式与三步针衫一样，仅在衣领中央用红、黄、绿三种颜色的花线绣上花蕊，花蕊的边沿用两条白线打结成一条白线裹边。右边胸前的一块布先用红、黄、绿三种花线绣上马牙花纹，后用红、黄、绿三种花线绣上花蕊，边沿用两条白线打结成一条白线裹边，再用红、黄、绿、白四种颜色布条交叉叠上，边沿用红布条裹包着。这种女性上衣做工比较贵，只有少女出嫁时做一两件作为嫁衣用，平时很少穿，只有出门做客人时穿用。

靠仔衫是少女出嫁时父母专门做给女儿的嫁衣，款式类似马夹。用布扣子缝钉于胸前的左右两边，以两层黑色棉布作布料，分为有领或无领两种。其胸前左右两边都用红、黄、绿三种花线刺绣着花蕊，再用红、黄、绿、白颜色的小布条交叉叠上，整件刺绣的工艺与副牙衫相同。

裙子分为"女性裙""男性裙"。其中女性裙又分为"短裙""长裙"。没有刺绣花纹的短裙供畲族女子野外劳作之用。刺绣花纹的短裙是畲族少女出嫁时的必备物品，平日很少穿戴，外出做客时才缚扎在腰间。长裙是畲族女子结婚拜堂时穿在下身的一种特殊长裙，长过脚背，以黑色棉布制成，只在婚礼拜堂时穿一次，平日不穿，唯有等到寿终正寝时穿上入殓。男性裙畲族土语称为"衣裙"，以蓝色棉布制成，为避免在野外劳作时将衣裤弄脏，穿挂于衣服外层，以遮盖胸部至膝盖的部位。

畲族少女的嫁衣主要有穿在外层的刺绣花衣服、缚扎在腰间的花裙、穿在下身的围身长裙，以及新郎做女婿时装礼盒担用的红布袋、出嫁当日装果籽粒到夫家用的"倒子"袋、穿挂腰前内层装凤凰蛋用的兜肚等。字带也是畲族女子出嫁时的必备吉祥物品，畲语称其为"带""花带、"裙带"，民间称"山哈带"，是畲族女性围裙腰带上不可缺少的装饰品。编织字带是畲族妇女的另一项基本功，通常十几岁的女孩就开始学编织字带。字带长约2.8尺，宽约2寸，左右两边沿用白色棉纱线，中间用黑、红、蓝、白等色交叉搭配，显示"田、由、甲、申、中、凹、凸、地、也、非、日、品、正、壬、古、目、止、百"等字样，并以双菱纹与几何结构组合成花边。新郎的婚礼服包括穿在外层的衣服（长摆衫）、佳期帽（清代流传至今，畲族新郎拜堂和男宾喝喜酒时所戴的以棉布制作的专用礼帽）、裤子。

寿衫是畲族女子送给娘家父母做寿的寿衣。寿衫以娘家父母的年龄来确定寿衣的款式。如果娘家父母是五十寿，便做平常穿的衣服；六十寿、七十寿时，一般情况下制作平时穿的衣服，个别的也有制作棉袍衫。娘家父亲六十寿，便做"长摆衫"；七十寿、八十寿时，制作棉袍衫。

丧礼服是指丧礼场合为亲人戴孝时穿在最外层的上衣。女性丧礼服是少女出嫁时父母为女儿做的嫁衣之一。以白色棉布制成，款式与"烟铜衫"类似。出嫁当日放在箱子的最底层抬到夫家，民间称其为"压箱衫"。此衣衫要等待娘家父母与夫家父母去世时才穿在外层为亲人戴孝，等自己年老去世时穿在最内层入殓。男性丧礼服以白色纻布制成，类似"面前扣"款式。

寿终服土语又分为"老衫"与"死衫"。为家中健在的老者提前缝制入殓时穿戴的衣裤、袜子，土语称为"老衫"。家中老者去世时临时请来裁缝师傅为死者缝制的衣服、裤子、袜子，畲族人称为"死衫"。

畲族服装服饰图案设计很少有预设纸样，仅依靠"做衫师傅"长年的技艺积累，随心所欲，即兴完成。绣线的选择以及捻线、叠边、扣绣等都富有民族特色。

畲族服装服饰制作后都要配上银质饰品，其饰品大多来自附近的穆云畲族乡后舍畲族村。该村是福安市唯一的畲族银饰制作村。

三、凤翔畲族服装服饰的传承

畲族裁缝大都是半工半农（极个别是全年外出），农忙时在家务农，农闲时走村串户制作衣服。裁缝师傅走过的村庄，都有熟人作为落脚点，也称为"东家"。需要缝制衣服的村民通过"东家"向裁缝师傅传递信息。

畲族服装服饰手艺的传承主要是在父子、叔侄之间。传承过程十分严格，不徇私情。据凤洋村传统制衣技师回忆，清代之前凤翔畲族服装服饰制作技艺的传承具体情况不详，仅仅知道在民国时期村里出了钟廷如、钟章弟、钟伏进、钟顺松、钟石轩五位制衣技师。当年他们曾被誉为"制衣五杰"，是闽东畲族"福安装"制作的代表性人物。除了为本村人制衣外，他们长年在外，靠自身手艺赢得各地畲族村民的信任。他们制作的服装服饰覆盖闽东东北部的长溪流域，包括寿宁、周宁、福安、宁德（今蕉城区）等县的畲族村落。

在"制衣五杰"中，钟廷如支系传承范围最广、传承人数最多、影响力最大，至今已传承了四代。即1949年前的第一代传人钟廷如，第二代传人钟祥春；1949年以后的第三代传人钟章生，第四代传人钟锐金、钟玉其、钟石全、钟伏龙等。其中第三代健在的传人钟章生是其中的佼佼者。钟章生于1939年出生，17岁开始学艺，师从其叔父钟祥春。因勤奋好学，不到三年就出艺。20岁后，他走南闯北，已然成为闻名遐迩的凤翔畲族服装服饰师傅。小至烟袋，大至蚊帐，精巧至衣饰花纹，繁复至女性婚礼服装服饰，"福安装"的所有服装服饰他都能得心应手。他坚守传统，技术精湛、全面，形成了完整的与众不同的制作程序与技巧，并具有完善的制衣技艺传承体系。钟章生目前收有4个徒弟，言传身教。

钟伏进的第三代传人钟志金，现为中央民族大学美术学院民族服装系主任、教授、博士生导师。其有关民族服装的研究性著作"少数民族美术教育系列教材"之《民族文化与时尚服装设计》（河北美术出版社2009年版），是当今中央民族大学服装专业研究生的教材。

裁缝工匠最终都必须将自己的手艺传给后人。后辈们一来为了挣钱度日；二来唯恐手艺失传，也想传承前辈的手艺。学艺之人必须拜师，师傅也要根据徒弟的人品等条件来决定是否收留此人。师傅带徒时，首先要与徒弟家人商谈。在正常情况下，徒弟要跟随师傅三年。除此外，闲时要帮助师傅做些家中零杂事。前两年内没有工钱。每年年底，师傅会给徒弟缝制一套新衣服和鞋子过年。第三年，师傅会给徒弟一点象征性补贴。徒弟出师后，必须送一个猪腿给师傅，作为师傅传授技艺的答谢。如果徒弟出师后，师傅年老体弱，徒弟还要协助师傅几年，但工钱各归自己。

四、与凤翔畲族服装服饰相关的传说、仪式与禁忌

民族服饰历史积淀深厚，不仅仅是顺应自然的实用衣物，往往超越了衣着原本的单纯的基本功能而具有更为深邃的象征意义。在以凤翔畲族服装服饰为代表的"福安装"的制作系统中，畲族女性"凤凰装"涉及畲族传统家族神话传说，有着较为深厚的文化内涵。"畲族的女上衣，衣领、衣袖有绣花边，还在衣服的右边腰部系衣带处钉上一块三角红布，并在衣角内层钉一块四方形红布，看似平常，但却是我们畲族世代留传的民族装束传统，不仅高贵好看，而且还有一段不凡的来历。传说当年高辛帝在自己最疼爱的三公主出嫁时，拿出御印，将自己衣服与女儿的衣服对在一起，在上面盖上一个御印，一半留在女儿衣衫上，另一半留在皇帝自己衣衫上。可高辛帝还是不放心，又在女儿上衣的衣肩内再印一个大印，作为自家人永久的印记。从此，畲族女衫就有了两个皇帝印。此后，畲族缝制女上衣时，一定要缝上这两块布。"[①]

在漫长的历史岁月中，畲族服饰承载了本民族的历史与文明，同时也沿袭了本民族的

---

① 参见《高辛皇帝的两个印》（讲述者：钟爱石，采录者：钟伏龙），见钟雷兴主编：《闽东畲族文化全书·服饰卷、工艺美术卷》，15页，北京，民族出版社，2009。采录者钟伏龙为凤翔"制衣五杰"之一钟廷如支系的第四代传人。

独特的风俗。在凤翔畲族村，畲族裁缝在制作畲族婚丧寿庆场合中所穿的婚礼服（拜堂衫）、寿服、丧礼服（草头衫）、寿终服（老衫、死衫）等几种特殊服饰时，始终伴随某些仪式和某些禁忌。

前文已经说到，畲族裁缝在缝制男式上衣"面前扣"时，会在特定位置缝钉"三袋"。"袋"与"代"同音，意为香火连续传三代。在缝制男式裤子时，会在裤子后背左边下方处缝钉一个小口袋，称为"后袋"，意指世世有后代。

畲语称丧礼服为"草头衫"。畲语"衫"与"生"同音，草头衫的寓意是当年寒冬到草干枯，来年草头会长出幼草，以此来比喻当年死了老者，来年会添丁。女性"草头衫"忌借他人。

畲族俗话说，"已穿过的衫，死后穿在身上会粘身"。意为自己的衣服会带到阴曹地府。因而畲民中较富裕的人家会为家中健在的老者提前缝制寿终服，畲语称为"老衫"。此衫经老者生前穿一段时间后，藏于箱中，待老者逝后，便从箱中取出，为逝者穿戴好入殓。

畲族裁缝师傅外出制衣时遵循着祖传的制衣仪式与禁忌。如外出为他人制衣时，忌在初一、十五、十三、二十三外出（初一、十五是家鬼回家行香日，十三、二十三是民间讲的"双破日"，不吉利）。初次外出时，忌没有衣服做（意为不吸利）。在制衣过程中，畲族裁缝师傅忌自己的工具互相敲打（意为有争吵之事发生）；在裁剪衣服之前量人体身高时，忌用木尺量人体身高（意为小孩量后，日后身体不长高、长大；大人日后做任何事不会长进）；忌所用工具借给他人；忌所用的工具被他人抚弄（民间俗语"师傅家私，皇帝小姐"）；忌同行之间争吵。

订制婚礼服、寿服、丧礼服、寿终服，必须通过东家以传送红帖的方式告知裁缝师傅。裁缝师傅必须放下家中的一切杂事，义不容辞地赶往他村，在选定的吉日里为他人裁缝衣服。土语称为"做日子衫"。"做日子衫"时，忌事先没有红帖，完工后忌东家没有给红包，即裁缝师傅完工后，东家除付给正常工钱外，另包一个红包给裁缝师傅作为酬谢。畲族土语称为"讨衣食"，寓意为"讨吉利"。畲族民间口头语"红包衣食毛，讲钱毛咪毛"，意思是红包是讨吉利的东西，不是钱多钱少的问题。

裁缝师傅缝制畲族新娘嫁衣与新郎服装服饰时，除了选择黄道吉日外，禁忌戴孝、怀孕之人触摸。裁缝师傅缝制"死衫"时，忌自己的手痕留印在衣布上。因而裁缝师傅缝钉完成后，会用木炭火放入烫斗中全面反复地熨烫此衣布。另外，畲族巫师巫衣的制作，需要通过特殊的宗教程序方才开工制作。

五、凤翔畲族服装服饰的现状

随着新农村建设的日益发展、民族之间社会交往的日益扩展，畲族传统文化受到强烈冲击，其中最富有民族特色的畲族语言与畲族服装服饰濒临消亡。由于传统的畲族服装服饰原料、色彩单一，且制作工艺复杂，费时费工，在市场竞争中缺少优势，畲族服装服饰消亡的速度更快。目前畲族服装服饰的保存仅限于畲族女性中。根据畲族文化传统，娘家会给待字的女孩制作一套畲族服装，因而畲族女性基本上仅有一套完整的服装服饰。她们平时基本没有使用，仅在特殊场合才偶尔穿戴。随着民族交往的深入，畲汉通婚的发展，许多畲族家庭甚至没有遵循畲族文化传统，为女儿置办一套畲族服装服饰。

据凤翔"制衣五杰"之一钟廷如支系的第四代传人钟伏龙回忆，福安畲族在20世纪60年代前，无论居家或外出旅行，都穿戴民族服装。至20世纪80年代，流传已久的本民族服饰逐步退出人们视线，只在政府有关部门或民间人士牵头组织的畲族节日歌会和族内重大庆典活动时才能依稀见到畲族服饰。究其原因，是由于国内经济的发展，生活水平不断提高，市面上布料品种的增加和服饰花样的不断翻新，年轻一代不断走出大山到城镇谋生，受城镇化现代化生活的影响，畲族人不愿再穿戴本民族的服饰。加之会做本民族服饰的手艺人受市场经济影响，已无后人可传承其手艺。近年来，老艺人相继去世，现存畲族"福安装"制作技师已为数甚少，民间手工技艺已随着艺人的逝去而衰微，畲族服饰正在从民间隐退。

20世纪70年代以前，畲族人夏衣所用布料是自己纺织的纻布，自给自足，很少剩余产品出售。鼎盛时家家种苎，户户织布。20世纪70年代以后，随着生活水平提高，国产棉布、化纤布大量投放市场，纻布已成为量少价位高的稀缺物品。20世纪90年代后，拥有种苎麻、织布独特手工艺的老一辈畲族妇女相继去世，工艺流程日渐失传，再无人问津。

当下，畲族服饰除了民间越来越少人穿戴的传统样式外，还以两种形态出现：一种是舞台表演过程中所穿戴的面料轻盈且经过艺术夸张的畲族服饰；另一种是色彩明快、图案简约的职业服，如民族学校的校服、民族酒店的制服，以及浙江景宁等地公务员上班时的工装。虽然民间出现了许多从事畲族服装设计制作的服装厂，并且他们已开始尝试从时装的角度创新畲族服饰，但是从市场前景、消费群体来看，这种实践不太成功。人们开始质疑，为何当年满族旗袍、黎族筒裙都能在社会上流行？而畲族服饰却难以提取适合现代时装要求的元素？

六、凤翔畲族服饰文化的保护措施设想

文化多样性与生态多样性是人类生存、发展、繁荣的宝贵资源。联合国教科文组织呼吁各国政府采取切实有效的措施，保护代代相传的民族文化和民间文化。我国住房城乡建设部、文化部、国家文物局、财政部联合下发的《关于开展传统村落调查的通知》（建村[2012]58号）指出，随着工业化、城镇化和农业现代化的快速发展，一些传统村落消失或遭到破坏，保护传统村落迫在眉睫。

保护少数民族丰富的文化遗产，不仅仅是少数民族的责任，也是党和政府及各族人民的共同任务。由于当今社会各界对民族服饰不够重视，相关的法律政策尚未出台，相应的保护资金匮乏，相关的研发人员缺位。因而，首先应当主动地、有目的、有组织、有计划地引导当地畲族群众自觉保护畲族服饰文化。就凤翔畲族村而言，应当对钟章生等有代表性的畲族技师进行有针对性的扶持，采取有效措施延续"福安装"的传承，避免民族传统技艺失传。福安市康厝畲族乡已于2012年9月将凤翔畲族服装服饰制作技艺作为市级非物质文化遗产向宁德市人民政府申报。

与此同时，需详尽调查凤翔畲族村服饰文化，对凤翔畲族服饰进行历史的挖掘、美学的分析、结构的采样绘图，并对传统制作技艺进行整理和研究。这是摸清并记录凤翔畲族服饰家底的重要工作，是构建科学有效的保护体系的重要依据。这需要大量细致的工作，如有意识地收集早年"福安装"的样本，并对凤洋村畲族"福安装"的制作流程进行文字化与数字化的记录，继之出版畲族"福安装"研究专著。由民族出版社出版的《闽东畲族文化全书·服饰卷、工艺美术卷》，中国美术出版社的《美丽的传承：畲族传统服饰文化的开发运用》等著作的出现，正是保护畲族服饰文化的有益探索与尝试。

凤翔畲族服装服饰反映了畲民的生产和生活方式、生存环境、生活水平、价值观念、审美意识、宗教信仰。从福安畲族妇女裙边衣角独具匠心的图纹，可以察觉闽东畲族记述历史、反映民俗、揭示信仰等方面的痕迹。在没有本民族通用文字的状况下，畲族服饰替代了文字语言功用，展示了另类的史料价值。没有哪种符号只是符号，这"凝固历史"的图案甚或可以说是一种象形文字，代代传袭，成为传承畲族历史与文明的重要载体，显示了只有史诗才有的历史功能和审美功能。这不仅为畲族年轻一代提供了与先辈们相连续的感觉，也为当今社会民族文化的传播、运用和可持续发展提供了宝贵的资源。因而，应当努力探寻弘扬畲族服饰文化的新模式，建设畲族服饰文化大众化传播的网站，搭建拥有畲族服饰文化文本、图像、音频等多媒体资源的社会化传播平台和论坛，为社会不同群体提

供畲族服饰文化资源。

民族服装服饰既是物质文化,同时也是非物质文化。作为服饰成品,它是物质文化;制作服饰的工艺以及各民族的服饰观念和文化内涵,则属于非物质文化。抢救民族服饰文化资源,不能只是在民族民俗博物馆里展览、凭吊,而应当探讨其运用到现代时尚设计的可能性,最终将民族传统服饰文化融入当代服装设计中。这样的传承和发展才是最有生命活力的。为此,应当调动全社会的力量,创造出福建畲族传统服饰文化的产业价值。这对福建畲族的生命力、创造力和凝聚力有着极为重要的意义。

(本文写作中得到福安市康厝畲族乡凤洋文化站站长钟伏龙的大力帮助,特此致谢!)

福建畲族百年叙事*

刘冬

畲族，自称"山哈"，畲语意为"居住在山里的客人"。畲族的族称，与"畲"字密切相关，反映了古代畲族先民的生活生产方式，即以山寮为居、以刀耕火种为业。畲族是福建省人口最多的少数民族。1956年12月，畲族作为单一民族被正式确认。2000年第五次全国人口普查统计资料显示，福建畲族人口37.52万人，占全国畲族人口总数的一半以上。畲族在福建有着上千年的历史，是福建最主要的世居少数民族，全省19个民族乡中有18个是畲族乡，并形成了相对独立的村庄聚落，且分布广泛。宁德、福州、漳州、龙岩、三明是畲族的主要聚居地。

福建畲族虽然与当地汉族交往密切，不同程度地受当地汉族主流文化的影响，但是仍然保留了自身的生活习俗与文化传统。福建畲族的家族文化、歌谣文化、服饰文化、巫术文化和风俗文化等方面均表现了鲜明的民族特征，已然成为福建地方文化的重要组成部分。

福建畲族代有英才，层出不穷。新民主主义革命时期，福建畲族儿女为了民族的解放事业，用自己的鲜血和生命在中国革命史上写下了光辉灿烂的一页。大革命时期，闽西畲族地区就有畲族青年加入中国共产党，参加革命。早在土地革命时期，畲族人民打土豪分田地，成立了工农武装政权。在艰苦卓绝的南方三年游击战争时期，闽东畲族人民不惧国民党反动派的血腥镇压，进行了不屈不挠的斗争。中华人民共和国成立以来，特别是改革开放以来，福建畲族在各条战线上，与祖国同呼吸，共命运，奋斗不止，在政界、经济界、科技界、文化界涌现大批杰出人士，被授予劳动模范、"三八"红旗手、新长征突击手、先进工作者、民族团结进步模范个人称号的福建畲族英才，不胜枚举。如今，他们正

---
* 原文收录《福建畲族百年实录》，福建人民出版社2013年版。

以自己的实际行动,续写着新篇章。

一、新民主主义革命时期:福建畲族乡村的星火燎原

畲族是一个骁勇善战的民族。在封建社会时代,历代王朝对畲族的控制与畲族的反控制,构成了畲族政治生活的主旋律。这种状况的一种主要表现是几乎福建境内的诸多兵事都与畲族有关。畲族也是较早投身我国新民主主义革命的少数民族之一。在中共福建地方党组织初创时期,闽西上杭县畲族青年就有多人加入中国共产党。1926年至1929年,畲族雷三明、蓝维仁、蓝鸿翔先后担任中共上杭县委书记。1929年3月,红四军首次入闽,推进闽西的农民运动和武装斗争;10月红四军领导人毛泽东随同中共闽西特委机关抵达上杭县苏家坡畲族村,在苏家陂养病期间创办了平民小学。1929年6月,上杭县畲民蓝洪慈、蓝维仁、蓝树荣等人在庐丰畲族聚居地领导农民暴动;11月红四军在官庄畲族聚居地召开会议,陈毅传达了党中央"九月来信",为古田会议的召开奠定了思想基础。从红四军入闽至1935年12月,上杭县畲族聚居地的庐丰、官庄、才溪、太拔等乡村共建立了35个党支部,其中畲族党员350多人。1934年10月,中央红军主力撤离中央苏区,开始了二万五千里长征。参加长征的闽西畲族子弟中绝大部分编入红九兵团三十四师。在中央红军突围以来最壮烈的湘江战役中,三十四师被敌人重重包围,全体指战员浴血奋战,直到弹尽粮绝。上杭畲族儿女抵达陕北的仅10人,其中蓝庭辉、雷钦后来成为共和国的第一批将军。

自1930年,闽东福安、连江、霞浦等县的畲族乡村先后成立中共村支部。1932年9月,闽东工农游击队第一支队在福安县溪北洋上马山畲族村成立。1933年11月,中共福安中心县委领导人曾志领导著名的甘棠暴动,畲汉红带会成员600余人参加。同时,霞浦县青皎地区47个畲族村红带会队员4000余人在海边畲族村成立了红带会总指挥部,并进行公开活动,没收地主家的粮食,杀死匪首、恶霸。这一年,闽东工农游击队第一支队和第三支队在霞浦县西胜畲族村整编为闽东游击支队,次年1月,在西胜畲族村改编为闽东工农红军独立团。随着红军和地方革命武装队伍的不断扩大,闽东畲族乡村根据地又作为红军后勤供应基地。福安的竹洲山、霞浦的龙潭山、福鼎的梅洋、宁德的天峰院等畲族村,分别建立了红军的枪械修理厂、报刊印刷厂、服装制造厂、后方医院和疗养所。

1934年初至9月底,闽东苏维埃政府、中共闽东临时特委和闽东红军独立师相继成立。闽东土地革命高潮时期,畲族聚居地先后建立了乡苏维埃政府21个,90%的畲族村建立了村苏维埃政府,畲民担任村苏维埃主要干部的有500余人。同年3月,闽东苏维埃

政府开展分田运动,按人口平均分配土地。中共闽东特委委员曾志在福安县柏柱洋东山畲族村进行分田试点。

闽西、闽东畲族乡村是福建工农武装割据时期畲族革命最活跃的两个地区。与此同时,闽南、闽北的畲族人民,也积极投身革命洪流之中。如福建省惠安县涂寨镇新亭村人蓝飞鹤,1929年初加入中国共产党,历任中共泉州特委组织部长、工农红军福建独立一师二团团长等职。1930年9月,他参与"惠安暴动",不久在一次战斗中不幸被捕。在狱中他大义凛然,坚贞不屈,写下了一首满怀革命豪情的七言绝句:"横胸铁血扫难开,浩劫推磨志不灰。满地铜驼荆棘变,游魂应逐战旗来。"牺牲时年仅29岁。1932年,红军闽北独立团建阳县麻沙镇建立区苏维埃政府,畲族蓝德凤担任苏维埃政府主席。

由于闽东畲族居住在偏远山区,地势险要,山高林密,具有难攻、能守、易退的战略特点。在当年敌强我弱的情况下,闽东党组织和闽东红军利用崇山峻岭作为天然屏障,不仅可以与敌周旋,又便于随时出击。而畲族人民与中国共产党及其领导下的军队血肉般的联系,使得闽东畲族70%以上的畲族村庄成为南方3年游击战争中开展革命活动和游击战争的根据地。曾经领导闽东独立师浴血奋战的叶飞将军在《纪念闽东苏区创建60周年》的文章中说,"在南方三年游击战争最残酷的岁月里,闽东人民,特别是闽东的少数民族——畲族,用自己的鲜血和生命保护了党组织和红军。畲族具有两大特点:第一,最保守秘密,对党很忠实;第二,最团结。死亡的威胁、金钱的诱惑,都不能使他们出卖红军、出卖党。因此,竹洲山和屏峰山的畲族居住区成为闽东红军的坚固后防,修枪厂和后方医院都设在那里。1936年10月到1937年2月,国民党军队伙同当地民团3次焚劫了那里的6个畲村,抓住8位老人和妇女,逼问医院和修枪厂在哪里,老人和妇女齐声说'不知道'。敌人用马刀砍头威胁,仍然是一无所获。最后烧了他们的房子,杀了区苏维埃主席。人民特别是畲族人民的冒死支持,成为我们取之不尽、用之不竭的力量源泉。使我们在异常艰难的环境里,总能渡过一次次难关,得到恢复和发展。假使没有人民特别是畲族人民的帮助和支持,闽东苏区和红军是极难在三年游击战争残酷环境里坚持下来的,发展则更不可能。"在革命战争年代,闽东畲族老区受国民党军队的严重摧残,被烧毁135个村庄,1万多间房屋,被杀害的干部、战士、群众和受摧残死者达5000余人。

抗日战争期间,为了执行中共中央关于建立抗日民族统一战线的指示,除留下少数人坚持在地方开展抗日救亡运动外,工农红军闽东独立师改编为新四军第三支队第六团,在叶飞率领下,取道闽北,北上抗日。在这支队伍中有闽东畲族子弟113人。

解放战争期间,畲族人民仍然坚决地跟着党走,自觉地支援并参加党领导的革命斗争。福建畲族地区普遍建立起农会、贫农团、青年团、妇女会、民兵队等革命组织,许多畲族乡村重新建立了党支部，将武装斗争与群众斗争密切结合起来。当解放大军抵进福建畲族地区的新形势下，广大畲族群众展开了热烈的支前工作，和游击队一起配合大军共同战斗。霞浦县畲汉两族群众曾动员民兵两三千人，船只三四百艘，支援解放军。部队每到一个地方，广大畲族群众都像迎接亲人一样热情接待自己的子弟兵。他们杀猪宰羊、筹粮筹款和赶制各种生活用品慰劳解放军。

解放战争的胜利，中国人民推翻了三座大山。长期坚持革命斗争的福建畲族人民摆脱了苦难的岁月，获得了新生，并以主人翁的姿态加入了自由平等的祖国民族大家庭。

值得一提的是，从 20 世纪 30 年代开始，福建畲民的社会生活就引起了我国知识界的关注，"中央研究院"成立了专门的小组考察福建畲族乡村。董作宾的《福建畲民考略》、傅衣凌的《福建畲姓考》、凌纯声的《畲民图腾文化的研究》、林耀华的《闽境僻壤中苗夷现状》、管长塘的《福建之畲民》等著作相继问世，留下了珍贵的研究成果，为 20 世纪 50 年代之后进行的畲族识别提供了可贵的资料依据和理论依据。

二、20 世纪五六十年代：畲族乡村的曙光初露

1949 年 10 月 1 日，中华人民共和国诞生，人民政府帮助少数民族发展生产，改善生活境遇，引领畲族乡村走进了新时代，畲族人民的政治、经济、文化地位都发生了根本的变化，平等、团结、互助的民族关系逐步建立起来。

这一时期福建省民族工作所涉及的范围与 70 年代后期有很大的不同，仅仅限于闽东（福安专区、福州市）、闽北的畲族聚居地以及闽西、闽南的个别畲族村落（如漳平的山羊隔村，华安的官畲村、坪水村等）。其中福安专区是福建省民族工作的重点，主要包括福安、霞浦、福鼎、宁德、罗源、连江等畲族相对聚居的县。

中华人民共和国成立前，由于历代统治者长时期的民族歧视和民族压迫，畲族乡村生产状况、生活水准与文化水平等都低于附近的汉族乡村。畲汉两族之间存在着民族隔阂。

为了真正认识、关心、帮助畲族乡村和村民，福建省各级党政部门相继组织人员下乡调查畲族的历史与现状，掌握第一手资料，解决实际存在的问题。1952 年 7 月，福建省人民政府的《畲族福安县仙岭洋村调查情况》是 1949 年以后第一份关于畲族乡村的调查报告，报告首次明确提出畲族不同于瑶族，应该作为独立的民族存在。与此同时，中共福安地委与福安县委统战部也相继出台了多份畲族乡村的调查报告。这些报告给各级政府的农村民族工作提供了决策的依据。

为了让少数民族行使当家作主的权利，1953 年福建省福安县人民政府遵照 1952 年政

务院《中华人民共和国民族区域自治实施纲要》的文件精神，成立了福建省第一个畲族乡自治区政府——畲族仙岩乡自治区人民政府。这是散杂居民族地区对于民族区域自治的一次宝贵尝试，《新福安报》及时报道了这件具有历史意义的政治大事。由于畲民族成分尚未认定，在福建省成立民族乡的条件尚不成熟，因此畲族仙岩乡自治区人民政府不久便撤销了。

为改变旧中国民族成分和族称混乱的状况，保障少数民族的合法权益，1953年中央民委、华东民委派出了畲民识别调查小组，深入福建省罗源县八井、上杭县庐丰、漳平县山羊隔，以及浙江省景宁县东衕等畲族村调查研究。这是中华人民共和国成立以来中央派出的第一个民族识别调查组。据当年的调查组组长、中央民族大学教授施联朱回忆："在翻译雷关贤（畲族，华东军事行政委员会民族科长）、向导雷恒春（畲族，后任福建省民委主任）的配合下，我与黄淑聘（中山大学人类学系主任、教授）、陈凤贤（中央民族大学教授）一同开始了畲乡之行。调查组与畲族人民建立了深厚的感情。畲族人民把调查组看作自家人，毫无保留地拿出畲族的历史文献和文物，包括族谱和'祖图'。看到畲族人民在旧中国民族压迫制度下迁居在这样的穷山恶水中，生活在连一块篮球场大的坪地都没有的峻岭上，我感到自己肩头的责任很重。"

调查组从民族特征的调查入手，并追溯历史渊源，得出畲民是有着自身特点的单一的少数民族，即他们既不是汉族，也不是"瑶族的一支"。1956年，根据福建、浙江畲族干部、群众的普遍意愿与畲民识别调查小组的调查报告，中央正式确认畲族为单一的少数民族。从此，畲族成为了我国统一多民族大家庭中的一员。

从1957年初开始，福建省遵照《国务院关于建立民族乡若干问题》的指示精神，先后在闽东畲族聚居的福安、霞浦、宁德、福鼎、罗源、连江等县建立起45个畲族乡，管辖150个行政村，651个自然村。畲族乡的畲族人口占全省畲族总人口的32%。乡政府在县人民委员会统一领导下，根据民族特点、地区特点，使用畲族语言行使职权，自主地发展当地经济、文化事业。1958年秋，在全国"大跃进"的形势下，民族乡也实行政社合一组织，人民公社替代乡人民委员会的职责，民族乡逐渐消失。

1963年初，福建省人民委员会决定恢复民族乡，在罗源、宁德、福安、福鼎、霞浦等5个县先后恢复23个畲族乡。同时，在畲族人口较多的畲族聚居区配备畲族干部担任乡领导职务。

闽东畲族聚居地区地域小、人口少，畲族乡的建立，对于加强民族团结、保障少数民族实现民族平等权利，发挥了重要的作用。与此同时，福建省民族工作机构相继成立，在省民政厅设立了民族事务处，在闽东畲族聚居区的福安、福鼎、霞浦、宁德、罗源、连江等县设立民族事务科,负责少数民族的事务管理。福建省编委增加畲族干部90名,以加强畲族地区的各项工作。

20世纪五六十年代,福建畲族代表曾多次参加全国少数民族参观团的活动。邀请全国各地少数民族代表人物到晋京国庆观礼与参观,是那个时期党与政府增进民族团结的重要措施。1957年,由福建、浙江畲族代表组成畲族国庆观光团,福安县凤洋畲族乡党支部书记雷全妹担任团长;10月6日,代表们受到毛泽东、刘少奇、朱德等党和国家领导人的亲切接见;10月10日,代表们赴上海、南京、杭州等地参观。历时48天的参观活动影响深远,让福建畲族代表们理解了中国共产党的民族政策,看到了民族团结的希望,认识到各民族之间的相互尊重、和睦相处是国泰民安的基本保证。

为了加强畲族的政治地位,党和政府逐步培养畲族参政议政的意识。全省有关地区的各级人民代表大会、政治协商会议在代表与委员的名额上对畲族都给予了适当照顾。1959年建国10周年时候统计,全省共培养了179名畲族干部,密切了党同少数民族群众的联系。

结合畲族乡村的具体情况和民族特点,福建省因地制宜地发展民族经济、民族文化、民族教育和卫生等各项事业。由于畲族乡村的生产水平低下,中华人民共和国成立初期,为帮助少数民族群众克服困难,党和政府为畲族乡村群众办了许多好事、实事,如发放民族救济款,对缺乏生产家具和种子的发放低息贷款,帮助其发展生产。在1953年农村实行粮食统购统销中,对闽东各县的粮食特困畲村实行免征、免购或只销不购政策,向贫困村民发放衣被、钱粮等实物,在特困畲村兴办公益事业,实行"以工代赈"如兴修水利等。

中华人民共和国成立之前,福建畲族乡村几乎没有现代意义的学校,据1949年统计资料显示,福建畲族地区仅有初小4所,小学生415人,中学生50人,畲族中的文盲率达98%以上。20世纪50年代,福建省根据闽东畲族山区居住分散、交通不便、学生上学难的特点,建立和发展各类民族学校。1952年至1953年,福安、闽侯、南平、建阳4个专区在畲族乡村设立民族小学98所,调派汉族教师到民族小学任教,派畲族乡小学教师到县教师文化进修轮训班学习,对畲族学生实行减免学杂费,畲族学龄儿童升学率逐步上升。省人民政府还为畲族聚居乡村拨专款盖校舍,1958年,省政府拨专款在福建省畲族人口最多的福安县建立起民族中学。学生大部分来自福安专区各县、福州郊区、闽侯县及南平、建阳专区的畲族子弟。随后,一批批初、高中畲族毕业生被陆续保送到中央民族学院(即中央民族大学前身)与中央民族学院武汉分院(即中南民族大学前身)等高校预科与本科深造,政府为畲族培养了第一代的大学生,这些大学毕业生成为福建省民族工作的代表性人物与畲族乡村经济、社会、文化建设的中坚力量。

畲族群众的健康状况也引起政府的关注。福建畲族村民大多世代居住在深山密林，日照少，住宅潮湿，加之卫生条件差，故疾病易行。如宁德县南岗畲族 1934 年一次瘟疫就死去 40 多人。中华人民共和国成立后，各级政府十分关心畲族人民的健康，多次派出医疗队为畲族群众免费治病。畲族乡村的鼠疫、疟疾、霍乱得到控制。政府还拨出资金并发放民族医疗补助款，并帮助改善畲族乡村的卫生条件，建立保健站、卫生所，培养畲族的医务人员，方便群众就医。1952 年至 1959 年，为解除少数民族群众疾病的痛苦，保障妇女身体健康和儿童的健康成长，省、地、县各级民族工作部门配合卫生部门组织医疗力量深入少数民族地区开展防病和治病工作。1952 年 11 月，省民政厅、省卫生厅联合组织省少数民族卫生医疗工作队，对福安专区各县畲族农民各种疾病进行普查、普治，对生活困难的少数民族村民病患者实行减免费治疗。1953 年 3 月，省民政厅、省卫生厅又联合组织了福建省少数民族卫生工作队，以省妇幼卫生工作队为基础，抽调省立医院、协和医院、工人疗养院、福州皮肤病防治院等医疗单位的医生、护士、助产士等 38 名，进驻福安县穆阳、溪潭两个畲族聚居区开展近 7 个月的工作。在此期间，还在畲族聚居的霞浦、福安设立少数民族妇幼保健站，作为常设的妇幼组织机构，专为畲族妇幼卫生工作服务。1962 年 12 月，省卫生厅、省民政厅联合发出《关于加强少数民族卫生工作的通知》，省少数民族巡回医疗队在福安县等畲族乡村巡回治疗。

与此同时，畲族乡村的文化事业也得到长足的发展。闽东畲族的历史文化遗产，如谱牒、碑碣以及叙事诗、传说等口碑文学，体现了畲民族在上千年历史发展过程中创造的文明成果，曾为民族识别提供大量的资料依据。为了延续民族文化、联结民族情感、弘扬民族精神，20 世纪 50 年代，闽东共征集畲族历史文物 1400 余件，其中一部分由厦门大学人类博物馆收藏，一部分送北京在民族文化宫参展。1955 年，福安县结合畲族村扫盲，活跃畲民文化生活，在凤洋畲族村建立了第一个民族文化站。1956 年，福安专区畲族演员表演的歌舞《畲族婚礼舞》晋京参加全国农村文艺会演，并由长春电影制片厂拍成舞台艺术片。1957 年，省文化局拨专款在罗源福湖，宁德猴墩，福安凤洋、仙岩，福鼎双华，霞浦南塘、青福等 7 个畲族村相继设立公办的少数民族文化站。

20 世纪 50 年代，党和政府十分重视为少数民族编写自己的民族历史。1958 年，在全国人民代表大会民族委员会和国家民委的领导下，中国科学院民族研究所具体主持编纂《中国少数民族》《中国少数民族简史丛书》《中国少数民族语言简志丛书》《中国少数民族自治地方概况》《中国少数民族社会历史调查资料丛刊》五种民族丛书。由全国人民代表大会民族委员会和国家民族事务委员会直接领导的 16 个调查组，分赴全国各民族地区进行少数民族社会历史的调查。同年，作为畲民族识别的主要参与者与见证人的施联朱教授被委任为福建少数民族社会历史调查组组长，并率领北京大学、中央音乐学院、中央民族学院、中国社科院民族研究所等单位的专家学者，赴福建省福安、福鼎、宁德、罗源、连江、霞浦等畲族地区进行调查，编写了《畲族简史简志合编》《畲族社会历史调查》，为畲族研究及其他各项民族工作的开展积累了珍贵的第一手资料。

1959年，闽东畲族音乐调查组在组长郑小瑛的带领下，发现了宁德、福安交界地的畲族乡村还存在畲族歌言的"双音"唱法。这是我国南方少数民族音乐中不可多见的艺术遗产。同年，霞浦县青福村畲族歌手、福建省作家协会首届理事雷双勋出席北京第三届文代会。

1966年，"文化大革命"开始，福建省县下设的区全部改为人民公社管理委员会，区属的畲族乡被全部撤销。按照人民公社的组织原则，民族乡被划分为若干个生产大队。在以阶级斗争为纲坚持无产阶级专政下的继续革命冲击下，民族工作被淡化。福建省畲族乡村经济、社会、文化等诸项事业受到了不同程度的冲击。

应当指出的是，中华人民共和国成立后乃至"三年困难"时期，直到"文化大革命"，畲族的风俗习惯也得到了很好的尊重与照顾。为方便畲族旅客食宿，福安、霞浦、福鼎、宁德、连江、罗源等县先后在城关设立了少数民族招待所。商业部门还在各县城关百货公司设立畲族用品专柜，供应畲族妇女服饰等民族特需用品。三年困难时期，虽然物质匮乏，但是政府仍为畲族乡村提供了一定的民族特需用品。在参军、招生等工作中，政府也给予畲族子弟适当的照顾。

三、改革开放新时期：畲族乡村的小康之路

1978年12月党的十一届三中全会召开，标志着我国进入改革开放的新时期。"以经济建设为中心"的治国理念给福建畲族带来了新的发展契机。新时期，解放思想，拨乱反正，清算了关于民族问题就是阶级问题的错误思想，福建畲族乡村开展了党的民族政策的再宣传、再教育活动。20世纪80年代初，福建省发生了影响畲族乡村的几件大事。

20世纪80年代初，成立了省级民族事务委员会。这是我国民族散杂居省份较早成立的省级民族工作机构。各设区市以及民族工作重点县、市、区随后也都相继设立了民族工作机构，承担着贯彻党的民族政策，促进福建省少数民族与民族地区的团结进步事业的重大责任。少数民族与党和政府之间值得信赖的桥梁搭建起来了。

党和政府努力改善畲族群众的生产生活条件，优先发展民族教育，大力弘扬民族传统

文化，给畲族村民带来了各种实惠，尚未恢复畲族成分的群众强烈要求恢复自身的民族成分。随着民族甄别工作的开展与民族政策的落实，闽西、闽南、闽北等地区的畲族群众都相继恢复了畲族成分。1964年第二次全国人口普查时，福建畲族人口约12万人。1990年第四次全国人口普查时，福建畲族人口约35万人，人口大幅度增加的原因主要是80年代畲族成分的大量恢复所致。

根据国务院《关于建立民族乡问题的通知》精神，自1984年始，福建省先后建立了16个畲族乡。1986年，中共福建省委、省政府规定民族乡全部按照贫困乡的优惠政策执行，在政策上、资金上予以倾斜，扶持民族乡的发展。2000年以后，又建立了宁化县治平畲族乡和福鼎市佳阳畲族乡。至2010年，福建省畲族乡畲族总人口近14万人，约占福建省畲族总人口的五分之二。

和20世纪五六十年代采取组织少数民族参观团增进民族团结的方式不同的是，自80年代始，党和政府以表彰群众身边的感人事迹和先进典型的方式来教育群众、引导群众，树立起民族团结进步的新风尚。1983年，福建省政府首次召开民族团结先进集体和先进个人表彰大会，并向国务院推荐表彰模范集体和模范个人。从1988年开始，国务院先后召开了5次民族团结进步表彰大会，福建省也先后召开了7次表彰大会。省内各设区市、各县市区也分别表彰了一批批在民族团结进步事业中涌现出来的模范集体和个人。

这些受表彰的集体与个人中除畲族与畲族乡村外，还有许多是帮助畲族发展的集体与个人。2006年，党的十六届六中全会决定将民族团结进步活动与双拥活动一样，作为我国社会主义精神文明建设的常设机制。每年的9月成为福建省民族团结进步宣传月。

自20世纪90年代以来，福建省委、省政府提出了"举全省之力，动员全社会力量，加快少数民族和民族地区的社会经济发展"，明确了民族工作社会化战略思路。1994年，福建省委、省政府确定"8·7"扶贫攻坚计划，将少数民族乡作为扶贫攻坚重要组成部分，确定省直单位定点挂钩民族乡扶贫。1996年，设立了福建省民族工作协调委员会，其主要职责是贯彻执行党和国家关于民族工作的方针、政策和法律、法规，研究制定少数民族和民族地区各项优惠政策，促进少数民族和民族地区各项事业的全面发展，并深化了对口帮扶民族乡工作。1998年，福建省委、省政府颁布了《关于加快我省少数民族和民族地区经济、社会发展的若干政策措施》，强调"没有少数民族的脱贫致富奔小康，就没有全省人民的奔小康"，并于当年提出开展挂钩帮扶民族乡村活动的要求，实施省民族工作协调委员单位和沿海经济发达县（市、区）挂钩帮扶民族乡。全省共有23个厅局办挂钩帮扶民族乡，21个沿海经济发达县（市、区）对口帮扶民族乡。随之，全省各级政府都相继成立了民族工作协调委员会，形成了省、市、县三级对口帮扶民族乡村工作网络。

在对口帮扶实施过程中，福建省畲族乡村的基础设施建设等都取得了显著的成效。

自1994年起，福建省对山区海岛贫困群众实施异地移民扶贫的"造福工程"，每年列入省委、省政府为民办实事项目。福建省畲族人口最多、分布最集中的闽东畲族乡村是这项工程关注的主要对象，不仅成为这项工程的直接受益者，也是实施这项工程最见成效的地区。山高路远、生存条件恶劣、零星分散的畲族村被集中搬迁到地理条件较好的地域，有效地改善了民族乡村的基础设施建设和少数民族群众的生产和生活条件。如福鼎市硖门畲族乡通过实施"造福工程"，对45个自然村进行了整村搬迁，共搬迁546户2236人，先后形成了集镇民族街，柏洋永和、斗门头文渡等规模较大的"造福工程"新村和少数民族聚居新村。

1997年，省委、省政府又将居住在山区茅草房的畲族群众的搬迁列入为民办实事项目，累计投入茅草房改造资金722.73万元，搬迁福鼎、霞浦两县少数民族茅草房719户2859人，新建住房19 520平方米。1998年，又发现漳平市桂林街道山羊畲族村还有畲族群众居住在茅草房中，经过一年多的努力，投入83万元资金，新建住房6630平方米。搬迁少数民族居民85户886人，

1998年9月22日，福建省人民政府批准成立省级开发区福安市畲族经济开发区。这是全省唯一的少数民族经济开发区，也是国家民委改革开放联系点。

2001年5月29日，时任福建省省长习近平接受了《中国民族报》的采访，习近平回答记者提问时说："闽东地区认真贯彻执行党的路线方针政策特别是党的民族政策，畲族乡村发生了令人振奋的变化。宁德地区的一个传统是第一把手挂点民族乡，帮助乡里解决实际困难和问题，并以此为典型，总结经验，推动整个地区的民族工作。我当时挂点的乡是福安坂中乡，是典型的畲乡。通过深入基层进行调查研究，我感到，民族地区的发展，要把经济摆在首要的位置。解决这个关键是要找准一条正确的发展路子。要充分发挥优势，扬长避短，不做不见效益、劳民伤财的事情。扶贫攻坚问题、基础设施建设问题、发展民族教育问题、培养少数民族干部问题等等都是很重要的问题，要综合考虑，统筹安排。我们确定了少数民族人口在千人以上的乡，必须配备少数民族的乡领导。这个政策推广到省里，一直沿用到现在。"习近平省长还告诉记者，"1999年，省委、省政府在深入调查研究的基础上，作出了'在两年内基本解决老区基点村五通问题的承诺'。两年来，全省投入'五通'建设的资金达4.6亿多元。到2000年底，全省老区和少数民族行政村已经基本实现'五通'。"

新时期福建省畲族地区的法制建设，主要依据国务院的《民族乡工作条例》与《城市民族工作条例》等。1999年人大通过了《福建省少数民族权益保障条例》于2000年施

行。从而，实现了福建民族工作从政策调整到政策法制并举的历史性跨越。各级党委、人大、政府领导都将"条例"的宣传贯彻工作摆上重要议事日程，并由此催生了一系列加快少数民族和民族地区经济社会发展的配套的法律法规和政策措施。依照"条例"有关条款，省、市、县三级财政不同程度地增加、落实了民族补助费。省组织、人事、统战、民族部门制定下发了福建省培养选拔少数民族干部工作规划，大批畲族干部脱颖而出。省民宗厅与省教育厅联合下文，实行给全省少数民族中考考生录取总分加分2%的照顾。省高招办也制定了给予宁德市、福州的北峰山区、罗源县、连江县以及各畲族乡的畲族考生加分照顾的政策。

新时期畲族乡村各项社会事业有了长足的发展。如闽东畲族与在社会各界的关注和支持下形成了中小学民族教育网络，全市共有6所民族中学，独立设置的民族小学135所，民族基础教育体系逐步完善。"条例"颁布10年来，宁德市共投入民族教育资金1235万元，对全市67所独立设置的民族寄宿制中小学进行三期的新、改、扩建工程，有效改善了民族地区的办学条件。

被《人民日报》誉为"畲山的教育明珠"的福安市民族实验小学，始终坚持普通话与畲语"双语"教学，成为一所具有民族特色的寄宿学校，被国务院授予"全国民族教育先进集体"，成为"全国青少年科技人才培养基地"。宁德民族中学在不断加强基础学科课程建设的同时，还在校本课程中开设"畲族优秀传统文化""畲族语言文化""畲族文化风情""畲族风俗""闽东畲族史"等科目，被评为"全国少数民族中学示范校"，并被教育部、国家民委授予"全国民族团结教育活动先进集体"荣誉称号。

近年来，宁德市还将民族乡村的义务教育纳入公共财政的保障范围，确保义务教育阶段少数民族贫困家庭的学生"两免一补"政策落实到位，有关部门也增加安排少数民族教育专项补助资金。从2007年起，宁德市每年发放助学金300万元左右，民族中学和普通中学民族班少数民族学生享受助学金补助，高中生平均每月100元，初中生平均每月60元，保证了少数民族学生不因家庭困难而辍学。在高中招生方面，宁德市全面落实少数民族考生中考加分照顾政策，普通高中少数民族在校生逐年增加。2009—2010年，全市少数民族儿童入学率达99.8%，小学升初中升学率达93.3%。

此外，从福建农林大学、福建师范大学、福州大学、福建医科大学、集美大学、福建商业高等专科学校、闽江学院、宁德地区农业学校、宁德师范和福安师范学校等省内各大中专院校民族预科班和民族班陆续毕业的数千名畲族子弟，大大提高了畲族人口的文化素质。

畲族地区的医疗卫生事业也取得长足进步，新型农村合作医疗制度实现了全覆盖，畲族群众的健康水平不断提高。福建省政协十多年不间断地组织医卫界委员及妇幼保健院、省直机关医院等专家到畲族乡村开展义诊活动。新型农村合作医疗制度实现了全覆盖，各族群众健康素质不断提高。全省民族传统体育运动的蓬勃开展，丰富了畲族群众的文化生活。

全面建设小康社会，必须大力进行文化建设，而弘扬和培育民族精神是文化建设极其重要的任务。1985年12月，时任全国人大常委会副委员长叶飞视察福建时提议筹建闽东畲族革命纪念馆并题写馆名。1989年7月1日畲族革命纪念馆在福安市区闽东烈士陵园北侧建成开馆。之后，闽东畲族革命纪念馆被国家民委命名为全国民族团结进步教育基地。2008年1月，闽东畲族文物馆正式对外展出，后经国家民委批准，成为中国民族博物馆畲族分馆和全国民族团结进步教育基地；5月，闽西畲族陈列馆向社会各界开放。

1997年底，经国家民委同意，中国民族理论学会、国家民委民族问题研究中心、中国社会科学院民族研究所、福建省民族学会联合主持的"面向21世纪的中国畲族社区研讨会"在宁德与厦门两地市召开。这是首次在散杂居地区以单个民族为专题的全国性研讨会。浙江、湖南、安徽、江西、广东、贵州、福建7省民族事务委员会领导和民族工作者以及首都民族理论界和部分高校的有关专家、学者共130余人出席了这次会议。会议对21世纪中国畲族社区的经济、文化、社会事业如何加快发展进行理论上的探讨。

1999年，国家艺术学科重点课题的《中国民族文化大观·畲族编》由福建省民族事务委员会组织编撰，民族出版社出版发行。2001年，由福建省政府副省长汪毅夫主编、厦门大学人类学研究所和福建师大人类学研究所联合策划的"畲族研究书系"由福建人民出版社出版，丛书涵盖畲族历史、社会、语言、文化等方面，体现了当代畲族研究的新水平。这一年，宁德畲族歌舞团被国家文化部授予"全国文化工作先进集体"称号。2003年11月，由福建省档案馆与福建省民族与宗教事务厅合编的《福建畲族档案资料选编》由海峡文艺出版社出版。

自20世纪80年代，由于社会转型变化加速，畲族文化发生急剧的变迁，这一现象引起社会各界的广泛关注。2003年11月28日《福建日报》内参166期《畲族文化陷入危机》披露了畲族文化保护问题的严峻性。各级立法机关和行政部门也逐渐意识到畲族文化遗产给当今社会的持续发展和文化创新提供必要的资源，对于民族的生命力、创造力和凝聚力有着极为重要的意义，并在民族文化遗产保护的工作中发挥主导作用。翌年3月，宁德市人大常委会颁布《关于抢救与发展畲族文化的决定》（草案）。6月，宁德市委市政府成立抢救与发展畲族文化工作领导小组，将畲族文化遗产的保护工作与建设小康社会有机地结合起来。其制定的原则是抢救先行，保护为主，集中整理，合理开发。随后编辑出版了 800 万字 13 卷的大型丛书《闽东畲族文化全书》。畲族民歌、武术、节俗等也相继被列入国家级、省级、市级非物质文化遗产和传承人名录。

2006 年,《国家"十一五"时期文化发展规划纲要》将编纂《中国少数民族古籍总目提要》作为文化重点工程,福建省作为编纂《中国少数民族古籍总目提要·畲族卷》牵头省份启动了这项工作。全省畲族乡村群众积极提供了各类古籍资料。在编辑过程中已先后出版了《福建省少数民族古籍丛书·畲族卷》的谱牒部分与霞浦小说歌部分。

在此基础上,畲族文化产业的开发作为经济新的增长点也日益被人们所重视。特别是民族旅游业已崭露头角。如闽东将畲族文化和生态环境作为旅游资源进行开发,设立了蕉城区的中华畲族宫(包括亭坪畲族风情村、民俗街)、蕉城区金涵畲族乡上金贝村、福鼎市方家山畲族民俗村、福安市穆阳畲族民俗村(溪塔—长潭—红坪)、霞浦县溪南镇白露坑半月里畲族民俗村、古田县平湖镇富达畲族村等 6 个旅游点。其中中华畲族宫已是畲族同胞的朝圣地,海内外游客领略畲族风情的好去处。溪塔旅游点由中央电视台作了专题报道。畲族地区独特的民族文化和自然环境、畲族群众的友好情谊、村民的生活方式等,都作为旅游产品向来自城市和异域的旅游者展示、推介。

上金贝村近年来在福建省农业科学院党内外专家组的指导帮助下,省级新农村建设示范村蕉城区把休闲农业、乡村旅游与新农村建设结合起来,推进新农村建设示范园、畲族村寨风情园、郊区生态休闲园"三园"建设,提高了村集体收入;农民年人均收入从 2006 年的近 3000 元提高到 2010 年的 8000 多元。同时,被国家民委列为全国少数民族特色村寨保护与发展试点村。

新时期畲族乡村的发展,给畲族家庭与村民带来了变化。以闽东为例,到了世纪之交,畲族家庭中族内婚的壁垒已经松动,民族之间的通婚现象逐年递增。1990 年宁德地区的民族混合户共 18381 户,到 2000 年增至 24168 户。随着"造福工程"的实施,周宁县城关出现了兴福畲族居委会,蕉城区与福安城区接合部出现了"新源""留安"等畲族新村,在宁德市东侨开发区内,有一定经济实力的少数民族村民自发地进城落户,又一个少数民族社区正逐步形成。与此同时,畲族乡村大量青年外出务工,他们离乡又离土,进入了城市,思想上逐渐"城市化"。还有部分畲族青年完成了初步积累后,返乡创业。他们中的一些人已经成为了拥有数千万资产的畲族企业家。

回首百年,福建畲族与畲族地区发生了前所未有的沧桑巨变,从落后走向进步、从贫穷走向富裕、从封闭走向开放。

畲族传统文化中的汉民族文化影响*

刘冬

畲族是中国一个有着悠久历史和灿烂文化的少数民族，也是中国东南沿海地区最主要的少数民族。早在隋唐之际，畲族先民就已在闽、粤、赣交界的山区生息繁衍。到了元、明、清三代，大量畲民自闽、粤、赣交界地陆续迁往了闽、浙、赣交界地。在上述这个特定的历史时空之中，畲民从游耕民族逐渐变成了定耕民族，并形成"大分散、小聚居"的聚落特点与社会模式。随着社会历史发展的进程，畲民不仅塑造了自身鲜明的民族性格与文化心理，也构筑了独特而丰富的民族文化。闽、粤、赣交界地经过元、明、清三代600多年历史积淀而形成的畲族文化，在现代人的眼光里，便是畲族传统文化。

以上畲族传统文化形成的原因是复杂而多元的，而其中畲族与当地汉族的较为和谐的交往与文化互动，特别是畲族文化受汉族文化的直接或间接的影响是一个不可或缺的动因。本文着重探讨的便是这个论题。

畲族有本民族语言，但没有自己的文字，因而以汉字为载体的畲村地方性文献成为探讨畲汉文化关系的主要依据。大量的地方性文献，主要指藏于民间的畲族巫师的科仪法书、畲民家族文书以及畲家户户传抄的歌言（歌谣）唱本。这三类文本分别代表了畲族传统文化中的宗教意识、伦理规范与审美思维，其中"宗教意识产生了畲民的巫术文化，伦理规范产生了畲民的家族文化，审美思维产生了畲民的歌言文化。以上三者作为畲民传统文化的三大构件，共同构成畲民族文化共同体的必要条件"①。本文探讨形成以上三大构件的动因时，侧重于畲族传统文化受闽、粤、赣交界地汉文化影响这一点上。

---

* 原文载《宁德师范学院学报·哲学社会科学版》2014年第1期。
① 参见蓝图、蓝炯熹：《闽浙赣交界地：地理枢纽与畲民族共同体的建构》，载《福州大学学报》，2010（6），15页。

一、畲族歌言文化中的汉文化影响

畲族称"歌谣"为"歌言"。畲族歌言文化是畲族传统文化中审美思维的产物,是畲族艺术地认识世界、反映世界与表达世界的一个方式。歌言文化具有敬神、娱情、教化、述史等多种功能。畲谚云:"俗不离歌",他们在衣食住行、婚丧年节、祈神祭祖中都有歌唱活动。畲族学歌有一个专有名词叫"歌教",这是畲民家族传统教育的特殊手段。"歌教"唱本是家族最主要和最基本的教材,畲民家族视唱本为珍贵而神圣的传家宝,祖祖辈辈传阅、传抄、传唱。一代代人依凭畲歌唱本得到启蒙教育,通过习歌、会歌、盘歌,识字习文。

畲族歌言是文学语言与音乐语言的有机融合。从音乐形式上看,畲族歌言因其"大分散、小聚居"的居住格局,呈现出多种不同的音调。不同的音调间又互有关联,显示一个民族共同体所具有的共同文化特征。从文学语言上,畲族歌言已非普通的日常用语,而是经过艺术加工的特殊语言。其文学语言中已经包含了诸多汉语歌谣的古老意象与习见的修辞技法。从内容到形式,畲族歌言均或隐或显地流露出汉文化的气息。民族音乐学者蓝雪霏认为:"因为当汉族文化从经济运作方式到生活层面不断改变畲族固有的一切时,作为精神文化的形式,如语言、文字、歌唱也即时并进,或为汉文化所替代,或为汉文化所浸染。"[①]

畲族歌言的形成与民族语言或地域方言密切相关。歌言的句子一般为七言,基本类似于南方汉族人习用的民间"竹枝词",且十分擅长用各种不同的汉语修辞手法自由即兴编唱。民间汉语山歌中的比喻、借代、比拟、夸张、对偶、排比、反复、顶针、描摹、双关等修辞手法,在畲族歌言中比比皆是。如"拦路阿哥听娘言,娘(指畲族女子)是初次出外乡,恰似'冬至'泥内笋,真像春茶未见霜";"情义两字值千金,教娘大胆过来寻,雷公不打风流事,老虎不掏多情人";"少郎生好中娘心,可比明月照山林,你是十五光明月,我娘愿做月边星";"生事事生何时了,害人人害几时休";"有心莫要几多言,有心莫要挂嘴边;山笋不怕石来压,相爱莫怕旁人讲"。

从畲族歌言所表达的内容上,也清晰可见汉文化对于畲族文化的渗透,其中最为典型的是发源于清代末年的福建省霞浦县白露坑畲族村的"小说歌"。"小说歌"已列入国务院颁布的首批非物质文化遗产名录,是畲族以流传于当地汉族乡村中的说书话本与地方戏

---

① 蓝雪霏:《畲族音乐文化》,210 页,福州,福建人民出版社,2002。

曲的故事为蓝本所进行的艺术再创作。据1958年《畲族文艺调查》，在闽浙畲族地区流行的一百余篇畲族小说歌中，就有大量将汉族作品改编而成的畲族"小说歌"，如包括《西游记》《白蛇传》《梁山伯与祝英台》《孔明祭东风》《曹操下江南》《宝莲灯》《天仙配》等。① 另据已经出版的《霞浦县畲族志》《福安畲族志》《宁德市畲族志》《浙江畲族民歌集》《崇仁乡畲族》等书所列的畲族"小说歌"的目录中，也有《齐天大圣》《桃园三结义》《七品芝麻官》《刘海钓蟾》《铁弓缘》等篇目。

在畲族歌言所表达的内容中还渗透着与汉文化一致的价值观念与伦理道德。如根据清代福鼎县童生钟良弼考秀才的史实故事创作的"小说歌"《钟良弼》，其内容描写钟良弼不畏"县书串通生监诬批畲民不准与试"的民族歧视，不惜"家财卖尽使"，"一直去透福州城"，"告分（到）武（抚）院衙门去"，终于打赢官司并考取秀才的曲折经历。《钟良弼》所表达的"世间万般都无益，惟有耕读不误人。世上惟有文章贵，为官都是读书人"的文句，有着强烈的功名意识，有着类似于汉族社会的"万般皆下品，唯有读书高"的价值理念。

畲族歌言虽然在内容与形式上均不同程度地受当地汉文化的影响，但是畲歌作为畲族文化重要组成部分，其内容与形式上仍然具有鲜明的民族特征，特别是形式上，包括曲调、旋律、唱法、歌俗等方面，与当地的汉族音乐文化迥然不同。如畲族小说歌《梁山伯与祝英台》中，增加了马文才游地府等诙谐、幽默的场景，冲淡了悲剧色彩。② 又如1958年音乐家郑小瑛等人的《畲族文艺调查》，③ 记载了闽东畲族的双条落（双音）等唱法，在我国南方少数民族音乐文化中是独树一帜的。

二、畲族家族文化中的汉文化影响

畲族的家族文化是维系民族迁徙、发展与繁衍的伦理力量、道德准绳、价值标准、礼仪规则与行为规范。畲族的家族文化强调了家族的权威，其权威的构成可以看作是"神—鬼—人"三个层面的有机组合。即以远祖崇拜的对象为家族权威中"神"的系统，以已逝的村落开基祖为代表的近宗崇拜的对象为家族权威中"鬼"的系统，而健在的族长、房长等村落"父老"则是家族权威中"人"的系统。在"神—鬼—人"三个层面上，我们

---

① 《中国少数民族社会历史调查资料丛刊》福建省编辑组：《畲族社会历史调查》，205页，福州，福建人民出版社，1986。
② 参见蓝炯熹：《畲民家族文化》，269页，福州，福建人民出版社，2002。
③ 参见《中国少数民族社会历史调查资料丛刊》福建省编辑组：《畲族社会历史调查》，217页，福州，福建人民出版社，1986。

可以一一对应畲族的家族的传说、畲族的谱牒、畲族的宗姓,并从中探寻汉文化对畲族文化的影响。①

畲族史诗《高皇歌》和畲族家谱、祖图等资料显示,畲民家族的河南传说源于盘瓠与三公主所生的三男一女的故事,其本源可以追溯到汉族中原地带。据畲族家谱载:"高辛皇帝爵封盘瓠盘护王,加封忠勇王。长男盘自能,次男蓝光辉,三男雷巨佑,女赘钟志深。公主金精银青夫人赐姓萧氏,食邑千户侯封正一品夫人;盘自能封南阳郡武骑侯配吏部尚书张敬春之女,封正一品夫人;蓝光辉封汝南郡护国侯配户部尚书廖尚惠之女,封正一品夫人;雷巨佑封冯翊郡立国侯配户部尚书葛尚辉之女,封正一品夫人;女名淑玉赘钟志深封颖川郡敌国侯,封正三品夫人。"查"南阳""汝南""颖川"古地均在河南,而"冯翊"古地虽在陕西,但也临近河南。河南传说对于畲族姓氏的追述,可以看作是畲民源于一种安身立命的世俗化、谋求生存空间的现实感而对中原汉族文化的认同。日本学者濑川昌久认为:"畲族接受河南传说之类汉族祖先移居传说,或许可以看作是在叙述关于本族出身传说的层次上表现出汉化的一个阶段。也就是说,他们不是以本族祖先为皇帝所豢之犬盘瓠为中介来联结中华文明,而是通过其原住地就是古代中国的中心区域这一事实,更直接地主张自己就是中华世界的一个成员。"②

受汉文化的影响,畲民也十分注重家族谱牒的编修。由于畲民文化程度的局限性,畲民家族也延请当地的汉人代为修纂族谱。汉族儒士在编修过程中,在内容上对畲民的家族文化心理保持着相当的尊重,也在形式上融入了汉人谱牒修纂的基本范式。而畲民对于长期在畲族乡村修纂谱牒的汉族儒士十分信任,甚至于往往出现汉族先生两代人先后相续为某个畲民家族修纂族谱的行为。陈支平《福建族谱》记载了闽东蓝姓畲民在清代同治、光绪年间分别延请王聘三父子修纂族谱的情况。③ 福建畲民的主要聚居地闽东现存的清代畲民族谱大多由当地汉人修纂。其所修族谱中虽保留了大量畲民家族文化的内容,却也难免融入了汉族家族的伦理精神,这种伦理精神主要体现在畲族族谱的序言、家范、族规等内容的叙述上。同时,在现存的畲民家族谱牒中,虽然有区别于汉人的反映畲民家族文化历史的篇章,但是格式和汉族大致相同。即沿袭民间通用的欧(欧阳修)苏(苏洵)模式,且在族谱《凡例》中加以说明。

总之,分析闽东、闽西、闽北等地的畲民族谱,从指导思想、编写格式到特定的符号系统,不难看出均基本会同于正统汉族家族文化传统的主流话语。如宁化县城南乡茜坑畲

---

① 参见蓝炯熹:《畲民家族文化》,57页,福州,福建人民出版社,2002。
② 濑川昌久著,钱杭译:《族谱:华南汉族的宗族·风水·移居》,225页,上海,上海书店出版社,1999。
③ 陈支平:《福建族谱》,288页,福州,福建人民出版社,1996。

族村《雷氏家谱》所表达的修谱意图与汉民族的家族伦理观念如出一辙,即:"谱之修也,岂徒借以载一族苗裔生卒娶葬已哉?而尊祖敬宗睦族追远之意,胥于是乎系焉!夫木本水源非修谱无以厪世德作求之念,继志述事非修谱无以见奉先思孝之忱。"① 又如民国《闽杭庐丰蓝氏族谱》总目录中包括了"新序""旧序言""凡例""同名辨""族约""任务""捐资""绘图""世系表""念七郎公总系""各支派""溯源志""前志""后志""祠祀志""选举志""艺文志""墓志""迁移志""族望志""列女志""领谱志""杂录"等。

受汉族文化影响,畲族以姓氏为界限,以同姓同宗血缘序列建构起"公祠—支祠—户—家庭"的封建宗法组织。即畲民家族存在与汉族相似的"家族—房支—家庭"的家族体系。其中房和汉族一样,也是家族的支系,"房支"维系着数百个家庭。修于民国十七年(1928年)的宁德猴墩村《雷氏宗谱》便是外猴墩村廷亮公派下夏、汤、商、齐、鲁、晋六房的家谱。所不同之处是每一个姓氏的远祖追溯中都冠以畲族远古盘瓠传说所叙述的带有神话色彩的家族神系。在典型的畲族家谱修撰中,都记载着《凤凰山忠勇王坟茔图》《列朝封赠》《龙首师杖志》《凤凰山祖祠记》等涉及盘瓠传说的内容。

在闽南的畲民家族文化中还有一种畲汉结合的联宗传统,即随着闽南人飘洋过海,并在海外发族,将若干族姓结成特殊的姓氏联盟。此举是为了弥补个别族群的势单力薄,通过一定的地域或社会关系的联系,增加家族的力量。如在闽南泉州一带,"萧、钟(畲族)、叶、林称同宗。在菲律宾,沈姓、尤姓加入联宗行列,组成'六兰堂',世称'宗联四姓,谊结六兰'"。另在漳州地区诏安县农村也有关于萧、钟、叶三兄弟的说法。② 在闽南地区还有何、韩、蓝(畲族)联宗现象。流传闽南的"何韩同宗"传说具体生动。相传当年韩信涉水逃难,遇到追兵盘查,他急中生智,遂指河而言姓"何"。因此,闽南民间认为何、韩本为一姓。又据郭联志《明以来漳州畲族社区的变化》一文载,云霄县何地乾隆二十年《何氏族谱》云,何姓开基祖妣盘氏,而盘氏为蓝家(畲族)养女,她生二子。长子曰"京保",姓蓝,从南胜移居渡头,传衍为蓝姓后裔。次子曰"彦保",姓何,移居何地。何、韩、蓝(畲族)联宗遂源于此。漳州一带的何、韩、蓝(畲族)联宗之俗传到了台湾,台湾各地均有"何韩蓝同宗会"等联宗组织。③ 这一联盟中已打破了传统意义上的家族、民族的界限,而仅仅突出特定族群组合的意义。

畲族家族文化中虽然其家族构成、族谱编修等方面均受汉文化的较大影响,但是其远

---

① 宁化县城南乡茜坑村:《雷氏家谱》之《祀产记》,芳饮堂藏版,民国三年(1914年)。
② 武荣殷比干文化研究会:《比干文研》,第四集,1997。
③ 郭联志:《明以来漳州畲族社区的变化》,见《面向21世纪中国畲族社区研讨会论文集》,油印本。

古神话盘瓠记忆的代代相传,神秘的家族祭祀仪式以及盘、蓝、雷、钟四姓同源的宗族观念,都植根于畲族文化心理,深藏于集体无意识,表现在家族日常活动中。如畲族"凑头话"(谚语)云:"山哈、山哈,不是亲戚就是叔伯";"凤凰山上好开基,同是南京一路人";"蓝雷三姓共门寮,不共锅灶同族亲"。① 表明了畲族早年"每祭祖则四姓毕集"② 的"家族即民族"的"泛家族观念"。③

三、畲族巫术文化中的汉文化影响

畲族崇尚巫风,伺奉鬼神,形成一整套原始宗教信仰体系。畲族的巫术文化属于"闾山教"的巫法范畴。闾山教是流传于南中国广大汉族与少数民族地区的民间宗教,其教主是许真君。在畲民盘瓠传说巫术化的过程中,盘瓠王为许真君弟子。畲族《高皇歌》云:"龙麒(即盘瓠王)自愿官唔(不)爱,一心闾山学法来。学得真法来传主,头上又何花冠戴。当初天下妖怪多,闾山学法转来做。救得良民个个好,行罡作法斩妖魔。闾山学法法言真,行罡作法斩妖精。十二六曹来教度,神仙老虎救凡人。"④ 今罗源县廷洋坂村藏有畲民祖图,其中第三十三幅图曰:"盘王(即盘瓠王)别公主往闾山学法。"第三十四幅图曰:"许真君云端传正法。"祖图末端落款为:"大清乾隆五十六年辛亥岁十二月谷旦,蓝法容、长吉、法富、法寿捐立,惟愿各房子孙昌盛、长发其祥"。

畲族传统的宗教信仰是带有巫术色彩的多神崇拜。神祇是否灵验,是他们选择的唯一出发点。畲巫的万神殿中有本族神灵蓝太姥、插花娘等,也有源于汉族民间信仰的女神陈靖姑、马仙等。陈靖姑信仰原发于福州府,继播于闽浙赣交界地。明代是陈靖姑信仰文化建构初始期与大规模扩展期,这正是畲民大量迁徙闽、浙、赣交界地的时段。据陈靖姑传说,陈靖姑与畲族远祖盘瓠王同属闾山法门。闾山法门成为畲民巫术文化与陈靖姑信仰的契合点。除此之外,临水夫人法力的主要功能是保婴保赤,这对于崇尚"九族推尊缘祭祖,一家珍重是生孩"⑤ 的畲民而言,陈靖姑信仰具有特殊的亲和力与必要性。因而,临水夫人(陈靖姑)神系在畲民巫术文化中的地位尤为显赫。有学者认为:"明清时期是闽东方言区陈靖姑信仰文化建构与成型的时期,也是畲族大量迁入和定居在闽东的时期。在

---

① 福建省宁德地区民间文学集成编委会编,萧孝正执编:《中国谚语集成·福建卷·闽东畲族谚语》,铅印本,79页。
② (清同治)《贵溪县志》,卷14,《杂类轶事》。
③ 参见蓝炯熹:《畲民家族文化》,6页,福州,福建人民出版社,2002。
④ 浙江省民族事务委员会:《畲族高皇歌》,9页,北京,中国广播电视出版社,1992。
⑤ 引自周应枚:《畲民诗》,见光绪《遂昌县志》,卷1,《风俗·畲民附》。

畲汉民众的社会交往中，畲族乡村的巫术文化选择、吸纳了原本属于当地汉人的陈靖姑信仰，并使之成为畲族巫术文化的重要构件。""畲族巫术文化中的陈靖姑信仰富有民族特色。在长期的畲汉文化互动中，畲族巫术文化不断吸收汉族陈靖姑信仰文化并将之发扬光大，进而推动了整个闽东方言区陈靖姑信仰文化的发展。"①

畲族巫术文化在吸收陈靖姑信仰文化的同时，将之发扬光大，其中畲族巫师扮演了重要而特殊的角色。闽东方言区是福建畲族的最后迁徙地与最主要聚居地，畲汉两族民众有着较为和谐的经济、社会、文化生活，其中也包括民间信仰神灵崇拜在内的宗教生活。在明清陈靖姑信仰的造神运动中，大量迁入闽东方言区的畲族也参与其事，畲汉村民共同推进了临水夫人神系与陈靖姑信仰文化的建构。从现有的畲族巫师科仪唱本中可以看出，临水夫人神灵系统的地位仅次于闾山法主许真君。"奶娘（陈靖姑）踩罡"是巫术大醮的重要程序。由于陈靖姑法力所涉及的范围更显广泛、普世，因而福安民间流传着多种《奶娘传》的说唱诗本，以七言长诗形式记述陈靖姑的身世、传说并赞颂其灵威。

从现存的畲族巫师科仪唱本中，还可以追溯到畲族巫师由汉族巫师嫡传的信息。为了显示巫法的正宗，畲族巫师们在转抄科仪唱本时，往往会在落款处交代唱本的来源，人们便可以借此按图索骥寻找到畲族各坛巫师教宗传承的历史。如福宁府福安县灵宝法坛雷姓巫师所藏的用于恭请临水夫人行罡作法降伏旱魔的《旱尪法书》唱本落款为："明天启元年（1621年）六月吉旦，林法通原籍抄写，取《仙旱尪细法》。清嘉庆二十年（1815年）六月吉旦，依师传抄——林法真。光绪七年辛巳岁（1881年）七月吉旦传抄——吴法飞。飞传男法留同婿钟声远，敬识再抄。"以上文字表达了灵宝法坛200余年传承的历史过程，其中包括林姓汉族巫师传至吴姓畲族巫师，再传钟姓畲族巫师的链条。福州府罗源县福佑灵坛蓝姓巫师抄于光绪年间的《招兵科范》唱本落款云："闾山福佑灵坛祖传九代，士叶宣能道名法进，亲录传授后学，师徒蓝法尊、（法）明前去代天行化，护国救民。其书切莫忘记，仔细记真，流传后裔。子孙看用其书，不可失落，自然法门兴旺。恐有外人借看抄写，随手就讨，不可轻贱。上传下接，不可乏常。其法书系是侯官县传来看诵，后来子孙莫忘记。功曹兴发，驿马常行，千兵万将跟随也。读者不可以其近而忽之者。"根据上文，从福佑灵坛传至光绪年间已历9代推算，巫坛传承的初始时间该是明代，法脉源自侯官，并由汉族巫师叶宣能传至畲族巫师。

考察福安闾山派巫师传承状况，我们发现当今福安闾山教派畲汉巫师共分为东西两路。寻其发端，两派均不约而同地追溯到福安西部长潭村的畲族巫师雷法腾。他们一致认

---

① 蓝焰：《畲族巫术文化中的陈靖姑信仰》，载《世界宗教研究》，2007（4），86~95页。

为均受法于雷法腾。

以上说明，畲族巫术文化的建构与发展，与当地汉族巫术文化是息息相关的，有时两者纠结在一起，形成错综复杂的关系。

四、结束语

从闽、浙、赣交界地的畲族的歌言文化、家族文化和巫术文化的构成中不难看出，畲族文化均不同程度地受到当地汉文化的影响。这种影响是畲族与汉族的长期交往与文化互动造成的。汉文化直接或间接地影响了畲族传统文化的构成。这种影响力是畲族在保留本民族的文化内核的前提下出现的，因此，其中的汉文化要素已经自然而然地融入了畲族文化，成为畲族文化的有机组成部分，且无法剥离。

畲汉两族文化之间的影响是互相的、双向的。本文仅强调了其中的一个侧面，即汉文化对畲文化影响的一面。事实上，畲族文化也可能影响到汉族，并也可能为当地的汉族所接受，而转化为当地汉族文化的组成部分，如粤东客家地区唱山歌就曾受当地畲族歌言文化的影响，至今那里的客家地区还将唱山歌称为"逗崒（畲）歌"，关于这点不是本文讨论的范围。

福建少数民族传统体育现状及传承路径探析*

黄淑萍

少数民族传统体育是少数民族传统文化的重要组成部分和重要载体之一，其种类繁多、内容丰富。它们的存在丰富着少数民族群众的业余闲暇生活，也体现着文化的多样性，具有很大的传承价值。福建是少数民族散杂居省份，据2010年"六普"统计，全省56个民族成分齐全，少数民族人口79.69万人，世居的少数民族有畲族、回族、满族、蒙古族等。其中畲族人口有36.55万人，占全国畲族人口的51.58%，占全省少数民族人口的45.87%。

福建少数民族的传统体育项目种类较多，有表演类、竞技类、游戏娱乐类等。然而，随着社会的不断发展，少数民族群众的生活环境发生了很大的改变，有一些传统的体育项目也因生存环境的改变而面临失传的风险。在此情境下，如何使少数民族传统体育得以保护和传承便成为了一个尤为重要的问题。

一、相关研究的简要回顾

有关少数民族传统体育保护和发展方面的研究比较丰富。研究者们从各自的角度对少数民族传统体育发展不力的影响因素进行分析，并提出一些意见建议。如李腾达等认为，少数民族体育传承的途径和方式比较受限，体育文化内涵流失，科技发展等因素影响了少数民族体育的传承与发展。要传承发展少数民族体育，则需要健全和完善少数民族体育的相关政策与法规，加强少数民族体育的研究、挖掘和整理，合理引导少数民族体育产业化

---

* 原文载《福建体育科技》2014年第3期。

发展，把少数民族体育纳入学校教学，促进少数民族体育项目走向世界等。① 杨文等认为，民族传统体育的生存与发展正面临前所未有的危机，而民族传统体育的社会建构滞后于现代社会需求是其危机产生的社会根源。民族传统体育只有保持自身的社会建构与自我建构的平衡，正确处理好传统与现代领域中的互动关系，并寻求到现代与民族的完美结合点，才能得到进一步发展。② 韩玉姬等认为体育项目自身存在弊端、宗教信仰中的消极因素、相关部门重视程度和扶持不够、现代体育项目的冲击等影响少数民族体育的发展，并提出应借鉴现代媒体，促进传统体育长远发展；以民运会为平台，促进传统体育的改进；挖掘传统体育的健身功能，融入学校体育与群众体育。③ 袁华亭认为竞赛性和表演性项目的保护措施应有差别，对竞赛性项目，宜于积极改造的则积极改造，不宜积极改造的则消极保护；优先挖掘、整理濒危项目；改革传统体育人才的培养储备模式；把少数民族传统体育项目纳入产业化轨道。对于表演性项目，宜确立本民族文化遗产日，开展宣传展示活动；大力在群众中开展形式多样活动；与企业合作盘活体育文化产品。④

福建是少数民族散杂居省份，在少数民族传统体育方面的研究不及那些民族大省，而且省少数民族以畲族为主，研究的主题也自然大多围绕着畲族而展开，较少涉及其他少数民族。郭平华指出，制约畲族传统体育发展的原因主要有理论基础薄弱、文化环境的影响、现代体育冲击、认识观念偏移等，认为福建畲族传统体育要发展，首先需要政府的关心和投入，加强对畲族传统体育的挖掘整理、培养畲族传统体育的专业研究人员、提高民族传统体育的竞技性、开发少数民族体育文化旅游资源，等等。⑤ 郑宏源对福建畲族传统体育的起源与发展进行了梳理，认为畲族传统体育随着社会的变迁有些项目自然退化了，有些项目因为仍然能与人们的生活联系紧密而得以发展。认为弘扬畲族传统体育要积极开展畲族传统体育的挖掘、搜集和整理工作，要加强对畲族传统体育的宣传，在学校开展畲族传统体育活动。⑥ 兰润生提出，保护畲族民族体育，要揭示畲族体育的实际应用价值，注重体育文化的交流，要提炼精华，突出畲族体育特色，发挥畲族体育竞赛的杠杆作用，

---

① 李腾达、路远：《少数民族体育的传承与发展探讨》，载《江西教育学院学报》（综合），2010 (3)，69~71页。

② 杨文、谢琴：《建构主义视域下民族传统体育危机研究》，载《宁夏大学学报》（人文社会科学版），2013 (2)，194~196 页。

③ 阮利民、柏林、唐宝盛：《近二十年我国少数民族传统体育研究现状述评》，载《沈阳体育学院学报》，2012 (1)，135~137 页。

④ 阮利民、柏林、唐宝盛：《近二十年我国少数民族传统体育研究现状述评》，载《沈阳体育学院学报》，2012 (1)，135~137 页。

⑤ 郭平华：《福建畲族传统体育的困境与出路》，载《福建金融管理干部学院学报》，2006 (5)，62~64 页。

⑥ 郑宏源：《福建畲族传统体育的起源与发展》，载《科技风》，2008 (1)，211~212 页。

等等。① 洪静静通过对罗源县霍口民族乡、连江县小仓民族乡等地区畲族乡、村寨关于福建省畲族民族传统体育文化传承现状进行实地考察，阐明了福建省畲族传统体育保存的必要性，认为要传承和发扬畲族传统文化需要本土特色与现代体育文化特质有机结合起来，与时俱进。②

二、福建少数民族传统体育现状

（一）少数民族传统体育项目种类繁多，内容丰富

福建少数民族传统体育项目种类繁多。譬如，畲族的传统体育项目有 30 多种，按项目特点大致可分为生产劳动类、舞蹈类、军事斗争类、风俗习惯类、游戏娱乐类等，其中生产劳动类有打枪担、操石磙、骑海马、狩猎；舞蹈类有功德舞（踏步舞）、栽竹舞、狮子舞、敬茶舞、猎捕舞、舞龙灯；军事斗争类有打尺寸、打石锁、扭扁担、肚顶棍、手顶棍、盘柴槌、插竹把、八卅拳、洪拳、蓝技拳、推八字步、舞铃刀、板凳拳、打绞棍、四门棍、连环拳、板凳花、畲家拳；风俗习惯类有节日登高；游戏娱乐类有虎抓羊、猴子抢蛋、猴子占柱、虎坑猪、斗牛、虎桩、五虎、半龙虎、龙杆舞等。③ 高山族的传统体育项目有杆球、顶钵、背篓球、斗走、竹摔、摔跤、头目棋、抛陀螺等。其他少数民族如回族、满族、蒙古族等也都有其自己的传统体育项目。

（二）体育运动会对少数民族传统体育传承起到一定的作用

1. 福建参加历届全国少数民族传统体育运动会的情况

全国少数民族传统体育运动会是在 1953 年举办的全国民族形式体育表演和竞赛大会的基础上发展起来的。它由国家民族事务委员会和国家体育运动委员会联合主办、地方承办，从 1991 年开始每四年举行一届，至今已举办 9 届。历届全国少数民族传统体育运动会，福建都精心筹备，积极参加。参与运动会的人数逐渐增多、参赛项目不断丰富，获得的奖项也逐渐增多，可见全国少数民族传统体育运动会对福建省少数民族传统体育发展的一种激励作用。通过参加全国民运会，福建省一些少数民族传统体育项目得到保护和发扬，如畲族的"打枪担""打尺寸"等，高山族的"杆球""背篓球"等，均已成为具有

---

① 兰润生：《福建省畲族民间体育保存现状及保护措施研究》，载《西安体育学院学报》，2005（2），55～58 页。
② 洪静静：《福建省畲族民族传统体育文化的保留与发扬》，载《黎明职业大学学报》，2007（2），21～24 页。
③ 陈晞：《弘扬畲族传统体育的途径与方法》，载《宁德师专学报》（自然科学版），2008（3），248～251 页。

一定知名度的体育项目。

2. 举办全省少数民族传统体育运动会的情况

1986年,福建省举办第一届全省少数民族传统体育运动会,至今已举办7届。每一届的举办时间与全国少数民族传统体育运动会安排在同一年,其中的一个意图也是为了选拔推荐精品体育项目参加全国少数民族传统体育运动会。历届全省少数民族传统体育运动会,竞技类的比赛项目都大大少于表演类项目,这是由福建少数民族传统体育本身的特点所决定的。但是,随着运动会的陆续开展,竞技类的体育项目在不断增加,从第一届的零个项目到第七届的7个项目。可见,少数民族传统体育的竞技项目在不断地被挖掘、整理和推广。

3. 其他单项少数民族传统体育比赛

全省性的单项少数民族传统体育项目比赛开展得很少,没有形成稳定的、常态化的单项赛事。2008年11月22日至23日,由省民族宗教厅主办、霞浦县民族中学承办的全省少数民族传统体育项目陀螺比赛在霞浦县举行,各民族中学、连江华侨中学、厦门市钟宅畲族社区居委会等20个代表队参加了比赛。2009年10月31日,全省少数民族传统体育项目射弩比赛在三明举行,来自全省的8个地市代表队参加了民族标准弩混合团体,男子立、跪姿,女子立、跪姿等5个项目的比赛,比赛为期2天。

各种形式的民族体育运动会为传承和发展少数民族传统体育提供了很好的平台,它们作为一种外在的力量推动着少数民族传统体育运动向前发展。

三、福建少数民族传统体育传承面临的困境

(一)自然传承的效率不断减退

自然传承,本文认为是一种顺其自然,跟随人们的生活方式自然而然进行传承的状态。在社会生产相对落后、生活环境相对封闭的情况下,少数民族群众生活方式的延续实质上就包含了传统体育运动的传承,这种自然传承的方式效率比较高。然而,随着社会不断发展,原来处于相对封闭的少数民族村落也逐渐向开放、半开放状态转变,生产生活方式也发生了巨大的改变,由此也导致少数民族传统体育的自然传承遭遇重重困难。

1. 自然传承的主体不断流失

少数民族群众是民族传统体育自然传承的主体。如今,在少数民族村,留守的大部分是老人和青少年。老人对本民族传统的文化保有深厚的感情,他们是本民族传统体育运动

的主要发起者或是参与者。但是,由于体育运动需要耗费大量的体力,这也导致老年人参与体育运动受到一些限制。相较于老一辈,青少年对于本民族传统体育文化的认同感弱,尤其在学校教育当中接触的更多的是现代体育运动,他们参与本民族传统体育运动的积极性不高。青壮年,应该说是体育运动传承的较好人选,这部分人对本民族传统既有一定的情感又富有体力,然而,这部分人又有着"上有老,下有小"的生活压力,为了改善生活,他们很多都选择离开乡土到城市务工,到本民族传统节日的时候,很多人也都不一定能赶回去参加。长此以往,很多少数民族传统体育项目的传承将面临断层的危险。

2. 传承人对传统体育传承的不自觉

封闭的生活环境下,少数民族群众对于其体育活动的传承是不自觉的,他们并不知道自己在生活的同时正传递着属于本民族自己的体育文化、体育活动。但是,因为有相对封闭、不受外界干扰的环境,这种自然传承虽然当事人不自知,却有很好的效果。到了开放、半开放的生活环境里,人们就会面临不同文化的强烈碰撞,这个时候如果传承主体对本民族传统体育的传承没有一种责任意识,没有形成心理上的自觉,就会随波逐流,使本民族的传统体育传承面临风险。福建省少数民族乡村的经济发展水平相对落后,人们的文化程度也较低,他们对于本民族传统体育的认识较为粗浅,目前还不可能上升到理论层面去思考传承本民族传统体育的重大意义所在,把传承视为自己的使命与责任,并在心理上和行为上达到自觉。

3. 散杂的居住形态增加少数民族传统体育传承的难度

理论上说,相对独立、封闭的生活环境,对于完整保存一个少数民族的文化非常有利。与民族聚居地区相比,散杂居地区的少数民族体育传承难度更大。福建是一个少数民族散杂居的省份:一是散居,同一个少数民族分散在很多不同的地方,这对于该民族举办大型的活动造成不便;二是杂居,少数民族主要和汉族居住在一起,因而缺乏独立的文化空间。散杂居的居住形态造就了福建少数民族相对开放的一种生活格局,他们的生活方式在与其他民族(主要是汉族)频繁的交流交往中不断改变。有一些少数民族传统体育运动也因生活方式的改变而被淡化甚至消失了。

4. 现代体育的流行干扰少数民族传统体育的自然传承

现代体育是当前社会的主流体育文化,它有系统的理论、具体的规则和要求,容易统一开展,尤其在国家政策导向的指引下,现代体育被作为学校体育的主要教学内容,使其很快占据了主体地位。而少数民族传统体育,是少数民族群众日常生产生活实践的产物,崇尚的是传统性、自然性、娱乐性，没有一致的规范，因而也难以统一开展。① 而且随着电视、广播、网络等传播媒介的不断发展，现代体育活动在农村也得到广泛传播，有的甚至代替少数民族传统体育活动成为了人们休闲生活的一部分，使其自身的少数民族传统体育生存的空间越来越狭小。

（二）外力传承进展缓慢，还有较大发展空间

外力传承是指借助主体以外各种力量（如政府行为、社会力量）而形成的各种传承方式。② 目前福建少数民族传统体育的外力传承主要通过政府主导的形式来开展全省少数民族传统体育运动会，并组织参加全国少数民族传统体育运动会来进行，虽然对少数民族传统体育传承起到一定的作用，但是仍有较大的发展空间。

1. 地方政府及体育有关部门的重视不够

相较于现代竞技体育，政府组织对少数民族传统体育的重视程度还不够。在竞技体育上，各级政府都投入了大量的人力、物力和财力，使我们的现代体育事业有了很大的突破与发展。而少数民族传统体育却被忽视和冷落了。福建是少数民族散杂居的省份，少数民族对大部分人而言是比较陌生的。虽然，各地方政府及体育有关部门为了备战全国少数民族传统体育运动会和全省少数民族传统体育运动会也投入一些人力、物力和财力，但是除此之外的投入就很少。

2. 社会力量对少数民族传统体育关注不够

目前，福建有关少数民族传统体育的活动主要还是由政府举办，像社会组织、党群社团、非营利机构企业等这些社会力量很少参与。政府组织的活动规模较大，但是周期较长，像省少数民族运动会四年才一次，能够进行推广的比赛项目也很少。如果各种社会力量也能适时地参与到活动组织机构的行列中来，那就能很好的弥补这个缺陷。但实际情况是，福建是个少数民族散杂居的省份，在日常生活中人们接触少数民族的机会也少，对福建有哪些少数民族、这些少数民族都有些什么独特的文化、生活习俗等这些基础的知识都不是很了解。在这种情况下，更无所谓谈参与组织活动了。

四、福建少数民族传统体育传承的路径

在少数民族传统体育自然传承的环境不断被改变的今天，如何能使少数民族传统体育

---

① 郭平华：《福建畲族传统体育的困境与出路》，载《福建金融管理干部学院学报》，2006（5），62~64页。
② 王元元：《非物质文化遗产传承方法研究》，载《民族艺术研究》，2013（3），27~37页。

有效传承下去?关键还是需要外界力量尤其是政府的帮助。

(一) 明确少数民族传统体育的定位

少数民族传统体育是该民族优秀传统文化的重要组成部分,也是少数民族地区社会主义物质文明和精神文明建设的重要内容,发展少数民族传统体育事业更是促进民族团结和各民族共同繁荣的一项重要内容。少数民族传统体育与现代体育最大的不同在于它具有民族性,其每一项体育运动都是少数民族群众在长期的生产生活实践过程中创造出来的,蕴含着该民族的文化特性和元素。因而,传承少数民族传统体育也具有双层意义:第一层意义是体育范畴的,第二层意义是文化范畴的。而文化范畴的传承意义显得更为重要。少数民族传统体育是该民族传统文化的重要组成部分。通过体育运动,少数民族的部分特色文化得以展现。如果这些传统体育运动不能加以传承和发展,那少数民族的独特性将在社会一体化的潮流中不断地被削弱,这对于一个国家的文化多元性来讲也是不利的。

(二) 加强政府有关部门之间的协作

传承少数民族传统体育不单是某一政府部门的事,它涉及体育、民族、文化、教育等部门。目前,福建少数民族传统体育事业主要是民族工作部门系统内的垂直协作,跨部门的横向合作比较缺乏。建议体育、民族、文化这几个部门成立一个协调小组,就少数民族传统体育发展的重要事宜进行协商合作,形成合力,对具体规划、方案的执行进行监管以提高成效。

(三) 积极开展少数民族传统体育竞赛活动

体育竞赛因其竞争性往往能激发参与者的积极性和潜能,是推动体育活动发展的有力杠杆。而且经常举办小型、多样的少数民族传统体育运动会,还可以促进各民族之间的交流学习。建议除组织参加全国性少数民族传统体育运动会和全省性少数民族传统体育运动会外,市、县级的有关工作部门也可定期举办适度规模的少数民族传统体育比赛。对于少数民族乡、村的基层,则可以考虑利用开展民族传统节日活动的时机来组织比赛。这对于少数民族传统体育的普及与传承将起到很大的推动作用。

(四) 把少数民族传统体育引进学校教育

福建少数民族以畲族为主,建议省内各民族学校将畲族传统体育项目列入正常的教学计划和体育教学活动中。一是开发畲族传统体育的文化课,旨在教导学生们了解畲族传统体育运动的起源、内在的文化精神和民族价值观等;二是开发体育活动课程,可以先将比较成熟稳定的体育项目列入教学课程中,往后再逐步丰富课程内容,让学生在真实的体育运动中感受其民族体育的趣味性和独特性。[①] 有条件的学校还可以设立训练基地,如福鼎民族中学已经成立蹴球训练基地,霞浦民族中学建立了陀螺、射弩训练基地,其中福鼎民族中学还被国家民委、体育总局命名为全国少数民族传统体育师范基地。这些成功的经验都值得借鉴。

(五)利用区位优势,加强闽台少数民族体育交流

福建与台湾地缘相近、血缘相亲、文缘相承、商缘相连、法缘相循,在对台交流方面有着得天独厚的优势。福建的畲族、回族、满族、高山族等都与台湾有些历史渊源。改革开放后,闽台少数民族之间的交流也日趋活跃。福建省政府办公厅印发的《关于贯彻落实少数民族事业"十二五"规划的意见》,出台了7项贯彻措施,其中提到要积极开展少数民族文化对台交流,努力把福建省建设成为海峡两岸少数民族文化交流中心。这为两岸少数民族体育文化的交流提供了很好的契机。政府各有关部门要抓住这个契机,积极策划开展闽台少数民族传统体育的交流活动。

(六)加强少数民族传统体育文化的宣传

对少数民族传统体育的传承,不能仅停留在对具体体育活动形式的传承这个层面上,更要挖掘其背后蕴含的文化精髓。当前,福建省也存在少数民族传统体育活动为保留而保留、为竞赛而竞赛的情况,很多人知道某项体育运动的具体形式,但却不知道其背后的文化内涵,如此,少数民族传统体育的传承便失去了意义。建议报纸、电视、网络等传播媒介通过开辟专栏等形式,来加强对少数民族传统体育文化的宣传,对于一些大规模的少数民族传统体育赛事要加强报道,并配合讲解各体育项目蕴含的民族文化、民族精神,帮助人们对少数民族传统体育形成一些感性认识。

政府的这些举措,一方面可以直接对少数民族传统体育的传承起作用,另一方面还可以唤醒少数民族群众对传承传统体育运动的自觉。从长远来看,后者的作用更为重要。只有少数民族群众从思想上、心理上形成自觉,才能使少数民族传统体育可持续的传承下去。

---

① 朱忠锋:《少数民族传统体育文化传承发展的问题与对策》,载《广西师范大学学报》(哲学社会科学版),2013(3),154~160页。

近年来民族关系影响因素研究的综述*

黄淑萍

民族关系是我国民族学的一个重要研究领域。近年来，无论是对民族关系史还是对民族关系现状的研究都取得了一定的成果。尽管目前学术界对民族关系的定义仍然众说纷纭，但是有一点是一致的，即"平等、团结、互助、和谐"是我国社会主义民族关系的本质特征，也是我国民族关系发展的政策导向。在此政策的导向下，学者们对当前影响我国民族关系良性发展的一些因素进行了探讨。

一、经济因素

经济发展是我国民族关系健康和谐发展的动力，也是影响民族关系发展的深刻根源。近年来，学者们围绕这一主题，进行了深入的探讨，比较一致的观点是：经济发展不平衡会影响民族关系的和谐。比如，中央民族大学的青觉教授指出，地区间的发展差距为我国民族关系的健康发展增加了巨大的势差，这对于民族地区的社会稳定、民族关系的巩固与发展造成了很大的挑战。① 王宗礼教授也认为发展差距的拉大，不利于民族间的整合，不利于和谐民族关系的进一步巩固和发展。② 对于经济发展不平衡如何影响民族关系的发展，学者们分别从不同的角度进行了剖析。毛公宁和孙懿从心理的角度，认为发展差距的拉大很容易引起落后地区民族心理上的失衡，从而对民族关系的健康发展形成冲击。③ 王宗礼

---

* 原文载《山西高等学校社会科学学报》2014 年第 3 期。
① 青觉：《当前我国民族关系的主要内涵和发展趋势》，载《中南民族大学学报》（人文社会科学版），2005(5)，14~19 页。
② 王宗礼、巨生良：《区域发展不平衡背景下影响民族关系的新因素》，载《青海民族研究》，2007 (4)，38~42 页。
③ 毛公宁：《对当代中国民族关系的几点认识》，载《西北民族研究》，2006 (2)，5~12 页。

教授认为经济发展不平衡容易导致强势民族和主体民族对其他民族的支配，使其他民族处于单方面的依赖地位，不利于民族间形成相互依赖的民族关系。① 同时，王宗礼教授还指出经济上造成的两极使得部分民族之间缺乏必要的联系和纽带，缺乏沟通，缺乏对民族文化的了解，导致出现一些不尊重他民族文化的行为，从而损害民族关系。②

二、文化因素

因文化差异而产生的文化冲突与因政治上或经济上的差异而产生的冲突，两者性质不同，并且前者难以消弭，而后者却易于改变。③ 由此可知，文化冲突对民族关系的影响比政治、经济冲突对民族关系的影响更为深刻。学者们从少数民族的语言文字、风俗习惯、宗教信仰等方面进行了分析。

曹菁轶和虎有泽，在新疆民族关系研究的基础上提出语言文字的差异会强化各民族的民族意识，成为各民族交往的屏障；若是语言相通，则能强化民族间的接纳心理，淡化民族差异，便于民族交往。④ 蒙小燕认为各民族的风俗习惯都是其民族心理感情的折射，能否正确对待不同民族的风俗习惯，直接关系到民族关系的好坏。由于不懂或不尊重少数民族风俗习惯引起的亵渎少数民族风俗习惯的行为，有时会导致民族之间的摩擦和冲突。各民族由宗教带来的风俗习惯、心理素质、价值取向差异，在一定条件下可能引起民族间的误解、摩擦与不和，影响团结和谐的民族关系。⑤ 孙懿认为近年来因宗教信仰而引发的矛盾虽呈下降的趋势，但依然是一个潜在的不稳定因素。虽然随着各民族相互间了解的深入，由宗教信仰造成的冲突会有所减少，但是随着民族杂居状况的加剧，由此引起冲突的可能性还是存在的。⑥

---

① 王宗礼、巨生良：《区域发展不平衡背景下影响民族关系的新因素》，载《青海民族研究》，2007（4），38~42页。
② 王宗礼、巨生良：《区域发展不平衡背景下影响民族关系的新因素》，载《青海民族研究》，2007（4），38~42页。
③ 周庆智：《文化差异：对现存民族关系的一种评估》，载《社会战线》，1995（6）。
④ 曹菁轶、虎有泽：《试论当前新疆的民族关系》，载《伊犁师范学院学报》，2006（1），50~53页。
⑤ 蒙小燕：《论当前我国西北少数民族地区民族关系发展中存在的问题及应对措施》，载《陕西社会主义学院学报》，2005（3），36~40页。
⑥ 孙懿：《正确处理民族关系与构建和谐社会》，载《民族理论与政策》，2006（4），19~21页。

三、社会因素

在整个社会大系统里，社会因素发挥着影响民族关系的社会功能。社会形态、社会制度决定民族关系的性质。[1] 柳春绪认为影响民族关系的社会因素主要有三个：一是民族观、民族政策。民族观是执政党或国家为解决本国民族问题、发展本国民族关系而坚持的指导思想和基本观点。民族政策是在民族观的指导下，国家或执政党为达到上述目的而制定的行动准则和措施。一定的民族观和民族政策直接影响确立何种性质的民族关系以及民族关系发展的状态。同样，也会直接影响民族关系将来的发展趋势。二是民族关系的历史与现状。历史的民族关系不仅影响当前民族关系，还会在某种程度上对民族关系发展趋势产生影响。历史上形成的民族偏见、民族隔阂，在新的民族关系格局中还会通过其他方式存在。历史上的民族友好关系是当前和将来民族和谐的潜在因素。当前民族关系是过去民族关系发展的结果，又是将来民族关系发展的起点和基础。三是国家基本制度。国家基本制度是相应的民族关系建立、发展的根本保证，它决定民族关系的性质和发展态势。当前国家基本制度不仅决定当前民族关系的性质和现状，也制约这种民族关系的发展趋势。[2]

四、心理因素

（一）民族心理

徐黎丽教授从相对宏观的视角分析了民族心理对民族关系的影响，认为民族心理对民族关系的影响表现在一个民族对另一个民族的心理过程和个性心理特征两方面。心理过程包括认识过程、情感过程和意志过程这三个过程。当两个民族的成员初次接触时，首先会对彼此形成一个感性认识，这些感性认识最后经由大脑的归纳总结，形成理性认识，进而发展成为对这个民族的态度（也即情感过程），态度就决定了是否愿意与这个民族交往。如果通过认识过程，发现这个民族的成员有某些特点无法让人接受，那么就会处于交往过程的徘徊期。此时，意志过程起着决定的作用：如果能够宽容地对待这个民族成员，两个民族成员之间的关系就能建立；如果认为这个民族的成员的缺点无法容忍，那么很可能双

---

[1] 吴月刚、中和：《民族关系影响因素——民族关系理论研究之五》，载《黑龙江民族丛刊》，2008（3），12~18页。

[2] 柳春绪：《民族关系发展规律——民族关系理论研究之六》，载《黑龙江民族丛刊》，2008（4），1~7页。

方无法建立关系。个性心理特征又称个性差异,它表现在能力、气质和性格等方面。徐教授认为能力(主要指知识和技能)相近的两个民族更有可能交往,但也不排除一些知识技能欠缺的民族向其他民族学习的可能性。气质反映在民族关系方面是千差万别的,有些人喜欢和那些气质与自己相近的人交往,但有些人却相反。从性格来看,具有外倾性性格特征的民族更易于与其他民族建立关系。①

(二) 民族意识和国家认同

学者们一致认为,民族意识是把双刃剑。随着改革开放的进一步深化,以民族自尊心和民族自豪感为核心的民族意识不断增强。这在主观上有利于增强本民族的凝聚力,加强本民族的团结并引导民族成员关心、注重和维护本民族的利益,但是如果对于旺盛的民族意识缺乏正确的引导,则会导致"护己排外"的狭隘意识以及较为明显的"族际的敌意",甚至会破坏已经形成的和睦的民族关系。② 徐黎丽认为对国家的认同程度是民族关系能否和谐的关键因素,对国家认同程度高,民族关系和谐程度就高;对国家认同程度低,民族关系和谐程度就低。③

五、国际因素

从收集到的各种文献资料来看,影响我国民族关系发展的国际因素主要体现在三个方面。

一是霸权主义、强权政治因素。近年来,一些推行霸权主义和强权政治的西方国家与国际社会敌对势力,他们常常打着"人权"旗号,利用民族、宗教问题大做文章,干涉我国的民族问题,把我国边疆民族地区作为突破口,纵容和支持境内外的民族分裂分子进行各种形式的破坏活动。这些都不可避免地对我国的民族关系产生消极影响。④ 与之相伴的是"三股势力"(敌对势力、民族分裂势力和暴力恐怖势力)变化无常的破坏活动和境外

---

① 徐黎丽:《论民族心理对民族关系的影响》,载《青海社会科学》,2005 (4),131~135 页。
② 贾东海、敏生兰:《城市化进程中影响民族关系的因素》,载《西北民族大学学报》(哲学社会科学版),2008 (4),131~135 页;蒙小燕:《论当前我国西北少数民族地区民族关系发展中存在的问题及应对措施》,载《陕西社会主义学院学报》,2005 (3),36~40 页。
③ 徐黎丽、孙金菊、夏妍:《影响西北边疆少数民族地区民族关系的变量分析》,载《云南师范大学学报》,2009 (3),8~22 页。
④ 毛公宁:《对当代中国民族关系的几点认识》,载《西北民族研究》,2006 (2),5~12 页;青觉:《当前我国民族关系的主要内涵和发展趋势》,载《中南民族大学学报》(人文社会科学版),2005 (5),14~19 页。

民族主义思潮的渗透,仍然是我国国家安全、民族地区稳定发展和民族关系巩固的重要威胁。①

二是跨界民族因素。中国有30多个跨界民族,虽有本"民族"认同,但在国家认同的前提下与境外同族和平跨居。跨界民族对促进所在国家间政治联系、民族团结和经济、文化交流,能发挥积极而独特的作用。同时,跨界民族也存在冲击所在国政治稳定、民族关系和领土完整的矛盾因素。②

三是世界性宗教因素。世界性宗教因素是指外国政府、政党、社团等组织利用宗教问题干涉别国内政,引发民族矛盾或冲突的因素,或多民族国家境外某些势力打着宗教旗号从事破坏、分裂多民族国家,试图建立宗教信仰相同的国家的行为。一般情况下,多民族国家有信仰该宗教的民族,成为这股势力争取的对象。当前,影响民族国家的世界性宗教因素主要表现为泛伊斯兰主义、伊斯兰教原教旨极端主义等,它们往往与各种民族分裂主义共生一体。③

六、其他因素

中国社会科学院民族学与人类学研究所的周竞红指出网络信息对民族关系发展的影响具有双重性。从积极的一面来看,网络信息有利于民族政治关系的稳定发展,有利于民族地区与内地经济的交流,有利于加深各民族文化的相互了解和传播少数民族优秀传统文化。从消极的一面来看,开放的网络对现有的民族政治关系基本观念造成冲击,大大增加了现有民族政治关系稳定发展的风险;由于网络在不同地区发展的不平衡性,发达地区与落后民族地区间经济信息分布的不对称程度将进一步扩大,信息贫困将成为民族地区不得不面临的问题,这在一定层面上也有可能加剧发达地区与民族地区发展的不平衡性,从而进一步加剧民族地区经济发展的弱势状态;网络信息使少数民族文化受到更多非本民族文化的影响,加剧了民族文化变迁的速度,使少数民族在面对文化急剧变迁时产生一些问题,如一些民族成员心理失衡、行为失范等,不利于民族文化的正常交流。④ 王红曼和张

---

① 青觉:《当前我国民族关系的主要内涵和发展趋势》,载《中南民族大学学报》(人文社会科学版),2005(5),14~19页。

② 吴月刚、中和:《民族关系影响因素——民族关系理论研究之五》,载《黑龙江民族丛刊》,2008(3),12~18页。

③ 吴月刚、中和:《民族关系影响因素——民族关系理论研究之五》,载《黑龙江民族丛刊》,2008(3),12~18页。

④ 周竞红:《网络信息与民族关系》,载《民族研究》,2003(2),19~26页。

方译又指出网络信息传播的优势以及全国约四分之一人口的网民,为滋生网络民族主义情绪提供了肥沃的土壤。民族情绪有积极与消极之分。积极的民族情绪表现为理性的爱国主义;消极的民族情绪也可以被称为极端民族主义情绪,鼓吹牺牲其他民族的利益和蔑视其他民族的价值观念,虚骄追求本民族利益。网络民族主义情绪中存在诸多政治冲动和不成熟的表现。这种盲目的情感宣泄,可能损害民族之间的团结。①

七、研究的不足与展望

通过对2000年以来民族关系影响因素研究文献的梳理,尽管笔者收集到的文献还未必全面、充分,我们仍不难看出,近年来我国在民族关系影响因素研究方面所取得的成果。但是,现有的研究也存在着一些不足之处,需要进一步探讨。

首先,研究方法上仍然是重理论思辨而轻实证分析。对于当前影响我国民族关系健康发展的因素的探讨,学界目前主要是以理论研究为主,以思辨为主要方法,笔者收集到的文献中也少有实证研究,即使有些学者在研究的过程中也采用了一定的调查方法,但是在实际分析某因素对民族关系的影响时又回归到了以理说理的思辨层面。如何通过调查数据来反映出民族关系的影响因素,并建立起数据模型,是今后民族关系研究要努力的方向。

其次,某些影响因素可能具有特定性,它只对某些少数民族之间的关系有影响,不具有代表性和普遍意义,这些影响因素有待进一步甄别。为此,今后的研究应该更具体、更细致、更有针对性。

再次,对于这些因素是如何影响民族关系的,即因果路径问题,学者们从不同的角度进行了尝试性的解释,但仍有待于进一步深入研究。

最后,这么多的影响因素当中,哪些因素是占据主导地位的?哪些是次要的?或者也有可能在特定的时期内,某些因素占据着主导位置,一旦过了这个时期,这些因素便成为次要的了,而其他因素却上升为主导的因素。这些都是今后民族关系影响因素研究中所要关注的问题。

---

① 王红曼、张方译:《网络民族主义情绪与民族关系》,载《中国社会科学院研究生院学报》,2009(3),144页。

新考工记：凤洋畲族纻布制作技艺*

刘冬

一、引 言

明清时期，畲民大量逐渐进入闽、浙、赣交界地。茶叶、苎麻等适宜于这一地区自然环境的经济作物都是畲民长期经营的传统产品。闽、浙、赣交界地的畲民聚落又被称为"畲寮"和"苎寮"，由此可知福建畲族传统制作纻布的历史悠久。2007年8月，畲族纻布织染缝纫技艺，被列入福建省第二批省级非物质文化遗产名录。福安凤洋（古称"凤翔"）畲族村是福安畲族人口最多的村落，畲族人口比例占99%。村落历史悠久，民族文化积淀深厚，1997年被福安市命名为"畲族文化艺术之乡"，2006年被宁德市人民政府命名为"畲族文化重点村"，2008年7月被宁德市人民政府列为首批畲族历史文化名村。凤洋畲族村也是福安市闻名的"百艺村"，其中畲族服装服饰的制作便是凤翔畲族村中的一门独特技艺。

在男耕女织的畲族传统生活方式之下，凤洋畲村的畲民年复一年种下苎麻，搓成细线，漂洗晾干，绕成线团，织成纻布，再自制蓝靛将纻布染成青色或蓝色，制成衣服。凤洋畲民夏衣所用布料，均为自家纺织的纻布。鼎盛时家家种苎，户户织布。凤翔畲村的畲族妇女往往将学习纺线织布等民族民间技艺当作人生大事认真对待。此外，畲族民间世代相传的歌言，也使得她们在潜移默化中受到传统民族民间工艺的熏陶。

然而，随着畲族与汉族经济文化的交流的不断加强，机织布已逐渐进入畲族家庭，逐渐取代畲民自种自纺自织的纻布，从而形成畲族服饰面料的现代化而非本土化。不知不觉

---

* 原文载《宁德师范学院学报·哲学社会科学版》2015年第2期。

中，畲家小院里的纺车、织布机、染缸已布满灰尘，拥有精湛技艺的畲族民间艺人逐渐老去，苎麻种植、纻布织染技艺随风而逝。然而，纻布在凤洋畲族村民的记忆中是挥之不去的。通过访问还留存有纻布制作技艺记忆的畲族艺人，本文试图再现闽东畲族苎麻种植、纻布织染的工艺流程。

二、福安市凤洋畲族纻布制作技艺

（一）种植与收割

栽种苎麻一般在每年的清明节气前后。虽然旧的苎麻头能再生 5 年至 10 年左右，但是实际上由于多年在原有的地块生长，不能很好地吸收土壤中的养分，影响植物的生长，所以需要更换地块，重新栽种。栽种时，选择通风向阳较肥沃的地块，将土地整平，然后撒下苎麻种籽，盖上一层细土。经过两个多月的生长期，长势好的苎树可长至 1.5 米高，当年便可收割一季。年终入冬后，铺上一层干草烧园，清除园中的杂草及寄生虫，并施以人粪尿，再盖上一层细土，在苎头上铺上一层干草，为其保温，期待来年有更好的收获。种植苎树时，畲族歌言唱道："圆那翻了分四箱，苎籽来放排四行；三月清明爆幼笋，苎头出笋青茫茫。"

由于地理环境、气候等因素的不同，各地收割的时间有所差别。每年可收获三季苎麻，且数年无需重新栽种。福安西部苎麻的首次收割时间是在农历五月"芒种"节气前后。第二次收割是在农历七月的"立秋"节气前后几天。第三次收割是在农历八月的"白露"节气前后几天。收割前要用一根竹片打落苎茎上的叶子。收割苎树时，畲族歌言唱道："五月苎老便爱做（要割），姐妹何闲馆内坐；姐妹相叫去割苎，苎那割转就爱（要）破。"

（二）剥麻与刮麻

苎茎收割回来后，需要立即进行剥麻，以防止风干后增加剥麻的难度，因而畲民通常会选择晴天收割。剥麻，畲语称"扒苎皮"。剥麻时，右手紧抓两根离苎茎头约 15 厘米的茎条，左手折断苎头，除去苎麻骨，使苎麻外层与可用的苎麻分离。随后，右手抓住已剥好另一端除去剩下的苎麻骨。苎条皮按"×"形叠于凳子上。大约叠至 8 厘米时，用绳子扎成一捆，放置清水中浸泡。由于缺乏实用的剥麻机械，传统的手工扯剥苎麻劳动强度大，效率低。技艺精湛者一次可剥六片。

刮麻，畲语称为"刮苎"。将水中浸泡的苎皮片捞出，置于凳子上，并将左手的拇指套上大约10厘米长的小竹管，4个手指握住一把外宽内小、长约15厘米的刮麻专用的"苎刀"，右手拿起苎皮，在大约15厘米处抓紧，左脚踩住苎片尾，将青皮刮干净，剩下内里的白皮丝，挂在竹竿上晾晒成白中略呈黄色的干苎片。刮麻时，畲族歌言唱道："苎那破了（剥完）就爱（要）刮，苎皮担去水面泡；手掏苎刀来刮苎，苎那刮了就晒干。"

（三）捻线与纺线

已晒干的苎片被取出，放置清水中浸湿，并用薄竹片将苎片扯成一根根小苎线，再用手工将小苎线扯成苎丝，这道撕扯苎丝的过程畲语称为"破苎丝"。尔后用线扎缚，挂于板壁待干后备捻。捻线的过程畲语称"借苎"。捻线时要坐在板凳上，将苎丝线置放于大腿上，丝线头朝左边，丝尾朝向右边，用竹做的苎笼放置于左脚边。左手抓住两线已合股粘在一起的苎丝头，右手不停地捻动两根丝线，使两根苎线均匀地缠合成一股线，左手将已缠合的线拉置苎笼中。破苎丝与捻线时，畲族歌言唱道："苎那晒干便破（就分）丝，手掏（拿）苎碗浸苎丝；苎丝又放衫襟上，苎笼来斗（装）何（好）多丝。""暗来点火借（捻）苎丝，热天就穿纻布衣；贤郎上床子细想，荣华宝贵好日时。""酉时醒来床内坐，开嘴问娘借几多（捻多少）？贤娘做人会应话，年长月久借会何（会捻多）。"当苎线捻满一苎笼后，通常用一个竹管将捻好的苎线卷成直径大约15厘米、厚度大约10厘米的圆球饼。这种圆球饼，畲语称为"苎捡"。

畲语称纺线为"碰苎"。手工捻好的苎丝线容易松懈，需要将已捻好的苎线团在纺车上拧紧成线。纺线需要手脚并用，十分辛苦费力，通常由中年女性承担。纺线时，畲族歌言唱道："苎那借了（捻完）便爱经（要纺），掏布（拿到）车上慢慢车（纺）；双脚又踏（踩）碰（纺）车上，行行苎丝碰（纺）成线。"

此外，畲族无论做棉布衣服或是纻布衣服，都是使用自己纺的线来缝纫衣服。畲民自己纺的缝纫线，畲语称之为"粗线"。其制作工艺过程称为"碰粗线"，或者称为"甲线"。20世纪60年代后，大部分福安畲族乡村村民都从集镇上买回机制缝纫线，已很少用自己纺织的缝纫线。

（四）织布

织布机，畲语称为"楠机"。畲语称织布为"经布"。织布一般是在田间农作物收割之后的农闲季节进行。织布前，要估量线团的多少确定拉线的长度。拉线，畲语称为"兴布"，也叫"织几丈布"。拉线一般在厅堂中进行。苎线按宽度拉好后，移至织布机架子上方固定。织布时，双脚分别踩在地下两根棒子上，梭子内装着丝线，将花齿推移上方后，梭子从左边穿行到右边取出，这时用手将上面的花齿向下压打一下，地面一只脚踩一下，将织布机上的线从上层拉至下层，下层线拉至上层。这时花齿向上推移，梭子再从右边穿越回左边取出，花齿用手向下压打一下，换一只脚踩压，使织布机的上层线拉回下层，下层线拉回至上层。梭子中的线左右来回穿越，花齿更换打压，周而复始，直至织成纻布。纻布的宽窄是由"花齿"来决定的。"花齿"是用毛竹材料加工而成，状如梳子，中央用竹丝片排成，两边用两片竹片分别夹固，可分为16齿、17齿、19齿、20齿4种。做布袋的纻布，通常用16齿的"花齿"来拉线，织成的布面较窄。做蚊帐的纻布，通常用20齿的"花齿"来拉线，织成的布面较宽。做衣服的布，通常用17、18、19齿的"花齿"来拉线。织一丈布约需要苎麻一斤，花工11天左右。

畲族妇女基本上都会纺织，畲族少女15岁左右便学习捻纺线和织布了。在织布过程中，畲族歌言唱道："碰（纺）车来碰（纺）转连连，你娘来牵（拉）楠机面；后脚又踏前脚步，手掏（拿）船（梭）仔转连连。""七月未透（到）八月透，经（织）布人姐故（还）未透，坐落（在）楠机车上念，爱（要）等几时经（织）成块。"纻布织成后，立即从织布机上取下并拿到河溪中漂洗后晒干。

(五) 染布

畲族有谚语说："吃咸腌，穿青蓝。"青在古代指黑色，由青靛中提取。青靛也称"蓝靛"，古称"菁"。用于染色时，时久色重显黑，时微色淡显蓝。明万历年间，随着闽浙纺织业的发展，以致种苎和种菁的利润几倍于粮食作物。因此，畲族拓荒者所到之处遍种菁草，历史上曾经称畲族为"菁客"，畲民聚落也被称为"菁寮"。凤洋畲族村的畲民通常用自己种植并提炼的蓝靛（畲语称为"青"）给纻布上色。遗憾的是种植菁草与提炼蓝靛的技艺如今已失传，空留下染布时的畲族歌言。歌言唱道："布那经了（织完）便掏（拿）去，问郎穿白是穿乌（黑）？郎那穿白娘会洗，郎那穿乌学染布。布那染了（完）便剪衫（衣），掏布（拿到）贤娘面前抨（比）；你娘也买（不会）借（捻）娘苎，懒人不借（捻）毛（无）布经（纺）。借（捻）苎歌言唱你知，纻布衫仔（衣服）绣花迷（鸟）；青衫加色红艳艳，腰缚罗带两边陈（垂）。"

纻布是闽东畲族服装的主要布料来源，做成的衣服按功能可分为纻布衫和绸布衫。纻布衫供田间劳作时穿着；绸布衫较柔软，做客或居家时穿着。畲语所称的"绸布"又称"仇布"，比普通的纻布多了一道工序，即直接在农历六月至八月的酷暑天里给苎线上浆。"上浆"是做绸布的一道很重要的步骤，上过浆的苎线织成的纻布较柔软。具体流程是用地瓜粉熬成糨糊，装于竹筒中，竹筒底部穿一小孔，将手工捻好的丝线穿过竹筒中的糨糊，挂于高处。苎线通过装在大约距离100多米远的两个特制转轮，粘过糨糊的苎线在抽转过程中在阳光底下晒干。此外，还有用于做蚊帐的纻布，它的网眼稍大，布面较宽。用于制作布袋和小袋子的纻布，则布面稍窄，布眼细密。

三、余 论

文化变迁是一切文化的永恒现象。在当代中国社会的巨变中，每一种民族文化都不可避免地要经历文化转型、文化适应和文化重构的演变过程。长期以来在闽东畲族社会经济中占据主导地位的自给自足的自然经济，在现代化进程的冲击下必然会发生剧烈的变化。凤洋畲族村大片绿色的苎麻地，畲家小院屋檐下捻纻布丝的灯影，吱吱作响的织布机声，垂挂在竹竿上的一缕缕苎麻，色泽黯淡的纻布帐，如此这般"原生态""原汁原味"的民族民间工艺的传承在事实上已然成为不可能。

在社会不断发展繁荣的今天，面对"民间文化的传承人每分钟都在逝去，民间文化每一分钟都在消亡"的境况，探讨福安市凤洋畲族纻布生产的民间技艺的传承，不仅需要考量这一民族民间技艺与畲民族的历史变迁、生存环境等的密切关系，还要考量这一民间技艺在当今时代如何能够既保持民族传统和文化特色，又能适应现代化生产和生活的需要。

苎麻纤维原本是性能优异的麻类纤维。苎麻纺织品具有保健功能性强、防辐射作用好、清凉透气、风格独特等特性。种植苎麻不占耕地，还具有净化土质、保水保土保肥的功效。如果要让凤洋畲村传统的纻布生产工艺起死回生，需要将苎麻作为民族文化产业加以全面、客观、科学的考量。这其中或许需要优质的苎麻品种、更加科学的栽培方式、先进的剥制和加工手段以及最现代的苎麻纺织工艺。此外，还需要提高苎麻综合利用程度，需要避免漂染纻布过程中给当地带来的污染，需要开拓纻布的国际国内市场，并最终良性地促成旧与新、传统与现代、自然与人为各种因素的生动而完美的聚合。

（本文写作中得到福安市康厝畲族乡凤洋文化站站长钟伏龙的大力帮助，特此致谢！）

处州畲民历史迁徙考略*

郭筱彦　张淼海

清初乾隆年间,浙江处州府(今丽水市)时有畲家学子赴考,却被诬为"异类",不得与试,畲民纷纷愤而上诉。时任处州府青田县知县的吴楚椿奉命查办此事,吴调查考证后于乾隆四十一年(1776年)亲自撰写了《畲民考》①。《畲民考》痛斥当地士民的无端污蔑,为畲民伸张正义,在社会上引起强烈反响,得到广泛传播和引用,对研究清代畲族社会历史活动具有重大的史料价值。然而,若就浙西南畲民的历史迁徙活动而言,吴楚椿的有关论述实实在在违背史实,撒下了弥天大谎。嗣后,近二百年来人们对处州畲民迁徙历史的误判就此埋下祸根。

《畲民考》中写道:"顺治间,迁琼海(清广东省琼州府,即海南岛,今海南省)之民于浙,名畲民,而处郡十县尤多。"迁徙的历史背景是"顺治十八年(1661年),浙江巡抚朱昌祚因闽海交讧,迁海滨之民于内地",因而畲民"本属琼海淳良,奉官迁浙,力农务本,已逾百年",究其渊源"是由交趾(今越南)迁琼州,由琼州迁处州","此其由来也"。

清顺治年间"因闽海交讧,迁海滨之民于内地"指的是当时发生在东南沿海江、浙、闽、粤四省,史称"迁界"的著名事件。清初,郑成功驱逐荷兰殖民者,拥兵退居台湾,隔海与清朝廷对峙,朝廷"仍担心其招集鼓动沿海之民,于是有迁界之役"②。迁界首先从福建开始,"顺治十七年(1660年)九月初十日,是日从福建总督李率泰请,将同安之排头、海澄之方田,其沿海居民尽迁入十八堡及海澄内地,以绝郑成功之援"③。

---

* 原文收录《畲族文化研究论丛 2——2012 中国·丽水畲族文化国际学术研讨会论文集》,民族出版社 2015 年版。
① 该文收录清乾隆四十二年(1777)版《续青田县志·文部》和清光绪三年(1877)版《处州府志》,藏台湾故宫博物院,影印本由成文出版有限公司出版。
② 引自《清通鉴》,顺治十八年。
③ 引自《清实录》,顺治十七年。

迁界的始作俑者是福建平和人黄梧，"（顺治）十八年，用黄梧议，徙滨海居民入内地，增兵守边"①。黄梧本为郑成功麾下总兵，驻守海澄，"顺治十三年，梧斩成功将华栋等，以海澄降"，受封"海澄公"，第二年因功"赐甲胄、貂裘，加太子太保"。黄梧受宠若惊之时，向福建总督李率泰献策：其一，请重用顺治七年已降清的施琅，称其"智勇忠诚，熟谙沿海事状，假以事权，必能剪除海孽"；其二，应立即处死羁留大陆的郑成功父亲郑芝龙，让郑成功彻底死心；其三，必须严禁海疆，移兵分驻海滨，以断绝沿海民众接济郑成功。② 总督李率泰据此上奏朝廷，于是不仅针对福建，随即对地处东南沿海的江苏、浙江、广东也开始"徙滨海居民入内地"。

从顺治十八年到康熙二十二年（1661—1683年），长达二十多年间，东南沿海居民深受迁界荼毒。当时禁令森严，"凡系港口，寸板不许下水；若系陆路，一丝一粟不许越出界外"③。正如《清通鉴》所述："顺治十八年郑成功退入台湾，朝廷采用黄梧之策，驱迫江、浙、闽、粤四省沿海数千里居民一律从海岸后撤数十里，麾兵拆界，致使东南百万居民流离失所，海、盐、蚕、织、耕获之利，咸失其业。"《清史稿》也记载："国初以海上多事，下令迁东南各省沿海居民于内地，画界而设之禁。界外皆弃地，流民无所归，去为盗。""徙滨海居民入内地，俾绝接济、避侵掠，下令越界者罪至死，民多荡析。"

浙江的迁界始于清顺治十八年（1661年），是年四月，山东高唐人朱昌祚巡抚浙江。光绪《浙江通志·名宦四》朱昌祚条目中有关浙江迁界的记载仅寥寥20个字："值闽海交讧，沿海居民内徙，昌祚发币给田以赡之。"④ 当时，浙江省的迁徙对象是沿海宁波、台州、温州三府属地的滨海居民。同上《浙江通志》记载："顺治十八年，以宁、台、温三府边海居民迁内地。康熙二年，奉檄沿海一带钉定界桩，仍筑墩堠台寨，竖旗为号。设目兵若干名，昼夜巡探，编传烽歌词，互相警备。"⑤ 据该志统计，当年该省沿海内迁居民共计204 702。⑥

查遍《浙江通志》并未发现有外省居民在此非常时期迁入该省内地的记录，我们掉过头查一查当时广东迁界的确实状况，因为"琼海"即指琼州府，是广东省属地，四面临海，遥望台湾，迁界在所难免。

广东也是迁界的重灾区，道光《广东通志》对迁界记载最为详尽，尤其对沿海居民内

---

① 引自《清史稿·列传十一》。
② 参见《清史稿·列传四十八》。
③ 引自康熙十七年圣旨《申饬透越咨四镇》。
④ 引自光绪《浙江通志·名宦四》，卷149。
⑤ 引自光绪《浙江通志·海防二》，卷96。
⑥ 引自光绪《浙江通志·户口》，卷71。

迁的来龙去脉交代得最为清晰。"明末海寇郑芝龙据台湾,子成功相继跳梁。我朝定鼎,差内阁大臣苏纳海拜鳌,议沿海建墩台,贼至烽火为号,以便守御。徙民内地,以杜奸宄接济台湾之患,粤省东起饶平大城所上里尾西,迄钦州防城。康熙元年壬寅,命吏部侍郎科尔坤,兵部侍郎介山同平南王尚可喜,将军王国光、沈永忠,提督杨遇明等,巡勘潮属滨海六县,建墩台七十有三。而海氛未靖,三年甲辰又遣吏部尚书伊里布、兵部侍郎硕图,偕藩院将军、提督复勘,令再徙内地五十里。海阳迁去龙溪、上莆、东莆、南桂四都,秋溪、江东、水南三都之半;潮阳迁去直浦、竹山、招收、砂浦、隆井五都,附郭、峡山、举练三都之半;揭阳迁去地美一都,桃山半都;饶平迁去隆眼、宣化、信宁三都;惠来迁去大泥、隆井二都,惠来、酉头、龙溪三都之半;海澄迁去上外、中外、下外、蓬洲、鳄浦、鮀江六都,仅存苏湾一都增筑墩台八十有四,各设栅栏以严出入。"①

广东省内从饶平大城到钦州防城,沿海居民康熙三年(1664年)"再徙内地五十里",其严厉胜过福建、浙江,但唯独不见琼州府的沿海居民如何内迁的记载。仔细查阅该通志,笔者居然发现有一条出乎人们意料的记载:"康熙元年,奉文滨海居民俱迁内地,琼以环疆皆海,郡守钱国琦绘图详请得免迁徙,只严片板不出海之禁,而海寇间或窃发,海滨仍罹其害。至康熙二十二年台湾底平而海氛靖,海禁弛,海道通商如故矣。"② 原来琼州府所在地的海南岛既然四面皆海,本无所谓内地可迁,因知府向上恳请,居民反而"得免迁徙",只是严加海禁而已。

行文至此,真相大白。清初顺治十八年(1661年),朝廷为抗衡台湾郑成功确实有在海峡西岸四省实施"迁海滨之民于内地",但唯独没有迁徙琼海之民于外地,因而青田县知县吴楚椿所谓处州十县畲民本属"奉官迁浙"的"琼海淳良"完全子虚乌有,是对浙西南畲民的历史迁徙活动的误导。

不幸的是,这种说法颇有影响力,不仅清代的《处州府志》《青田县志》如是说,周边地区如光绪年间的《遂昌县志》、民国时期的《松阳县志》言及畲民入迁,依旧套用清顺治十八年"由交趾迁琼州,由琼州迁处州"的说法。

以讹传讹,连近代著名学者也深受其累。如1922年"中央研究院"院士、中正大学校长胡先骕在《科学》杂志上著文《浙江温州处州间土民畲客述略》,其中写道:"《浙江通志》称,顺治十八年,浙江巡抚朱昌祚因闽海交讧,乃迁粤民于内地。《处州府志》则云,畲民由交趾迁琼州,由琼州迁入处州……至来自琼州一层,未始无据。"③

---

① 引自道光《广东通志·海防》,卷123。
② 引自道光《广东通志·海防》,卷123。
③ 胡先骕:《浙江温州处州间土民畲客述略》,载《科学》,1922年第7卷第3期。

更有甚者，流毒之广远涉重洋。清末有日本学者在其国内权威刊物《人类学杂志》上著文《浙江处州府之畲客》，其中写道："畲客之至处州，当在顺治间。考《浙江通志》有'顺治十八年，浙抚朱昌祚因闽海交讧，移粤民于内地'之说。彼等对于官长自称畲客，土人亦称之曰畲客，或曰客家……彼等之至处州也，有来自广东琼州之说。《处州府志》谓，畲民由交趾迁琼州，由琼州迁入处州。"①

不过当时学界也有一些不同的声音，尽管态度不一定很坚决。如知名学者、中国第一个民族学学术团体"中国民族学会"的发起人何子星于1932年曾撰文指出："处州旧府属各县县志，均称：'顺治十八年，由交趾迁琼州，由琼州迁入处州。'要皆沿讹袭谬，未可征信……其不足据为处州畲民来源之确证。"②

畲民历来重视族谱的纂修，族谱的主体部分就是家族的历史迁徙和世系传承，其先民为了给后代留下信史，宁缺不诬，主观上尽可能地记录历史原貌，总体上可信度极高。历史迁徙和世系传承是家族的"核心机密"，因而畲民视谱牒为家珍，从不轻易示人。当这些第一手原始资料严重缺乏之时，前辈学者的尴尬状况是可想而知的，立论要想严谨谈何容易！如浙江松阳叶村人、著名民族学者何联奎在1937年撰写的论文中也不无感慨地写道："广东畲民之入福建省究在何时？而福建畲民之入浙江省又在何时？因乏史实之记载，殊难遽下时间上确定之判断。考而订之，唯有俟诸异日。"③ 于是，谎言被重复再重复在所难免，更何况无稽之谈来自官方纂修的地方志。

有幸的是，中华人民共和国成立后，尤其是近十多年以来，国家对少数民族古籍的收集保护极为重视，颁布了一系列相应的政策法规，许多畲民手中珍藏的家族文书纷纷面世，使后人对学界某些曾经的共识有了质疑的基本条件。目前，丽水市在政府民族工作部门和丽水学院的努力下，业已收集到民国以前当地属县的蓝、雷、钟三姓畲族家谱48部（蓝姓20部、雷姓17部、钟姓11部）。就族谱中的家族历史迁徙部分而言，绝大多数的记载是条理清晰、真实可信的。笔者借此进行归纳统计，应该就是对吴楚椿《畲民考》中所谓"顺治间，迁琼海之民于浙""本属琼海淳良，奉官迁浙"的最好回答。

上述48部畲族家谱，记载从福建迁入的42部（其中来自罗源的18部、连江的7部、古田的5部），从江西迁入的3部，无明确记载的3部。迁入时间，明代及明代以前的28部，清代10部，无明确记载的10部。

---

① 《浙江处州府之畲客》，陈裕菁译，载《东方杂志》，1910年第8卷第8号。
② 引自何子星等撰：《畲民问题》，载《东方杂志》，1932年第30卷第13号。
③ 引自何联奎撰：《畲民的地理分布》，载《民族学研究集刊》第二集，1937。

附录

浙江丽水市畲族宗谱中有关家族迁徙的简况[①]

松际蓝氏宗谱　明天启六年（1626年）自福建连江迁入浙江云和

梧郡蓝氏宗谱　明崇祯三年（1630年）自福建漳州迁入浙江温州

温溪蓝氏宗谱　明嘉靖年间自福建罗源迁入浙江云和

村头蓝氏宗谱　唐末自福建迁入浙江云和

库山蓝氏宗谱　迁入浙江云和，迁入时间、地点不详

型坑蓝氏宗谱　约明代自福建上杭迁入浙江遂昌等地

石玄湖蓝氏宗谱　清康熙年间迁入浙江龙泉

敕木山蓝氏宗谱　明万历十二年（1584年）自福建罗源迁入浙江景宁

下林蓝氏世系宗谱　约清乾隆年间迁入浙江松阳

后坑蓝氏宗谱　明代自福建连江迁入浙江括苍云和

坪垟岗蓝氏宗谱　明嘉靖二十四年（1545年）自福建罗源迁入浙江云和

山根蓝氏宗谱　明代自福建罗源迁入浙江云和、松阳

后垅蓝氏宗谱　清顺治年间自福建罗源迁入浙江云和

四格蓝氏宗谱　南宋淳祐年间自福建罗源迁入浙江云和

源底蓝氏宗谱　自福建罗源迁入浙江云和

胡椒坑蓝氏宗谱　自福建罗源迁入浙江丽水

乌饭恰蓝氏宗谱　自福建罗源迁入浙江景宁

沙溪蓝氏宗谱　明崇祯八年（1635年）自福建连江迁入浙江龙游

长岗背蓝氏宗谱　明崇祯十二年（1639年）自福建罗源迁入浙江云和

大洞源蓝氏宗谱　清雍正年间自江西瑞金迁入浙江遂昌

油田源雷氏宗谱　明万历四十一年（1613年）自福建连江迁入浙江景宁

上衍雷氏宗谱　明万历三十四年（1606年）自福建罗源迁入浙江丽水

包凤雷氏宗谱　明万历三十四年（1606年）自福建连江迁入浙江景宁

暮洋湖雷氏宗谱　明万历四十一年（1613年）自福建罗源迁入浙江景宁

利山雷氏宗谱　明万历三十年（1602年）自福建罗源迁入浙江景宁

马栏礴雷氏宗谱　自福建罗源经浙江钱塘迁入丽水

---

① 转引吕立汉：《丽水畲族古籍总目提要》，北京，民族出版社，2011。

吴山头雷氏宗谱　　明万历四十年（1612年）自福建罗源迁入浙江景宁
雷公岩雷氏宗谱　　明正德五年（1510年）自福建连江迁入浙江遂昌
惠明寺雷氏宗谱　　清顺治年间自福建古田迁入浙江云和
苏旺雷氏宗谱　　清顺治年间自福建古田迁入浙江云和
黄山头雷氏宗谱　　明正德年间自福建连江迁入浙江景宁
后塘雷氏宗谱　　自福建古田迁入浙江云和
郑坑雷氏宗谱　　明万历七年（1579年）自福建罗源迁入浙江景宁
赤坑雷氏宗谱　　明嘉靖八年（1529年）自福建连江迁入浙江景宁
宏岗雷氏宗谱　　明崇祯年间自福建古田迁入浙江平阳
湾山雷氏宗谱　　自福建建宁迁入浙江龙泉
高桥雷氏宗谱　　明正德年间自福建罗源迁入浙江遂昌
新庄钟氏宗谱　　自福建上杭迁入浙江龙泉
伏叶半山钟氏宗谱　　自福建罗源迁入浙江景宁
下林钟氏宗谱　　自福建宁德迁入浙江景宁
小砻坑钟氏宗谱　　清乾隆年间自江西安远迁入浙江龙泉
巨溪钟氏宗谱　　明洪武八年（1375年）自福建迁入浙江景宁
山外钟氏宗谱　　明万历三十七年（1609年）自福建罗源迁入浙江景宁
花桥钟氏宗谱　　清康熙年间自福建汀州迁入浙江龙泉
锯树钟氏宗谱　　自江西瑞金迁入浙江龙泉
井头坞钟氏宗谱　　明万历四十二年（1614年）自福建宁德迁入浙江景宁
郑坑钟氏宗谱　　明宣德三年（1428年）自福建南靖迁入浙江景宁
潘山头钟氏宗谱　　自福建汀州迁入浙江松阳

畲民历史迁徙过程中的族群意识窥探*

黄淑萍　陈华

畲族是我国东南地区一个历史悠久的少数民族。1956 年 12 月，国务院正式公布确认畲族是一个具有自己特点的单一的少数民族。从此，"畲族"成为法定的族称，畲族作为单一民族被正式确认。目前，畲族主要散居在我国东南部福建、浙江、安徽、江西、广东省境内，其中 90% 以上居住在福建、浙江广大山区。然而，畲族在历史上本是一个聚居的民族，学者们基本一致地认为隋唐时期畲族已经聚居在闽、粤、赣三省交界地区，而畲族现在的"大分散、小聚居"分布格局，是他们不断地迁徙而形成的。其迁徙的过程大致可分为三个阶段：第一阶段是隋唐五代时期，在封建压迫和奴役下，畲族人民被迫四处迁徙，但是迁徙的地域范围很窄，基本未离开本民族的地域；第二阶段是宋元时期，畲族的迁徙活动更加频繁，范围也越来越大，但终究还是停留在原聚居区内；第三阶段是明清时期，畲族人民开始大量向汉族地区迁徙，也是形成目前这种"大分散、小聚居"格局的关键时期。①

长期不断的迁徙，促进了畲族与汉族的接触与交往，也有一些畲族文化因为受汉文化的影响而丧失了自己的表征，然而，令人欣慰的是，时至今日，畲族仍然是一个保有自己特色、有着自己文化特质的民族。我想这应该得益于畲族群众对本族群的认同，得益于他们对自己的民族有着较为强烈的族群意识。这点也可从畲族先民迁徙的过程中窥探而知。

浙江南部的畲民的家族文书中有一份广为流传的《行程志》，该文书撰写于明末天启年间，详细地记载了钟氏畲族先民如何与雷、蓝二姓结伴从广东潮州历经福建漳州、泉州，徙居福州的全部行程。

---

* 原文收录《畲族文化研究论丛 2——2012 中国·丽水畲族文化国际学术研讨会论文集》，民族出版社 2015 年版。
① 蒋炳钊：《畲族史稿》，81~91 页，厦门，厦门大学出版社，1988。

"太祖开基原出广东潮州府朝阳县人，居住数代人多业少，于绍熙三年（1192年）二月内钟谅、钟宣、蓝宗移在散湖太宝山内居住""于景定二年（1261年）二月十三日雷文甫、钟贵引带子孙移过海阳县归仁里山吴金山内居住""于元祐元年（1086年）辛未十月二十日，地头罗九号、余可九带到蓝大口、钟十二等，披带历代先祖公凭一本，近年移住四处""于元兴甲午年（至元三十一年，1294年）钟仙、雷动春二人带子孙移住揭阳县二十都长富李二宅水尾山，土名车田居住，三十岭、龙骨岭、梅花岭头黄坑居住"，于至正六年丙戌（1346年）六月十九日、二十日"到宝竟县一宿，二十一日到岩草洋一宿，二十二日到石陂松树潭三坑口居住"。

"于宣德三年（1428年）钟大孙、蓝大歌二人带子孙移过福建漳州府南靖县清宁里大琴山石陈高坑山内居住""于景泰元年（1450年）钟四哥、雷大孙带领子孙家口移到泉州府同安县宗田水口山内居住。于天顺元年（1457年）八月十一日钟四哥、钟大孙、雷大亮又移到安溪县姚一官人父老真溪头山内居住。于天顺五年（1461年）五月初九日钟四哥、雷大亮二人带子孙移到福州府连江县清河里陀布山岭头居住"。

从南宋绍熙三年（1192年）他们从广东潮阳启程，历经千辛万苦于天顺五年（1461年）移居福建连江，前后历时269年。嗣后，该钟氏家族于明成化十年（1474年）"移过罗源县徐江里上庐茅山居住，初学耕田为活，供膳家口"，于万历三十七年（1609年）"移过宁德县十都安乐洋龙坑头居住，耕田为活，供膳家口老幼"，于万历四十二年（1614年）终于定居浙江"处州府景宁县二都田由源锦岱洋岭脚"，他们在福建省内滞留了186年。①

大约到清代初期，移居浙南的部分畲民开始向安徽迁徙。至今定居宁国市云梯畲族乡的畲民手中还保存有他们的祖先从福建到浙江处州府的迁徙行程。②

明正德年间，"蓝氏三四位：敬泉、敬莘、敬泰、敬全；雷氏八九位：进明、进宝、进浴、进元、虔山、虔受、德贵、德和、元连；钟氏五兄弟：世贵、世金、世育、世传、世林，出而浙江"。

"蓝敬泉太祖在于福建福州府古田县十八都小茶岭居住，有一十三丁口。正德四年（1509年），接买王姓山场一处，坐落浙江界处州府丽水县二十七都安溪庄，土名泗州堂安着。蓝、雷二姓，蓝氏三位、雷氏八位，共上十一位，约至一同入浙江。准依众议，约定嘉靖二十四年（1545年）十月初八日起马。雷氏虔山公佩带一男名德贵，家有四十九

---

① 转引自浙江遂昌井头坞《钟氏宗谱》，卷1，民国二十一年（1932年）刻本。
② 转引自安徽宁国市云梯畲族乡《蓝氏家谱》，清光绪二十三年（1897年）蓝益灵手抄本。

丁口，父子二位起马，家眷在家。蓝氏敬泉公亦佩带一男寿位蓝念一郎，家有一十三丁口，家眷在家。"

"蓝、雷二氏共十一人起马入浙江处州府丽水县石塘住居，分别约定，说定两姓如若学法传度，一同赴会到场，如若某位不到者，分数（盼咐）取之不得称也。"

"又订各住某处，难以说他，总上两县，各住一县。言说有理，众议做阄实美可喜，一同去至云俎义路，捡阄摆定。蓝过丽水县，分县分云和，雷过青田县，分县分景宁。分别，雷氏共上大小九位，有二位去至叶山头迁基，有五位过着钟阡僧振他五位售至上上包凤落担开基，有二位景宁油田王坂庄落担。蓝氏四位，三位佩带一位幼童，共上四位入丽水县，分县云和，一位小葛落担，一位岩下落担，余外未载。"①

上述文书中不仅详细记录了当时雷、蓝、钟三姓畲民如何结伴迁徙，而且他们还约定到达浙江后，"两姓如若学法传度，一同赴会到场"，如果有人缺席，该"学法传度"无效。更有意思的是，进入处州境内时，他们在半路上以捉阄来决定分县定居，"蓝过丽水县，分县分云和，雷过青田县，分县分景宁"。

从历史的角度看，直到明末清初，畲族先民大规模的迁徙活动才基本结束，尤其对最终落脚闽东北和浙南的畲民而言，千百年来的流离颠沛几乎成了他们社会生活的主旋律。上述畲族古籍资料显示，在年复一年的历史迁徙活动中，他们始终认定雷、蓝、钟三姓是一家人，相约结伴而行，落脚后又相对聚集而居。这在一定程度上说明了雷、蓝、钟三姓畲族先民互相之间是认可、认同的，也可认为他们是有族群意识的。所谓族群意识，简洁地讲，就是在族群成员之间存在着一个"我们"，即认为他们是属于同一个共同体。畲族先民的这种"我们"意识，或许是源于他们对一个共同的祖先或者传统的理解，也或者是在雷、蓝、钟三姓畲族先民在反抗历代封建统治的压迫中，在长期艰苦卓绝的生产斗争和共同相依为命的生活中形成的。

不管畲族先民的这种族群意识源于什么，事实上它对畲族的延续和发展起了很关键的作用。首先，它促使畲族这个族群能得以延续。要成为一个族群，首先它应该是一个生活共同体。历史上，畲族本身也是聚居的民族，他们有共同的地域、共同的经济生活。但是之后因为各种原因，他们不得不往外迁徙。这种迁徙延绵不绝，持续了很长的时间，而且畲民的迁徙不是举族外迁，而是几家几户小规模的进行的。在这种情况下，若畲族先民没有一定的族群意识，那么在迁徙的时候他们就不会相约而行，更不会在落脚之后还相对聚居，如此，也就不会形成现在畲族"大分散、小聚居"的分布格局了。应该说"小聚居"

---

① 引自安徽宁国市云梯畲族乡《蓝氏家谱》，清光绪二十三年蓝益灵手抄本。

对畲族的延续起着至关重要的作用。若迁移之后没有形成一定规模的聚居，人流到处分散，那么原本人口数量就少的畲族先民在迁移分散到汉族地区之后就更容易被慢慢地汉化，或许也就不会有现在的畲族了。其次，它使族群文化得以传承和发展。畲族先民们从聚居地不断地迁往汉族地区，这对其本身的族群文化带来了很大的冲击，语言、风俗习惯等都不同程度地受到汉文化的影响，但是，畲族文化也并没有因此而消失殆尽，还是留存了一些他们本身的文化特质，这与畲族先民的族群意识是分不开的。迁入汉族地区之后，畲民与汉族同胞接触交往更为频繁，在交往的过程中，畲民们会意识到自己与他人在语言、风俗习惯等文化上的差异，知道自己的与众不同，族群意识也会因此得到强化。纵然，因各种政治、经济、社会原因，一些文化被汉化是在所难免的，但是因为有族群意识的存在，畲民们始终不会舍弃自己的"根"，全盘汉化，他们终究能保存住属于自己族群的文化特质。最后，它为中华人民共和国后的畲族民族识别奠定了良好的基础。因民族工作的需要，也因各民族自觉的要求，从20世纪50年代初我国开始了民族识别工作。1956年畲族被认定为单一少数民族。当时民族识别的主要依据是斯大林的民族定义："民族是人们在历史上形成的一个有共同语言、共同地域、共同经济生活以及表现于共同文化上的共同心理素质的稳定的共同体。"[①] 因为畲族先民们的族群意识，在迁徙过程中，他们居住虽然分散但仍然相对聚居，主要是在闽东北和浙南地区，形成了相对的共同地域、共同语言、共同经济生活，而且族群意识即共同的心理素质本身也是民族识别的依据之一。这些都为畲族作为单一民族被正式确认打下了良好基础。

---

① 王希恩：《中国民族识别的依据》，载《民族研究》，2010（5）。

如何做到文化保护与经济发展的和谐统一

——对少数民族特色村寨建设的思考*

黄淑萍

少数民族村寨是传承少数民族优秀传统文化的有效载体,也是少数民族和民族地区发展特色经济的重要平台。2009年9月8日,国家民委办公厅、财政部办公厅联合下发了《关于做好少数民族特色村寨保护与发展试点工作的指导意见》,决定从2009年起,在全国开展少数民族特色村寨保护与发展试点工作。这项工作是社会主义新农村建设的重要组成部分,也是保护我国少数民族文化的重要举措。试点工作开展5年来,少数民族地区的经济发展取得了明显的成效,少数民族群众的生活也得到很大程度的改善。但是,少数民族特色村寨在建设过程中也出现了一些问题,如村寨特色不突出,千篇一律;文化旅游开发对少数民族文化造成一些破坏;群众参与村寨建设的积极性不够;等等。究其原因,最根本的是没有处理好少数民族特色村寨建设的核心内容,即文化保护与经济发展两者之间的关系。本文旨在对少数民族特色村寨建设中如何做到文化保护与经济发展的和谐统一做些理论思考。

一、思想层面:要深刻认识保护少数民族文化的重要性

(一)重新认识少数民族文化与经济的关系

对于文化与经济之间的关系,一直以来我们耳熟能详的是"经济是文化的基础,经济决定文化,文化对经济具有反作用"。现如今,经济与文化的关系将不再只是简单的决定作用与反作用,而是呈现水乳一体、互相融合的发展趋势。过去,我们比较习惯于在经济上直接帮助少数民族脱贫致富,对其文化的保护和发展重视不够。少数民族文化是该民族

---

* 原文载《民族工作研究》2015年第4期。

得以生存与发展的重要基础,是区别于其他民族的核心特征,也是与其他民族进行竞争的一种资源凭借。由此已可见保护少数民族文化的重要性。进一步从文化与经济的关系角度来看,少数民族文化本身的特性和功能决定了它能成为少数民族或民族地区经济发展的重要支点。首先,少数民族文化具有独特性、稀缺性、不可复制性等特点,这些优势为它能在市场经济中获得更多的价值奠定了坚实的基础。其次,少数民族文化的独特性也使得少数民族具有对外开放的能力以及必要性。少数民族地区拥有得天独厚的文化资源,这些文化资源若能被巧妙利用,必然可以对其经济发展做出贡献,近几年,民族文化旅游热的出现是对少数民族文化开放能力的一个有力证明。再次,文化具有整合的功能,它使少数民族内部团结有了重要的基础。少数民族文化是本民族人民群众在千百年的生产生活实践中创造的,是他们共同的历史记忆,也是联结他们彼此的重要精神纽带。稳定的共同文化让他们形成稳定的内聚力,从而为新时期本民族地区的经济发展提供了一个很好的软环境。

(二) 正确理解少数民族特色村寨建设的主要内容

少数民族特色村寨建设主要包括五个方面的内容:一是改善村寨生产生活条件,包括基础设施建设和开展人居环境综合整治。二是发展特色产业,充分发挥村寨自然风光优美、人文景观独特的优势,把经济发展与特色民居保护、民族文化传承、生态环境保护有机结合起来,发展壮大特色村寨乡村旅游并培育具有当地自然资源比较优势的产业,如茶叶、花卉、水果等特色种植业,牛、羊等养殖业以及一些传统的工艺品生产等。三是保护特色民居,建筑也是文化的重要载体之一,少数民族村寨的特色民居集中反映了一个民族的生存状态、审美情趣和文化特色,保护好特色民居,也是保护好文化的一个重要措施。四是发展特色文化,民族文化是一个民族的本质特点,要加强公共文化设施的建设,抢救和保护民族文化遗产,如语言、服饰、生产技术、工艺、节庆仪式、婚丧习俗等,抓好民族文化的静态保护与活态传承相结合。五是开展民族团结进步创建活动,把民族团结内容纳入村规民约,开展文明家庭、民族团结评比活动。

以上五项内容中,本文认为最重要的应该是第二、三、四项,归结起来其实就是两大内容,即保护文化与发展经济。发展少数民族和民族地区的经济是全面建成小康社会的必然要求,而保护文化是少数民族村寨的特殊性赋予的重要任务和要求。现如今,少数民族经济与文化之间出现较为严重的"二律背反"现象,即经济越发达,少数民族文化越减弱、消失,少数民族文化底蕴就越被压缩。破解这个"二律背反"困境,实现文化与经济的协调发展是少数民族特色村寨建设的重要内容。

二、行为层面：政府主导，力争文化保护与经济发展双赢

福建省少数民族村大多位于山区，地理位置偏僻，在以往相对封闭的生活形态下，它们自成一体，与外界交流甚少，其文化反而能比较顺利地得以保存。随着社会经济发展，少数民族村与外界的联系也越来越频繁，它们从之前的相对封闭状态走向半开放或开放状态。各种文化尤其是主流汉文化的渗入对少数民族文化带来了强大的冲击，越来越多的少数民族文化在与外界其他民族文化的碰撞中不断流失，而少数民族群众对此现象似乎也并未觉得不妥，他们大多是持一种随波逐流的态度。在此情况下，政府必须要作为少数民族文化发展的保护者和推动者站出来，积极倡导，支持和保护少数民族文化以扭转少数民族村寨文化面临的颓势。《少数民族特色村寨保护与发展规划纲要（2011—2015）》也明确了"立足发展，保护利用；因地制宜，突出特色；科学规划，统筹兼顾；政府主导，社会参与；村民主体，自力更生"的基本原则，突出了政府在少数民族村寨文化保护过程中的主导角色。在少数民族特色村寨建设中，当地政府组织应着力做好以下几方面的工作。

（一）注重长远规划，突出文化特色

少数民族特色村寨，主要的特色莫过于文化。如何能在村寨建设中彰显该民族的文化，科学规划很重要。首先，要组织相关力量对该少数民族的文化进行挖掘、整理，并深入研究，对该少数民族文化的来龙去脉、实质特征做到了然于胸。其次，要认真研究少数民族特色村寨建设中有关文化保护的内容，因地制宜，突出特点。譬如，在古民居改造方面，坚持修旧如旧的原则，留住根本的东西，保护好民族建筑风格、建筑工艺和乡村风貌。同时也要鼓励村民建设带有民族特点的新民居，凸显民族特色，传承优秀的民族建筑文化。在发展特色产业方面要综合考虑少数民族村寨的资源禀赋、地理位置和文化习俗等各种要素，尤其是文化因素，要加强对少数民族文化产业的开发。在改善村寨生产生活条件方面，要注重改善村寨的文化条件，要加大对少数民族村寨公共文化设施的投入力度，建立相应的文化馆、文化站、文化中心以及图书室等等。再次，当地政府要有良好的发展心态，对开展少数民族特色村寨保护和发展工作的长期性、艰巨性要有充分的认识。如此才能做到不急不躁、脚踏实地，避免规划过于激进。

（二）区分对待不同性质的文化，做到适度开发

少数民族文化因其特殊性、稀缺性、不可复制性等特点而具备较高的商业价值。近年

来，在人们追求"原生态，回归自然"的旅游心态指引下，少数民族地区发展文化旅游有愈演愈烈的趋势。文化旅游为少数民族地区的经济发展提供了很好的契机，文化与经济互动起来，确实能发挥文化特有的价值，给当地少数民族群众带来经济实惠，但有些地方对少数民族文化一味追求经济利益反而让少数民族文化越来越失去原真性，背离了开发民族文化旅游的初衷。对于少数民族文化的开发要慎重，要适度；对于不同性质的文化应采取不同的态度，不同的措施。若按文化的存在形式来分，少数民族文化可分为物质文化和非物质文化：物质文化主要包括历史古迹、文化典籍、官私文物等；非物质文化主要包括民间流传的故事、传说、戏曲、唱词，以及绘画、音乐、手工艺术品等方式方法与技艺等。对于物质文化，重点是保护，尤其是那些比较稀缺却又不可复制的文化类型，要着力加强保护，慎重开发；对于非物质文化，可考虑在开发中进行保护，

让它们在流传中获得新的生命力，实现活态的传承，达到文化保护与经济发展的双赢目标。不管是物质文化还是非物质文化，保护都是第一要务，在保护的基础上再综合考虑开发利用问题。

(三) 加强少数民族群众的文化自觉

由于少数民族村寨的传统文化是由少数民族的先民们创造并被大多数成员普遍认可接受，共同维护，世代相袭，因而在保护和发展少数民族文化时不可忽视少数民族群众这一文化主体的力量。当地政府应借助各种新兴媒体和方式进行少数民族村寨文化保护和发展的宣传工作，让少数民族群众明白保护其文化的重要意义，培养少数民族群众保护本民族文化的责任心和使命感；要积极打造少数民族文化品牌，并扩大影响力，提高少数民族群众对本民族文化的自豪感；另外，在少数民族特色村寨建设过程中，要特别尊重少数民族群众的主体地位，注重少数民族群众对村寨建设的主观态度与意见表达，增强其主人翁意识。

参考文献

[1] 朱伟. 民族地区旅游发展的社会文化效应. 西南民族大学学报（人文社会科学版），2013（5）.

[2] 张广才. 现代经济视阈下的少数民族文化保持与经济发展关系探析——以黑龙江世居少数民族为例. 前沿，2012（3）.

[3] 郭树栋. 论少数民族经济发展与地区传统文化保护的关系. 新财经（理论版），2011（1）.

［4］马岚.民族旅游的徘徊：保留根基还是贩卖文化——从 Gudeman 的经济人类学看中国少数民族旅游.广西民族研究，2008（1）.

［5］申满秀.贵州少数民族传统文化与少数民族地区的经济互动.贵州教育学院学报（社会科学），2007（6）.

浅谈畲族家谱中的"行第"

陈华

纂修家族谱牒是中国社会的传统习俗，始于唐宋，盛于明清。家谱的主体部分是世系图，为使世系图能有条不紊，以便上下尊卑一目了然，首先必须立世次、定行第。行第，顾名思义是排行的次序。严谨完整的"行第"一般包括三大部分，即名行、字行和雁行。以名行、字行区分族人的世次辈分，雁行则主要用于在平辈中辨别长幼。畲族家谱的编撰受汉文化影响至深，就其对行第的关注而言，甚至比起汉族谱牒有过之而无不及。

姓是祖宗留下的，名是属于自己的。在谱牒中，名指某人的大名、正名、官名，因晚辈不能直呼其名，以免冒犯，所以又称"讳名"。为了便于让人称呼，往往要在本名之外另行取"字"，与名对应，可视为别名，也称"表字"。纂修宗谱编造世系图时，预先选定一组汉字作为名和字的字头，并以该组汉字的排列顺序定世次，这就是名行、字行，也称"名次""字次"，或统称"字派""字母"。有了名行、字行，从某人的名或字中不仅能便于区分派系，而且还能立即分辨出此人在家族中的辈分高低。与此同时，为了能进一步在同辈中区分长幼，许多宗谱中又有了雁行。雁行通常也是预先选定一组汉字作为字头，每个汉字配上数目字便可进行排行。宗谱中也常见到"号"，号是自己后来取定的，表示某种志趣，对人称号也是一种敬称。因没有字头约束，不在行第范畴。

雷清光是宁德猴盾的肇基祖，字禹三，行恒四，号清溪。上述"清光"是讳名，"禹三"是表字，"恒四"是其在同辈中的排行，"清溪"则是自己后来取的号。闽东、浙南的畲民都很熟悉钟良弼，在福鼎丹桥的家谱中他是第八世"鸣"字辈，正名"钟鸣云"，字"傅岩"，号"梦赍"。"良弼"是他考秀才时另取的学名，不过嗣后反而以此闻名于世。

---

* 原文载《福建民族》2009年第3期。

福建畲族的许多宗谱对行第甚为重视，其间不乏精辟论述。

福鼎管阳藏本《钟氏宗谱》中记述："盖闻宗无谱则支派难稽，世无行则亲疏莫觉，历之久远，宗族之称谓淆矣。定而为行，则虽地之相去千有余里，世之相后千有余岁，而一叩其行第，上下尊卑了如指掌。"

福安后门坪《冯翊雷氏族谱》中记述："传世久则子姓蕃衍，分居散处，斯少长莫辨，非视为途人，即忘其尊长。故家谱之作名字，则设立字，字首通族皆然共之。行第则取以成语，依谱以取名，免致重复犯讳。本族家谱未造其上祖世系字首，重讳甚多，但世远人古不便改换，略易一二难更者，从而书之⋯⋯偶尔相逢，一询而知长幼尊卑，伦序之不泯焉。"

福安谢岭下藏本《汝南郡蓝氏族谱》中记述："古人十六加冠命名，即定字讳以便称呼，凡达部登柬礼皆用之，即今之所谓大名、官名也。兹特录出，使后人知所避忌，不至有犯上之讥，即道路相逢而尊卑伦次亦一问而知矣。"

行第中最重要的是"名行"，不少宗谱的行第仅定名行，而且为了应对日后支分派衍，世代绵延，其字数多达数十成百。

如上杭清道光十三年（1833年）刻本《蓝氏续修通谱》所定"字派"（名行）自第四十一世起共40个字："祥云生瑞兆，才德月华明。继世能传学，安邦庆显荣。盛朝多锡爵，凤起焕文成。大振家声远，观光永著名。"据此便可应付40代子孙取名，大约能维持1000年。

泉州惠安清乾隆二十八年（1753年）手写本《丰山雷氏族谱》则有名行的"百世目录"："日月光天德，恭宽信敏惠。乾元亨利贞，高爵喜弘生。心清玉允洁，志大云克凌。文章万世秀，兰桂千年英。五经朝廷宝，捷报□魁盛。聪明睿智士，荣华福开□。宗伯掌邦礼，学富成嘉启。寅亮弼乃兆，扬名钦训瑶。怀裕忠俊举，唯有懋诗书。孟仲叔其哲，达宣绍敬烈。"

大多数宗谱的行第包括名行和字行。

如罗源牛栏坪清光绪三十四年（1908年）《雷氏族谱》中记载："依凭湖头族谱，名次列后：名行，德惟光大，嘉会其亨，枝庭继世。字行，瑞应贤良，慎修克永，承绍兰馨。"

福安岭尾宫光绪十六年（1890年）《汝南郡蓝氏家乘》中记载："官名弁首：福奇尚国，淑则昌长。秉树日绍，庆祥允克。表名弁首：东良奶家，景建永斯。德培如汝。步裕会际。"

宁德蕉城民国四年（1915年）《后岗山雷氏族谱》中记载："正名字首：奇德圣乾道，国朝定居全。荣华富贵，财盛万年。表德字首：元进辅康僯，位明登金发。文章经世，寿禄永亨。"

福安山头庄清咸丰二年（1852年）《颖川钟氏宗谱》中记载："旧簿行第纷集，今自十四世起定其行次字样，以便后来取名表德。官名字行：玉廷毓彦登，得良必自升。表德字行：士学国居上，开维启兆常。"

纵观福建各地畲族谱牒，大抵唯有闽东一带的宗谱对行第中的雁行最为关注，正如福安南坪清同治九年（1870年）《冯翊雷氏族谱》称："谱以昭穆，有兄弟而无雁行，尊卑之谓何？"也就是说，虽有名行、字行，但只能分辈分，无法在同辈中分长幼，这样的行第并不完整。

名行、字行的字头原则上可以搭配任何汉字，以组成名和字。但雁行的每一个字头只能搭配从一到十这10个个位数，所以一个字头只能应对10人，由于家族蕃衍，同辈兄弟众多，因而同辈字头往往不止一个汉字。

如福安井口《蓝氏族谱》所载："第十五世，名灿，字星，行（即雁行）琼琚瑞璞、珍琇球琳、珊瑚瑛琏、环珮玲珑、琬琰琛玠、琪珂瑶璁、玱琅珇玐、琠璜璃琨。"更有甚者，福安南坪《冯翊雷氏族谱》中第十一世、第十二世的雁行字头还分别多达80个汉字。

编排雁行时，首先要将宗谱内所有的同辈族人按出生年月顺序排列，以上述福安井口《蓝氏族谱》为例，第十五世"灿"字辈中年龄最大的称"行琼一"，第十的称"行琼十"，第十一的则按顺序换成第二个字头为"行琚一"，以此类推，这32个同偏旁部首的字头足以应对320名同辈族人。由于不同世次的雁行字头也不重复，因而仅从雁行中也能判别出此人的辈分。

上述行第的制定基本源于家族宗谱的纂修，畲族和汉族毫无二致。但畲族在早先还另有一套由来已久的排行方法，颇具浓厚鲜明的民族特色。因其简单明了，故畲民乐于采用，至今在闽东一带早年编撰的谱牒中还时能见到。

福鼎岭兜清同治五年（1866年）《雷氏宗谱》中有一篇《叙明从前排行序》，对这种别具一格的排行方法作了详细追述。全文如下：

> 盖我雷、蓝、钟、李先人皆遵循排行。夫排行者，蓝姓定以大、小、千、百、万、念六字，我雷姓定以大、小、千、百、念五字。此五字即五世也，三十年排列一次，周而复始，联一族之男女长幼多寡已耳。至于派别支分，生娶卒葬，侨寓迁所无复书及。如有记载者，不过自备述自己一派耳，而一族无与也。溯其世系不紊，兹修谱牒废忘排行之典，若不备述以纪之，恐我后者不能明乎其义耳。

准确地说，这种排行相当于后来行第中的雁行。如上所述，由于五六世内字头毕竟不重复，因而在百来年间既可区分同辈长幼，也能按字头顺序兼顾辈分大小。也许更可贵的还在于刻意不分家族派系，使徙居异地的远房族人倍感亲近。

是否畲族都如福鼎岭兜清同治五年（1866年）《雷氏宗谱》中所说的"蓝姓定以大、小、千、百、万、念六字，我雷姓（包括钟姓）定以大、小、千、百、念五字"？从现有已知的宗谱中看，并没有上述统一的规则可循，从字数到排列顺序乃至选定的字头都有很大的随意性。以同是福安的蓝、雷二姓宗谱为例，社口镇谢岭下光绪三十一年（1905年）《汝南郡蓝氏族谱》所载是"大、念、伯、千、万"；坂中乡井口民国二十六年（1937年）《蓝氏族谱》所载是"万、念、大、小、百、千"；甘棠镇春雷云清光绪三十一年（1905年）《雷氏族谱》所载是"念、大、小、百、千、万"；坂中乡后门坪民国二十四年（1935年）《冯翊雷氏族谱》所载是"万、大、小、百、千"。同处福安尚且如此各行其是，何况全省？

这种排行法优点是简单明了，缺点恰恰正是过于简单明了。百来年一循环，年代稍微久远，辈分无法分清，更何况字头后只配数字，儿孙势必与前辈重名，在过去是属于大不敬的冒犯行为。连江蓼岩清光绪《翠林蓝氏族谱》称：此"瑶旧俗，命名无义而且失序，不顾犯上，不知鄙称"。福安春雷云《冯翊雷氏族谱》称："旧谱雁行只用念、大、小、百、千、万六个字，往复循环，周而复回，殊属蒙混。兹当各限定字母一字排列十名，虽族繁人众，多居不同地，开卷井然。"

清道光年间，曾有过改良的办法。福安后门坪《冯翊雷氏族谱》中记载，字头采用两个字组成，其中第一个字依旧分别为"万、大、小、百、千"，第二字选用一系列不同的汉字相搭配，因此尽管"万、大、小、百、千"五世一循环，但是整个字头永远不重复。如该谱所示，第一世到第五世雁行字头分别是万杨、大超、小陈、伯丁、千黄，第六世到第十世则为万李、大树、小泽、伯筹、千添，随后按此方法继续编排。如该谱世系图记载，第七世雷铭春，行大树九；第八世雷星明，行小泽四；第九世雷颂德，行伯筹三。

显然，这种改良过的排行并没有得到推广。到了晚清时期，随着汉族谱牒的影响不断加深，上述畲族颇具自己民族特色的排行终于日渐消亡。不过，畲族的历史文化渊源也得以可见一斑。

关于福建省加强民族乡村文化建设的几点思考*

张淼海

改革开放以来,在福建省委、省政府的正确领导下,在全省人民的共同努力下,福建省少数民族经济社会事业得到了长足发展,大多数民族乡村建立了文化室,室内有报刊、书籍、宣传栏、有线广播等。这些文化室的建立,既活跃了少数民族地区文化、体育活动,又为传播现代文化知识和农业生产科学知识提供了场所。有些还配备了电脑,藏书数量也逐年增加。其中以石狮市郭坑回族村最为典型,这里不断丰富文化载体,营造文化阵地,以华侨出资、企业集资、群众筹资、政府支持的形式,建造了一座文体活动中心,其间文化室、图书室、健身室、剧场等一应俱全,这些场所的设立无疑在很大程度上丰富了少数民族群众的业余文化生活。

总体而言,民族乡村文化室建设滞后,经费投入不足。文化设施陈旧,管理人员缺乏,少数民族群众文化生活贫乏。

一、民族乡村文化建设过程中存在的不足和问题

(一)重视不够,认识不足,没有把民族乡村文化建设放在应有的位置抓实抓好

多年来,由于各级政府和领导一直把经济发展水平作为衡量乡村干部工作成绩好坏的一个重要标准,乡村的组织和部分干部对文化工作的重要性认识不够,只注重抓经济这一中心工作,认为把经济搞上去了,就一切都好办。从而形成了一种"重经济、轻文化"的主观片面想法。在这种思想指导下,忽视了文化建设对农村经济和社会发展的影响。看不到文化工作对推动经济发展、提高人口素质、促进社会和谐的内在动力,忽略了文化事业

---

* 原文载《福建民族》2009 年第 6 期。

的重要作用，在工作中将文化建设排在各项工作之后，有的甚至忽略了文化建设，导致了文化建设事业的发展滞后于经济的增长。全省449个村没有文化室，福州、泉州、三明、宁德四地市412个民族村，只有74个民族村建有村文化室，还有338个民族村没有建立文化室。有文化室的村大都也仅仅只有一些书籍，藏书少而旧，类别单一，管理混乱，根本无法满足村民对文化的渴求和日益增长的精神需要。

（二）民族乡村文化基础设施建设滞后，没有为文化建设提供基本的物资保障

一是民族乡村文化经费长期投入不足，制约了文化活动的开展。由于缺少必要的、固定的活动经费，导致民族乡村文化室、图书室、广播站等文化部门工作瘫痪，严重制约了民族乡村文化室工作的开展。

二是民族乡村文化设施建设发展缓慢。目前，虽然大部分民族乡村有文化室、图书室，但是文化室没有像样的图书，或者藏书数量少、服务范围窄，无法满足各族群众的文化需求。由于民族乡村设施缺乏，干部群众看戏难、看书难、听广播难、看电影难的问题没有得到有效的解决，文化生活枯燥和单调。比如，罗源县南洋村距离罗源县城7公里，到乡镇也就5公里，所以大多村民除了在家务农以外，大多在附近打工，各家各户都配备有摩托车等交通工具，早上出发，晚上回家。由于资金缺乏，文化室没有像样的图书，也没有人管理。因此，南洋村少数民族群众尤其是退休的老干部、退伍军人等渴望在闲时能够在文化室通过读读书、看看报、电视等方式来了解外面的世界增长知识，同时丰富闲暇生活。

（三）专职人员不到位，人才紧缺，民族乡村文化建设处于基本瘫痪状态

管理人才缺乏，人员素质偏低，民族乡村文化室队伍建设亟待加强。近年来，专业人才出现断层现象，文化方面工作人员不到位的问题突出，形成了乡村文化工作常年无活动，即使有活动也无新意，对群众没有吸引力和凝聚力。比如，罗源县八井村在村部设有文化室配备了电视机，还有书籍300多册，但是由于缺乏资金没有雇用专门的管理人员，还有没有规定详细的借阅图书的制度，因此就出现了有的书放在文化室被人拿走不还的现象，以致后面村干部只好把图书藏起来而束之高阁，文化室就起不到应有的作用。

（四）缺乏文化活动平台和载体，没有为文化繁荣和发展提供基础保障

由于缺乏文化活动平台和载体，宣传文化工作枯燥，缺乏凝聚人心、增强吸引力的办法措施，文化活动开展较少，活动形式单一，活动内容缺乏创新和吸引力，文化宣传、教

育、辅导、娱乐的功能没有充分发挥。传统的活动丢失，现在的活动无人组织，平台和载体无人搭建，宣传文化活动没有正常开展。除了看电视外，少有其他文化娱乐活动，逢年过节组织些娱乐活动，也集中在乡镇，民族乡村开展的文化活动极少。如，连江县安凯镇镇安村，全村400多人，畲族人口占87%，平时文化生活比较单调，除了在一起打打牌、看看电视之外，几乎就没有其他的文化生活。

二、关于加强民族乡村文化建设的几点建议

（一）各级领导要强化民族乡村文化建设的意识

进一步提高对民族乡村文化建设重要性的认识，努力克服一手硬一手软的问题。现在各级党委和政府领导干部普遍认为经济建设是硬任务，文化建设是软任务，规划无文化项目，资金无文化安排。文化是固本的事业，对于民族乡村民众素质的提高及经济社会的发展意义重大。因此，要把民族乡村文化建设纳入各级党委和政府的重要议事日程，纳入经济和社会发展的规划，纳入财政支出预算，纳入扶贫攻坚计划，确保民族乡村文化建设各项目标任务的实现，让少数民族群众充分享受到乡村基本文化生活——看电视、听电台、看电影、看图书。

（二）多方筹集资金，加大投入，完善文化建设基础设施

坚持以政府为主导，以乡镇为依托，以村为重点，以农户为对象，发展县、乡（镇）、村文化设施和文化活动场所，构建民族乡村公共文化服务网络。现在，我们不仅要对原有的文化室、图书室及电影院等进行修复利用，而且要加大基础设施建设力度，建立以村为单位的科技文化活动中心。其活动的场地可以由民族乡村想办法解决，可以利用原有的公共场所，如闲置地点，也可以与村小学等联合使用场地。资金可以通过鼓励社会、企业、个人参与捐助的形式和村"一事一议"的形式解决。民族乡村文化室和图书室也可"一室多用"，同时明确具体的管理人员。学校布点整顿腾出的闲置校舍，可改造为村文化活动场所。充分发挥民族村中小学在开展农村文化活动方面的作用，提倡中小学图书室定时就近向农民群众开放，把中小学建成宣传、文化、信息中心。如，连江县潘度乡高岳村小学由于学校撤并，目前小学只有到三年级为止是在村小学，此外包括幼儿班一共只有学生30人，因此校舍就可以腾出一些空间来作为文化室使用。对于处在边远贫困山区、地广人稀的地方适宜开展流动服务地区的少数民族乡村，可考虑开展灵活、多样、方便的文化

服务。

（三）理顺和完善体制机制，充实和培训文化工作人员

一是探索民族乡村文化设施运行管理新机制新办法。统筹文化、教育、科技、体育和青少年、老年活动场所的规划建设和综合利用，努力做到相关设施共建共享，着力解决农村文化设施分散、使用率不高的问题。有条件的要采取多种方式对群众开放。如，安溪县善坛村的文化室就是把多种活动场所合并在一起，统一由热心的村干部或者群众来管理，不仅解决了场所有限的问题，而且还解决了管理人员缺乏的问题。

二是加强民族乡村文化队伍建设，提高民族乡村文化队伍素质。要重视培养民族乡村文化带头人，大力发展文化志愿者，建立民族乡村文化骨干培训网络，加强对民族乡村青年文化工作者的培养、培训交流，提高其思想水平和业务素质。要制定激励性措施，奖励民族乡村文化工作人员，切实改变目前民族乡村从事文化工作的人员综合素质偏低、结构不合理的状况。如，罗源县南洋村就有很多热心的退休老人、退伍军人，只要稍加培训就可以解决民族村文化管理人员缺乏的局面，不仅使他们老有所乐，还可以节省村财开支。

（四）找准载体，搭建宣传文化平台，开展丰富多彩的文化活动

在继续搞好广播、电视、电影等基本群众文化生活的同时，重点通过举办群众喜闻乐见的具有地方民族特色的文化活动，保护、挖掘和开发具有地方民族特色的非物质文化遗产。引导培养农民积极参与健康的文化娱乐活动，寓宣传法律和方针政策于文化活动中，让他们知法懂法，懂政策，振奋精神，积极加入经济建设和社会事业发展之中。

一是大力推进广播电视进村入户。以提高中央、省台、市县广播电视节目入户率为重点，采取多种技术手段，加大实施无线广播电视村村通工程的力度。重视完善和发挥无线转播台站的作用，增大覆盖范围，在人口集中地增加对社会的定时播放点，把法律法规、农村政策传达给少数民族群众，占领民族乡村这一文化阵地，力争使民族乡村群众收听收看到更多、更好的广播电视节目。

二是实施民族乡村电影数字化放映工程。加大专项资金支持，做好片源供给和电影拷贝工作，丰富农村电影片源。加强中小学爱国主义教育影片和农村科教影片的放映。根据实际情况，采取定点、流动、录像放映等多种形式，积极探索农村电影放映的新方法新模式，落实好民族乡村电影放映工作。

三是拓宽思路，创新方法。改造民族乡村传统文化表现形式，满足民族乡村群众的多种文化需求。把民族乡村文化的先进性和广泛性、知识性和趣味性等有机的结合起来，因

地制宜，结合实际，多组织一些贴近农民生活习俗和风土人情的文化活动，为农民群众提供丰富多彩、喜闻乐见的文化产品，最大限度地满足他们的文化需求，营造民族乡村健康向上的文化氛围，提高民族乡村群众文化生活质量。

（五）巩固和发掘非物质文化遗产和民族文化，把文化建设与旅游开发相结合，推进文化建设发展

着力发展民族乡村特色文化，加强对民族民间文化资源的系统发掘、整理和开发。对民族乡村传统文化生态保持完整并具有特殊价值的村落或特定区域进行动态整体性保护，逐步建立科学有效的民族民间文化遗产传承机制，并在保护传承的基础上加以开发利用，与民族乡村游、民俗游、观光游、休闲游、生态游等民俗旅游项目结合起来，打造特色民族旅游文化，为建设文明、和谐、发展的民族乡村文化建设打下一个坚实的思想基础，为推进当地经济社会又好又快发展创建一个良好的环境。

以上是根据福建省民族乡村文化建设的一些情况做的总结，可能有偏颇之处。各处民族乡村的文化建设的进度也依当地的各种条件的影响，所以我们制定和落实政策时，切忌一刀切，各地要根据自己的实际情况有计划、有步骤地做好民族乡村文化建设，切实保障民族乡村广大群众的文化生活。

年龄组织

——台湾阿美男性的话语空间*

黄淑萍

台湾高山族实际上是若干不同族群的统称。1949年台湾人类学界采用了九分法,将台湾少数民族确定为阿美(Amis)、泰雅(Ataya)、排湾(Paiwan)、布农(Bunun)、卑南(Pnyuma)、鲁凯(Rukai)、邹(曹)(Tsou)、雅美(Yami)、赛夏(Saisiat)这九大族群。阿美族是台湾当局的官方命名。北部阿美自称Pantsah,南部阿美自称Amis。前者在阿美本族群中使用较多,有"人种、血统、同族"之意;后者有"北方"之意。大部分阿美人居住于平地,只有少数居于山谷之中,因此也称为"平地山胞",它是高山族中人口最多的一个族群。

一、阿美社会的母系特征

母系社会是按母系计算世系血统和继承财产的氏族制度,是氏族社会的第一阶段,是一种原始的社会制度。在漫长的原始时期,大多数民族都经历了若干万年的母系氏族的历史。直到现在,世界上仍有一些民族尚未完全摆脱母系社会的影响。台湾阿美人就是一个典型的母系社会,其母系制度直至20世纪50年代无论在南部群还是在北部群,都还占有绝对优势。在阿美社会里,女性往往是家庭中最重要的人物,她们是家族生活和工作的支配者与继承者。主要表现在以下几个方面:

其一,在居住方式上表现为子女从母居住。在阿美社会,子女随母亲居住,女子可终身不变其居处关系,男子则幼时从母居,婚后从妻居。在阿美人的观念中,子女是妈妈的孩子,而不是爸爸的孩子。对其他民族介绍自己时,还必须另外加上母亲一方的氏族名

---

* 原文载《福建民族》2012年第3期。

称。婴儿出生时,忌爸爸抱。阿美人认为婴儿躯体软弱,爸爸抱过婴儿后会变得软弱乏力。有人类学者认为之所以会有这种禁忌,主要目的其实是为了确保将孩子的抚养权操控在母方手里。

其二,在婚姻形态上表现为夫从妻婚,即招赘婚。阿美女性在恋爱时往往处于主动,相中情郎后,她们会主动追求男方,并到男方家为其工作,以博取男性的青睐。两情相悦后,男子需入赘女方家庭,成为女方家族的一员。妻子对日后的婚姻生活有主导权,如果她对婚后生活不满意,只要将丈夫入赘时带来的衣物挂在门外,就算将他给"休"了。

其三,在财产继承上实行母系承产制。家宅与财产都是由母传其女。长女优先继承母亲的房子和土地等主要财产。次女及以下的女子招赘后,原则上留在大家族中,以长女为家长,并不分家,财产共享。分居的话,则可以分得一部分田产。而男子是没有权利继承家产的,他们孑然一身,结婚后要入赘女方家,而且没有"嫁妆",只能带走少许属于自己的衣物和用具。

其四,在生育方面表现为重女轻男。阿美妇女如果头一胎生下女孩,家人会杀猪、杀牛大肆庆祝;如果生下的是男孩,则不会有如此待遇了,意味着母亲还得加把劲。

二、年龄级制度:阿美男性的权利来源

由上文可见,在亲族范围内,阿美女性确实占据了优势地位,妻子的地位明显高于丈夫。但是,阿美男性是否真的地位低下,没有自己的话语空间,丧失了自己的话语权呢?事实并不尽然。阿美男性虽然在家族范围内居于次要地位,但是他们在政治领域却享有很大的权利,有着很大的话语空间。这种权利来源于年龄级制度。

年龄级在台湾少数民族中是一种非常普遍的制度,除了泰雅和雅美没有此制度以外,其他族群都有。年龄级制度有两种基本的类型:一类是通名制,另一类是专名制。通名制,即只有几个代表长幼资格的集体称号,适用于男女两性,在幼年期与老年期,同一称号可以适用于男女双方,但在少年期与成人期则需要区分性别,各有专称。专名制,是具有区别年龄与依长幼分组之连带社会责任的集体称号,并且自参加成年礼进入组织后,每一级接受一个专名称号,此称号永远属于该一组级别。阿美社会实行的年龄级制度属于专名制,它是以会所为中心的男性组织,女性是不允许参与的。也就是说,在阿美社会,年龄组织是男性专属独享的,女性在这里是没有权利的。

阿美人将男子一生分为四个年龄阶段:第一阶段是童年期(自出生到十四五岁)。处于该时期的孩童跟随母亲居住,可以和女孩接触。第二阶段是青少年期(15岁至25岁),

以成人礼划分为前期和后期。处于该阶段的青少年即将成年，在成年礼之前要接受集中管理和严格的教育，居住在会所，不能和女子接触。进入青年级后地位最低，要继续服役，成年后即可接受一级名，终生不变。第三阶段是青壮年期（25 岁至 42 岁）。处于该时期的青年已完成服役，可以不居于会所，也可以结婚，但要负责执行一些公众事务。此期的青年已拥有发言权、享受下级为自己服务等特权。第四阶段为老年期（42 岁以上）。老年级具有很多权利，部落的老人会议对公众事务有决定权，部落首领一般从老年级里产生。综上简单概括而言，阿美的年龄组织就是将男子从十四五岁一直到死亡，依据年龄的大小，分为不同的组别，共同构成为一个坚强又有系统的体系。

  从形式上看，阿美的年龄组织可以分为两个基本类型：马兰式和南势式。在马兰式的年龄组织中，每产生一个新级就取一个新名，这个级名只有到该级成员全部死亡后才能取消。男子从 11 岁至 15 岁准备入组，经过第一次成年礼后升为预备服役组，此时没有组名。经过第二次成年礼后，接受一个组名，成为新组，这是最严格的服役期（在 20 岁至 22 岁）。马兰式年龄组织每隔三年举行一次成年礼，而后晋升一级，但仍然延用原有的级名。南势式的年龄组织，使用传统的九个组名，依照顺序循环使用，当最高一级退休并离开年龄组织后，就会有新成员加入并继承其名，但是其他的成员还是依旧使用原来的年龄级名。每七年举行一次成年礼，而后晋升一级。

  由上可知，不管是马兰式还是南势式，阿美的年龄组织是一个非常严密、等级森严的组织系统。它是阿美部落政治运作的基础，也是阿美社会组织的基本要素，部落中的一切公共事务，诸如保卫部落安全，维护部落治安，执行祭典祀仪，处理急难和突发事件，维护部落生活的家庭与社会伦理，教育与训练，为修路、造桥等社会公共事务出勤，等等，这些都必须依靠年龄组织才能完成。换句话说，年龄组织担负起了部落全部的对外及对内事务，它不仅是教育训练的机构，也是个人社会地位和待遇的依据；不仅是部落军事行动的枢纽，也是部落行政、仪式的主要机构；不仅是部落成员互助合作的基础，也是全部主要生产活动的执行团体。因此，只要阿美男性一进入年龄组织，就意味着他们取得了掌握处理部落事务权利的敲门砖。年龄组织是阿美男性们施展才华的自由天地，虽然这里有着森严的等级制度，但是这片领域是专属于男性成员的，女性不能涉足，也无权干涉。可以说，年龄组织让阿美的男性们在这个母系社会中获得了专属于自己的话语空间。但是在这个组织内，阿美男性必须要接受各方面的训练，要认真学习群体社会生活中应该具备的各种知识技能，为将来处理部落大小事务做准备。显而易见，在阿美社会，男性被有意识地培养将来处理各种部落事务的能力，而女性却因性别回避的规则被排除在政治权利之外了。

另外，年龄组织还是阿美人领袖制度的基础。部落首领通常是从年龄级中的老年级里产生。经过二三十年严格训练的男人渐渐升级到年龄级的最高级，从而具有完全充分的决定权和真正的领导权威，这也是阿美独具特色的老人政治制度。阿美男性要想成为一个部落领袖是十分不容易的，他必须具有各种能力，包括指挥能力、语言表达能力、勇敢、诚实、熟悉仪式历法以及渔猎技巧等，如果部落首领不能确实履行他的职责，那可能就要被迫辞职了。此外一些意外的灾害，例如，饥荒、旱灾，传染病的流行以及与敌方部落的成员互相通婚的行为等，部落领袖都必须处理得当。因为这些都是属于他的职权范围内的事情，同时也是他彰显领袖才智、博得众人信服的地方，所以阿美男性在年轻的时候就进入年龄组织接受各种严格的训练和学习是十分必需的。可以说，年龄组织是阿美男性在母系社会中能够掌握占有绝对优势的政治话语权的发源地，其重要的社会价值不容小觑。

三、年龄级制度形成的原因分析

阿美的年龄组织可以说是平衡了母系社会男女之间的权利，也创造了部落内和谐的社会关系。那么，令人诧异的是在女性占据主导地位的母系社会里，为什么阿美男性会在政治领域占据绝对优势的地位呢？到底是什么因素促成了年龄级制度的形成？有研究者通过寻访阿美部落里的一些老者，大致归纳总结了几种因素。

第一，警戒或巡查的需要。据传以前部落里，人们担心会有其他民族人来侵袭，经常有不是砍头杀人，就是掠夺财物。为了能保全部落里全部的生命财产，人们就自发召集所有男子聚集，共同防御，并按照不同年龄分配各责任区，交付任务来抵御外族侵害。

第二，新修建家屋的需要。以前部落里搭盖房子的责任由全体男子共同担当。大约每年的九十月间，凡是需要改建或修建房屋的住户，先向部落的青年组长登记，而后以抽签方式排定开工顺序。开工日期全由住户决定，并向负责的青年组长告知，再由组长召集所有男子聚集，准备建材，如茅草、竹子、藤、木材等材料；同时把割、砍、破、劈、扛等工作分配给各年龄组的人来负责。等到所需的材料都准备好后，大家才一起搭建，一家一家完成。这种分层负责的情形几经重复，逐渐成为一种习惯，最终形成一种制度。

以上两种因素，若仔细探究的话其实就是同一个道理，即年龄级制度形成的一个重要基础是男女因性别差异导致在社会生活中扮演不同的角色、承担不同的责任。阿美男性成员在社会生产中所发挥的重要作用是其最终掌控部落事务、获得政治话语权的根本原因。阿美年龄组织中的"青壮年组"（25岁至42岁），在社会生产中是主要力量。因为有些劳动工作，不仅是体力的支出，而且还需要有技术，诸如水稻的插秧、除草以及山田经济作物的种植等重要生产活动，需要优良的技术与充沛的体力才能得到事半功倍的效果。因此，这类工作往往要请年龄阶级较高的青壮年组织从事。阿美女性则仅仅从事一些辅助性的工作，她们的精力主要是放在家族事务中。由生理差异带来的男女不同的社会分工，使得男性有机会在阿美母系社会里掌握处理部落内外事务的权利，从而获得与女性在亲族社会中所占据的优先权相抗衡的权利。

巴地蓝氏家族的历史沧桑*

陈华

福建省屏南县巴地村是该县唯一的畲族聚居地，其先祖于宋代末年徙自邻近的古田县富达村。巴地蓝氏后裔保存着大量的古籍资料，不仅有家族谱牒、祭祀文书、账册数簿，而且还有数百件从清初康熙年间到民国时期的官府文书和民间契约。这些原生态的第一手资料，真实完美地见证了该家族三百多年来风风雨雨走过的历史行程。通过对畲族古籍资料的搜集整理，促进人们全面深入了解畲族历史状态，客观恰当地评价他们的社会活动和经济生活，这是一个有典型意义的实例。

古田富达村是福建东北部畲族人口最多的少数民族聚居地。据传，唐乾符三年（876年）蓝应潮从福州侯官迁居古田水竹洋（今富达），开基立业，繁衍生息，至今成为蓝姓畲族的千年古村。大约到了南宋末年，第二十二世蓝巨富徙居屏南巴地村，这是富达蓝姓畲族最主要的分支。

富达蓝氏和闽侯雪峰寺关系密切，其间有一个动人的传奇故事。蓝应潮祖上居住在闽西汀州，父亲蓝文卿迁居福州侯官县东洋境，富甲一方。唐末五代初，蓝文卿将家产尽数施舍雪峰寺，并遵照真觉禅师的法旨，骑石牛向古田方向寻找"万代风水流传地"，终于落脚富达村。富达蓝氏有关家族历史渊源的文字史料已经荡然无存，多年来这个传说仅是代代口耳相传，我们在巴地村意外地看到了一本残缺不全的蓝氏家谱手写本。该家谱佚名续写于清光绪四年（1878年），"序言"中完整地保存了这个传说的历史记载：

> 始祖文卿公，唐赠威武公、东南面节度使、明护侯王，生男八，皆赠尊侯。
> 于唐僖宗年间入闽，住居侯官县东洋境雪峰地方。时公家资饶裕，钱粮计有三千

---
* 原文载《福建民族》2013 年第 6 期。

八百顷，田庄十余村，黄牛及水牛共三百六十牵。其素性忠厚，存心宽恕，待人接物礼交义接。时有真觉禅师常到公家，公款敬殷勤。一日，真觉法旨曰：此地舍僧立寺，可乘二白牛眠处开基，乃万代风水流传地也，后世子孙足衣足食，与天地同休，百年之现成无不如意者。公惟命，果乘二石牛寻到玉田水竹洋地方，创立屋宇，广置田地，号为富达蓝田境。嗣公之长尊侯应潮公，将田地山场尽舍与僧住持，奉祀香火，而蓝田富阳衍派承流，历唐宋及明寖昌寖炽，文明聿昭，以祀不祧之俎豆，此乃富阳之遗规也。

到了南宋末年，第二十一世蓝镛生三子，谱分福、禄、寿三房，次子禄房蓝巨富成为巴地开基祖。先祖蓝应潮骑石牛翻山越岭徙居富达，五百年后家境居然陷于贫寒，于是蓝巨富被迫离家出走讨生计。蓝巨富流落百里外的黎厝里，在黎员外家当长工，黎员外见他脑子聪明，手脚勤快，还能协助自己料理家事，便把女儿黎十娘许配给他。富家女婿蓝巨富在漈下村附近找到一处"风水宝地"，于是建起房屋，开基立业，繁衍子孙后代，并定名为巴地（旧称"包地"）村。到了第二代，蓝德明生三个儿子，分为三房，"山场田地基业照三股均分"，可见已经小有家产。到了第四代蓝文贵，在乡里"公为望人"，家有"红楼畜马匹"，官府还将本都田赋钱粮委托他协助征收料理。巴地蓝氏终于时来运转。

资料显示，蓝德明的三个儿子中第三房蓝廷进在日后最有起色，而该房后裔中的佼佼者当数蓝世发及其儿子蓝兴柱（又名"蓝代亨""蓝大筹"，本文引述的众多史料均为蓝兴柱曾孙所珍藏）。清代中期，蓝世发不仅在家族中，而且在周边村落畲汉民间都小有名气。20世纪80年代编印的《中国民间故事集成·福建卷·闽东畲族故事》中就收录有晚清时期当地流传的蓝世发与人斗法的传奇故事。

蓝世发的父亲蓝殷士、祖父蓝申生，明末清初时期家境大抵小康水平。从保存下来的屏南县府出具的征收田赋告知凭单看出，清乾隆四十一年（1776年）蓝申生转儿子蓝殷士名下的民田亩数仅为"七亩四分五毛八丝八微"；乾隆四十八年（1783年）蓝殷士名下民田亩数新增"六亩四分"；嘉庆八年（1803年）蓝殷士名下民田亩数再增"九亩五分"，合计"二十三亩一分二厘零八丝八微"，每年应缴纳田赋银"二两二钱一分七厘六毛七丝二忽"。

清乾隆后期，蓝世发三兄弟分居，从嘉庆到道光年间历时半个世纪是蓝世发分居后发家致富的鼎盛时期。其主要表现有三：

其一，大量兼并田地、山场和房产，或用现银购买，或借助典当抵押，由于对方往往无力按期取赎，因而顺理成章地收归己有。

以蓝世发清道光年间的大宗田产交易为例：

道光二年（1822年）典得甘年禧民田六亩二分，费银一百三十两；

道光三年（1823年）买入□□亨民田三亩二分，费银五十一两；

道光四年（1824年）买入甘兴旺民田二亩四分，费银五十四两；

道光五年（1825年）典得甘兴梓民田三亩二分，费银十六两五钱；

道光六年（1826年）典得甘好秀民田一亩六分，费银二十两；

道光十一年（1831年）典得甘年岳民田四亩，费银八十四两；

道光十二年（1832年）典得吴则立民田五分五厘，费银三十三两；

道光十三年（1833年）典得甘兴利兄弟屯田二分，费银十七两；

道光十五年（1835年）典得下山登周贞华兄弟民田一亩五分，费银六十五两；

道光十五年（1835年）典得后龙溪张春科屯田五分，费银十八两；

道光十七年（1837年）典得同村蓝兴章田二亩八分，费银六十四两。

前后15年间，仅上述11笔交易，蓝世发共花费白银552.5两，这在穷乡僻壤的屏南山区几乎令人不可思议。

财大气粗的蓝世发购置房产也是大手笔。如：

嘉庆十三年（1808年）用价45两，买断甘子顺家族厝坪一片，用于架构新房，估计随后的房屋建筑费用也是相当可观。

道光三年（1823年）买断胞兄蓝世奇、蓝世旺楼屋一座，费银50两。

道光十三年（1833年）买断族侄蓝兴健楼屋一座，费银85两。

其二，长期高利放息，借贷对象多为本村族人。年利息通常为20%，若有田地抵押的，则以田租收入充作利息。例如：

道光六年（1826年）"立借批蓝林赐，今因无钱应用，自情愿托中向在本房弟世发边借出钱六千文本正（当时八百文折合银一两），同中三面言议，其利息长年加一算还。其钱自借以后俟至赐赎田之日，备办本息理还"；

道光十一年（1831年）"立借批蓝兴香，今因无谷食用，自情愿上年间香有出当厝契在世发边，现本年急迫无谷作年，托中向在本家世发叔处借出谷二石正的谷价钱三千二百文本正，言约利息长年加二进息"；

道光二十年（1840年）"立借字蓝登道，今因无钱使用理还差承礼，自心情愿托中向在本房世发处借出钱八百文正。其钱俟至有力之日备本送还，不得欠少只文"；

道光二十二年（1842年）"立借字蓝昌陶，今因无钱使用，自甘愿托中向在本家叔祖世发边借出钱十一千二百文本正。言约利息长年加二进息"；

道光二十二年（1842年）"立借字蓝求养，今因无钱应用，自情愿托中向在本家兄世发处借出钱三百五十文本正。言约利息长年加二进息"；

道光二十四年（1844年）"立借字甘年锁，今因无钱应用，自甘情愿托中向在包地村蓝世发处借出钱四千八百文正，其钱笔下亲收足讫无少只文，其利息田土交关明让其钱"；

道光二十四年（1844年）"立借字蓝昌陶，今因无钱使用，自甘情愿托中向在本家叔祖世发处借出钱四千文本正，言约利息田土交关明让其钱"。

其三，土地出租。如：

道光五年（1825年）"立承佃甘兴梓，今因无田耕种，自情愿托人向在包地村蓝世发处承出民田一号，坐址漈下村地方十保卷桥乾，该租一石五斗正"；

道光六年（1826年）"立承佃甘好秀，今因无田耕作，自情愿托中引在包地村蓝世发处承出田一号，坐址本处，土名刀富石，该租二石正"；

道光十七年（1837年）"立拨佃甘兴林，今有民田一号，坐址包地村地方，土名俗叫比洋，是巴地村蓝朝显耕作。递年冬成理纳租二石"；

道光二十八年（1848年）"立承佃蓝昌枨仝堂弟昌基，今因无田耕作，自情愿托中向在本家族叔祖世发处承出民田一号，坐址本处，土名四十丘，该租三石二斗正"；

道光二十八年（1848年）"立承佃蓝国色，今因无田耕作，在本家族叔蓝兴柱处承出民田一号，坐址本都梨坪地方，土名俗叫谢四垄，其田是色承来耕作。递年冬成收割之日，备办青早谷三石七斗五升正送至柱仓前交秤明白"。

巴地蓝氏百多户族人中，有如蓝世发一家大富大贵的毕竟凤毛麟角。明代以前不得而知，但现有搜集到的史料证明，至少在明末清初巴地蓝氏族人中的贫富两极分化已成格局。清代以来，随着穷人与财主之间经济上的不断互动，贫富悬殊也越来越大。从契约的行文中可以反映出该家族中大多数畲民的真实生活状态，他们或"无银理纳粮差"，或"无谷食用"，或"无钱殡殓"被迫将家产出卖典当或抵押借贷，到清代中后期该村绝大多数蓝氏畲民都已陷入贫困之中。如：

康熙三十年（1691年）蓝应仕将祖田一亩二分贱卖甘元盛，得银一两五钱；

雍正八年（1730年）蓝启祚将祖田一亩四分转卖本房叔，得银八两；

雍正九年（1731年）蓝甘炜将屯田出典本房兄弟，得银一两；

乾隆十八年（1753年）蓝继经将民田送买本房族人，得银十两；

乾隆五十五年（1790年）蓝兴纲将民田卖断胞婶，得银十八两；

嘉庆二年（1797年）蓝世达将祖传房屋出典邻村甘与绣，得银十二两；

道光十一年（1831年）蓝兴香以房契抵押蓝世发借谷二石，利息长年加二计算；

道光二十一年（1841年）蓝林代向堂叔蓝世发借钱一千八百文。

类似这样的原因而出卖、典当田产的文书契约多达数十件。

最典型如蓝昌陶兄弟。道光二十二年（1842年）"因无钱使用"向本家叔祖蓝世发借钱十一千二百文，利息长年加二计算；道光二十四年（1844年）向蓝世发借钱四千文，以田产抵押，田租充当利息。道光三十年（1850年）"无钱安葬"先祖，第二年"无钱殡殓"祖父，又是以田产抵押三次向本家蓝世发借钱十三千八百文。到了第五年，父亲去世，还是"无钱安葬"，只好再次求助于本家叔祖蓝世发，终于借到钱一千一百文。这时蓝昌陶兄弟已经倾家荡产无所抵押了，"其钱乃是叔伯之情，其利明让，其本任陶随年理还"。这最后一次借贷，蓝世发心知肚明权且当作是施舍了。其实包括前面的五次借贷，蓝昌陶兄弟也始终没有偿还过，不过他们兄弟的所有田产也都毫无疑问地收入蓝世发囊中了。

民间流传"富不过三代"的说法，从蓝殷士到蓝世发再到蓝兴柱正好是三代。清道光后期蓝兴柱子承父业，继续做大家产，颇有乃父风范。如道光二十六年（1846年）受典本家堂弟蓝大龙民田一亩六分，费银三十四两；第二年受典本家堂兄民田一亩六分，费银二十七两五钱；第三年受典族侄蓝国色民田两亩一分五厘，费银四十四两四钱；第四年买入族叔民田两亩四分，费银七十六两。

正当蓝兴柱踌躇满志之时，从咸丰初年开始家道突然中落，随后一发不可收拾。具体原因目前无法准确知道，但从当年有关文书契约的只言片语中大致得知，道光二十九年（1849年）"龙王潭溪河"某人控告蓝兴柱"起私毒"，蓝兴柱随即被官府"拘押在案"。为"料理官事"，可能仓促中一时现金周转不便，蓝兴柱将民田三亩二分抵押漈下村甘思亮，当出钱三十四千五百文，面约利息长年加二计算。此官司涉及全村蓝氏家族，就连蓝兴柱的堂叔祖蓝登锦、蓝登道房下也因"合乡官事在案，无钱使用"变卖田产、林产，并出资"帮贴"蓝兴柱"料理官事"。

道光年间清廷的禁烟法规森严，"开馆者议绞，贩卖者充军，吸食者杖徙"，平民吸食鸦片大约杖一百徙三年，外加子孙不准考试。蓝兴柱这场官司结局如何，目前无从考证。资料显示，从此以后蓝兴柱家的田产只出不进，逐年迅速减少。咸丰到同治年间（1851—1874年），仅蓝兴柱亲手经办的大宗田产出典或抵押借贷就有如下6笔：

咸丰二年（1852年）将民田一亩二分出典本房堂叔蓝世滋，得银三十两；

咸丰六年（1856年）将屯田八分六厘出典堂叔祖蓝登锦，得银二十四两；

咸丰七年（1857年）将民田抵押本房堂侄蓝国化、堂叔蓝世滋，得银九十两；

咸丰十年（1860年）将民田一亩四分出典族侄蓝国品，得银二十五两；

同治四年（1865年）将民田二号出典彩虹村吴泰衍，得银四十两；

同治十年（1871年）将民田出典族侄孙蓝昌和，得银二十八两。

清同治元年（1862年）蓝世发去世。按照民间习俗，稍有家世的老人都会在生前修筑寿坟，至少也寻好墓地。然而，出人意料之外，富甲方圆百里的蓝世发死后，儿子们竟不知该将父亲埋在何处。蓝兴柱求助于同房族叔蓝祈赠，念"在生之日至好之交"，终于在对方祖上旧坟旁得到一块廉价坟地。契约中写道："今因房兄世发身故，与赠（指蓝祈赠）父在生之日至好之交无以报答，即将旧坟上及左边送与发男安葬父母骸柩。两家有情面之议，同中三面言议契价钱六千文正，其钱笔下交清，无少支文。其吉地自议之后，年通月利，任柱（指蓝兴柱）择吉安葬父母骸柩，不许柱私卖别人"。

从清光绪、宣统年间到民国时期，蓝世发后裔总体上继续在走下坡路，终于破产致贫。

后人保存一份蓝世发嫡孙蓝团生的婚书，红纸黑字，写于清光绪三十三年（1907年）。该婚书中写道：邻村张开美，有妻周氏，29岁，现因"饥荒岁月，难以度日，养妻不起"，托媒人说合，"配与二十六都包地村蓝团生以为妻"，"礼金银小洋三百五十角正"，周氏凭此婚书"张、蓝两姓间来往居住"。日后周氏若生下两个男孩，"任蓝团生抽选一子接代宗支"；如若只生一男或生女，则"两姓公共"。

在风雨飘摇中，巴地蓝氏畲族终于迎来了中华人民共和国成立。

福建回族的历史渊源*

陈华

回族，是福建省的世居少数民族之一。据 2010 年第六次全国人口普查，福建省回族约 11.6 万人，占全省少数民族人口的 14.55%，人口数量仅次于畲族，位居第二。福建省回族 96% 分布在泉州、莆田、宁德、福州、厦门等沿海地区，其中以泉州为著，有回族 6.5 万人，占全省回族人口的 56%。总体上看，虽然福建回族人口不多，约占全国回族人口的 1%，但是在历史上占有相当重要的地位，是我国回族历史研究中一个不可忽视的方面。

据史料记载，早在隋末唐初就有大食、波斯等国的商人由海上乘商舶来中国泉州进行通商贸易，随着海外交通贸易的日益发展，泉州很快成为我国四大对外贸易港口之一。宋元时期，阿拉伯、波斯穆斯林商人大批接踵而至，他们与众多从事海外贸易的中国商人一道共同促进了泉州海外贸易的空前发展。得天独厚的洋流和季风，让帆船时代的中外海商一年一度沿着"海上丝绸之路"往返于泉州港。数以万计的外国侨民中有不少人在泉州购置产业，长期寓居泉州。外来穆斯林从事商业活动的同时，他们在居住地修建了宗教活动场所礼拜寺，按照伊斯兰教经典"三日必葬，葬必从俭"的速葬原则，还在当地建立了公共墓地。

元朝末年，福建发生了一场长达十年的"亦思巴奚"兵乱。这场兵乱波及整个福建沿海，以泉州受害最为惨烈。兵乱造成大量平民的死亡，兵乱期间和过后还发生了宗教和民族仇杀。由于战乱和仇杀，泉州的海外贸易和商业遭受近乎毁灭性的打击，经济一落千丈。面临这样的严峻局势，大量侨商纷纷迁回海外，外侨社区解体，号称"世界第一大港"的泉州港从此走向没落。

---

* 原文载《福建民族》2014 年第 5 期。

许多学者认为，福建是我国回族形成的发祥地之一。福建沿海地区，尤其是泉州的回族大多数是通过海上丝绸之路而来的古阿拉伯人、波斯人的后裔，学者称之为"海回"，以区别从陆上迁徙而来的回民，并宣称这是福建回族的主要来源。尽管这是一个合乎情理的推论，不过时至今日还无法确认世居福建的某个回民家族是当初通过海上丝绸之路直接来泉州经商的阿拉伯人、波斯人的后裔。

现今唯一与"海回"最靠谱的是永春南美村的夏氏回族。据说夏氏曾有族谱，是清咸丰六年手写本，不幸于"文化大革命"期间被收缴焚毁。从清乾隆《泉州府志》和泉州清净寺碑刻中显示，公元14世纪初的元皇庆年间（1312—1313年）有大食国人夏·不鲁罕丁随王朝贡使乘海舶到泉州，任清净寺教长，遂定居泉州。其子在明朝时取其父名之首音"夏"为姓。自夏·不鲁罕丁主持泉州清净寺教务后，家族世袭近三个世纪。其子孙任泉州清净寺主持见诸史志和碑刻记载的有其子夏敕、夏敕长子（名佚），以及后裔夏彦高、夏得升、夏日禹等。元末明初，夏氏族人逃离泉州，徙居德化、仙游等地，明末定居永春南美至今，于1986年被认定为回族。

调查资料显示，福建回族的来源是多方面的，目前证据确凿的主要有三方面。其一，原定居外省的回族商人，受福建海上贸易活动繁荣的吸引而徙居泉州。其二，历朝由外省来福建担任地方文官武将的回民及其家眷、随从在闽落户。其三，当地汉族因某种原因改变生活习俗或信仰而成为回族。

晋江陈埭是福建回族最大的聚居区之一，人口有2万多人。由于当地回族都姓丁，人称"陈埭万人丁"。随着人口蕃衍和社会动荡，从明代开始许多丁氏回民沿海峡西岸北上，在平潭岛、福安黄儒以及福鼎秦屿等地形成较大规模的丁氏聚居地。丁姓成了福建回族的第一大姓。

陈埭丁氏保存有众多家族谱牒，最有代表性的是明万历十五年（1587年）丁衍夏纂修、清乾隆二十六年（1761年）丁淑仪续修的陈江《丁氏族谱》。据族谱记载，始祖丁节斋是一位于南宋末年由苏州来泉州做生意的穆斯林商人，卜居泉州城南文山里。嗣后祖孙三代依然经商为业，奔波往来苏州、泉州之间，到了晚年家境才颇有起色。元末，泉州爆发了"亦思巴奚"兵乱，商贸环境遭到灾难性的破坏，三世祖丁硕德不得不放弃经商传统举家离开泉州，就近肇居陈埭，并利用经商所得在当地广置田产、滩涂，终于"业日以拓，族日以大"。

追溯始祖丁节斋以上的世系，丁衍夏在明万历十五年（1587年）纂修的族谱中坦诚"其迁所自出，俱不得而详也"，因而世系"断以节斋府君为始，不敢妄有所附也"。曾有学者为丁节斋溯源，认为他是元代名宦赛典赤瞻思丁的后代。赛典赤瞻思丁，官终云南行省平章政事，曾孙赛典赤乌马儿，元大德初年在泉州任福建平海行中书省左丞，乌马儿的儿子杜安沙死于大德六年（1302年），葬在泉州。当杜安沙被指正就是丁节斋时，连陈埭丁氏后裔都茫茫然自以为是了。随着丁节斋墓碑出土，事实证明这是误判。看来丁节斋只是一位普普通通的穆斯林商人，他本人或他的先祖是从海上还是从陆路徙居苏州已难以考证。

不过人们至今还能依稀看到陈埭丁氏后裔攀附汉族名人的痕迹。如明万历十六年（1588年）《重建陈江丁氏宗祠碑记》称"丁氏之先，自洛入闽"；《陈江丁氏族谱序》称"究竟其源，洛阳聚书顗公，则又吾宗得姓之始祖也"；丁氏宗祠楹联中也能见到"派衍鹰扬起洛水""派本洛水"等字句。这里指的是北宋著名藏书家丁顗，居河南祥符。其子丁逢吉，宫中御医。孙丁度，官拜参知政事，亦以藏书知名。

惠安百崎回族乡是福建省19个少数民族乡中唯一的回族乡，乡中郭氏回族人口占81％。郭氏回族元代肇居于泉州，明初迁移至百崎，派衍周边地市，远徙浙江、台湾以及海外，是福建省最有影响的回民家族之一。

百崎郭氏保存有完好的家族谱牒，明正统元年（1436年）郭萌纂修、清嘉庆十三年（1808年）郭肇汾续修。百崎郭氏的先世落籍于浙江富阳县。入闽始祖郭德广，原名伊本·库斯·德广贡，后改从汉名。据称元武宗至大年间（1308—1311年），郭德广从大都奉命到泉州督粮，"其时干戈扰攘，弗克还朝，遂纳室于泉而家焉"，卜居晋江县三十都法石里。传至第三世郭仲远，于明初洪武九年（1376年）携眷移居惠安白奇铺，安家创业，成了百崎郭氏的开基祖。郭仲远死后，其墓葬形式仍纯属回族的塔式墓盖（石棺），周围雕刻花卉图案及阿拉伯文，其内容是《古兰经》中的章句。

明正统元年（1436年），二世祖郭萌于其所作的《郭氏家谱题辞》中言及郭德广以上世系，称："历兵燹之间关，乃无从而考订。今以不可知者，厥攸传，靡敢谬立宗支，以罔后人。"话虽这么说，不过从明、清至今，百崎郭氏自始至终认定自己是唐代名臣汾阳忠武王郭子仪的后裔。不仅载之谱牒，口碑世代相传，而且现今祠庙楹联中仍随处可见"派衍汾阳"等类似字句。世人认为，攀附某位历史名人作为远祖，是民间修谱的通例。更何况元末明初，福建回族生存环境恶劣，为图生存谋发展，不得不利用汉族历史英雄人物郭子仪作为护身符，这是无可非议的事。

然而，百崎郭氏族人并不见得看好外人给出的解释。郭肇汾在清嘉庆十三年（1808年）续修族谱时，撰写了颇具影响力的"适回辨"。他认为百崎郭氏早先本不是回，是后来从回，最有可能是在元代，因为元代给回民许多优惠，至少对百姓能"免其差扰"，因而"世人因多从回，或好两国之教，或托足以避乱，故先人之适回大抵有取矣"。他认为

"吾宗则尊儒雅而师孔孟"，"从儒存乎回之教，如今本族百奇是也"。他还提到一个家族史实作为旁证：受时势影响明万历年间百崎郭氏"传至八世、九世乃出教"，到清康熙年间，适逢陈有功都督泉州"重兴教门"，第十世郭宏隆痛"子孙息微"，又"念先人昔从清真教，遂搬入通淮街礼拜寺住居"，因而"复遵回回教"。

福建回族中曾经家势最为显赫的当属蒲氏。蒲寿庚以从事海外贸易发家，宋末任提举市舶司，《宋史》称他"擅蕃舶利三十年"，成了左右泉州港命运的铁腕人物。景炎元年（1276年），蒲寿庚弃宋降元，任江西、福建行中书省参知政事，其长子蒲师文继任泉州市舶司使。元以蒲寿庚有功，官其子孙，直至元朝灭亡全家富贵至死。其兄蒲寿宬（或作"蒲寿晟"，字心泉）读书有文名，南宋咸淳七年（1271年）曾任广东梅州知州。他的诗有很高的艺术成就，蜚声文坛，比肩同时代汉族文人。有《心泉学诗稿》流传于世，为明《永乐大典》和清《四库全书》所收录。

蒲寿庚兄弟的家世最为世人纠结。目前常见的说法是：其先祖是西域人，初时定居占城（今越南中南部）从事海上贸易，南宋初迁徙广州，以经营香料、丝绸为主。随着泉州贸易的发展，蒲寿庚之父蒲开宗带领全家从广州迁到泉州，定居于城东南郊的法石乡云麓村。蒲寿庚子承父业，使家族产业迅速走向鼎盛。

另一种完全不同的说法则来自《蒲氏族谱》。元朝后期蒲寿庚家族与朝廷反目，蒲氏家族遭受朝廷残酷镇压。朱元璋建立明朝后，虽大赦天下，然而"独蒲氏余孽悉配戍伍"，不得登仕籍，故蒲氏子孙相继四处逃匿。永春达埔《蒲氏族谱》，蒲寿庚次子蒲师斯后裔编纂，清光绪二十六年（1900年）抄本。据该族谱记载，蒲氏祖籍四川阆州，为北宋名臣蒲宗孟之后，世代书香。官宦门第，后因蒲开宗宦游闽南而定居泉州。上述世系被认为是撰修人故意编造的，无历史资料价值可言。

有学者试图从蒲开宗身世入手，企望揭开蒲寿庚兄弟家世之谜。清康熙十二年（1673年）《安溪县志》记载，蒲开宗于南宋嘉泰四年（1204年）任安溪县主簿。清《四库全书·福建通志》记载，蒲开宗籍贯福州侯官县，于南宋庆元五年（1199年）己未科曾从龙榜中式进士，是蒲尧章之子。蒲尧章、蒲尧仁兄弟俩于绍兴十八年（1148年）戊辰科王佐榜双双中式进士，籍贯依然是福州侯官县。若上述记载不误，继续追根问底，现有的学界共识将受到重大挑战。

元朝由外省来福建担任地方武官从而在泉州落籍定居的有金氏回族。金氏回族祖先原为匈奴，随后避地西域，遂世为西域人。金氏回族入泉肇基始祖为金吉，原籍上都。元至顺年间（1330—1333年）以武略将军、左副翼万户府上千户镇守泉州路，寓居泉州郡城西街双门前。元末至正年间（1341—1368年），泉州发生持续十年之久的"亦思巴奚"兵乱，金吉开门接纳官兵，促成"亦思巴奚"兵乱平息。金吉长子金阿里"敦尚回教"。据《明重修清净寺碑记》记载，万历三十七年（1609年）重修泉州清净寺，金阿里曾捐巨资，与主持夏·不鲁罕丁一道鼎力促成。

福建邵武市昭阳街道大同村，是个典型的城中村。大同村的居民相当多是明朝山西大同府迁居邵武的回族后裔。根据相关资料，邵武回族先民最早入迁是在明洪武二年（1369年），是年，山西大同府柳御沟的杨赉兴，授任邵武府右营兵马指挥使，携家眷带部属杨、苏、马、沙、范等16个姓100多户700余人定居在邵武县城东门一带的迎春坊。洪武七年（1374年），山西大同府南乡鲁沟的米开庵归附明朝，翌年调任邵武卫。明末崇祯年间（1628—1644年），山西太原的范氏任职邵武，晚年辞官无法返回原籍，也在邵武定居。清康熙十九年（1680年），山西大同府狮子巷的沙国顺携眷来邵武任官落藉。因此，大同回民在邵武繁衍日盛，高峰时期达1500户5000余人，民间便有"回回半边城"之说。

邵武回族人才辈出。如杨氏后裔杨日勋清初为族中掌教，"掌教中可称第一学问"；杨名亮"一生勤奋钻研医药，救人活命无数，著述甚丰，乃当地名医"。米氏后裔也基本弃武从文，族谱中有连续13代以私塾教师为业的记录："予祖传无他业，惟此书屋数间，心田一片，口种而舌耕者已十三代而兹矣。"著名如第五代米荣，明嘉靖十一年（1532年）进士，官终湖广左参议，刻于嘉靖二十八年（1549年）的福州《重建清真寺记》就是出自他的手笔。清道光二十年（1840年）以后，由于政局动荡，战争频繁，邵武回族人口逐渐减少，至今整个南平市回族人口仅1502人。

当地汉族改变生活习俗或信仰而成为回族的如泉州燕支苏氏。其先祖苏益原居河南光州固始县，唐末随王潮入闽，遂为泉州同安人，卜居城西北葫芦山下。据《燕支苏氏族谱》记载，元大德七年（1303年），苏氏家族作为当地富户，受派领解泉州府丁粮银赴京，中途发生变故，朝廷追究责任，导致第十五世唐字辈死的死，抓的抓，家族"田地房产俱官卖，赔还官银"，"余丁逃散"，"各置家不回"。其中苏唐舍避居泉州燕支巷，成了燕支苏氏一世祖。有元一代，回族有种种优惠，于是苏唐舍"因避难而从回"，改名阿合抹，"学西域净教"，并累世与当地回民通婚，其子苏布伯还成为当地伊斯兰教主管。

汉而从回最典型的当属泉州林氏。林氏祖籍河南，宋末明初移居泉州。一世祖林闾"承借前日蓄积之资，常扬航海外诸国"从事贸易活动。林闾生二子：长林驽，次林端。子承父业，"亦为泉州巨商"。明洪武十七年（1384年），长子林驽远航西洋诸国，因"教不一，为事不谐"，于是"遂从其教，受戒清净寺教门"，娶色目女人归家，"习其俗终身不革，今子孙蕃衍犹不去其异教"，随后林驽后裔多改姓李。次子林端崇信佛道，对胞兄的作为并不认同，兄弟从此两地分居，一宗两姓，"肇分林李之派，其隙亦开于此矣"。

长期以来，林李后裔基本上还是以经商为业，从第五世开始有进学习儒。从明至清，该家族有进士5人、举人17人、秀才贡生百余人，其中最有代表性的是李贽。李贽是明朝颇有影响力的思想家、史学家和文学家，著作等身，去世后曾被泉州民众供奉，称"温陵先师"。李贽于明嘉靖三十年（1551年）26岁中举，万历五年（1577年）累官至云南姚安知府，三年后弃官讲学著书。万历十六年（1588年），剃发为僧。李贽贬斥程朱理学为伪道学，提出不能"以孔子之是非为是非"。晚年颇好史学，对传统史学观点有所突破。万历三十年（1602年），明神宗以"敢倡乱道，惑世诬民"之罪，逮捕李贽下狱，著作被通令烧毁。同年，李贽于狱中自杀身亡，时年76岁。

福建自有回族以来世代与汉族杂居，呈大分散、小聚居状态，而且人口比例偏小，约只占全省人口的万分之三。自元至清，时局动荡，事变迭起，不过每当艰难之际，福建回族总能在逆境中求生存，迅速寻找发展之路，以至成为世人瞩目的名门望族。在生活习俗和信仰上，为最低限度地消除民间隔阂，他们主张"不泥于其教，亦不背于其教，变而通之，与时宜焉耳"。为了尽快地融入主流社会，他们提倡"尊儒雅而师孔孟"，"从儒存乎回之教"，鼓励子孙走科举之路，荣宗耀祖，借以提高家族的社会地位。明清以来福建回族人物之盛，"回而兼儒"者辈出，令世人刮目相看。典型如陈埭丁氏，从明代后期开始，该家族共出现11名进士、19名举人。丁自申、丁日近、丁启濬祖孙三代进士，丁天禧、丁莲父子文武进士，丁炜以人才举荐官终湖广按察使，可谓簪缨罔替，朱紫满门。福建回族先民在特定时势环境中的处世之道，也许有利有弊，敬畏之余足以引发后人深层次的思考。

朱熹蓝氏族谱题序辨伪*

陈华

朱熹（1130—1200年），字元晦，号晦庵，南宋哲学家、教育家。朱熹虽然祖籍徽州婺源，但是他在尤溪出生，在武夷山麓长大，曾以建阳籍（又称"崇安籍"）学子的身份参加科举考试，论理该算福建人。朱熹的治学精神可圈可点，唯一生官运不佳，学理上也曾备受非议，晚年蒙"伪学"之称，最终"落职归祠"建阳，以古稀之年死于考亭。

世间风传朱熹生前于南宋淳熙四年（1177年）曾为畲族蓝氏家谱题序，该序文为诸多有关学者所津津乐道。今全文抄录如下：

题蓝氏家谱序

盖谓先人以前绵绵延延难可概述，其后奕叶云礽，弥久而弥光，故有凤岐而乐颂者，皆列人望也。然世远人漓，风移俗易，虽有表，表著于当时不无泯，泯湮于后世，自非续谱以阐扬之，将人亡而事与之俱亡，服尽而亲与之俱尽，胡以作孝慈，胡以作耀后，夫骨肉间不几等若参商者乎？

今潮州凤岐高辛时瓠王之苗裔卜迁于闽之蓝奎，父子巍巍绍宗功。余游学至此，奎览家乘，请予序之。余辑谱书为先人不泯计也，为后世不朽谋也，为贻垂悠远望也，一举而三善备焉，一事而万世赖焉，丕振家声狪欤休哉！继是而笃宗盟重横派者，读先世之谱，览前代之英，了然知一脉相承，亿禩同本，奚翅史册之昭垂，愿世世珍藏之毋遗也。是为序。

昔宋淳熙四年岁次丁酉霝月之吉

后学朱熹拜撰

---

* 原文载《福建民族》2015年第5期。

上述谱序多见于《树德堂蓝氏宗谱》，该族谱为浙江景宁、龙游、兰溪以及安徽宁国等地畲民所珍存，现今流传于世的主要有民国三年（1914年）的8卷和12卷两种刻本。从该谱序中得知，朱熹是应畲民蓝奎之请而题此序文。蓝奎何许人？据称是宋代畲族文人的代表性人物。笔者发现福建、浙江、江西、安徽的畲族蓝氏家谱中对蓝奎或多或少有记载，而最为翔实的当数上述来自浙南畲民手中的《树德堂蓝氏宗谱》。

根据《树德堂蓝氏宗谱》记载，蓝氏畲族先民祖上世居南京，于唐太宗贞观年间（627—649年）南下肇居福建上杭县蓝家渡；于唐末五代后梁开平年间（907—911年）徙居罗源南乡九都清格林家庄开基立业；五代末年有一派系从罗源移迁连江西乡灵九峰傅庄，为连江始祖。传至蓝锡程，北宋大观年间（1107—1110年）曾任漳州通判，因受当朝宦官迫害，被迫携眷隐居古田大坪源小茶岭蓝家山，成为古田始祖，他也就是蓝奎的曾祖父。该谱介绍：蓝奎，谱名蓝如纲，字秉衡，行念一。生于南宋绍兴丁丑年（二十七年，1157年），卒于绍定己丑年（二年，1229年），享寿73岁。世居古田，生前曾"举进士，授福州州厅，升汀州府尹"。

质疑一：宋朝320年间福建蓝氏先民中登进士第者充其量不过4人，其中北宋时期2人，系晋江蓝圭、蓝丞俩兄弟，于天圣八年（1030年）同科进士；南宋时期2人，系崇安蓝兴祖、蓝应午父子俩，分别于绍定二年（1229年）和宝祐元年（1253年）中式进士（蓝应午即世称"崇安二蓝"的蓝仁、蓝智兄弟的曾祖父）。查遍有关史料，目前尚无福建籍蓝奎登进士第的记载。

质疑二：唐开元年间置汀州，直至明洪武元年（1368年）才改为汀州府。宋代汀州主官称"知州事"俗称"知州"，无"汀州府尹"之说。史料并无蓝奎任汀州知州的记载，唯见蓝圭的弟弟蓝丞于嘉祐年间（1056—1063年）任汀州知州事。"圭"和"奎"读音、字形都相近，但人不相同。

可以这么认为，浙江《树德堂蓝氏宗谱》中对蓝奎履历的记载是不可信的，是修谱时后人刻意杜撰的。朱熹在上述题序中称，他之所以会为该族谱题写此序是应蓝奎之请，当"卜迁于闽之蓝奎"的存在受到质疑时，该谱序的真伪就让人担忧了。更何况朱熹题序的时间是淳熙四年（1177年），朱熹18岁中举，19岁中进士，是年48岁的他已俨然成为当代大儒，而古田蓝奎时年20岁，最多初出茅庐，朱熹序文落款中却居然面对蓝奎自称"后学"，着实令人不可思议。

笔者发现，福建畲民保存的蓝氏族谱中对蓝奎生平简历的记载和浙江《树德堂蓝氏宗谱》并不相同。如上杭《蓝氏续修通谱》的荆山公序（明崇祯五年，1632年）称蓝奎"以笃学登进士第，拜文林郎，郡博士，尝受诏校文福州"，族谱源流记（清乾隆十九年，

1754 年）中称蓝奎"校文福州，名尊夫子"；福安井口《汝南郡蓝氏宗谱》的源流谱序（清咸丰十一年，1861 年）称："奎公，家无图史，或假于友，越宿归，问之，辄能成诵。举进士，诏校文福州，称为蓝夫子焉。"

  目前对蓝奎真实身份最权威的记载当属官方纂修的清道光《广东通志》。该通志卷 66《选举志》中记载，蓝奎，程乡人，北宋元祐三年（1088 年）戊辰科进士；卷 305《列传》中记载："蓝奎，字秉文，程乡人。性强记，书不再阅。家无图史，或假于友，越宿则归之，问之，辄能成诵。有诗云'懒思身外无穷事，愿读人间未见书'，其志学如此。元祐三年第进士，官文林郎、郡博士，尝授诏校文福州。文章气节，人称为蓝夫子云。"福建畲民蓝氏族谱中对蓝奎的记载和来自广东的信息是一致的，尽管他们都无法说出蓝奎的生卒时间。

  程乡，今广东梅县，又称"梅州"。当地志书对蓝奎多有记载，称其是梅州蕉岭县蓝坊乡中村人。蓝奎年轻时曾在梅州东山大东岩读书，大东岩洞门正顶有摩崖石刻"石釜灵响"四个大字至今犹存，据传是他的手迹。北宋元祐三年（1088 年），蓝奎赴京会试，中进士，成为梅州历史上的第一个进士。官文林郎、郡博士，尝奉诏校文福州，文章气节，朝野钦崇。晚年家居讲学，学者称之"蓝夫子"。卒后，乡人为纪念他，以其姓为乡名。流传于世的有《读书东岩》七绝一首："飞瀑悬帘动清响，依岩结屋称幽居。懒思身外无穷事，愿读人间未见书。"（今收录《中华诗词·全宋诗》）。遗憾的是在当地已经无法寻找蓝奎后裔了，据光绪《嘉应州志·人物》卷 23 记载，蓝奎后人"为客户（即佃户）所攻灭"而绝嗣。

  朱熹一生宦海沉浮 50 年，但从未涉足广东，淳熙四年（1177 年）他正在福建武夷山主管冲佑观，程乡蓝奎中进士后也曾一度奉诏校文福州，蓝、朱俩人相见还是有可能的，不过值得关注的是这中间存在着无法逾越的时间差。程乡蓝奎是北宋人，于元祐三年（1088 年）中进士，42 年后朱熹出生，朱熹于南宋绍兴十八年（1148 年）中进士，比蓝奎整整晚了 60 年。朱熹为蓝氏族谱题序是淳熙四年（1177 年），这时蓝奎中进士已 89 年，就算蓝奎聪敏过人，大约 20 岁时考中进士，这时已经 110 岁，能否健在不得而知（《树德堂蓝氏宗谱》称蓝奎"享寿七十三岁"）。而正是 110 岁"晚年家居讲学"的程乡蓝奎竟然不顾车马劳顿，颠颠簸簸从广东老家来到武夷山冲佑观，手捧族谱请朱熹题序，这故事情节多么令人难以置信。而朱熹在序文中偏不领情，非要说自己是"老眼昏花"游学古田遇上迁居当地的 20 岁的年轻小伙蓝奎。

  朱熹作为中国封建社会后期影响最大的思想家，其理学思想对中国家谱编修有着深刻影响。他本人对谱学也颇有研究，还亲自编修了本家族的《（江西）婺源茶院朱氏世谱》，当时各家族编修宗谱时，力邀朱熹为他们族谱写序是很自然的事。然而，自从宋代开始私人修谱以后，不少家谱为"光宗耀祖"，不仅攀附帝王名臣为自己的祖先，还要请来名人作序，为自己家族的显赫历史背书。对名人撰写的谱序，有的是真实的，有的则是在攀附显贵心理支配下的伪作，这种真伪交杂的现象在署名朱熹撰写的谱序中尤为突出。最明显的是：题名朱熹作谱序的福建《浔阳吴氏宗谱》、安徽《江村洪氏家谱》《戴氏荆墩家谱》以及《重修荥阳郑氏世谱》《金华太常周氏宗谱》《都昌黄氏宗谱》《温陵刘氏宗谱》等七种家谱，所谓朱熹谱序竟为同一版本。也就是说，朱熹的一篇谱序，竟为周、黄、刘、戴、郑、洪、吴等姓的家谱同时采用，其中只有姓氏一字之别。按常理推断，朱熹不可能同时为几种族谱写同一文字内容的谱序或跋，其中必有伪作。事实证明，流传于今署名朱熹撰写的谱序中假的比真的还多。

社会上的攀附心理在畲族先民纂修家谱中的反映也是不可避免的，更何况许多畲族族谱往往由民间的职业"谱匠"操刀，为迎合东家的需求，或杜撰世系，或冒名伪托名人题序。如闽北某畲族蓝氏在族谱中自称是明初著名大将、安徽定远人蓝玉的嫡系后裔，而蓝玉是回族人；闽东浙南的畲族宗谱中常常有著名文人雷铉的长篇序文出现，从时间和内容上可以判定是明显的冒名伪托。

《树德堂蓝氏宗谱》记载的朱熹题序中，唯有"今潮州凤岐高辛时瓠王之苗裔卜迁于闽之蓝奎，父子巍巍绍宗功。余游学至此，奎览家乘，请予序之"这句话和蓝氏有关，除此外通篇都是套话，放到任何姓氏的家谱中都适用，而偏偏就是这关键的一句话让人心生疑窦。如上所述，谱中该古田蓝奎的行状履历已被福建诸多省志所否定，是虚构的，而真实的蓝奎现身于广东程乡，又从未迁居福建，更何况朱、蓝二人年龄差距过大，很难凑合在一起相见。若唯有的这一句话都漏洞百出难以成立，人们不难推断出《树德堂蓝氏宗谱》的朱熹题序是修谱人的冒名伪托之作。

也许我们大可不必苛求于前人，应该以宽容的态度对待此类问题，因为这毕竟是传统的中国家谱文化中一个可以理解的现象。

关于福建省少数民族乡村干部队伍建设的研究*

黄淑萍

福建是少数民族散居地区，有畲族、回族、满族、蒙古族、高山族等54个少数民族。现有19个民族乡，其中18个畲族乡和1个回族乡，563个民族村。据2010年"六普"统计，全省常住人口中，各少数民族人口796 855人，占2.16%。近年来，在国家民委的关心和指导下，在省委、省政府的重视和领导下，福建省紧紧围绕各民族"共同团结奋斗、共同繁荣发展"的工作主题，认真贯彻落实有关决策部署，民族乡村经济社会获得持续发展。但是，与全省经济社会发展的平均水平相比，仍有差距，而且这个差距还在持续拉大。与汉族乡村相比，少数民族乡村的基础设施相对薄弱、文化建设滞后、农民的收入增长缓慢、生活条件差。这些地处偏远的少数民族乡村正面临着被边缘化的危险。这无疑对我们的少数民族乡村工作提出了更高的要求，如何加速其经济社会发展，推动社会主义新农村建设已成为当前的一个重大课题。乡村干部处在基层的第一线，他们是建设社会主义新农村的骨干力量。培养造就一支高素质的少数民族乡村干部队伍是当前福建省民族工作的一项重要且紧迫的任务。目前，福建省民族与宗教事务厅组织调研组对全省民宗系统的人才队伍状况进行了一次调查，其中收集到218名少数民族乡领导班子成员和807名民族村干部的基本资料。

一、当前福建省少数民族乡村干部队伍建设存在的问题

乡村干部是指直接以农民为管理和服务对象的乡（镇）、村两级农村基层干部。[①] 本

---

* 本文为2011年福建省民族宗教厅少数民族干部队伍建设课题调研报告，原文载《福建民族》2011年第6期。
① 王红梅：《论乡村干部队伍建设》，载《贵州民族学院学报》，2002（4）。

文中少数民族乡村的干部队伍主要是指少数民族乡的领导班子、少数民族村的党支部书记和村委会主任。从调查结果来看，当前福建省少数民族乡村的干部队伍主要存在以下几个方面的问题：

（一）干部队伍的结构不合理

首先，从年龄分布看，村级干部老、中、青三者所占比例不太协调。统计结果显示，村级干部老龄化的态势比较明显，35岁以下的干部只占10.2%，其中30岁以下占1.7%；40~55岁的干部占了68.5%；56岁以上占6.2%。青年干部稀缺，就会导致干部队伍出现断层，不利于将来工作的延续开展。其次，从科学文化水平来看，村级干部的文化水平偏低。据统计，75.4%的干部只有初中、高中学历，拥有大专以上学历的干部只占10.2%。这与前面年龄分布呈老龄化是相对应的，年纪较大的干部文化水平普遍偏低。再次，少数民族干部配备不足。根据《福建省少数民族权益保障条例》，福建省已基本做到民族乡由建乡的少数民族公民担任乡长，少数民族人口千人以上的乡（镇）基本都配有少数民族领导干部，但是离"民族乡人民政府配备少数民族工作人员的数量应当与其人口占全乡总人口的比例相适应"① 这个目标还有比较大的差距。2010年福建少数民族乡村社会经济统计资料表明，民族乡的少数民族人口占其总人口的33.49%，而从本次的调查结果来看，全省19个民族乡领导班子成员共有218名，其中少数民族干部只有54人，约占24.7%，离目标值还低了8.72个百分点。

（二）干部队伍的综合素质有待提升

中国农村基层组织的干部队伍普遍存在综合素质低下的问题，福建省少数民族乡村大多地处偏僻，经济文化发展落后，干部队伍的素质问题显得更为突出。一是思想不够解放。一些乡村干部思想观念落后，固步自封，眼界不够开阔，接纳新鲜事物能力较差，不重视理论学习，对于党在农村的现行政策理解不透彻，政策观念更新缓慢，以至于不能适应新形势下的乡村工作。二是领导水平低下。一些干部对自身工作的重要性认识不清，站位不高，驾驭全局的能力较弱，工作方法比较呆板，缺乏创新精神，在竞争激烈的市场经济面前，对于该如何推广应用科学技术，调整农村产业结构，组织和服务农业产业化，带领广大村民脱贫致富，一些乡村干部们觉得束手无策。三是工作缺乏主动性。福建省对少数民族乡村经济社会的发展问题非常重视，每年都有专项资金用于支持少数民族乡村的经

---

① 《福建省少数民族权益保障条例》。

济建设，而且扶持的力度还在不断加大，加之这些少数民族乡村自主发展的能力确实较弱，长此以往，一些干部形成了"等、靠、要"的惯性思维，降低了主动谋划发展的愿望，就等着上级财政拨款，等着要扶贫资金、要项目，而不求自力更生。

（三）干部储备对象稀缺

一是少数民族乡村本地人才稀少。一方面，福建省少数民族乡村的群众受教育程度偏低，可供选择的能作为干部的人选偏少。有关统计资料显示，2010年全省初中生升学率是92.9%[1]，其中少数民族乡初中生的升学率只有82.9%[2]，民族村初中生升学率是83%[3]，比全省平均水平都低了近10个百分点；全省每万人口平均拥有在校大学生约175人[4]，而少数民族乡村（包括民族乡和民族村）平均每万人口拥有在校大学生数只有89人，比全省平均水平少了86人。另一方面，随着市场经济的冲击，农村人口流动加剧，有点学识的年轻人纷纷外出务工，留守农村的大多是小孩和老人。

二是引进外来干部比较困难。根据市场经济优胜劣汰的竞争规律，资源会逐步向优势领域集中。人才资源也是一样，越是经济发达的地方，人才聚集的也就越多。福建省少数民族乡村地处偏僻，经济文化发展水平又比较落后，生活条件比较艰苦，很难主动吸引人才，即使有政府出面调配人选，也往往会出现安排的人不愿来或者是来了又难以长久留下来的尴尬局面。

二、影响福建省少数民族乡村干部队伍建设的原因分析

在知识经济时代，人才已经成为经济社会发展的第一资源。各行各业的发展都离不开人才。干部队伍的建设对于少数民族乡村经济社会的发展来说也至关重要，而且民族乡村基层干部队伍的建设本身也是当前民族工作中的一项重要内容。剖析问题产生的根源，有助于我们理清思路，抓住问题的关键，找着更为有效的解决方法。本文认为，致使当前福建省少数民族乡村干部队伍建设面临困境的原因主要有以下几方面。

（一）思想观念上不重视，缺乏干部队伍建设的紧迫感

福建省少数民族乡的有关上级领导部门对当前社会经济发展的形势把握还不够准确，

---

[1] 福建省统计局、国家统计局福建调查总队：《福建统计年鉴2011》，北京，中国统计出版社，2011。
[2] 福建省统计局、福建省民族与宗教事务厅：《福建少数民族乡村社会经济统计资料-2010》，2011。
[3] 福建省统计局、福建省民族与宗教事务厅：《福建少数民族乡村社会经济统计资料-2010》，2011。
[4] 福建省统计局、国家统计局福建调查总队：《福建统计年鉴2011》，北京，中国统计出版社，2011。

对于人才在经济社会发展中所起的作用认识不清,缺乏人才队伍建设的紧迫感。这也导致民族乡村的一些干部,对于他们自身在社会主义新农村建设进程中所扮演的角色、承担的责任认识不足,人才观念陈旧,人才意识薄弱,一味盲目地把主要精力放在向上级要资金、要项目上,只重视机械、设备等硬件设施的投入,而不重视人才这个"软件"的综合开发和利用。思想观念对行动是具有引导作用的,观念上缺乏人才战略意识,自然在行为上会表现出对干部队伍建设的不作为。应该说,思想认识上的偏差是影响少数民族乡村干部队伍建设的首要因素。

(二)城乡二元结构体制的影响

长期以来实行的城乡二元结构体制对我国广大农村地区的经济社会建设带来了很多弊端,其中对人才队伍建设方面的影响主要表现在教育资源配置不平衡,好的政策和教育设施、优秀的教师队伍等都集中在城市,导致乡村劳动力的受教育程度普遍不高,也就造成从中选择出来的干部队伍素质偏低。虽然随着改革的不断深入,城乡二元结构开始逐渐松动,但是已造成的影响却不是能在短时期内消除的,尤其在少数民族乡村。福建省少数民族乡村地处偏僻,信息闭塞,变革的进程更为缓慢。乡村干部们普遍缺乏变革的意识,在管理方式、工作方法上已形成一种惯性的思维模式,对于自身的素质修养也无更高的要求。加之在城乡二元结构体制前提下的农村基层工作机制也让乡村干部们无暇顾及自身队伍的建设。"上面千条线,下面一根针"是乡镇工作的真实写照。乡镇干部作为最基层的政策执行者,要承担大量的工作,"上至大政方针,下至吃喝拉撒",致使乡镇中心工作多,突击任务多,检查评比多,乡镇干部们把大量的时间和精力都放在突击、开会和接待应酬上了,考虑本地经济社会发展的精力就很有限。

(三)少数民族乡村经济发展水平落后

经济发展与人才队伍建设两者之间是相辅相成的,经济发展水平提高了能为人才队伍建设创造良好的环境,而人才队伍建设搞好了又能促进经济发展。近几年,福建省民族乡村的经济社会持续发展,人民群众的生活水平有了很大的改善,但仍然比较落后。落后的经济发展水平不利于干部队伍素质的提高,主要表现在以下几个方面:

一是落后的经济条件不仅吸引不来外面的优秀人才,而且还迫使乡村里一些有能力的人往外流动,致使民族乡村干部的备选范围变得很狭窄,只能局限于本地区或本村,而当地群众的受教育水平普遍偏低,这显然不利于干部队伍素质的提高。

二是乡村落后的经济条件导致干部队伍建设缺乏有力的资金后盾。培训教育是提高乡村干部队伍素质的一个重要途径，但这需要资金支持。贫困的乡村，只会将有限的资金优先用于发展生产，而不可能将其投入到培训教育中去。本次调查的数据显示，福建省民族乡村32.3%的乡级干部在五年内没有参加过培训，平均每年培训一次以上的干部只占17%；50.8%村级干部在五年内没有参加任何培训，平均每年培训一次的干部仅占2.2%。

三是持续的贫困和落后让乡村干部们产生倦怠感。工作长久没有起色，不仅群众有意见，乡村干部们自身也会产生一些负面情绪，消极懈怠，工作缺乏干劲，敷衍了事。

（四）少数民族进入干部队伍的渠道狭窄

少数民族进入干部队伍的渠道狭窄是福建省民族乡村干部中少数民族干部配备不足的一个重要原因。进入乡镇公务员队伍的唯一途径就是参加统一的招录考试。福建省考录少数民族公务员的政策规定少数民族报考者报考少数民族自治乡（镇）机关或各级政府民族事务部门的，其笔试总成绩按照所报考职位公共科目设置总分的10%加分。该政策是政府对少数民族的特殊照顾，但是近年来民族乡的一些干部职数基本饱和，符合能够使用倾斜政策的职位不多。各类招考中单列少数民族的职位很少，"在2004年、2008年、2009年三年的乡镇公务员招考中单列专门面向少数民族考生的职位才7个"[①]。再者，受教育、环境等因素的制约，若不是报考单列专门面向少数民族考生的职位，那就面临着与汉族考生的竞争，这种竞争的结果显然是少数民族考生处于相对劣势。

三、加强福建省少数民族乡村干部队伍建设的路径选择

（一）转变思想观念，强化人才意识

乡村干部是党在农村的中坚和骨干力量，是党的路线、方针、政策在农村的执行者，担负着组织领导农村广大党员群众建设社会主义新农村的重要任务。加强乡村干部队伍建设是一项带有基础性、全局性、长期性的战略任务。转变思想观念，强化人才意识是当前少数民族乡村干部队伍建设面临的首要任务。乡村干部们尤其是有关上级领导部门要认真学习并领悟国家有关人才工作的政策，充分认识人才工作的极端重要性，从全局的高度来理解"人才是经济社会发展的第一资源"这一科学判断，树立起强烈的人才意识，增强培养人才的紧迫感。这样"上下一条心"才能有力推动民族乡村的干部队伍建设。

---

① 缪丹：《宁德市培养选拔少数民族干部的调研与思考》，载《经济与社会发展》，2010（11）。

(二) 优化干部队伍的结构

首先,要加大对年轻干部的培养力度。年轻干部是我们党的事业的建设者和接班人,是全面建设小康社会的生力军。只有加强对年轻干部的培养和使用,才能推动我们的干部队伍"可持续发展"。一是加强岗位锻炼。要有针对性地通过挂职锻炼等方式将年轻干部安排到基层一线,协助相关领导干部开展工作,或者直接将他们安排到重要岗位上负责相关事务,让他们在实践中丰富生活阅历、积累经验、提升能力。二是建立帮带制度。年轻干部具有经历单一,实践经验不够丰富,解决复杂问题和驾驭全局的能力稍弱等特点。建立帮带制度,以老带新,可以让年轻干部少走弯路,更快地成长起来。

其次,要加强对少数民族干部的培养力度。福建省少数民族乡村大多是少数民族与汉族混居的,在民族乡村,少数民族群众应该比汉族群众更具有主人翁意识与责任意识。因而,加强对少数民族干部的培养应该更有助于乡村工作的开展。一是要抓好民族教育。从根源上来说,加强少数民族干部的培养还得从教育抓起,要切实做好民族教育工作,尤其是高等教育。办好福建省几个高校的民族预科班,努力提高学生的文化基础知识,加强基本技能的训练,使他们在德育、智育、体育几个方面都得到进一步发展与提高,为在高等院校本、专科进行专业学习打下良好基础。二是要进一步完善少数民族干部选拔任用的政策。现行的公务员考录政策是逢进必考。由于受教育水平的影响,少数民族考生在考试中处于相对劣势,这也是导致现在干部队伍中少数民族干部配备不足的一个原因。建议有关部门在招考公务员时根据具体情况有意识地向少数民族考生倾斜,如各少数民族乡镇在招考公务员时可多设置一些专门针对少数民族考生的职位,尽可能吸引多一些的少数民族进入公务员队伍。另外,每年也可单列计划选调一批优秀少数民族大学毕业生到乡村工作。

(三) 拓宽乡村干部的选拔任用渠道

首先,对于乡级干部的选任要做好以下工作:一要打破身份的限制。目前乡镇干部主要是从公务员队伍中来选拔,而公务员进口较窄,主要是针对大中专毕业生,这导致很大一部分农村工作经验丰富、熟悉农村工作方法和技巧的人进不了公务员队伍,使乡级干部的选拔任用范围大大缩小。建议有关部门根据当地的具体情况来扩大民族乡干部选拔任用的范围,可进一步尝试面向农村致富带头户、农业技术能手、企事业单位工作人员等进行公开招考。二要继续选派省级机关干部到民族乡村挂职。虽然这种挂职的工作方式只是临时性地充实当地的干部队伍,但其取得的成效也是有目共睹的。在挂职干部的带领下,当地的经济社会建设取得了很大的进步,人民生活水平也有很大程度的提高。

其次，对于村干部的选任，可以尝试用"海选"的方式来选举村委会干部以扩大选拔任用范围。另外也可以引进外部人才，从县、乡镇党政机关和部分企事业单位工作人员中选派合适人选到村里任职，还要继续推进"大学生村官"工程，选拔一大批有真才实学、有发展前途的优秀大学毕业生到农村工作。

（四）加强培训工作，提高干部队伍的综合素质

首先，要设立专项培训资金。教育培训工作得以顺利开展需要大量资金做后盾。但是目前福建省少数民族乡村经济条件差，基本没有足够的资金来保障培训工作的开展，这不利于乡村干部队伍素质的提高。建议相关部门探索研究政策，通过特定的方式、渠道为少数民族乡村设立专项资金来保证培训工作的开展。

其次，要创新培训机制。一是培训对象的确定要把握一个原则，就是尽可能使各层次的干部每年都能得到培训和提升。二是培训内容要讲究针对性、实效性。福建省这么多少数民族村，每个村都有自己的特色，而且村干部的素质也是参差不齐。培训内容要根据当地生产发展的需要、村干部的素质水平以及干部自身的培训需求来灵活确定，分批、分类型进行培训，做到有的放矢。三是培训时间要灵活安排。坚持集中培训与分散培训相结合，根据不同培训对象的需要来设置不同长短的培训时间和培训次数以确保培训效果。四是培训形式可以采取多样化。将专家讲授、现场参观和外出考察等有机结合，实现培训效果最大化。

如何破解城市民族工作困境

——关于福建省城市民族工作的调研与思考*

高静

妥善解决城市少数民族流动人口的服务管理问题，排查化解涉及民族因素的矛盾纠纷，切实保障城市少数民族群众的合法权益，是城市民族工作的重中之重。城市民族工作，也是考问政府城市管理的一个典型问题，而创新社会管理机制，则可为这一目标提供更多、更新、更有实践意义的方法和思路。

一、流动人口增加给城市民族工作带来新课题

人口流动是社会常态，是中国现代化进程中不可避免的现象，也是市场机制作用的结果。人口流动的总体趋势，是由西部流向东部，由内地城市流向沿海城市，由经济欠发达地区流向经济较发达地区，从农村地区流向城镇地区。

从民族视角来看，少数民族人口流动的突出表现则是由少数民族聚居地区向少数民族散杂居地区流动。就福建省而言，从少数民族流动人口的职业结构来看，首先主要可以概括为企业务工人员、经商者、引进人员、交流学习人员四大类。城市少数民族人口中，以体力劳动为主的建筑、制造、运输等行业吸纳的人口最多，占63%左右。其次来闽的就学者占19%，在企事业机关的引进人员占8%，有10%的人从事服务行业。

从少数民族流动人口的民族成分来看，福建省内流动的少数民族主要为世居的畲族，所占人口比例最高，达47.1%。外省流入的少数民族人口主要有来自新疆、青海、河南、甘肃、宁夏等省区的回族，占19.5%；湖南、湖北的土家族占16.6%；苗族占11.3%；

---

* 原文载《中国民族报》2011年12月30日。

广西、贵州的壮族占3.8%；东北地区的满族占1.6%；以及少许来自新疆的维吾尔族和四川的藏族。

少数民族人口在进入城市工作生活后，往往呈现群聚性、短期性、流动性、教育低、收入低的特征。尽管少数民族流动人口进入城市的途径各异，但是他们同全国千千万万的流动人口一样，渴望在陌生的城市里寻找到生活的未来和希望。但由于来自较为偏远的地区，他们往往在适应南方的生活环境、工作环境、语言环境、人文环境、城市规则等方面表现了一定的局限性，使得他们在融入城市、接纳与被接纳的过程中遇到了不少困难。外来少数民族融入城市存在着法律意识淡薄、文化背景差异、民生问题突出等困境。

流动人口的增加对城市民族工作的影响是多方面的。

首先是经济方面。城市中的外来少数民族务工者多从事低端产业的工作，经营者多为小规模的分散经营，无法在市场竞争中获得更多的资源和稳定的地位，因此抗风险能力比较差。正是由于经济地位的不平等，造成了他们与城市公民的根本差别，因此特别需要政府从中进行有益的调节和平衡，以维持一种基本的社会公平。

其次是社会方面。稳定的工作和收入是化解社会矛盾的根本出路。对外来人口的惯性排斥不能够阻挡他们迈入城市的步伐，流动将成为城市化的一个重要关键词。不平等的户籍制度，以及绑定在户口上的种种福利待遇，使得外来人口与城市人口之间产生了一道鸿沟，不仅表现在各种资源的供给上，更在人们的社会心理层面。城市卫生和经营许可管制使得进城农民的街头服务业处于"非法"境地，这并非是少数民族流动人口才会遇到的问题，可以说，它是一个涉及广大群体如何在城市寻找出路的问题。这需要城市与他们双方进行不断的调整和适应。在这方面，城市管理者应当从尊重市场规律、为劳动者创造更好的环境等角度，提供必要的服务和管理。

最后是文化方面。城市对少数民族流动人口还存有一种陌生感，他们不像既有少数民族那样，与汉族地区居民的融合已经相当成熟，甚至在生活习惯中已找不到他们与汉族的区别。外来少数民族由于多来自少数民族聚居地，民族色彩比沿海城市浓厚许多，一定程度上也增加了他们的神秘感和陌生感，因此，与城市居民有一定隔阂感。在一个开放包容的城市中，各层面的民族交往都应该进行，这种交往既要有广度，也要有深度。目前城市民族教育中，虽然不乏介绍少数民族的相关知识，但是这些陈旧的停留在书本上的介绍，显然已经不能够很好地代表和展现当代少数民族的精神风貌和文化的差异，也令城市人对少数民族流动人口产生一定的距离感。

二、城市既有少数民族接受城市化洗礼的困惑

城市化使得越来越多的少数民族乡村变为城市，少数民族群众变为城市人，这一身份上的转变也改变了他们的生活方式。从前赖以生存的土地被拔地而起的高楼所覆盖，从前相对封闭的民族区域对整个城市敞开了大门，城市既有少数民族生活的相对独立性遭到瓦解。虽然同样世居在这片土地上，民族间的融合已经相对成熟，但是他们在接受城市化洗礼的过程中，还是呈现了种种的不适应，在寻找出路的同时，他们也产生了很多的困惑。

首先表现为是否该享受少数民族优惠政策。在福建省大多数城市中，城市少数民族群众是不能够享受到与民族地区同样的优惠政策的，在招生、就业、社会保障等方面与民族地区的少数民族存在着一定的差距。事实表明，在城市资源共享的情况下，在不失公平的原则下，如何发挥优势，弥补劣势，适当给予少数民族同胞以照顾，这需要民族工作部门探寻一些新的思路和方法。

其次是如何适应新的生存方式。随着城市化进程的不断推进，城市对土地的需求与日俱增，促使其规模不断向周围扩大，以致一些附近原有的少数民族乡村也被纳入城市的整体区划中来。由于城市化具有很强的辐射能力，它的发展方式也直接影响了这些城市的"新成员"，既有的乡村发展模式被彻底颠覆，新的身份和新的谋生手段改变了人们从前的生存方式。在少数民族聚居地向城市敞开大门之后，如何管理，如何发展，也成为他们最迫切了解和最关心的问题。从过去的村集体经济到现在的社区化服务管理，与城市融合后的民族社区面对未来庞大的社区楼群如何有效管理，本民族的传统如何保留和传承，这些都是即将要面临的一项历史性难题。

三、加强和创新社会管理，为城市民族工作提供更多、更新、更有实践意义的方法和思路

（一）观念的创新

之前的城市民族工作有一个误区，即把外来少数民族看作是给少数民族城市管理带来麻烦的一个群体，将民众的利益表达与社会稳定对立起来，将公民的利益诉求与表达视为不稳定因素。用这样的思维处理问题，只能够治标却不能治本。如有的地方对外来少数民族流动摊贩采取购买其产品，将其遣返或使其流动到其他省市的做法，这样不但没有能够

遏制乱摆摊点的情况，反而助长了他们漠视法规，谋求以"特殊方法"与政府部门周旋的意识。解决社会矛盾和冲突应当有长效的法治机制，以及市场经济条件下的利益均衡机制，只有维权才能从根本上顺导民意，化解矛盾冲突，凝聚人心共识，实现维稳、带动维权与维稳的良性互动，实现维权与维稳双赢，从而实现社会的有序安定。

还要使少数民族增强公民意识。现代居住模式的改变必然对社会环境产生一定的影响，少数民族同胞在进入城市后，由于民族文化差异而引起的初期不适应，导致民族意识在某种程度得到强化。因此，应当培育外来少数民族群众从偏重关注"民族认同"意识向公民意识的转变，即尊重法律，形成有共同政治认同和平等公民权利的现代民族国家的"公民认同"。

（二）机制的创新

要加强社会保障机制建设。加强对外来人口的社会保障力度是缩小分配差距、缓解社会矛盾、调节流动人口与固定人口利益冲突的一个最有效的途径。在现有户籍制度的牵制下，社会保障机制维护社会平等的功能受到了很大的影响，甚至反而成为加深这种不平等的制度工具。政府应当从政治高度统筹考虑如何解决这一历史性的问题，分阶段、分层次、分类别地给予各种需要保障的流动人口以合理的制度安排，实现公平、共享的价值原则。

要完善利益诉求机制。由于各种社会实体、社会群体所掌握的社会资源不同，以及其自身条件的限制，因而他们表达和维护自身利益的能力存在着显著的差异。一些弱势群体在社会结构中处于相对弱势的地位，因此在政策的制定、利益格局的分配上，他们必然会处于劣势。弱势群体还缺乏能够顺利维护自己合法权益的制度化保障，在体制内的诉求机制失灵和失效的同时，利益的天平开始倾向于强势的一方，这使得人们转而投向体制外寻求机会，导致矛盾激化，暴力事件频发。如一些少数民族群体性事件，往往是由于其利益受损而引发的。因此，如何完善和创新利益诉求机制，是能否实现城市民族工作有效管理的重要保障。

要建立平等协商机制。平等协商体现了对社会主体意志的尊重，协商各方平等地交涉、对话和商讨，以实现相互理解和合作，并在可能的条件下达成一定协议。在城市少数民族工作中，应当充分尊重少数民族群众的要求和意见，如在管理城市中的少数民族流动商贩时，既要按照现行的法律规章来公平执法，又要考虑到他们的困难和需求，在平等协商的框架下平衡各方权益，帮助他们解决问题，这样才能从根本上化解矛盾和纠纷。

(三) 方式的创新

一要建立流动人口的登记管理制度。我国还没有一项专门针对流动人口而制定的法律，这些庞大的人群在城市中的身份、地位如何，享有的权利和义务如何，都没有相关的阐述和规定，被人为地忽视掉了。受户籍制度改革的影响，一些现有的居住制度以及相关的社会保障和社会福利等很多方面都还没有理顺，政府应当在现有制度基础上勇于创新，先行先试，突破壁垒，为外来人口打开一条绿色的通道。如在保障房建设、医疗、社保、入学等方面考虑外来少数民族人口的需要，拉平户籍人口与外来人口间的差距，促进公共服务均等化。在此方面，有些省区已开始有益的探索。如新疆、江苏等很多地区已经开始对外来人口实行新的管理办法，即居住证管理。外来流动人口持有居住证以后，将在教育、卫生、社保等公共服务方面逐步享受和本地居民基本相同的均等化政策，从而使他们生活得更有尊严。只有从制度上确定了他们平等的公民身份，才能够使人产生稳定的心理认同和公民认同。

二要加强对流动人口的服务管理。服务群众是政府职能转变的一项重要内容，只有服务好了，才能够达到管理的目标。因此，在社会管理创新的内容中，服务无疑是最有价值的理念之一。加强对外来人口的服务体现在如何满足他们生活需要的各个方面。应做好就业服务、市场服务和生活服务等方面的工作。

三要发挥基层组织作用。以往除民族工作部门外，政府其他部门和国家大企业的日常工作中很少考虑民族问题，但流动人口的不断增加改变了这一固有的工作模式。以外来人口工作和生活所涉及的两个圈子来讲：第一个是工作圈，外来务工人员所在的企业是他们重要的活动场所，对大部分没有自己居所的外来少数民族来说，更是唯一可以依靠的组织。在企业中加强对外来少数民族务工人员的关怀与照顾是基层工会、党组织的一项重要工作内容。第二个是生活圈，即少数民族外来人口的生活范围。一般来说，外来少数民族人口由于各种"差别"而对城市主流民族人口持拘谨态度，交往范围狭窄，因而生活圈局限在同乡同族范围的现象比较普遍，因此社区、街道等基层组织要深入体察他们的情况，积极采取措施，帮助他们融入城市主流群体。

福建省少数民族村农民增收研究

——以收入结构为视角*

黄淑萍

前　言

进入21世纪以来,"三农"问题一直备受关注,而解决"三农"问题的核心和关键就是农民增收。农民增收难,少数民族村的农民增收更难。福建是少数民族散居地区,少数民族以世居民族畲族、回族为主。据2010年"六普"统计,少数民族人口796 855人,占全省总人口的2.15%。现有民族乡19个,民族村566个。福建省委、省政府历来重视少数民族工作,紧紧围绕各民族"共同团结奋斗、共同繁荣发展"的工作主题,认真贯彻落实有关决策部署,通过出台扶持政策、开展挂钩帮扶活动,全力推动少数民族乡村经济社会发展,努力提高少数民族群众的生活水平。

近几年,福建省民族村经济社会发展有了很大进步,农民收入也有提高,但与全省农民人均纯收入相比还有较大差距,而且这种差距还有逐步拉大的趋势,据统计,少数民族村农民的年人均纯收入与全省农民的年人均纯收入之间的差距已经从2008年的1785元扩大到2012年的2982元。党的十八大已经明确提出要在2020年全面建成小康社会,福建省委九届六次全会明确提出要确保比全国提前三年建成小康社会。可见,促进少数民族村的经济社会发展,促进农民增收,将是福建省能否如期建成小康社会的关键。为此,福建省民族与宗教事务厅组织调研组专门对少数民族村农民收入状况进行了一次调查,全省共抽取了8个民族乡(其中沿海6个、内地2个)共24个民族村,发放问卷350份,收回320份,回收率91.2%;有效问卷309份,有效率96.56%。

---

* 原文载《福建民族》2013年第2期、第3期。

一、福建省少数民族村农民收入现状

（一）少数民族村农民收入总体情况

据统计，近几年福建省少数民族村农民收入在逐步增加，由图1可知，2009年比2008年增加了382元，2010年比2009年增加了506元，2011年比2010年增加了626元，2012年比2011年增加了1060元，增加的幅度越来越大。然而，与全省农民的年人均纯收入相比，差距在不断地拉大。这个差距从2008年的1785元已经扩大到2012年的2982元。

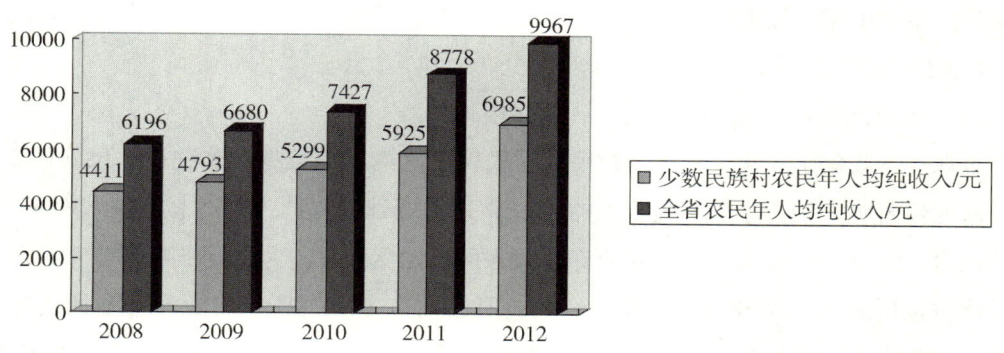

图1 福建省少数民族村农民年人均纯收入与全省农民年人均纯收入对比图

本次调查，如数据表1所示，2012年福建省少数民族村农民家庭年纯收入在5万以上的占28.5%，2万~3万元的占26.2%，3万~4万元的占13.3%，4万~5万元的占12.6%，1万元以下的占4.5%。当问及收入结余情况时，仅有17.2%的家庭表示有较多的结余，41.4%的家庭表示收支基本平衡，还有41.1%的家庭处于负债状态。综上，福建省少数民族村农民家庭收入水平仍然较低。

表1 2012年福建省少数民族村家庭年纯收入情况表

年纯收入/元	频率	有效百分比/%
1万元以下	14	4.5
1~2万	46	14.9
2~3万	81	26.2
3~4万	41	13.3

续表

年纯收入/元	频率	有效百分比/%
4~5万	39	12.6
5万元以上	88	28.5
合 计	309	100.0

(二) 少数民族村农民收入结构现状

收入结构是指收入的各个组成部分之间的比例关系及变动状况。当前，我国农民家庭的纯收入主要由家庭经营收入①、工资性收入②、财产性收入③和转移性收入④四部分组成。

1. 收入的来源结构

（1）家庭经营收入和工资性收入占据主要地位

本调查共收集了309个福建少数民族村农民家庭的有关数据，其统计结果（图2）显示，家庭经营收入约占家庭总纯收入的48.0%；工资性收入约占家庭总纯收入的44.0%。具体而言，家庭经营收入方面，农业经营收入所占比重最大，为44.4%；非农产业收入所占的比重位居第二，为38.4%；林业经营，所占比重为10.0%；牧业和渔业所占比重较低，分别为6.0%和1.2%。工资性收入方面，外出务工的收入占工资总收入的62.8%，乡村干部、乡村教师工资收入占13.3%，政府机关、事业单位工资收入占13.1%，本地企业的工资收入占10.8%。

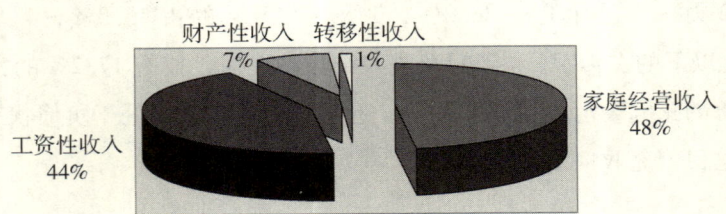

图2 福建少数民族村农民家庭收入结构

---

① 家庭经营收入：是指农村住户以家庭为生产经营单位进行生产筹划和管理而获得的收入。

② 工资性收入：是指农村住户成员受雇于单位或个人，靠出卖劳动而获得的收入。包括在乡村组织中劳动得到的报酬收入、在企业劳动得到的报酬收入和其它单位劳动得到的报酬收入。

③ 财产性收入：是指金融资产或有形非生产性资产的所有者向其他机构单位提供资金或将有形非生产性资产供其支配，作为回报而从中获得的收入。

④ 转移性收入：是指农村住户和住户成员无须付出任何对应物而获得的货物、服务、资金或资产所有权等。

(2) 财产性收入和转移性收入处于辅助地位

由图2可知,财产性收入仅占家庭总纯收入的7%;转移性收入则更少,只占家庭总纯收入的1%。具体而言,财产性收入方面,仅有11%的被调查家庭有这块收入,而且其主要来源是土地征用的补偿款,利息、股息、房租等方面的收入几乎为零。转移性收入方面,首先主要是粮食补贴收入,其占转移性收入的比重为52.8%;其次是亲友赠送收入,占46.5%。

2. 收入的产业结构

按产业结构划分,农民家庭经营收入可分为第一产业收入、第二产业收入和第三产业收入。本研究将第二、第三产业统称为非农产业。调查结果(如图3)所示,福建省少数民族村农民家庭经营收入中第一产业的收入占61%,非农产业,即第二、第三产业共占据39%。第一产业内部又可分为种植业、林业、牧业、渔业,其中种植业又是农民第一产业收入的主要来源。如图4,种植业占第一产业收入的72%,其次是林业收入占16%,再次是牧业收入占10%,最后是渔业收入占2%。

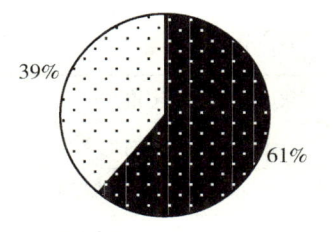
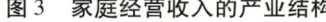

图3 家庭经营收入的产业结构

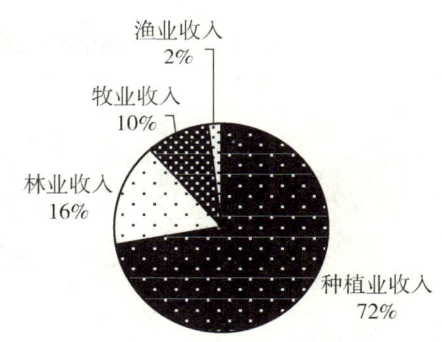

图4 第一产业内部各项收入比重

可见,当前福建省少数民族村农民家庭的经营收入主要来自于第一产业,尤其是种植业。

3. 收入的地区结构

"靠山吃山、靠海吃海",地域环境是影响农民生产方式及生活水平的一个重要因素。由统计结果(表2)可知,沿海地区少数民族村农民,家庭年纯收入在3万元以上的占62.3%,其中5万元以上的占33.2%;内地地区少数民族村农民,家庭年纯收入在3万元以上的占34.9%,其中5万元以上的仅占16.9%。据抽取的调查样本来看,在少数民族村农民的收入水平方面看,沿海地区总体上要比内地地区要高。

表2 不同地区少数民族村农民家庭纯收入情况

家庭年纯收入/元	沿海地区/%	内地地区/%
1万元以下	4.1	5.5
1~2万	10.0	27.0
2~3万	23.6	32.6
3~4万	15.0	9.0
4~5万	14.1	9.0
5万元以上	33.2	16.9

就收入的各个组成部分来看，如表3，沿海地区的民族村农民家庭工资性收入占家庭纯收入的比重最大，达到了46.8%，比家庭经营收入所占的比重还超出了2.1个百分点。而内地地区民族村农民家庭的家庭经营收入在家庭收入中占据了绝对的优势，达到了63.3%，比工资性收入所占的比重超出了约29个百分点。

表3 不同地区民族村农民家庭各项收入情况

项目	各项收入占家庭纯收入的比重/%	
	沿海地区/%	内地地区/%
家庭经营收入	44.7	63.3
工资性收入	46.8	34.0
财产性收入	7.7	2.1
转移性收入	0.8	0.6

二、影响少数民族村农民增收的因素分析

本文从收录来源构成的四个方面对影响少数民族村农民增收的各种因素进行分类分析。

（一）家庭经营收入方面

1. 种植业、林业、牧业、渔业经营结构不合理

由上文的数据分析，我们知道当前少数民族村在家庭经营方面的主导产业还是农产品

种植业，林业、牧业、渔业对其收入增长的贡献很小。沿海地区和内地地区的少数民族村也并没有因为地理优势和资源的不同而在农业经营上面表现明显差异，都是以农产品种植业为主导。可以说，林业、牧业、渔业等在各地民族村的经营优势没有被合理、充分地发掘出来，导致家庭经营收入的来源比较单一。这种将"所有鸡蛋放在一个篮子里"的做法使得农户面临很大的经营风险，一旦遇上天灾或者市场需求的波动，农户就会遭受很大的经济损失。

2. 农业生产难以规模化经营，生产效率低

受自然条件制约，少数民族村农户生产经营的地块比较零碎、分散，无法连成片。加之土地又不平整，农耕很难进行机械化操作。农户种田的工具使用大多还是依靠畜力，生产效率较低。据统计，目前福建少数民族村耕地的机耕率为37.7%，大大低于全省平均水平70.1%。同时，土地难以连片种植形成规模，给科技推广、灌溉、排涝、病虫害防治、土地开发等带来了很大困难，而且也变相地增加了农业生产的成本。这种简单、低效率的农业经营方式直接影响到农民的农业经营收入水平。

3. 农产品市场信息不对称，农业生产有很大的盲目性

农民从农业种植到获得现金收入，中间要经过生产环节和流通环节。选择种植什么农作物以及收成后能否卖个好价钱对农民来说至关重要。由于少数民族村地处偏远，交通不便，信息传递较慢，有的地方甚至是处于消息闭塞的状态，农民很难清楚了解到农产品市场的供求信息。调查结果发现，35.6%的种植户对市场供求情况根本不了解，种什么农作物，他们完全是跟风，看别人在种什么自己也种什么，这样最终导致农户生产的农产品无论品种还是品质都不能很好地适应市场需求，从而导致农产品在价格上的低水平竞争，而且，农产品的销售也多半没有保障，据调查，52.4%的种植户每年都要自己想办法销售农产品。这种分散的销售方式，使农户在市场谈判中处于不利地位，导致农产品价格水平偏低，严重影响农民增收。

4. 贷款难，农民扩大再生产的资金投入不足

在调查中，47.6%的家庭认为影响其收入增加的第一大因素就是缺乏资金。农村信用社虽然也有面向农户的小额贷款，但是小额贷款存在一些弊端：首先是门槛高、手续繁琐。其次是贷款的数额小，与当前农户的实际需求不相符。农村信用社向农户发出的小额贷款大多数是0.3万~0.5万元，最高额3万元，但是现在农民的资金需求已不再局限于最基础的粮、棉、油生产，而是用于扩大生产、消费和服务业上，最高额3万元有时也无法满足农户的需求。最后，小额贷款还款期限短，与农业生产期和养殖周期较长的情况不相符。鉴于这些原因，很多农户在资金缺乏的情况下也不太愿意申请小额贷款。即使申

请，成功率也不高。

5. 少数民族独有的文化资源没有充分挖掘利用

少数民族村较之汉族村，最大的特色就在于"民族"二字。它必然有汉族村没有的一些特质，这些特质所构成的就是少数民族文化。然而，现在福建省大多数民族村的文化特征并不鲜明。这一方面与散杂居的居住模式有关，另一方面也与当地对少数民族文化的保护不力有关。事实上，文化本身就是一种资源。少数民族在服饰、饮食、医药、婚嫁习俗等方面的特色，都应该加以开发利用，形成一种文化资本。也只有将这些民族特色用于发展经济，将其与百姓的经济生活密切联系起来，文化才能具有生机与活力。文化产业若能做起来，它就能给民族村农户提供更多的收入渠道。

（二）工资性收入方面

1. 城乡二元体制挫伤了农民外出务工的积极性

在以户籍制度为核心构建起来的城乡二元体制下，城乡居民在就业、教育、医疗、社会保障、住房、公共产品供给等方面所享受到的制度安排是不一样的。在就业方面主要表现为就业机会的不公平和就业待遇不公平。农民工绝大多数从事的是技能水平低、工作环境差、工资低、劳动强度大、工作时间长而市民又不愿意干的脏活、累活，他们很难进入正规领域就业，享受不到就业政策和制度的保护。与城镇职工相比，农民工的工资待遇低，他们即使和城镇职工付出同等的劳动也得不到同等的报酬，还经常面临克扣工资、拖欠工资等问题。这些因素都在使农民外出务工的积极性不断减弱，从而减少农民的外出务工收入。

2. 乡镇企业发展缓慢对农村剩余劳动力的吸纳力不强

农村劳动力从农业转向非农产业是农民增收的一个重要途径。乡镇企业是以农民集体经济组织的形式或者农民出资为主体，在乡镇（包括所辖村）建立的从事与农业农村发展建设相关活动的各类企业。它的成批建立，势必需要大量的工人进行管理生产，这就为农民的就业创收增加了新的渠道，而且就近吸纳农村剩余劳动力还可以降低农民的打工成本，从而增加收入。在福建，乡镇企业以农产品加工业为主导，总体来看，发展速度还是偏慢，后劲不足。大多数农产品加工企业处于小规模的分散经营，技术水平低，工艺设备陈旧，创新能力不足，生产的产品品质偏低，市场覆盖面较窄，难以形成竞争优势，生产效益偏低。这些直接导致乡镇企业对农村剩余劳动力的吸纳力减弱。

3. 家庭成员文化素质总体偏低，就业能力弱

调查结果显示，民族村农民家庭的工资收入主要来源于外出务工。学界的许多实证研

究已经表明文化素质与农民的收入之间存在明显的正相关关系,文化素质的高低在经济上产生的差别是很大的。就外出务工的收入而言,一般文化水平较高的农民,择业的范围较广,外出务工的成功率也较高,而且收入也相对要高些。反之,文化水平较低的农民,思想上更保守,他们更愿意留守在农村,以传统农业种植为主要谋生手段,即使外出打工,从事的也大多是劳动强度大、收入低的职业,收入增加的空间很小。据本次调查,家庭中最高文化程度在大专及以上的只占26.9%,45.3%的家庭其成员最高文化程度是在初中及以下。加之,农民参加培训也很少。与文化程度偏低相对应,少数民族村农民的外出务工工资收入也偏低。被调查的309户家庭中有约55.7%的家庭有成员在外打工,务工人员的人均月工资收入仅1200元。

4. 农民获取用工信息的渠道狭窄,就业率低

福建的少数民族村大多地处偏远,各种信息都相对闭塞。村民外出务工以个体自发性的为主,他们主要是依靠传统的血缘、地缘、人际关系,以亲戚朋友介绍为主。以这种方式获得的用工信息,量很少,而且可靠性较差,从而导致农民外出务工的成功率不高。

(三) 财产性收入和转移性收入方面

1. 财产性收入来源渠道较窄

财产性收入是一种衍生的财富,其前提是要拥有财产。这个财产包括住房、土地等不动产和消费后剩余的现金收入。在农村,住房普遍用于自住,即使有可供出租的房子,租金也较低廉,不能成为农民有效的财产性收入来源。就土地而言,获得财产性收入的主要形式是土地承包经营权流转和土地征用。据本次调查,福建少数民族村农民的财产性收入主要是来源于土地征用补偿。但是,目前政府征用土地的赔偿标准不规范,赔偿费用偏低,这使得农民土地财产性收入也较少。除了住房和土地外,现金收入也是财产性收入的一大来源。收入增加了,用于消费后剩余的部分就可以转化为财产,有财产才有可能获得财产性收入。因而,"收入—财产—收入"形成了一个循环。本次被调查者中仅有17.2%的家庭表示有较多的结余。可见,农民获得财产性收入的渠道是很窄的。

2. 农村金融市场发展滞后

在农村,金融市场发展滞后,金融产品种类少。农村的金融机构常见的只有信用合作社、农业银行、邮政储蓄等,基本没有证券公司或投资机构等,这样,农民能够参与交易的金融商品相当有限。对于用于消费后剩余的这部分收入,多数农民选择储蓄。储蓄的投资收益偏低,有时获得的利息收入可能还不够抵消通货膨胀率,因而来自储蓄利息方面的财产性收入偏低。

3. 社会保障事业水平低，覆盖面窄

转移性收入的背后，实际上是收入再分配机制在起作用，尤其是社会保障制度。在社会保障制度中，养老保险制度、医疗保险制度、住房保障制度等对转移性收入影响最大，而这些制度都带有严重的城乡二元分割特征。福建省属于典型的城市（工业化）、乡村（落后产业）二元社会。就整个农村的社会保障而言，目前，社会保障项目少，主要还是停留在医疗、养老、社会救助三个基本项目上，而且还不能落实到每个村落，特别是贫困山区。就少数民族村落而言，因其经济社会发展水平更为落后，与之相对应的社会保障水平也更低。2012年，福建全省民族村共64.96万名农民参加新型农村合作医疗，参合率为79.5%。新型农村社会养老保险，福建霞浦崇儒乡的参保率仅为60.0%，有些贫困家庭连基本的保费都交不起。

三、实现少数民族村农民增收的思考与建议

（一）提高农民家庭经营收入

1. 建议挂钩帮扶工作向民族村延伸

近年来，福建省委、省政府高度重视全省民族乡的发展工作，不断加大对民族乡的帮扶力度，三轮帮扶工作，成效明显。2012年，福建省政府又出台了进一步帮扶民族乡加快发展的五条措施。这五项措施的出台将使挂钩帮扶工作更上一个新的台阶。但是，福建省政府的挂钩帮扶政策一般是到乡一级，理论上来讲民族乡发展了也能带动民族村发展，但这种间接的带动，一个是速度慢，另一个是损耗大。建议将挂钩帮扶工作进一步向民族村延伸，加强对民族村经济发展的规划与直接指导，提高帮扶的针对性，促进农民增收。

2. 调整农产品结构，打造特色农产品品牌

各民族村要以市场需求为导向，因地制宜，结合自身的区位优势、资源禀赋、种养经验等特点，按照"人无我有、人有我优、人优我新"的原则，走"一村一品"适度规模的发展路子。对于发展哪"一品"要认真研究，积极邀请有关行业主管部门和各方面专家参与评审规划，确保选定的特色产业有可持续发展的潜力。各项扶持资金要相对集中地投入"一村一品"的建设中，以确保规划落到实处。注重品牌的经营，民族村要把有特色的农产品通过包装、宣传等手段打造成品牌，通过产业协会等力量来推向市场，从而提高农产品的知名度。已经打造出农产品品牌的民族村，要保护好已有的品牌，并进行不断地完善与改进。

3. 转变传统经营模式，发展农民专业生产合作社

农民专业合作社是在稳定家庭承包经营制度的基础上，将分散经营的农民组织起来，启用公司加基地加农户模式，发展专业生产，合力开拓市场。福建省有的民族乡村已启动这种生产经营模式，效果明显。如湖西畲族乡已形成诒安花卉、后洞黄牛、岭脚油茶、绿盈果蔬、晨曦蔬菜等农民专业合作社，仅岭脚油茶农民合作社就有油茶园1000多亩，2个油茶加工坊，年产茶油2万多斤，直接增加农业产值200多万元，每年给岭脚村农民人均创收1500元。农业专业合作社这种生产经营模式，能克服以往农产品种植缺乏市场导向、竞争力低的劣势，大大提高农民抵御市场风险的能力。这种成功的经验都值得民族村借鉴。

4. 完善农产品市场体系，理顺农产品流通渠道

对农民而言，农产品价值的实现必须要经历市场这一环节。完善的农产品市场体系、顺畅的农产品流通渠道是农民实现收入增长的关键一环。首先，积极发展连锁配送、专卖、超市等现代流通服务业，支持龙头企业、合作社直接领办连锁超市或经营点，开展农产品集中配送，通过各种方式把大超市和基地对接起来，缩短农产品流通链条，以减少流通环节、降低流通成本。其次，发展农产品购销经营企业。目前，少数民族村农产品的出售大多是靠农户散卖的模式。这种分散的单个的销售模式往往使农户在市场中处于不利地位。建议通过专门的农产品购销经营企业来建立起农民与市场之间的桥梁，提高农户应对市场波动风险的能力。

5. 加大对少数民族村的农业科技投入，培养农业实用人才

当前，农业收入仍然是福建省少数民族村农民收入的主要来源。促进科学技术在农业生产中的运用是农业增效和农民增收的根本出路，要发挥高科技对农业和农村经济发展的作用。首先，政府要加大对少数民族村农业科技的投入力度，保证一定的资金投入量，并监督资金运用的全过程，保证资金能用到实处。其次，培养农村科技人才。政府做好农业院校毕业生以及少数民族毕业生的就业指导工作，为其提供一定的物质、精神激励，鼓励其进入基层农业技术推广机构工作。再次，加大对农民实用技术和技能培训的力度，大力普及节水灌溉、配方施肥技术，积极推广集约、高效、生态畜禽水产养殖技术，推广土地深松、化肥深施等农机化技术，全面提高农民群众从事农业生产的能力。

6. 利用民族村独特的文化资源，发展旅游经济

少数民族所在地的自然资源尤其是人文资源往往具有独占性和不可复制性。在保护文化的同时又如何能使农民的钱袋子鼓起来，取得一箭双雕的效果？发展民族文化旅游不失为一个好途径。将少数民族文化与当地的自然风光相融合，打造旅游产业体系，将其推向

市场，既能带来经济效益，也能提高少数民族群众保护、传承本民族文化的积极性。福建省有部分少数民族乡已经在文化旅游上做文章，并取得了一定的经济效益。如福安穆云畲族乡充分挖掘畲乡独特自然景观和畲族传统文化，主动对接"闽东北亲水游""福安二日游"，引资100多万元建成溪塔葡萄沟旅游设施，精心包装溪塔畲寨，突出葡萄沟景观和畲族民俗特色，着力发展"农家乐""生态游""畲族风情游"，推进生态旅游区建设。现全乡年均接待游客量3万多人，为群众增加了1000多万元的收入。有条件发展旅游经济的民族乡、民族村都可从中得到一些启发。

（二）提高农民工资性收入

提高农民工资性收入的关键是要促进农村剩余劳动力在非农领域的充分就业。而要做到这点，一方面需要创造良好的外部就业环境，另一方面要提高农民自身的综合素质。

1. 建立城乡统一的劳动力市场，引导农村剩余劳动力有序流动

受长期以来城乡二元结构和户籍制度的影响，城乡劳动力市场是分割开的，农民在城市就业受到诸多不公平的待遇，极大影响了农民进城务工的积极性。政府应该以提高农村劳动力转移就业率为重点，按照"公平对待、完善管理、合理引导、搞好服务"的方针，建立开放、统一、竞争、有序的劳动力市场，促进城乡劳动力平等就业。同时还要继续清理针对农民工的各种歧视性政策，保障农民工的合法权益。各级政府要进一步加强劳动力市场的管理，切实改善农民进城就业的环境。

2. 推进农村城镇化建设，提升对农村剩余劳动力的吸纳能力

在工业化进程中，推进农村城镇化建设能转移大量的农村剩余劳动力进城就业，这对增加农民收入具有重要意义。未来的小城镇将主要是中小企业、第三产业发展的基地，各地应以自己的传统优势产业为基础，在合理布局城乡工业的基础上，因地制宜地发展劳动密集型中小企业，大力促进大中城市与农业关系密切的产业转移到农村。同时，政府应加大财税支持力度，推动乡镇企业产业升级和发展方式转变，带动第二、三产业发展，不断增强乡镇企业吸纳农村剩余劳动力的能力。还要进一步完善城镇功能，引导更多的农民定居于工业经济带周围，服务于企业，无形中促使农民身份的变迁，使其成为新的市民。

3. 加强就业服务，促进外出务工组织化

目前，少数民族村农民外出务工主要是从亲戚朋友和同乡近邻那里获取用工信息，信息量少，而且准确率低。建议发挥村集体的力量，提高农民外出务工的组织化程度。加强对企业用工信息的收集，同时也可发布本村农民外出务工的需求信息，在输出地与输入地之间搭建起劳务对接的平台，使外面的企业能了解农民工供给情况，农民也可及时获得相

关企业的用工信息,从而获得更多的就业渠道。

4. 加强职业技能培训,提高农民转移就业能力

提高农民素质的一个快捷途径就是加强职业技能培训。首先,要设立专项培训资金。目前,福建省少数民族乡村经济条件差,基本没有足够的资金来保障培训工作的开展。建议相关部门探索研究政策,通过特定的方式、渠道为少数民族乡村设立专项资金来保证培训工作的开展。其次,要建立农民培训常态化的机制。完善政府主导、官民并举,输出地与输入地联合,学校教育、机构培训与远程培训结合的多层次技能培训体系,使农民有能力根据市场需求与自身发展的需要随时随地参加培训。再次,要创新培训方式,丰富培训内容。加大培训基地的建设,通过直接举办培训班或向企业购买培训等形式,把职业技能培训和非技能综合素质教育有机结合起来,切实提高农民的文化素质和职业技能。

(三) 提高农民财产性收入和转移性收入的思考

虽然财产性收入和转移性收入在农民收入中所占比例较小,但是也不可忽视,不断提高农民财产性和转移性收入也有助于缓解家庭经营收入增长不足和工资性收入增长缓慢带来的压力。

1. 推进金融产品创新,完善农村金融市场

农村金融市场除了为农业、农村发展融资以外,还要为农民拓宽投资渠道,构建理财平台。首先,要拓展其业务种类,丰富金融产品。政府应通过提供各种优惠政策,引导社会资金在农村设立各种新型金融组织,鼓励金融机构根据农民资金额度小、金融知识有限、风险承受能力不强等特点,为农民量身打造一些理财产品。其次,可以把农村信用合作社作为依托,把农村信用合作社从原来的合作制改为股份制的金融机构,引导、鼓励、支持农民投资入股。

2. 改革土地征用制度,使利益分配更合理化

当前,福建省少数民族村农民财产性收入主要是来源于土地征用的补偿款。据统计,农民向社会无偿贡献的土地收益要远远高于其获得的征用补偿,这实质上也体现了我国二元土地制度下对农民财产权的变相剥夺。就土地征用制度的改革,目前学界主要有两种观点:一种是在现有土地征用制度框架内,缩小征地范围,提高补偿标准,规范征地程序,严格土地执法;另一种是打破现有土地征用制度框架,形成城乡统一的土地市场体系。不管是怎么改革,其最终的目标应该要让利益分配更趋于合理。

3. 因地制宜,促进少数民族乡村社会保障发展

大部分少数民族村生态环境恶劣,抵御自然灾害的能力低,经济发展水平低,贫困人

口多，这些特殊性要求我们必须将少数民族农村社区视为一个特殊的社会体系，将其社会保障作为一个单独的议题进行具体分析研究，对现行全国统一的社会保障制度进行改造。就福建这样的少数民族散杂居省份而言，社会保障制度也可因地制宜，进行差别化的政策设计。对于能纳入统一制度实施的社会保障项目则采用统一的模式解决，不能纳入的可以结合少数民族乡村当地的实际，采用差异化的制度设计。同时，对于少数民族村内部，可对少数民族群众适度地给予政策倾斜与帮助。

结 语

增加农民收入，尤其是增加少数民族村农民的收入是一项十分重要且艰巨的任务，它关系到社会的稳定，也关系到小康社会能否全面如期建成。它也是一项复杂的、系统工程，必须按照科学发展观的要求稳步推进。只有突破一系列影响农民增收的因素，农民增收才有可持续的保证。本文以家庭收入结构为视角，分析了影响少数民族村农民增收的因素，并有针对性地提出了一些建议思考，希望对实际的民族乡村经济社会发展工作能起到一定的启发作用。

改革开放后闽台少数民族交流情况研究*

黄淑萍

福建与台湾仅一水之隔,是祖国大陆距离台湾最近的一个省,而且与台湾地缘相近、血缘相亲、文缘相承、商缘相连、法缘相循,在对台交流方面有着得天独厚的优势,也是对台工作的一个重要前沿平台。随着两岸关系的逐渐缓和,闽台交流也呈现良好的发展势头。交流的领域从单纯的寻根访祖、探亲会友扩展到投资经商、观光旅游、农业、新闻、科技、文化等各方面。在此背景下,闽台少数民族的交流也逐渐活跃起来。福建虽不是民族大省,但其畲族、回族、满族、高山族等都与台湾有着深厚的渊源。因而,少数民族之间的交流自然也是闽台交流的一个重要内容。台湾少数民族属于台湾社会的边缘群体,他们在政治、经济、社会各方面的发展不仅影响着台湾的稳定,也影响着祖国大陆的发展乃至整个国家的稳定。基于历史和现实的一些原因,台湾少数民族的国家认同意识很微妙,他们一方面出于对各自族群文化的保护与传承的担忧而表现出强烈的"台湾意识",另一方面又对台湾当局在民族政策和社会保障方面表现出的做法相当失望,从而衍生出"中国意识"。台湾少数民族的认同意识对两岸关系和台湾的发展有着不可忽视的影响。[1] 本研究认为,加强闽台少数民族之间的交流有助于台湾少数民族加深对祖国大陆的了解,增强其对祖国大陆的认同感,减少隔阂和误解,提高中华民族的凝聚力,有利于为两岸进一步化解分歧和矛盾营造良好的民意氛围,从而对推动海峡两岸关系的和平发展具有重要的现实意义。

本研究重点选取了福建泉州、厦门、漳州、福州四个与台湾交流较为活跃的沿海城市,在各地市民宗局召开座谈会,邀请了市民宗局有关工作人员、若干名参加过闽台少数

---

* 本文系 2012 年国家民委民族问题研究项目"改革开放后闽台少数民族交流情况研究"(编号 2012 – GM – 113)成果,原文载《福建民族》2014 年第 3—4 期。

[1] 姜萌:《浅析惠台政策对台湾少数民族认同意识的影响》,载《西江月》,2012(9 月上旬)。

民族交流活动的人员、若干名与台湾少数民族之间有亲戚关系的人员参会。通过座谈及个案访谈了解改革开放后闽台少数民族交流的具体情况以及参会者对加强闽台少数民族交流的建议和意见等。

本研究旨在总结改革开放以来闽台少数民族交流取得的成果，分析探讨存在的问题，并提出一些对策建议以便更好地推动闽台少数民族交流。由于台湾方面资料的收集有不便之处，加之目前学术界对改革开放后闽台少数民族交流的问题尚未有专门的学术性研究，故能借鉴的研究成果甚少，这给研究带来一定的困难，但也使得本研究具备一定的首创性。

一、闽台两地少数民族的基本情况及历史渊源

（一）基本情况

福建省是少数民族散杂居省份。全省56个民族成分齐全，少数民族人口79.69万人，占全省总人口的2.16%。世居的少数民族有畲族、回族、满族、蒙古族等。其中畲族人口最多，共有36.55万人，占全国畲族人口的51.58%，占全省少数民族人口的45.87%；回族共有11.6万人，占全省少数民族人口的14.56%；满族8372人；高山族423人，是大陆高山族人口最多省份之一。全省有19个民族乡（其中畲族乡18个、回族乡1个）、1个省级民族经济开发区（福安畲族经济开发区）和566个民族村。

台湾现存原有的少数民族，我们概称为高山族，是1954年第一届全国人民代表大会根据民族识别政策确定的第一批38个少数民族之一。在历史上台湾少数民族没有一个统一的自称，在中国历史文献中所记载的称谓大多是具有歧视意味的他称，如"夷""番"之类。1945年国民政府接管台湾后，一度称台湾少数民族为"高山族"；1947年通令改称为"山地同胞"，简称"山胞"；1954年，台湾当局确认"山胞"各族的汉字名称为泰雅、赛夏、布农、曹（后改"邹"）、鲁凯、排湾、卑南、阿美、雅美，也就是通常所说的"高山九族"。此后，有关台湾少数民族的研究除了具体到某一族外，"山胞""高山族""山地民""土著族""少数民族"等统称在学界和媒体中长期并存使用。20世纪80年代，台湾成立了由少数民族人士组成的政治社团"台湾原住民权利促进会"，掀起"正名"运动，台湾少数民族选择"原住民"作为统称。1994年，台湾当局所谓"修宪"时写入"原住民"一词。1997年又明确为"原住民族"，出现了诸如"积极维护发展原住民族语言文化""保障原住民族之地位与政治参与"等表述。由此，"原住民"（"原住民

族")一词正式成为台湾少数民族的统一称谓。① 就人口而言,根据台湾主管机构网站2009年年底的统计资料,台湾高山族(九族)人口中阿美族群有183 799人,泰雅112 524人,接着依序是排湾88 323人、布农51 447人、卑南11 911人、鲁凯11 850人、邹6733人、塞夏5900人、雅美3748人。②

(二)历史渊源

福建的畲族、回族、满族、高山族等都与台湾有些历史渊源。学界有专门对此进行过考究,但为数不多。

1. 畲族

台湾盘、蓝、雷、钟四姓同胞主要是清代的时候从闽南、闽西一带迁徙过去的,其中与大陆畲族渊源最深的当属蓝姓畲族。厦门大学陈支平教授对闽台两地的畲族族谱进行收集和整理,发现了不少有价值的史料。台北"故宫博物院"藏有三十余种可能与畲族有关的族谱,其中较有文献价值的有《汝南堂蓝氏族谱》(蓝乾章藏,1984年发刊)、《东山系蓝氏善庆堂谱》(蓝润椿编纂)、《蓝氏世系族谱》(蓝润椿编)、《蓝氏协忠公房谱》(蓝延贤编)、《韩何蓝氏族谱》(何兆钦编)等。这些族谱都清晰地记载着祖辈由闽迁台的历程,如《汝南堂蓝氏族谱(引公派下谱序)》所载:"先父(讳星)随祖(讳引公)于乾隆二十四、五年间孟夏之际,唐山漳浦县长卿胪塔分居山红砂坑内,携眷渡台,幸得顺风相送,直抵淡水厅管下八里分,移入内港锡口街过港羊稠庄。"又如蓝润椿编《蓝氏世系族谱》内所收乾隆年间《文泮公序》载:"我祖自元末来居东山,与湖寮蓝家祖维系兄弟勿疑……考漳浦镇海霞美祖祠世德堂石碑,廷瑞公妣姜氏生三子,长曰庆福,娶冯氏,居漳浦长卿乡。次子曰庆禄公,娶蔡氏,居霞美祠堂,傍一支居平和县和仓等处。其三子曰庆寿公,娶何氏,移居潮州大埔澄海诸县。"③ 另外,据《台湾姓氏·蓝氏姓考》说:"清人蓝氏族人,渡海来台者以福建漳浦为最众""康熙末,蓝鼎元之后裔定期居于今之屏东里港,后裔繁盛,为当地望族"。

2. 回族

台湾回族与福建息息相关。唐宋时期,有大批来自阿拉伯、波斯的穆斯林沿着海上丝绸之路来到泉州一带经商传教,在此定居,形成"蕃坊"。因泉州与台湾仅一水之隔,到泉州后的回民也有迁徙至台湾。台湾的彰化鹿港地区就出现了台湾最早的回族移民。1958

---

① 郝时远:《当代台湾的"原住民"与民族问题》,载《民族研究》,2003(3)。
② 余光弘、李莉文:《台湾少数民族》,1~4页,福州,福建人民出版社,2012。
③ 陈支平、刘婷玉:《闽台畲族族谱搜集整理札记》,载《人民论坛》,2011(35)。

年，台湾回族李忠堂哈吉曾发表过《鹿港访问纪实》，介绍鹿港一带的回民来历。以后陆续有人撰文证明鹿港回族祖先和大陆福建省泉州市惠安县以郭姓为主的一个回族乡的回族是同一家。除了郭姓回民迁台外，丁姓回族也是较早迁居台湾的一个群体，他们绝大部分是来自福建泉州陈埭回族乡。郑成功收复台湾时，其军队中许多回族官兵跟随渡海，大量携带眷属留居台湾，分别住在鹿港、淡水等地。①

3. 满族

福建社科院麻健敏研究员在《闽台女真粘氏》一书中对闽台粘姓满族的迁移过程进行过阐释，"元朝末年，随着元王朝的分崩离析，元朝的王亲贵胄或回归漠北，或隐姓埋名流落各地。博温察儿领着全家先迁居'江南'（何地未知），后来又从'江南''浮海'迁徙至当时晋江的永宁一带，成为泉郡粘氏的开基始祖。入闽居泉粘氏的迁徙路线大致如下：博温察儿长子子寿、次子子禄由永宁迁移到浔美（晋江市龙湖镇衙口村）居住，后裔又分居晋江粘厝铺、深沪、山柄、南安梧坑、泉州。清代康熙年间开始，粘氏一族有一部分人迁往台湾。清末民初，粘氏的部分族人又迁往马来西亚、新加坡等地"。在台湾的粘姓主要集中在彰化县的鹿港镇和福兴乡，此外，在台中、台北、高雄、屏东、花莲、台东、南投、嘉义、台南、基隆等地也有粘姓人居住。据统计，台湾粘姓人口有近1万人，他们来自福建。

4. 高山族

高山族是对台湾少数民族的统称。对台湾高山族的源流问题，有"来自南岛民族""大陆迁去说""多元论"等观点。一般认为：高山族的主要来源是祖国大陆的古人类和古越人，来自南洋群岛的马来人是其次来源。林惠祥《台湾石器时代遗物的研究》（《厦门大学学报》1955年第4期）通过对台湾新石器时代遗物的分析，认为高山族的来源"不止一种"，其中一种出自祖国大陆的古越族，其后与来自南方的别族逐渐形成为现在的高山族。这一见解得到了后来的陈国强、施联朱和郭志超等学者的研究成果的支持。如陈国强在《高山族来源的探讨》（《厦门大学学报》1961年第3期）中论证，"高山族的来源是多元的，主要是来自祖国大陆的东南沿海一带"②。可见，台湾高山族历史上就与祖国大陆有不可分割的关系。福建省现有的高山族主要是20世纪四五十年代从台湾迁入的。据《福建省民族志》记载，20世纪90年代末，福建省民族事务委员会专门派员访问82户在闽的高山族，了解他们入闽的时间和缘由。得知他们先后来自台湾省花莲、台东、屏

---

① 重阳子：《台湾回族》，载《回族文学》，2010（1）。
② 郭志超：《闽台民族史辨》，421~422页，合肥，黄山书社，2006。

东、高雄、台南、台中、嘉义、南投和宜兰等 9 个县（市）。如在 1931—1932 年间，台湾省台东市卑南人黄氏 1 户带儿子共 3 人至泉州、南安等地求学中医，学成后，申报个人开业，定居莆田城厢镇；1946 年 12 月至 1947 年 1 月，从台湾省嘉义、南投等地来闽经商、求医、求学的"熟番"和安雅人共 4 户 8 人分别定居漳州、云霄、华安等地郊区；1955—1956 年从中国人民解放军部队退伍、转业的台湾籍高山族官兵分别安排在南平、永安、龙溪、福州、厦门、泉州等地（市）党、政、群机关和企事业单位，其中担任干部的有 28 户 28 人，担任工人和职工的 22 户 22 人。

二、改革开放后闽台少数民族交流的概况及特点

（一）概况

随着两岸政治环境不断改善，闽台交流大步迈进，少数民族间的交流也崭露头角。本研究根据调研收集来的资料整理出"1988—2013 年闽台两地少数民族交流活动一览表"，以便更直观地了解改革开放以来闽台少数民族交流的情况。需要说明的是，该表中的交流活动是指公开的群体性活动，个体间私下的探亲谒祖活动并不包括在内。

如表 1 所示，近几年闽台两地少数民族的交流开始逐渐活跃起来。不仅如此，政府对闽台少数民族交流的关注度也逐渐提升。2009 年，国务院出台《关于支持福建省加快建设海峡西岸经济区的若干意见》，之后国家民委出台了贯彻落实《国务院关于支持福建省加快建设海峡西岸经济区的若干意见》的意见，国家民委在"意见"中表示，推动海峡两岸少数民族的交流与合作，把福建作为海峡两岸少数民族交流的先行区，支持福建建设海峡两岸少数民族文化交流中心，举办海峡两岸少数民族经济和文化交流等重点活动，增进两岸少数民族间的互相了解，为促进两岸和平发展发挥独特作用。2012 年 7 月，国务院办公厅印发《少数民族事业"十二五"规划》，其中明确提到要不断提升对外和对港澳台交流与合作水平，继续举办海峡两岸各民族"中秋联欢""三月三"等传统交流活动，邀请台湾少数民族代表团参加全国少数民族文艺会演、全国少数民族传统体育运动会等全国性重大活动，开展港澳台地区民族研究和教育交流合作，鼓励内地少数民族与台湾少数民族开展交流活动，建立稳定的交流合作机制。之后，福建省政府办公厅印发了《关于贯彻落实少数民族事业"十二五"规划的意见》，出台了七项贯彻措施。其中提到要积极开展少数民族文化对台交流，努力把福建省建设成为海峡两岸少数民族文化交流中心。

表1 1988—2013年闽台两地少数民族交流活动一览表

序号	年份	活动内容	地 点	来闽或去台人数/人
1	1988	台湾粘氏宗亲会到晋江衙口谒祖	福建晋江	18
2	1995	"闽台粘氏大宗祠"落成，台湾宗亲参加庆典	福建晋江	135
3	1995	台湾"丁氏宗亲寻根之旅"	福建陈埭	17
4	1997	陈埭回委会丁氏3人及厦门大学教授庄景辉夫妇应邀参观访问台湾	台湾	5
5	1999	中华少数民族博览会	台湾	3
6	1999	台湾台西乡六块厝组团到陈埭寻根谒祖	福建陈埭	70余
7	2004	海峡两岸迎中秋	台湾	31
8	2008	海峡两岸同根同源，盘、蓝、雷、钟四姓团圆活动	福建	21
9	2008	第一届海峡两岸少数民族丰收节	福建	40余
10	2009	第二届海峡两岸少数民族丰收节	福建	100余
11	2009	第一届海峡论坛	福建	不详
12	2009	石狮回促会到台湾恳亲	台湾	17
13	2009	海峡两岸少数民族族谱对接恳亲会	福建	不详
14	2010	第二届海峡论坛（海峡两岸少数民族联谊会）	福建	150余
15	2010	华安高山族文化交流团赴台交流	台湾	19
16	2010	第三届海峡两岸少数民族丰收节	台湾	29
17	2011	海峡两岸漳州台湾蓝氏与台湾关系学术研讨会	福建	30余
18	2011	第三届海峡论坛	福建	不详
19	2011	第四届海峡两岸少数民族丰收节	福建	50余
20	2011	台湾郭氏宗亲会到石狮回促会探访	福建	46
21	2011	台湾原住民人文关怀协会到华安探访	福建	10
22	2011	畲族民俗文化交流（福建泉州）	台湾	6
23	2011	台湾中国文化大学访问团到福鼎市开展畲族音乐文化及艺术教育交流活动	福建	19
24	2012	两岸畲族文化交流（福建泉州）	福建	19
25	2012	赤岭乡组团到台湾开展蓝氏宗亲和友谊乡镇对接	台湾	15
26	2012	金门台湾原住民文化节（福建宁德）	台湾	30
27	2012	陈埭丁氏宗亲组团赴台湾进行学术文化访问	台湾	45
28	2012	第五届海峡两岸少数民族丰收节	台湾	25

续表

序号	年份	活动内容	地点	来闽或去台人数/人
29	2012	回促会组团到台湾参加"郭子仪诞辰1636周年庆典"	台湾	37
30	2012	台湾郭氏宗亲会到回促会探访	福建	48
31	2012	第四届海峡论坛（首届海峡两岸民族乡镇发展交流会）	福建	不详
32	2012	福建省首届"三月三"畲族文化节	福建	10
33	2013	福建宁德蕉城区八都镇与台湾南投县仁爱乡友好对接交流	台湾	14
34	2013	海峡两岸各民族欢度"三月三"节暨福建省第二届"三月三"畲族文化节	福建	80余

（二）特点

1. 交流日渐频繁

从表2我们可以看出，改革开放以来，闽台两地少数民族交流活动次数逐渐增多，尤其是2011年和2012年分别达到7次和9次之多。另外，我们也可以发现一个阶段性的特征：1988年至2008年间，闽台少数民族之间的交流并不是很频繁，而且也不稳定，中间有几年出现空白；2008年以后，闽台少数民族之间的交流发展比较迅速，而且也比较稳定，每年都有2次以上的交流活动；而从改革开放至1987年这段时间里，我们在调查过程中并未收集到有关交流活动的资料。这其中可能有我们收集数据不够全面的原因，当然也能在很大程度上说明这段时期闽台两地少数民族之间群体性的交流是非常少的。

表2　1988—2012年闽台少数民族交流活动次数统计表

时间/年	1988	1995	1997	1999	2004	2008	2009	2010	2011	2012
次数/次	1	2	1	2	1	2	4	3	7	9

说明：此表根据表1整理得来。

除了群体性的交流，闽台少数民族个体之间的探亲交流也逐渐频繁起来。由于出入境管理局在对出入台湾的人群进行身份信息采集时并未把民族成分设定为必填项目，所以我们无法得到一个准确的统计数据。福建三明市作为内地城市，与台湾的往来并不是太多，主要是高山族同胞赴台探亲。因其高山族人口较少，所以便于统计。据其初步统计，改革开放以来，三明市少数民族同胞到台湾探亲、定居等约有 22 批次 45 人，其中 15 批次是在 2008 年以后去的。三明市的少数民族赴台交流情况虽不能代表全省，但也能起到管中窥豹的效果。另外，在个案访谈中我们也能感觉到两地少数民族个体间的交流要比之前更频繁些。如厦门的一位高山族同胞告诉我们说，他的叔辈在台湾，在两岸"大三通"之前，他们隔一两年回来看望他父亲一次，而自从两岸实现"大三通"后，每年都有回来两三次看望他的父亲。而且除了面对面的直接交往外，亲戚间过年过节打电话、书信往来等也变得更经常。再如在华安县，一位高山族老伯告诉我们，他有十来个亲戚在台湾，但是一直到 2008 年他才第一次去台湾探亲；后来应他邀请，台湾的亲戚共 10 人于 2012 年 9 月 15 日第一次回大陆看望他；还有一批亲戚共 7 人还没来过大陆，也打算过来看看。

2. 交流的内容逐渐多元化

首先，从横向来看，2008 年以来组织的几场常态性交流活动（见表 3），每一届的内容都很丰富。如第一届海峡两岸少数民族丰收节包括了游览观光、歌舞联欢、民族风俗保护与民族文化传承座谈会等内容，第五届海峡两岸少数民族丰收节包括了参观走访台湾风景名胜、歌舞表演、海峡民族论坛 2012 年两岸原住民文化权利与文化创意发展学术研讨等内容。第二届海峡论坛的子活动——海峡两岸少数民族联谊交流会，包括了文艺演出、海峡两岸少数民族文化保护与产业发展座谈会、参观走访等内容；第四届海峡论坛的子活动——首届海峡两岸民族乡镇发展交流会，包括两岸民族乡镇就观光、工业、贸易、文化等方面进行交流推介，参观湖西畲族乡"五里三城"、赤岭蓝氏宗祠、闽台畲族博物馆、畲族特色村寨、东南花都和台湾农民创业园等内容。

表 3 闽台两地少数民族常态性交流活动明细表

活动名称	届别	活动内容	活动形式
海峡两岸少数民族丰收节	第一届	游览福建风景名胜、座谈探讨民族风俗保护、民族文化传承，丰收节联欢	参观游览、座谈、联欢晚会
	第二届	歌舞表演、台湾少数民族工艺品展示、台湾少数民族部落旅游图片展览、台湾少数民族部落旅游推介会暨研讨会	歌舞表演、展览、研讨会
	第三届	参观走访、实地参与台湾花莲举办的鹿野乡少数民族丰收祭、举办海峡民族论坛	参观走访、实地参与丰收祭、论坛

续表

活动名称	届别	活动内容	活动形式
海峡两岸少数民族丰收节	第四届	海峡两岸少数民族丰收歌会、座谈两岸少数民族文化保护与家园建设、座谈少数民族聚居点建设、签订"两岸少数民族交流合作协议"	歌会、座谈会
	第五届	参观走访台湾著名景点、歌舞表演、海峡民族论坛2012年两岸原住民族文化权利与文化创意发展学术研讨	歌会、研讨会
海峡论坛	第二届（海峡两岸少数民族联谊交流会）	文艺演出、海峡两岸少数民族文化保护与产业发展座谈会、参观中华畲族宫文物馆、金涵乡上金贝畲族村	文艺演出、座谈会、参观
	第四届（首届海峡两岸民族乡镇发展交流会）	两岸民族乡镇交流推介，参观湖西畲族乡"五里三城"、赤岭蓝氏宗祠、闽台畲族博物馆、畲族特色村寨、东南花都和台湾农民创业园等地	座谈会、参观考察
福建省"三月三"畲族文化节	第一届	歌舞演出，畲族历史文化展，原生态畲歌、畲族武术表演，畲族银器、服饰、茶艺表演以及非物质文化遗产展示等	歌舞表演、展览
	第二届	举行"山哈杯"民歌赛，大型文艺演出，海峡两岸民族乡镇发展交流会	歌赛、文艺演出、座谈会

其次，从纵向来看，闽台两地少数民族交流的内容已经从最初的探亲访友、寻根谒祖、观光旅游拓展到少数民族文化、经济、学术研究等多方面的交流。第一，少数民族经济交流方面，如2009年，第二届海峡两岸少数民族丰收节活动期间，厦门钟宅畲族社区与台湾阿美都兰部落签订《"建立联系合作关系及加强文化交流"意向书》，还举办了"台湾少数民族部落旅游推介暨研讨会"，签订了多项旅游合作意向书。2012年和2013年分别举办了第一届和第二届海峡两岸民族乡镇发展交流会。第一届是作为海峡论坛的一个子活动，在交流会上不仅是福建还有大陆其他省份的民族乡镇和台湾民族乡镇互相交流了发展经验、探讨了经济项目合作，还签署了乡镇对接框架协议。第二届交流会上福建的霞浦县盐田畲族乡等四个民族乡与台湾屏东县雾台乡等四个乡镇签订结对协议。第二，少数民族文化交流方面，几乎每一届海峡两岸少数民族丰收节上都有歌舞表演，这实质上就是两地少数民族音乐、舞蹈文化的直观交流。再如2012年9月1日，作为第五届海峡两岸少数民族丰收节重要活动之一的第二届海峡民族论坛在台湾建国科技大学举行。论坛围绕

"两岸原住民文化权利与文化创意产业发展"主题展开系列讨论,与会的福建省连江县、罗源县民族宗教局负责人也介绍了当地民族文化发展现况。还有,2011年11月25日,台湾中国文化大学访问团莅临福鼎市开展畲族音乐文化及艺术教育交流活动。① 第三,学术交流方面,如第二届海峡论坛·海峡两岸少数民族联谊交流会期间举办了海峡两岸少数民族文化保护与产业发展座谈会。会上,来自海峡两岸的11名专家、学者,围绕闽台少数民族文化交流、福建畲族与台湾盘蓝雷钟姓氏历史渊源以及闽东畲族传统文化保护等内容作了主旨演讲。② 再如,2011年12月12日,举办了海峡两岸漳州蓝氏与台湾关系学术研讨会。

3. 交流的形式越来越多样化

从表3我们不难发现:随着闽台两地少数民族交流内容的不断拓展,其交流的形式越来越多样化,主要有参观走访、歌舞联欢、展览、论坛、学术研讨等等。如第一届海峡两岸少数民族丰收节采用了参观游览、座谈、歌舞联欢等活动形式;第二届海峡两岸少数民族丰收节采用的活动形式有歌舞表演、台湾少数民族工艺品展示和台湾少数民族部落旅游图片展览、研讨会等;第三届海峡两岸少数民族丰收节因为举办地安排在台湾,所以安排访问团成员实地参与体验了在台湾花莲举办的鹿野乡少数民族丰收祭,此外还有参观游览、论坛等活动形式;第四届、第五届海峡两岸少数民族丰收节的活动形式主要有歌会、座谈会、研讨会等。第二届海峡论坛·海峡两岸少数民族联谊交流会活动形式包括文艺演出、座谈会、参观游览等。第四届海峡论坛·首届海峡两岸民族乡镇发展交流会采用座谈会、参观考察等形式。活动形式是以内容为基础的,形式越趋多样化,也在一定意义上说明交流内容在不断扩延及深化。

另外,闽台少数民族个体间的交流形式也越来越丰富。除了面对面的直接交流外,更多的还是间接交流。间接交流是要通过中间环节、媒介的接触来实现交流往来。随着两岸交往媒介的不断发展,交流形式也越来越丰富。现在两岸少数民族之间的间接交流主要有书信交往、电话问候、互相寄送贺卡、礼物,有的还通过互联网进行聊天、发邮件等。

4. 官方和团体的参与度越来越高

随着闽台两地少数民族交流的不断深入,交流活动逐渐由民众的自发行为走向有组织、有计划的政府或社团行为。政府和社团对闽台少数民族交流的主导作用逐渐显现。从

---

① 廖诗雄:《台湾中国文化大学访问团莅临福鼎》,宁德网,http://www.ndnews.cn/news/xsnews/fdnews/fdsh/201112/232290.html。
② 吴建明:《海峡两岸少数民族文化保护与产业发展座谈会在我市隆重举行》,宁德网,http://www.ndwww.cn/news/ndwnews/201006/132705.html。

表 1 可以看出：2008 年以前，闽台少数民族之间的交流主要是宗亲们自发组织的，政府很少参与；2008 年后福建政府各涉台部门和团体陆续参与到交流活动当中。以海峡两岸少数民族丰收节为例，第一届的主办方福建这边是福建省海外联谊会和福建省台湾同胞联谊会两家单位；而第二届的主办方福建这边就达到 7 个之多，它们分别是省人大常委会台胞工作委员会、省政府台湾事务办公室、省政协港澳侨和外事委员会、民革福建省委员会、台盟福建省委员会、省海外联谊会、省台湾同胞联谊会；之后的几届丰收节，福建主办方的数量也都维持在 4 个到 8 个不等。再如，第二届海峡论坛·海峡两岸少数民族联谊交流会由全国台联、台湾原住民多族群文化交流协会主办，福建省民族宗教厅、省台联、省文化厅协办。第四届海峡论坛设置了以两岸少数民族为主体的交流会即海峡两岸民族乡镇发展交流会，这个交流会是由福建省民族与宗教事务厅、省台办、省台联以及漳州市人民政府共同举办的。

三、改革开放后闽台少数民族交流取得的成果

（一）搭建了几个很好的交流平台

1. 海峡两岸少数民族丰收节

丰收节是海峡两岸少数民族最重要的节日之一。两岸虽然居住环境及种植作物不同，农作物的成熟期、收获期也不尽相同，但是其丰收节的内容却有共同点，包括在收割、尝新、入仓等收获的各个环节开始或结束时，都举行相应的祭祀仪式，向祖先神灵祷告，祈求保佑农作物顺利收获，并预祝来年五谷丰登、人畜两旺。祭礼之后，还举行聚餐、歌舞、游戏及篝火晚会等。丰收节，是两岸少数民族群众加强沟通、深化交流的一个很好的平台。台湾的少数民族更能代表台湾的基层，通过丰收节活动，让居住在台湾偏远地区、消息闭塞的少数民族同胞也能够看到大陆的发展变化，感受两岸交流的大好趋势。从 2008 年至今，福建省台联联合省涉台有关单位，已经连续举办了 5 届"海峡两岸少数民族丰收节"。活动围绕"我们都是一家人"主题，以促进共同家园建设为目标，以沟通同胞情感为基调，以两岸少数民族基层群众为主体，至今已有台湾 14 个少数民族族群代表、福建省及安徽、海南、四川、江西、浙江、辽宁等省高山族、畲族 3000 多人次参加丰收节活动。其中第一届、第二届、第四届分别是在福建泉州、厦门和福州举行，而第三届和第五届是在台湾举行的，可以说实现了"请进来，走出去"两岸有来有往的互动交流局面。

2. 海峡论坛

海峡论坛是在原来"海西论坛"的基础上发展扩大并更名的。从2009年至今，已经举办了4届。论坛内容很丰富，涉及的面也广，包括经贸、科技、文化等各方面，有几届专门设置了两岸少数民族交流的专题，为两岸少数民族的交流又提供了一个重要平台。

第二届海峡论坛，设置了"海峡两岸少数民族联谊交流会"专题。这个交流会于2010年6月在福建宁德市举行，主题为"加强民族交流，携手共同发展"。海峡两岸约有300人参加此次活动，其中台湾少数民族"立法委员"代表，高金素梅演出团队，陈士章团队，台湾盘姓、蓝姓、雷姓、钟姓代表等150人。联谊会期间召开了"两岸一家亲"——海峡两岸少数民族发展座谈会，进行了海峡两岸少数民族乡镇交流合作结对仪式。两岸盘、蓝、雷、钟姓氏代表在中华畲族宫参加祭祖活动之后观看了畲族传统文化表演。

第四届海峡论坛，设置了"海峡两岸民族乡镇发展交流会"主题。该交流会于2012年6月17日至6月18日在福建省漳州市漳浦县举行，来自台湾的少数民族乡镇长、少数民族代表及江西省、浙江省、安徽省、福建省的民族乡（镇）长、台湾蓝氏宗亲及有关单位代表150位嘉宾出席活动。交流会上，两岸民族乡镇代表围绕经济发展，就各所在区的观光、工业、贸易、文化等方面进行了交流推介，签署了《海峡两岸民族乡镇交流与合作框架协议》。与会者们纷纷表示，"首届海峡两岸民族乡镇发展交流会座谈会"作为两岸乡镇代表畅谈交流的平台，不仅增进各民族间的情感，加强交流、促进合作，更推动了海峡两岸少数民族经济社会共同繁荣发展，将进一步加强海峡两岸少数民族交流与合作……

3. "三月三"畲族文化节

"三月三"是畲族人民重要的传统节日，它既是畲族先民英雄的重要纪念日，也是畲族同胞用自己民族传统方式祈求子孙万代事业繁荣昌盛、家庭幸福安康的隆重节庆。

2012年3月，福建省首届"三月三"畲族文化节在福安市举办，吸引了台湾盘、蓝、雷、钟姓氏宗亲代表10多人参加。2013年4月，海峡两岸各民族欢度"三月三"节暨福建省第二届"三月三"畲族文化节在福建宁德霞浦举行。活动吸引了全国各地和台湾、香港、澳门等两岸四地1万多少数民族群众的广泛参与，其中有台湾少数民族代表和台湾蓝氏宗亲代表等约80名。国务院台办常务副主任郑立中对本次活动给予高度评价。他说，举办"三月三"文化节，对于弘扬中华文化、增进民族认同、加强两岸交流具有重要意义。希望两岸乡亲携手努力，砥砺前进，珍惜良好局面，顺应历史潮流，促进经济文化的大交流、大合作、大发展，推动两岸关系不停步、向前走，共同创造两岸关系和平发展更加美好的明天。2013年5月6日，福建省委常委陈桦对活动作出重要批示："'三月三'节已成为两岸交流的重要活动，对增进台湾同胞对中华民族的认同感起到了积极作用。望不断提升，扩大影响，一届办得比一届好。"

（二）促进了涉台少数民族文化资源的开发与保护

1. 挖掘与开发"蓝氏三杰"文化

福建漳浦赤岭畲族乡是全国畲族人口比例最高的少数民族乡，是漳浦蓝姓人口主要聚居地和蓝姓文化的重要发祥地。历史上曾相继涌现了蓝理、蓝廷珍、蓝鼎元三位畲族的武将文官，成为康乾年间在保卫台湾、建设台湾、开发台湾中作出卓越贡献的福建漳州畲族杰出代表，受到清朝三位皇帝康熙、雍正和乾隆的褒奖，分别被誉为"平台首功"（蓝理）、"治台名将"（蓝廷珍）、"筹台宗亲"（蓝鼎元），史称"蓝氏三杰"。

2003年10月，福建漳浦赤岭畲族乡开始筹建漳台蓝氏暨闽南畲族博物馆，开辟"蓝氏三杰"专馆，通过文字、图片等形式生动再现"蓝氏三杰"当年的传奇人生。2008年7月20日，漳州市民宗局成功主办由赤岭畲族乡聘请作家西月创作的长篇历史小说《所向无前：蓝氏三杰传》首发暨影视作品改编签约仪式。现已改编为电视剧《所向无前》（又名《菩萨将军》）。2009年11月16日，蓝理墓葬以及由他主持修建的蓝氏宗祠"种玉堂"被列为第七批省级重点文物保护单位（涉台）。

2009年12月9日，海峡两岸蓝氏宗亲在赤岭畲族乡人民政府举行了海峡两岸蓝氏宗亲座谈会及项目推介会，向两岸宗亲和嘉宾推介了蓝氏宗祠"种玉堂"保护规划维修设计及配套项目、省级重点涉台文物蓝鼎元墓和蓝廷珍府第的保护利用等10个相关项目。"蓝氏三杰"文化的挖掘与开发，对加强闽台蓝氏宗亲的交流具有重要意义。

2. 保护和弘扬高山族舞蹈文化

福建漳州市华安县是内地高山族同胞聚居最多的地区。高山族能歌善舞，其舞蹈文化尤为丰富。为保护和传承高山族舞蹈文化，当地政府对高山族舞蹈及其生存状态进行全面普查，并先后投入400多万元人民币，建成面积500多平方米的高山族舞蹈表演场地和高山族舞蹈表演风情园，组建高山族舞蹈表演队。2008年6月，华安县高山族舞蹈被列入国家级非物质文化遗产名录。2009年在福建华安闭幕的第二届海峡两岸少数民族丰收节上，当地20多位高山族同胞的"竹竿舞"精彩表演，让来自台湾的阿美、排湾、布农等近百名同仁倍感亲切。在第五届海峡两岸少数民族丰收节上，漳州市华安县高山族舞蹈队连续表演了《山地情歌》《阿美山风情》《抛陀螺》三个舞蹈，赢得观众连连喝彩。

歌舞能传情，是一个很好的交流工具。高山族本就是热爱舞蹈的民族，通过这种舞蹈的交流，闽台高山族同胞的距离一下子就被拉近了。

3. 建设闽台少数民族文化交流基地

闽台少数民族交流基地的建设，不仅有助于提升福建少数民族文化资源的品质，打造少数民族文化品牌，而且对于促进两地少数民族交流，增进两地少数民族的相互了解和情谊，有着积极作用。

2013 年，首个台湾原住民文化村在福建漳州台商投资区建成并正式对外开放。该文化村以表演、展示台湾文化艺术，再现台湾日月潭自然风光和民族风情为主要特色。文化村共涵盖泰雅、阿美等五个台湾原住民族的内容元素，置身其间的大陆民众可身临其境地感受到台湾原生态的淳朴与热情。这个文化村的建成为闽台两地少数民族的文化交流提供了一个很好的媒介。它一方面有助于加强大陆民众对台湾原住民族的认识，另一方面它也能让来闽的台湾少数民族同胞感到一种亲切感，在情感上能较快地拉近两岸同胞的距离。

目前，福建漳浦还在规划建设闽台畲族文化产业园。该产业园规划面积 1500 亩，分为产业园核心区、山平"三官大帝"朝圣景区、杨美水库自然风景区三个组成部分。核心区规划包括蓝氏宗祠"种玉堂"、畲族博物馆、畲族特色村寨、畲族历史名人文化广场、蓝理古居、七星池日月潭主题公园、畲族风情表演区、畲族风味小吃区、畲族艺术品及土特产展销区、农业果园观光区十个组成部分。其中，蓝氏宗祠"种玉堂"委托江西文物古迹设计院完成，并于 2012 年 7 月 29 日开始了修缮工程。畲族博物馆建筑面积 1048 平方米，畲族博物馆已布置展面 200 平方米，完成畲族历史渊源、畲族民族风情、畲族与台湾关系、漳浦蓝姓历史名人等四个展室。

（三）发挥亲缘优势，促进了闽台少数民族宗亲间的交流

"闽台一家，血浓于水"，闽台之间的"亲缘"关系是一种很特殊的关系。现代考古学证明，在福建东山和台湾之间存在一座"东山陆桥"，这是大陆古人类迁移台湾的通道。南宋时期，福建人民以澎湖为跳板，逐步移居台湾，开始了开拓、建设台湾的艰难历程。如今，台湾的人口中还有 80% 以上的祖籍是在闽南。[①] 闽台之间的亲缘关系也包含了两地少数民族之间的亲缘关系。近几年，福建以乡亲乡情为切入点开展闽台少数民族宗亲交流活动，增进了彼此的感情，强化了台湾少数民族同胞的宗族认同。

1. 开展寻根认祖、族谱对接活动

2008 年 9 月，在福州罗源成功举办"海峡两岸同根同源，盘、蓝、雷、钟四姓团圆"活动，台湾盘姓同胞 21 人赴罗源县寻根认祖。2009 年，福建省台联组织定居福建的高山

---

① 郑文礼：《五缘文化与闽台人口交流》，载《人口学刊》，1993（1）。

族同胞赴台，实现了以台联名义组团入岛交流的新突破。

2009年12月8日至10日成功举办以"心系民族，共叙情谊"为主题的海峡两岸（福建·漳州）少数民族族谱对接恳亲会。台湾9个市（县）和大陆6个省（市、区）以及福建省内5个设区市11个市（区、县）少数民族宗亲代表，国家及省、市有关部门领导、专家学者等200多人，见证了族谱对接、研讨交流、联谊恳亲、祭祖朝圣等活动。信华食品（漳州）有限公司总经理杨博仁在恳亲会上说："通过到大陆寻根，我们才知道在海峡对岸还有这么多的亲人，这促使父亲决定到漳州来投资设厂。"还有台湾嘉宾蓝成龙先生在恳亲会上说："自幼只知道出身四川，后来从族谱中获知老祖宗来自漳浦，于2008年专程到漳浦赤岭'种玉堂'寻根，经详细阅读和核对族谱，终于寻到根、认到祖。"可以说，少数民族族谱对接为两岸同胞特别是基层民众的交流与互动开辟了更大的空间。

2. 修缮和保护涉台少数民族宗祠

宗祠，是血缘聚落里最高等级的公共建筑，是一个宗族政治、经济和文化的表征。福建省涉台的少数民族宗祠，规模比较大的主要有畲族蓝氏宗祠"种玉堂"、晋江的陈埭丁氏宗祠和闽台粘氏大宗祠。这些宗祠是联系闽台两地少数民族宗亲的重要纽带和桥梁。

关于畲族蓝氏宗祠"种玉堂"，在上文论述挖掘与开发"蓝氏三杰"文化时已有所论及，这里不再赘述。陈埭丁氏宗祠，始建于明代初年，是福建省内历史最悠久、规模最宏大、保存最完整的回族祠堂。1984年12月，经省、县各级人民政府资助，族人筹资对丁氏祠堂进行了较全面的翻修。1985年，利用丁氏祠堂创建"晋江县博物馆陈埭回族史馆"，其展出珍贵文物100余件、图片近200幅，生动地再现丁氏宗族的历史，为宗祠平添了浓郁的文化气息。1991年，陈埭丁氏宗祠被列为"福建省第三批省级文物保护单位"，2008年晋升为"全国重点文物保护单位"。闽台粘氏大宗祠，位于晋江龙湖衙口村，明代始建，清、民国及近年多次重修，是福建省唯一现存的满族粘氏宗祠。1993年，粘氏宗祠动工翻建，于1994年竣工。因为是在海峡两岸粘氏族人共同努力之下建成的，所以命名为闽台粘氏大宗祠。1998年被列为"晋江市第三批市级文物保护单位"。闽台粘氏大宗祠是闽台两地粘氏的祖祠，粘姓是一个稀姓，据了解，粘氏自元末迁来晋江，传衍至今近2万人，大半在台湾。近年来，台湾粘氏宗亲常回大陆祖祠祭祖寻根，闽台粘氏大宗祠已成为联系两岸粘氏宗亲的重要基地。如今，在晋江龙湖粘厝埔这个粘氏族人聚居最多的地方，建起了一座"民族文化中心"，还专门开辟了"泉州满族粘氏源流"展示厅。

（四）通过交流，加深了台湾少数民族同胞对大陆的认识

交流是促进双方互相了解的有效手段。过去由于历史的原因，台湾同胞对祖国大陆的

了解甚少，而且很多认识都有失偏颇。而对于处在台湾最基层的少数民族同胞而言，他们对祖国大陆的认识则更少。通过开展闽台少数民族交流活动，台湾少数民族同胞对大陆的认识得到了改善。例如，来参加第二届海峡论坛的台东县仁爱乡乡长包世晶，在接受记者采访时表示，"来了之后才知道，原来大陆是这么一个好地方"。虽然包世晶是一乡之长，之前却没有来过大陆，这次来参加海峡论坛，是他第一次来大陆。"过去因为没有来过，在电视上看到也不觉得怎么样，亲自来看时就大开眼界。无论建设还是人情，或是在整个活动的安排上，真是非常好，值得我们学习。"不仅仅是包世晶觉得好，与他同来的十多名台东县代表团团员也都觉得"很清新，非常好玩"，"来了之后才知道，原来大陆是这么一个好地方"。包世晶表示，回台之后"我们会把看到的好地方宣传给同胞，同时取长补短，共同进步"。①

阿美族群妇女代表林静玉也是第一次来参加海峡论坛，她在论坛大会现场兴奋地笑着说："论坛规模大、大陆景色美，我真的很激动，当我感受到这些时，我更希望有更多的普通民众，特别是台湾中南部地区的乡亲能有这样的机会。"②

在第三届海峡论坛上，台湾阿美人代表黄先生表示，连续参加了三届海峡论坛，让他深有感触的是："与大陆民众的感觉越来越亲近了，在厦门的感觉就像是在台北一样。"③

台湾屏东县"原住民文教协会"理事长梁明辉在第二届海峡两岸少数民族丰收节上告诉记者："这已经是他第五次到大陆了。此前，他曾去云南、浙江旅游，到北京看过奥运会，还在成都参加了海峡两岸少数民族"三月三"节庆活动。许多台湾少数民族同胞没来过大陆，对这里比较不了解。这次到了福建，才知道，原来这里是全国台湾少数民族同胞人口最多的省份，到这里就像回家了一样。"④

四、当前闽台少数民族交流存在的问题

（一）入岛交流少，双向交流不平衡

近几年，虽然闽台少数民族间的交流越来越频繁，但是双向互动交流不平衡，存在

---

① 海峡两岸出版交流中心：《第二届海峡论坛纪实》，159页，北京，九州出版社，2010。
② 海峡两岸出版交流中心：《第二届海峡论坛纪实》，159页，北京，九州出版社，2010。
③ 王晓蕊：《台湾少数民族盛装出席第三届海峡论坛》，中国广播网，http://www.cnr.cn/qxwtp/201206/t20120612_509886821.html。
④ 陈梦婕：《第二届海峡两岸少数民族丰收节侧记》，新华网，http://www.fj.xinhuanet.com/hxla/2009-10/23/content_18029342.htm。

"来多去少"的问题。主要表现在台湾来的次数多、人数多；福建去的次数少，人数也少。由表1我们可知，从1988年到2013年，我们总共收集到34场交流活动（不包括私人探亲），其中21次是台湾过来的，占总量的65.7%；13次是福建过去的，占总量的34.3%。与之相对应的两地来往人数也是差距悬殊。这种来往频次和规模上的不平衡，本文认为主要源于两方面的原因：一是大陆赴台手续太繁琐。在我们调查走访过程中，厦门、泉州、漳州和福州有关工作部门和人士一致认为大陆赴台的手续过于繁琐，赴台交流的人员和团体要提供大量的证明材料，审批环节很多。团体活动要层层报批，最后完成审批大概要半年时间。因为这样，很容易错过一些台方邀请我们参与的活动。二是福建少数民族方面能赴台交流的项目不多，缺乏交流品牌。我们目前的赴台交流活动大都还是处于被动状态，即对方有邀请，就过去参加，自己主动策划的交流活动较少。这种你来我往的不对称性，不利于交往活动的持续健康发展。自古，我们的人际交往就崇尚"礼尚往来"。《礼记·曲礼上》："礼尚往来。往而不来，非礼也；来而不往，亦非礼也。"来和往的严重失衡久而久之容易引起来得多的那一方心理上的倦怠，消退其交往的热情。

（二）对交流活动缺乏长远规划

闽台少数民族之间的交流应该说才刚刚起步，相关的工作部门对这项工作的开展还没有充分的准备，尚未形成一种固定的工作机制，对于交流活动的安排还缺乏计划性、连续性。在调研过程中，我们经常听到这样的反映，闽台双方对交流活动都缺少计划性，大多数交流活动是临时动议邀请的，而且也大都是一次性的活动。事实也是如此，从改革开放至今，闽台少数民族之间已经形成的固定的、连续性的交流活动也就三项（见表3），即海峡两岸少数民族丰收节、海峡论坛和福建省"三月三"畲族文化节。其中，海峡两岸少数民族丰收节是从2008年开始每年一届，举办地点在福建和台湾两地轮换，到目前为止已经在台湾举办过两届。应该说这是三项常态交流活动里面最成熟的一项。海峡论坛从2009年开始每年一届，虽然每年都有台湾的少数民族来参加，但是事实上并不是每一届论坛都有设置少数民族的专题活动。所以海峡论坛虽是闽台交流的一个大平台，但它在少数民族交流方面所起的作用还没有完全发挥出来。福建省"三月三"畲族文化节是从2012年才开始的，也是每年一届。第一届有台湾的少数民族参与，但当时举办活动的主要意图还不是对台交流；第二届是与海峡两岸各民族欢度"三月三"节相结合，办得很成功，受到国务院台办、国家民委领导充分肯定和高度评价。由此也可见，福建省"三月三"畲族文化节作为常态性交流活动也才刚刚起步而已。

(三) 交流多限于表面，纵深发展少

改革开放以来，虽然闽台少数民族之间交流的内容是越来越多元化了，但是就其深度而言，目前大多还局限在表面上。在2008年之前，闽台少数民族间的交流活动大部分还只是停留在走走看看、聊聊天、嘘寒问暖的层面上，像论坛、学术研讨类的活动很少。2008年以后，一些高层次的交流活动开始陆续开展，但是总体数量还是偏少，主要也就集中在三项大型的常态性交流活动中。活动主办方往往是通过在大型活动中设置一两项座谈会、论坛或学术研讨会等子活动的方式来进行开展。作为子活动，其资源、经费、规模、影响力肯定会受限，活动的效果可能也会因此打些折扣。在调查访问过程中，那些亲身参与过闽台少数民族交流活动的民宗局干部大都反映说，交流活动深度还不够。很多活动局限于两地少数民族同胞见见面、吃吃饭、聊聊天、看看景而已，即使是论坛、学术研讨，也是就事论事、彼此介绍情况的多，较少能就某个共同关注的问题进行深度的交流、探讨，从而提出一些有效的意见建议。当然，一些面上的走走看看、互相嘘寒问暖也是两岸少数民族交流不可缺少的，它能让台湾少数民族群众更多地了解福建、认识福建，从而纠正以往对内地的片面认识。但是，深层次的交流更有助于稳定两地少数民族同胞之间的感情，拉近彼此的距离。

(四) 自身的少数民族文化挖掘与保护不到位

福建的畲族、回族、满族、高山族与台湾的少数民族都有着某种关联，但是这种关联目前还没有被很好地挖掘利用起来。本研究认为少数民族间的交流最终还是要归结于文化层面的交流，因为文化是一个民族之所以成为该民族的重要标志。闽台两地少数民族的文化能够进行交流的前提是双方不同的少数民族都保留了各自特色的民族文化或者同一民族又保留着一些类似甚至相同的文化。如果没有了这些，交流也就失去了重要的凭证。当前，福建的少数民族文化保护与传承做得还不是很到位。

一是对涉台少数民族文化的挖掘还不到位。近几年，福建虽然开始在涉台少数民族文化的挖掘方面下工夫，但是其力度还远远不够。如前文所述畲族"蓝氏三杰"文化的挖掘与开发、华安县对高山族舞蹈的传承与保护等，应该说这些都在对台少数民族交流方面起到了很好的作用，尤其是高山族舞蹈已经显示出了其沟通联络闽台两地高山族同胞感情的能力。类似的这种涉台少数民族文化还应该在更广的范围进行更深层次的挖掘。

二是很多少数民族的文化元素正面临消亡的危机。以畲族为例，许多年轻人已经不会说畲语，能熟练使用畲语的大都是中老年人；畲歌也正在失去它的市场，畲族原是无时不歌的民族，但现在也只在节庆时才唱；还有畲族服饰、婚丧习俗等都在夹缝中生存。与此形成鲜明对比的是，台湾的原住民少数民族文化却保留得比较完整。如果闽台两地在少数民族文化传承方面呈现这两种截然相反的趋势，那么势必会影响两地少数民族间的正常交流。

（五）交流经费不足

目前，福建省财政还没有专门用于少数民族对台交流的经费。一般由政府主办的交流活动，经费跟着项目走，只要项目通过了立项就能获得资金来开展活动。但是，由于每年对台交流经费的总额是一定的，如果没有专门划定一部分资金用于少数民族的对台交流，那很可能这些经费会被别的部门、别的活动挤占。民间团体的交流经费则更是紧缺。现如今，闽台两地少数民族民间的交往最频繁的应该还是宗亲之间的交往。而宗亲之间的交往大都是由"宗亲会"这类团体来进行组织开展。团体的运转经费没有一个很固定的来源，主要是靠一些企业的赞助，政府没有拨付专项资金。在调查过程中，漳州漳浦县民宗局的有关工作人员反映说："台湾蓝氏的婚丧等习俗与漳浦蓝氏是一样的，台湾基本上每个县市都有宗亲理事会，每年都会组织过来祭祖，人数也挺多。这样接待任务也是比较繁重，经费都由自己负担的话非常吃力。"石狮回族经济与文化促进会的会长也反映说："回族经济与文化促进会自2006年成立以来，经费一直都是来自于一些回族企业家的赞助，没有固定的经费来源渠道，随着台湾回族宗亲过来的人数、次数越来越多，促进会经费不足的问题也显现出来。希望政府有关部门能给予一定的补助。"如此，就连接待对方都已经捉襟见肘了，更何况是开展赴台交流活动。

五、进一步推动闽台少数民族交流的对策建议

（一）加大入台交流的力度，努力实现交流的双向平衡

从上文我们已经知道，改革开放以来，闽台少数民族之间的交流多以台湾赴闽的交流为主，闽赴台的交流活动较少。建议政府相关部门要加大力度支持少数民族群体赴台交流。第一，要加强部门协作，改进赴台审批手续。入台审批程序繁琐，办理时间长，这其中有台湾当局设限阻挠的原因，也有我们自身工作不到位的原因。就我们自身而言，要从推动和促进两岸关系积极发展的大局出发，理顺相关部门之间的关系，加强民宗、台办、外事、公安出入境等部门间的协作和配合；要尽量简化审批手续，坚持"便民、服务、高

效"的原则，取消不必要的环节，避免重复审批，提高效率，为福建省少数民族群众赴台交流提供一个良好的服务环境。第二，要因地制宜，积极打造少数民族对台交流的品牌。福建的世居少数民族畲族、回族、满族等都与台湾少数民族有着深厚的渊源，同时福建也是大陆高山族人口较多的省份。如福州的琴江满族村，是福建省满族的群居地，而且村里很多家庭有亲人在台湾，亲戚间的走动也较频繁。漳州的华安县，是祖国大陆高山族同胞聚居最多的县。福建各地市尤其是沿海城市要根据本地区少数民族的情况，抓住本地区对台交流的特色，对交流活动进行包装宣传，精心打造成对台交流的一个品牌，并积极策划开展入台交流。

(二) 整合资源，重点打造常态性交流活动

定期的常态性交流活动是提高两岸少数民族交流成效的重要途径之一。当前，福建省对台的少数民族交流活动还是以机动性的为主，全省常态性的交流活动只有三项。建议省级有关部门把各地、各部门、各团体举办的一些少数民族文化交流、学术研讨会、宗亲寻根互访等等交流活动中比较有特色、有影响力并得到两地少数民族认可和喜欢的活动提炼出来，进行重新整合规划，精心打磨，将其提升为全省性的活动。同时，政府要加大对其资金的投入与支持，加大组织规模与宣传力度，将其打造成高规格、大范围、有影响的两地少数民族交流活动，并将其固定下来，定期开展。以闽台两地少数民族族谱对接为例，目前还是处于福建各有关设区市自行组织的状况。省级有关工作部门可以把各设区市少数民族谱牒资料的处理、两岸宗亲的联络、对接活动的策划、交流刊物的编印等工作进行一个全局的规划，将分散的族谱对接活动协调统一起来，打造成一个省级的少数民族对台交流项目。

(三) 设立专门机构或专项经费，推动交流活动向纵深发展

随着闽台少数民族交流的持续进行，低层次的、表面化的交流已不能适应时代需求，而且从交流的效果而言，也必然要求交流活动要往更深层次去发展。为此，我们建议：

第一，可设立专门的机构。开发利用少数民族对台文化资源，进行对台交流，是一个涉及面很广的系统工程，需要协调发挥统战、民宗、台办等多个部门的力量和作用。举办活动的程序相对繁琐，很多时候会因为各部门间缺乏良好的沟通和协调而使活动效果打折扣。建议专门成立一个闽台少数民族交流的中介机构，如"闽台少数民族交流联谊会"等。机构成立后，政府对其负领导责任，具体的交流活动则可采用政府购买的形式，每年拨付一定的经费给这个机构，由该机构去策划、组织，由它与有关单位和部门进行沟通协

调。这样做可以加强各部门、各团体的互动与合作，达到信息交流与资源共享，也更利于宣传工作和交流活动有条不紊地进行，从而提高效率。而且有专门的机构、专门的人员来策划组织活动，也能把活动办得更丰富多彩、更有深意，从而有效提升交流水平。

第二，在不设专门机构的情况下建议设立闽台少数民族交流的专项经费。这样做，最基本的是能保证交流活动的持续开展，不会因为经费调配预算问题而时不时流产。经费有了保障，各有关部门也才能放开胆子对交流活动进行精心的策划与组织，深化交流内容，从而提高交流活动的档次。同时，设立专项交流经费，也能对那些资金紧缺的民间社团提供一些补助，缓解其压力，从而也能促使他们的交流活动往更深层次去发展。当然，如果设立了闽台少数民族交流的专项资金，还必须要配套制定资金管理办法，建立健全监督机制，追踪专项资金的使用情况，以保证专款专用。

（四）着力加强文化交流，构建精神文化纽带

闽台少数民族之间的交流，除了靠个体宗亲之间的血缘、亲缘关系来支撑外，更要找到两地少数民族文化上的连接纽带。毕竟血缘与亲缘关系的影响面窄，涉及的人员也是有限的。若是能找到两地少数民族文化层面的精神纽带，那就能把双方少数民族群体里所有的人都关联起来。"巧妇难为无米之炊"，鉴于当前福建省少数民族文化保护面临的严峻形势，要加强少数民族对台文化交流，我们必须得先加大力度挖掘和保护好涉台的少数民族文化遗产。

第一，建议开展涉台少数民族文化遗产的普查。建立由政府办牵头，民宗、台办、文物、旅游、财政等有关部门密切配合的少数民族文化保护协调机制，认真挖掘本区域内的涉台少数民族文化资源，对全省涉台的少数民族文化遗产，如少数民族音乐、舞蹈、工艺、建筑、文物史迹等进行一次详细的普查，并将普查结果以文字、图片、影像、声音等方式记录保存。

第二，对于已有的涉台少数民族文化遗产要做好保护和宣传工作。如福建漳州的蓝氏宗祠——"种玉堂"已经被列为第七批省级重点文物保护单位（涉台），接下来要制订好保护方案并加强宣传。

第三，加强对闽台少数民族文化的研究，深入挖掘涉台文化遗产。政府相关部门要与一些高校、科研机构密切合作，整合资源和力量加强对闽台少数民族文化的研究。在挖掘出涉台少数民族文化资源后，要集中力量加强宣传提高其影响力，并最终将它包装打造成对台交流的品牌，充分发挥其连接闽台两地少数民族同胞的桥梁作用。

（五）进一步完善对台交流的软硬件设施，塑造良好形象

硬件方面主要是要完善对台交流场所的基础设施建设。交流场所，作为台湾少数民族同胞来闽后的主要活动场所，其配套的基础设施是否完备直接关乎福建省的形象、甚至关乎整个大陆的形象。各级政府及有关部门对于对台交流重点场所的土地、规划、建设等方面要给予一些政策照顾，在道路、停车场、接待室、公厕等配套设施建设方面给予一定的资金补助。软件方面，主要是要提高我方参与交流人员的素质。少数民族之间的交流有其特殊性，他们有其独特的民族文化、风俗习惯，作为与之交往的另一方，我们不管是赴台交流还是迎接对方来闽，都必须要了解对方少数民族的文化特征、知道一些禁忌，如此才能做到尊重对方。各级政府及有关部门可以针对具体的交流活动，对相关人员进行基础知识的培训和教育，组织他们认真学习党的民族政策和法律法规，不断增强法律意识；学习了解一些少数民族的文化，做到心中有数；学习外事纪律并自觉遵守，努力提高自身素质；同时也要加强道德品行教育，不断增强个人修养，在对台交流中讲文明、树形象。

结　语

"人同祖、血同源，同宗共祖、一脉相承"是海峡两岸、闽台两地深厚渊源的写照。实现海峡两岸最终和平统一是我们党的崇高目标，也是海内外炎黄子孙的热切期盼。为了实现这个中国梦，福建作为对台工作的一个重要前沿平台，应该积极推动闽台两地之间的交流交往，这其中也包括积极促进闽台少数民族之间的交流。闽台两地少数民族有着深厚的历史渊源，改革开放至今，虽然两地少数民族交流的脚步较为缓慢，也还存在双向交流不平衡、常态化交流活动少、交流层次不高、自身少数民族文化挖掘与保护不到位等一些问题，但是也取得了一定的成果，如搭建了一些很好的交流平台、宗亲交流持续开展、打造了一些交流品牌、增进了台湾少数民族同胞对祖国大陆的了解，等等。在两岸政治回暖、交流不断扩展深化的新形势下，福建依旧要发挥对台少数民族交流的优势，不断拓宽工作思路，积极推进闽台少数民族高层次、宽领域、大范围的交流，为争取台湾民心、凝聚两岸力量贡献一份力量。

参考文献

[1] 祖群英. 当前闽台文化交流的机制创新研究. 中共福建省委党校学报，2008（4）.

[2] 施联朱. 关于台湾少数民族识别问题的研究. 福建师范大学学报（哲学社会科学

版）．1994（4）．

［3］王文光，田婉婷．台湾少数民族识别问题论述．思想战线，1999（6）．

［4］谢雅萍．网络传播与闽台交流：一个社会互动的研究视角．福州大学学报（哲学社会科学版），2005（3）．

［5］蔡嘉源，陈苹．台湾同胞寻根问祖之钥——论闽台宗亲文化交流．福建论坛（人文社会科学版），2009（6）．

［6］陈锦谷，杨济亮，肖忠生．榕台两岸的交往与合作．福州党校学报，2001（1）．

［7］周建标．闽台文化渊源．重庆交通大学学报（社会科学版），2011（1）．

［8］谢军，陈少坚．闽台民众体育交流方式、内容及意义的调查分析．体育科学研究，2011（5）．

［9］朱定波．闽台根亲文化在两岸交流中的重要意义．中共福建省委党校学报，2012（3）．

［10］兰自力，谢军，骆映，等．海峡两岸体育交流研究．北京体育大学学报，2004（3）．

［11］汤毓贤．新时期闽台文化交流工作探究//周仪炀．谱牒研究与五缘文化论文集．北京：中国文联出版社，2009．

［12］尹全海，余纪珍，乔清忠．中原与闽台渊源关系研究三十年．北京：九州出版社，2012．

［13］刘国深，唐永红．福建对台交流合作先行先试研究．北京：九州出版社，2010．

［14］李静．民族交往心理的跨文化研究．北京：中国社会科学出版社，2010．

福建省少数民族非物质文化遗产保护传承发展的现状及对策[*]

郭筱彦

前　言

（一）非物质文化遗产保护的国际国内背景

非物质文化遗产保护是近十年在世界范围内掀起的一项重要活动，源于国际社会对非物质文化遗产及其重要性的普遍认识。2003年10月17日，联合国教科文组织通过《保护非物质文化遗产公约》（以下简称《公约》），强调与物质文化遗产和自然遗产之间存在着内在相互依存关系的非物质文化遗产既是文化多样性的熔炉，又是可持续发展的保证。承认全球化和社会转型进程使非物质文化遗产面临损坏、消失和破坏的严重威胁。认为必须提高人们尤其是年轻一代对非物质文化遗产及其保护的重要意义的认识，国际社会应当本着互助合作的精神一起为保护非物质文化遗产作出贡献。《公约》被国际社会普遍认可，缔约国迅速发展。2006年4月20日，《公约》正式生效。而在此之前，联合国教科文组织自2001年起，就已经采取了短期的保护行动，开始指定人类口头和非物质文化遗产代表作。

我国非物质文化遗产保护工作自2001年昆曲入选联合国教科文组织公布的首批"人类口头和非物质文化遗产代表作"名录开始拉开序幕，2003年文化部发布《关于实施中

---

[*] 本文为福建省民族与宗教事务厅非物质文化遗产课题调研，原文载国家民委民族问题研究中心《民族工作研究》2013年第3期。

国民族民间文化保护工程的通知》，2004年我国签署《公约》，2005年国务院办公厅发布《关于加强我国非物质文化遗产保护工作的意见》（以下简称《意见》），标志着我国非物质文化遗产保护工作全面展开。2005年12月，国务院决定从2006年起，每年6月的第二个星期六为中国的"文化遗产日"。2009年，文化部设立非物质文化遗产司，各省市纷纷设立非物质文化遗产处室，全国非物质文化遗产保护工作逐渐步入规范运作。至2010年底，我国入选联合国教科文组织的非物质文化遗产名录（含"急需保护名录"）的项目已达34个，成为世界非物质文化遗产第一大国。

（二）非物质文化遗产和少数民族非物质文化遗产的概念及特征

非物质文化遗产，《公约》将其界定为"被各社区、群体，有时是个人，视为其文化遗产组成部分的各种社会实践、观念表述、表现形式、知识、技能以及相关的工具、实物、手工艺品和文化场所。"而我国《意见》将其界定为："各族人民世代相承的、与群众生活密切相关的各种传统文化表现形式（如民俗活动、表演艺术、传统知识和技能，以及与之相关的器具、实物、手工制品等）和文化空间（即定期举行传统文化活动或集中展现传统文化表现形式的场所，兼具空间性和时间性）"。非物质文化遗产的范围包括：（1）口头传统，包括作为文化载体的语言；（2）传统表演艺术；（3）民俗活动、礼仪、节庆；（4）有关自然界和宇宙的民间传统知识和实践；（5）传统手工艺技能；（6）与上述表现形式相关的文化空间。关于非物质文化遗产概念的表述表明，非物质文化遗产具有多元性。

少数民族非物质文化遗产是非物质文化遗产的下位概念，指的是："各少数民族在其历史发展进程中，世代传承的、与其生活有着密切关系、能够体现本民族传统文化的实践、表演、知识、技能及相关的工具实物、工艺品与文化场所。"少数民族非物质文化遗产具有民族性和地域性、群体性和传统性、继承性和变异性等特征。[①]

（三）保护非物质文化遗产的重要性和紧迫性

联合国教科文组织认为，非物质文化遗产是确定文化特性、激发创造力和保护文化多样性的重要因素，在不同文化相互宽容、协调中起着至关重要的作用。我国的《意见》则认为，"我国各族人民在长期生产生活实践中创造的丰富多彩的非物质文化遗产，是中华民族智慧与文明的结晶，是连结民族情感的纽带和维系国家统一的基础。保护和利用好我

---

① 刘振宇：《论少数民族非物质文化遗产知识产权保护》，载《衡水学院学报》，2011（5）。

国非物质文化遗产,对落实科学发展观,实现经济社会的全面、协调、可持续发展具有重要意义。""我国非物质文化遗产所蕴含的中华民族特有的精神价值、思维方式、想象力和文化意识,是维护我国文化身份和文化主权的基本依据。加强非物质文化遗产保护,不仅是国家和民族发展的需要,也是国际社会文明对话和人类社会可持续发展的必然要求。"

少数民族非物质文化遗产是少数民族群众创造力的集中体现,是对少数民族特有的思维方式、想象力和文化意识的浓缩与传承。加强少数民族非物质文化遗产的保护对深化社会民众对民族传统文化价值的认识、增强保护传统文化的意识具有深远意义,同时也会对少数民族地区经济的发展起到巨大的推进作用。① 保护少数民族非物质文化遗产对于促进民族非物质文化传承和群体文化权利的实现,激励民族非物质文化的传承、创新具有重要作用。②

我国的《意见》指出:"随着全球化趋势的加强和现代化进程的加快,我国的文化生态发生了巨大变化,非物质文化遗产受到越来越大的冲击。一些依靠口授和行为传承的文化遗产正在不断消失,许多传统技艺濒临消亡,大量有历史、文化价值的珍贵实物与资料遭到毁弃或流失境外,随意滥用、过度开发非物质文化遗产的现象时有发生。加强我国非物质文化遗产的保护已经刻不容缓。"

随着非物质文化遗产保护工作在全国各地全面铺开,少数民族非物质文化遗产的保护工作也成为各地民族文化工作的热点和亮点。继2009年7月国务院颁布《关于进一步繁荣发展少数民族文化事业的若干意见》之后,福建省政府于2010年5月出台《关于贯彻国务院进一步繁荣发展少数民族文化事业的实施意见》,明确提出:要"有效保护、传承、弘扬少数民族的优秀传统文化,挖掘、抢救并以现代科技手段保存少数民族文化遗产,维护修缮少数民族文物古迹,建立少数民族非物质文化遗产名录,整理出版少数民族文献资料。指导支持少数民族群众开展传统民俗节庆文化活动和民族体育活动,引导鼓励民族文化进校园。加强少数民族特色文化之乡建设,命名并重点扶持一批少数民族特色村寨和特色文化之乡。积极开辟少数民族旅游线路,鼓励和支持有条件的少数民族文化的合理开发利用,推动少数民族文化产业的发展。"2011年10月,党的十七届六中全会专题研究部署深化文化体制改革、推动文化大发展大繁荣,中共福建省委于同年12月通过《关于贯彻落实党的十七届六中全会精神推动文化大发展大繁荣的实施意见》,把"加大非物质文化遗产保护和传承的投入力度,开展非物质文化遗产资源普查和挖掘整理,建立非物质文

---

① 田园:《浅析我国少数民族非物质文化遗产的保护》,载《金田》,2011(8)。
② 刘振宇:《论少数民族非物质文化遗产知识产权保护》,载《衡水学院学报》,2011(5)。

化遗产和地方特色资源数据库"列入全面落实推动福建省文化大发展大繁荣"八大工程"的内容。

作为民族工作主管部门,福建省民宗厅于2011年10月提出把实施少数民族文化"双十一"繁荣发展工程(即11个少数民族特色村寨和11个少数民族文化精品保护与发展工程)作为贯彻落实党的十七届六中全会精神的重要举措,于2012年组织实施。作为实施少数民族文化"双十一"繁荣发展工程的前期准备工作,省民宗厅把少数民族非物质文化遗产保护列为重要课题,由民族事业处和民族研究所相关人员组成课题组,赴全省6个市18个民族乡开展调研,通过实地走访部分少数民族非物质文化遗产项目和少数民族乡村文化站,召开民族、文化部门和少数民族非物质文化遗产项目传承人、基层民族文化工作者座谈会,了解全省少数民族非物质文化遗产的基本情况,探讨少数民族非物质文化遗产在保护、传承和利用上存在的问题,广泛听取各方的意见和建议,形成进一步加强少数民族非物质文化遗产保护的思路、建议和意见,为贯彻落实党的十七届六中全会精神、实施少数民族文化"双十一"繁荣发展工程提供决策参考。

一、福建省少数民族非物质文化遗产保护现状

福建是少数民族散杂居省份,有55个民族成分,少数民族总人口79.68万人(2010年第六次全国人口普查数据),占全省总人口的2.16%。世居的少数民族有畲族、回族、满族、蒙古族等。有19个民族乡(其中畲族乡18个、回族乡1个),563个民族村,1个省级民族经济开发区(福安畲族经济开发区)。福建世居民族在长期的生产生活实践中,创造出了形式多样、特色鲜明、内涵丰富的民间文学、传统音乐、传统舞蹈、传统美术、传统技艺、传统医药和民俗等非物质文化遗产,成为福建文化的重要组成部分。

福建省是全国非物质文化遗产资源大省,目前拥有89项国家级非物质文化遗产项目和352项省级非物质文化遗产项目,88名国家级代表性传承人和411名省级传承人。其中国家级少数民族非物质文化遗产项目7个(见表1),占全省总数的7.86%;省级少数民族非物质文化遗产项目20个(见表2),占全省总数的5.68%。国家级少数民族传承人1名(见表3),占全省总数的1.14%;省级少数民族传承人17名(见表3),占全省总数的4.14%。除已经挖掘、整理、申报成功的非物质文化遗产项目外,还有更多的非物质文化遗产分散在民间,亟待挖掘、整理。保护和利用好这些非物质文化遗产,对于提升福建文化软实力、建设和谐海西具有十分重要的意义。

表1 国家级少数民族非物质文化遗产名录项目

批　次	项目类别	项目名称	申报地区或单位
第一批	民间文学	畲族小说歌	霞浦县
	民间音乐	畲族民歌	宁德市
第二批	传统舞蹈	高山族拉手舞	华安县
	传统医药	畲族医药六神经络骨通药制作工艺	罗源县
	民俗	畲族服饰	罗源县
第三批	民俗	歌会（瑞云四月八）	福鼎市
扩展项目名录	传统技艺	银饰锻制技艺（畲族银器制作技艺）	福安市

表2 省级少数民族非物质文化遗产名录项目

批　次	项目类别	项目名称	申报地区或单位
第一批	民间文学（口头文学）	霞浦畲族小说歌	宁德市
	民间音乐	福建畲族民歌（宁德畲族二声部山歌"双音"、宁德闽东畲族歌言）	
	民间舞蹈	宁德畲族奶娘催罡巫舞	
	民间手工技艺	福安银器制作工艺、银饰锻制技艺（畲族银器制作技艺）	
	人生礼俗	闽东畲族婚俗	
	岁时节令	宁德畲族三月三节俗	
	文化空间	福鼎双华畲族二月二歌会	
第二批	民间音乐	畲族山歌	福州市
	民间舞蹈	高山族舞蹈	漳州市
	杂技与竞技	长乐琴江台阁	福州市
		八井拳	
	传统手工技艺	畲族苎布织染缝纫技艺	
	传统医药	畲族传统医药	
	民俗	畲族传统服饰	
第三批	杂技与竞技	畲族武术（盘柴槌）	霞浦县
第四批	传统技艺	闽东畲族乌饭制作技艺（蕉城、霞浦）	宁德市蕉城区、霞浦县

续表

批次	项目类别	项目名称	申报地区或单位
第一、二、三批省级名录的扩展项目	传统音乐	福建畲族民歌（华安畲家民歌）	华安县
	传统音乐	福建畲族民歌（岭炳洋畲歌）	南平市延平区
	民俗	福建畲族歌会	福鼎市
	传统医药	畲族医药（福安）	福安市

表3 国家级、省级少数民族非物质文化遗产项目代表性传承人名单

级别	批次	项目类别	项目称	地市	传承人
国家级	第三批	传统音乐	畲族民歌	宁德市	雷美凤
省级	第一批	民间文学	霞浦畲族小说歌	宁德市	雷国胜
		民间音乐	福建畲族民歌（宁德畲族二声部山歌"双音"）	宁德市	雷美凤
		民间舞蹈	高山族舞蹈	漳州市	高建生
		民间舞蹈	高山族舞蹈	漳州市	严志强
		传统手工技艺	畲族纻布织染缝纫技艺	福州市	兰连珠
		传统手工技艺	福安银器制作工艺	宁德市	林仕元
		民俗	畲族传统服饰	福州市	兰坤兴
					兰曲钗
	第二批	民间文学	畲族小说歌	宁德市	钟昌尧
					雷翰琳
		传统音乐	宁德闽东畲族歌言	宁德市	雷仙梅
			畲族山歌	南平市	雷茂发
		传统舞蹈	高山族拉手舞	漳州市	高荣华
		传统体育	畲族武术（盘柴槌）	宁德市	蓝大瑞
		民俗	福鼎双华畲族"二月二"歌会	宁德市	蓝春娥
			福建畲族歌会		李梅英
			闽东畲族婚俗		雷其松

（一）政策法规逐步完善

省委、省政府高度重视非物质文化遗产保护工作，早在2005年1月就颁布实施了

《福建省民族民间文化保护条例》，使福建省成为全国最早以省级立法形式保护非物质文化遗产的三个省份之一，标志着福建省非物质文化遗产保护进入一个新的里程，其中多个条款涉及少数民族非物质文化遗产保护内容。2010年4月，又颁布实施了《福建省非物质文化遗产名录申报评审管理暂行办法》。2010年5月，出台《关于贯彻国务院进一步繁荣发展少数民族文化事业的实施意见》，提出要"有效保护、传承、弘扬少数民族的优秀传统文化，挖掘、抢救并以现代科技手段保存少数民族文化遗产，维护修缮少数民族文物古迹，建立少数民族非物质文化遗产名录"。各地市政府也制定和出台相关政策法规，如福州市《关于加强非物质文化遗产保护的实施意见》、宁德市《关于加强文化遗产保护的通知》、龙岩市《非物质文化遗产普查工作方案》等，分别就非物质文化遗产保护的目标、方针、原则、工作机制、保障措施等方面作出了明确具体的规定。在政策法规的推动下，各级党委、政府非物质文化遗产保护意识明显增强，开始把非物质文化遗产保护纳入当地经济社会发展总体规划。

（二）普查工作全面铺开

普查工作是非物质文化遗产保护的一项基础性工作。根据文化部2005年6月关于全国非物质文化遗产普查工作的部署，福建省积极开展非物质文化遗产普查工作，各地高度重视，精心组织，广泛发动，深入社区、乡村，通过普查，初步摸清了家底，了解和掌握各地少数民族非物质文化遗产的种类、数量、分布状况、生存环境、保护现状和存在的问题。同时，广泛宣传了开展非物质文化遗产保护工作的意义，普及了非物质文化遗产保护知识，扩大了社会影响，提高了社会公众的保护意识，也培养、锻炼了非物质文化遗产保护工作队伍。三明市在开展非物质文化遗产普查中，收集非物质文化遗产线索18435条，其中永安青水、宁化治平两个畲族乡收集非物质文化遗产线索315条。全国畲族聚居最集中的宁德市，通过普查申报，现有国家级非物质文化遗产14项，其中畲族4项；省级33项，其中畲族9项；宁德市级71项，其中畲族17项，分别占28.6、27.3和23.9。霞浦溪南白露坑是国家级非物质文化遗产畲族小说歌的发源地，过去是没歌不敢去白露坑，现在30多岁的人基本会唱畲歌。福安市康厝畲族乡凤洋畲族村文化站工作人员钟伏荣，几年时间收集整理了约300万字手稿的畲族非物质文化遗产材料，征集了濒临失传的畲族经忏歌，即畲族人死后进葬时巫师所唱的歌曲，极为珍贵，因为该传承人在经忏歌录制后不久即去世。

（三）保护体系初步建立

作为主管全省非物质文化遗产保护和研究的部门，福建省文化厅于2008年6月第三个"文化遗产日"成立了福建省非物质文化遗产保护中心。各地市也纷纷成立了非物质文化遗产保护领导机构,如福州市、县(市)区两级政府成立非物质文化遗产保护工作领导小组;宁德市成立非物质文化遗产保护工程领导小组、非物质文化遗产专家委员会和非物质文化遗产保护中心;三明市成立非物质文化遗产普查工作领导小组、非物质文化遗产保护中心;莆田、龙岩市成立非物质文化遗产普查工作领导小组;厦门、漳州、南平市成立非物质文化遗产保护中心。各地领导小组和保护中心基本依托在艺术馆或文化部门办公。基层组建起县、乡、村三级普查网络,文化部门干部和乡镇文化站站长、村文化协管员成为第一线工作人员。一些高等院校和科研院所也成立了相应的研究机构,如福建师范大学成立了非物质文化遗产保护和研究中心,福建艺术研究院成立了非物质文化遗产保护中心。全省19个民族乡均成立了非物质文化遗产普查工作领导小组,设立了文化站,承担了少数民族非物质文化遗产普查和保护的职能,形成了普查成果汇编。

(四)保护平台日益拓展

一是推动少数民族非物质文化遗产基础设施建设。各地兴建了一批非物质文化遗产博物馆、传习所、研究所,承担起收藏、展示、研究、传习非物质文化遗产的重要职能。如永安市在天宝岩旅游区建立畲乡民俗馆,专门设立非物质文化遗产专题传习所;霞浦县半月里村建立了"畲族民俗博物馆"并筹建"畲族民俗传习所";上杭庐丰畲族乡建立畲族文化展示厅;顺昌县建立上凤畲族民俗馆;罗源县筹建全市首家畲族民俗博物馆;连江县文化馆计划2012年建立非物质文化遗产展示厅;福安市计划在市文化馆音乐厅每周开放一个晚上供畲族群众唱畲歌,满足进城畲族同胞唱畲歌的需要,丰富少数民族群众的文化生活,促进传承。二是利用各种重大活动和节庆活动开展少数民族非物质文化遗产保护成果的展示和传播。如参加全国和全省的少数民族文艺会演和少数民族传统体育运动会;在"二月二""三月三""四月八"等传统节日举办民族文化风情节,采用图文展览、实物展示、艺术表演等动静相结合的方式,充分展示非物质文化遗产保护工作成果和民族文化特色。三是建立民族风情旅游点让游客亲身体验少数民族优秀传统文化。如华安县建立高山族民俗风情园,上杭庐丰畲族乡正在打造全省最大的畲族民俗文化村。四是利用书籍、音像制品等传播少数民族非物质文化遗产。如宁德市编纂出版内容涉及语言、音乐、风俗、宗教、手工艺等13个部分的《闽东畲族文化全书》,制作《畲族原生态民歌》VCD,编印《畲族文化历史教材》中小学版课外辅导读物,福安穆阳中学开发《畲乡情韵》等校本教材;罗源县组织编写《畲族文化专辑》(初中)、《畲族文化读本》(高中)、《畲族民歌》等校本教材,收集、整理、编印《罗源畲族歌集》发放给各村歌手传唱;华安县拍摄《千年畲歌》专题片,在省、市电视台播出;三明市完成出版《三明畲族民间医药》等。五是开发少数民族非物质文化遗产生产性保护项目。顺昌县将畲族中草药实现产业化发展,注册了商标;宁德市建立闽东畲族青草药育苗基地,专门培育那些濒临失传的畲族祖传中草药;罗源县成立民营天峰畲医药研究所,整理编写《畲族医药学》,开展治疗白血病的畲医药制剂"血安康"和治疗皮肤癌的临床初步研究;上杭官庄畲族乡筹建全市第一家畲族服装厂等。

(五)人才培养引起重视

一是举办非物质文化遗产项目传承人培训班。国家级非物质文化遗产项目福安畲族银雕,从2008年开始与职业中专联合办班,已办了4届,解决了传承问题;顺昌县畲族文化研究联谊会举办畲歌艺术培训班,一班40多人,5天收100元伙食费,有许多年轻人参与,出现了很多的小歌手,2012年还计划组织一场畲语比赛,推动青年人学畲语;霞浦畲族武术(盘柴槌)传承人蓝大瑞开办武术培训中心,培养了一批传承人。二是开展少数民族文化进校园活动。福安市在康厝畲族乡中心小学建立畲歌传习所,开展畲语教育培训,教唱畲歌,将畲族歌曲《爱唱歌言》作为校歌,大家都会唱,形成了浓厚的学习畲歌的氛围;永安市青水畲族乡通过"民间艺术进校园"活动培养学生的少数民族文化和非物质文化遗产项目的兴趣,受到学生的欢迎;霞浦县盐田畲族乡中心小学开展畲汉雏鹰一家亲活动一年多,将畲族文化带入课堂,畲歌进入校园,反响很好。龙岩上杭的畲语已被客家话同化,当地政府正在考虑引进畲语畲歌进课堂。三是组建民族民俗文化表演队伍。形成以民族和地域特色文化为依托的群众文化活动体系,如宁德市早在1988年就成立了全国唯一以单一民族命名的畲族歌舞团,培养了一批畲族歌舞的非遗人才,成为非物质文化遗产传承的重要载体;漳浦县赤岭畲族乡金凤芗剧团,创办5年,影响广泛,已走向世界,特别是东南亚地区;漳州市组建了高山族传统体育表演队和华安县高山族文艺演唱队;上杭县畲民乐队表演的腰鼓、船灯、歌舞、香灯龙、十番音乐等节目丰富了畲乡群众的文化生活;上杭官庄畲族乡正在筹建"畲乡艺术团"等,促进了少数民族非物质文化遗产人才的培养。

(六)对外交往初有成效

一是通过近年来闽台两地蓝氏族谱对接,漳州被确认为台湾畲族重要发源地,掀开了两岸少数民族密切交往的新篇章;国家级少数民族非物质文化遗产"高山族拉手舞"和市级少数民族非物质文化遗产"高山族(排湾部落)服饰"早年由台湾传入,现在成为了促进两岸少数民族密切交往的重要载体。二是漳州龙海市隆教畲族乡红星村,自明朝洪武年间起,每四年都要举行一次"建醮"的"抢孤棚"活动,至今已有600多年的历史。而台湾宜兰县头城镇也有相传百年的"头城抢孤"活动,除了举办时间相差3个多月、每年举办一次外,所有内容与隆教乡大体相同。今年12月11日,隆教乡举办两岸首届"抢孤棚"民俗活动,宜兰县抢孤协会派5名选手前来参加,促进了两地的交流,增进了两地民众的情谊。三是漳州市目前正在加快推进海峡两岸(漳州)少数民族文化交流中心(高山族博物馆、"蓝氏三杰"纪念馆和畲族祖居地展览馆等)的建设,将其建成对台文化交流与合作的重要基地。四是长乐市琴江满族村,许多人都有亲人在台湾,这些在台的琴江人自发成立了洋屿琴江旅台同乡联谊会,并与琴江合办《琴江》会刊,让在台的琴江后人了解琴江,让琴江的满族文化代代相传。

二、福建省少数民族非物质文化遗产保护存在的问题

(一)思想认识缺位

一是一些地方党委、政府对少数民族非物质文化遗产保护的必要性和紧迫性认识不足,没有列入重要工作日程和经济社会发展规划中去,造成少数民族非物质文化遗产资源多但挖掘申报少,流失严重,保护难度大、进展缓慢。如三明市青水畲族乡,拥有国家级非遗项目3项、省级非遗项目2项、市级非遗项目1项,却没有一项是当地少数民族畲族的,虽然普查出畲族项目近百个,但是没有一个申报成功。二是一些地方对少数民族非物质文化遗产保护缺乏整体思考和科学规划,申报与保护脱节,把入选名录当作政绩工程、形象工程,重申报而轻保护,或是片面强调少数民族非物质文化遗产的经济价值,过度进行商业化、功利化的开发和利用。三是一些干部群众以及社会团体、企事业单位等对少数民族非物质文化遗产了解不多,把保护工作看作是政府部门和代表性传承人的事,缺乏保护少数民族非物质文化遗产的自觉性。这些思想认识上的不到位,导致无法从提高海峡西岸软实力、促进海峡西岸文化大发展大繁荣、培育海峡西岸精神、促进海峡西岸社会和谐的高度上形成全社会的共识,严重影响了少数民族非物质文化遗产保护工作的开展。

(二)机构队伍不全

尽管福建省已成立了一些市级非物质文化遗产保护中心,但是这些机构普遍采取与艺术馆或文化部门"一套人马、两块牌子"的管理模式,存在没有编制、没有专职人员、没

有专项经费、没有独立办公场所的问题，从而难以有效地开展工作；一部分县（市、区）因各种原因尚未成立非物质文化遗产保护工作机构，没有配备专门工作人员，工作无法正常开展。全省各地普遍未能建立起一支比较稳定的专门从事非物质文化遗产保护的工作队伍，主要以市、县两级文化机构业务干部和乡镇文化站站长、村文化协管员为主，此外还有临时聘请的人员及民间热心人士，人员数量不足，文化程度和素质参差不齐，对非物质文化遗产及保护工作的认识普遍停留在文件上，导致普查效果难以达到理想状态。少数民族非物质文化遗产漏查漏登现象比较严重，保护工作也难以有效完成。同时，极度缺乏从事非物质文化遗产保护的研究人员，缺乏理论成果，无法为保护工作提供科学化、规范化的理论依据。福建是全国畲族人口聚居最集中的地区，畲族文化是福建最有特色的文化之一，是重要亮点，但全省并没有把畲族非物质文化遗产保护工作摆上议事日程，没有专职少数民族非遗工作人员，专业性研究机构也不健全。这些都制约着福建省少数民族非物质文化遗产保护工作的进一步开展。

（三）投入严重不足

对非物质文化遗产的抢救保护、合理利用、传承发展需要有雄厚的资金加以支持。目前非物质文化遗产保护经费的不足已是各地普遍存在的现象。福建省各地市因经济实力和重视程度不同，对非物质文化遗产保护经费的投入也不一样。如福州市 2005 年财政拨出 20 万元专款作为该市民族民间文化保护工作启动资金；漳州市非物质文化遗产申报工作按照谁申报、谁出钱、谁收益的原则实施；连江县对每个非物质文化遗产项目的申报投入 5000 元，保护也拨给一定经费，但没有专项，合并在文化名村的专项资金里。福建省民族地区大多数经济条件较差，少数民族非物质文化遗产保护经费没有纳入县市区财政预算，而省市财政非物质文化遗产保护经费预算规模较小，且多以项目为基础，分配随意性较大，能够落实到民族地区的非物质文化遗产保护经费少之又少；民间资金也少有参与非物质文化遗产保护中来。这不仅导致少数民族非物质文化遗产保护工作不能深入开展，同时也使留存在民间的许多少数民族非物质文化遗产因得不到有效的挖掘和保护而逐渐灭失。特别是现在非遗项目申报，大的项目一个要花费 4 万至 5 万元，小的也要 2 万元，由于受申报经费的制约，许多少数民族非遗项目无法申报，直接制约了非遗的保护。

（四）保护措施不当

一是地方政绩和商业目的等功利性原因成为一些地方一些领导干部重视少数民族非物质文化遗产保护的动力，必然导致他们重申报而轻保护，一旦非遗项目申报成功，常常为了经济利益而仓促开发、随意滥用，出现了一些原生态的歌舞被按照时尚的审美趣味加以改造、传统手工艺品制作技艺被机械取代、古老村落被开发成喧嚣的旅游区、新农村建设中拆旧村建新村导致历史遗存荡然无存等现象，名为保护实则造成了不同程度的破坏，少数民族非遗项目的文化内涵被弱化甚至异化，保护非遗项目的承诺落空。二是部门之间缺乏沟通，严重脱节，少数民族非物质文化遗产的普查、申报主要由文化部门具体负责，民族工作部门失去话语权，造成一些有价值的少数民族非物质文化遗产没被挖掘整理申报，如龙岩市上杭县的畲族传统姓氏文化、庐丰蓝家拳、丘辉钟家枪、庐丰香灯龙，福安穆云畲族乡的孩儿撑伞传统建筑营造技艺等；也造成对一些已申报成功的项目在民族文化范畴内应有的保护的缺失，如某市桂林乡畲村湖罗潭武术，早在2007年就被列入该市首批非物质文化遗产名录，然而当地各级民族工作部门并不知道这一非遗项目，更谈不上对其进行相应的保护了。

（五）发展空间萎缩

由于经济社会的发展，生产生活方式的转变，外来多元文化的冲击，民族传统文化的发展空间逐步萎缩，民族服饰、语言歌舞、手工技艺、传统医药等都濒临失传。

畲语掌握人群越来越小。随着城市化进程的加快，畲族走出了封闭的山村，走出了自给自足的自然经济，参与到社会经济交流中，加快了与汉民族的文化融合。随之，畲语的使用范围越来越小，使用频率越来越低。现在，城市的畲族青少年已绝大部分不会讲畲语，畲汉杂居村的畲族青少年也已大部分不会讲畲语，只有纯畲村的畲族青少年才会讲畲语。能熟练使用畲语者的年龄大都集中在55岁以上的人群中，存在着年龄越大，畲语使用者比例越高；年龄越小，畲语使用的比率越低的现象，畲语正在失去年轻一代，成为濒危的语言。有学者认为，畲语属"双语萎缩型"语言，即双语人以老年人或中老年人为主体，平均年龄一般较高，中青年或青少年大多已转用新的语言，成为单语人。群体内部主要的交际工具是转用的新语言，随着老年双语人的减少，语言转用过程逐渐结束，成为新的单语群体。畲语是畲歌的载体，当他们连畲语都不会讲的时候，畲歌也就灭失了。

畲歌逐步失去青年基础。畲族是无时不歌、无事不歌、无物不歌的民族，但现在基本上只在重大节日和婚庆时才唱。无论是闽东畲歌、闽北畲歌还是华安畲歌，会唱畲歌的基本上是40岁以上的中老年人，80后、90后的畲族青年基本都不会唱了。如省级非物质文化遗产项目罗源"畲族山歌"，由于近年来传统对歌活动渐趋弱化，全县能够熟练演唱各类畲歌的仅100多人，其中的95%年龄在40岁以上。福建师范大学音乐系教授蓝雪霏在《畲族音乐的现代化问题》一文中谈道：一个以歌唱为特性的民族，几十年间，在中老年中淡忘了歌唱，在青年中不再熟习歌唱，在少儿中几近丧失歌唱。而舞台上、银屏上的畲族音乐创作节目，因与畲族音乐传统有相当距离，也得不到畲民的认可，所以尚无一首畲族创作歌曲能在畲族地区广泛流传，也没发现一位畲族歌曲演唱家能为畲族认定是本民族的歌唱家。学习畲族山歌要有氛围，如即兴对歌，掌握歌调等，要长期积累，然而青年人更喜欢的是流行音乐，对本民族的歌曲语言比较淡漠，也就失去了畲歌传承的基础。

畲族服饰需求迅速缩小。1975年，罗源县畲族女性服饰被国家民委定为全国畲族代表装。但由于畲族服饰较为昂贵，且"不休闲""不时尚"，还有一些地方因为某些心理原因，不愿意穿本民族的服装，只在重大节日的时候才会穿起民族服装进行对歌。宁德、福州等地的畲族群众在婚丧时还穿相应的传统服装，而顺昌等地则连婚丧时也不穿了。而随着畲汉两族之间的通婚，穿畲族礼服举行传统婚礼的越来越少，需求还会减少，这些都对传统手工艺人造成极大的生存危机。罗源畲族服饰制作省级代表性传承人兰曲钗表示，凤凰装已经断线很久了，穿的人少了，自然也就少人做了。同时，做传统服装费工费时，收入并不高。虽然自己把手艺教给了儿子，但是儿子宁愿去服装厂打工，因为在工厂他的收入更高。据2010年调查资料显示，罗源县会做凤凰装的裁缝有26人，但仍在从事制作的仅6人，其余人因谋生问题都已改行。霞浦半月里做传统服饰的两位裁缝平时并不做传统服装，只在有人来预订时才做。

畲医畲药遭遇发展瓶颈。传统的畲医畲药对于一些疑难杂症有着很好的疗效，在民间有着不错的市场。然而，畲医所开的诊所得不到卫生部门的认可，无法取得从医资格证，制约他们进一步发展。如2010年据资料显示罗源县有畲医近60人，但以此谋生的只有三分之一。由于畲医畲药传承秉持传内不传外的传统，一旦子女不愿意学，就面临失传的局面。目前全省只有南平市非物质文化遗产保护项目"畲家青草茶"在顺昌县畲家中草药研究所的大力挖掘、开发下，2010年经省卫生厅批准制定了企业标准，同年获得省质量技术监督局批准的"代用茶"QS生产许可证，产品"畲家键长五行茶"于今年5月份上市销售。传承人兰其平正在收集一些民间老畲医的药方，帮助他们推向市场。

（六）传承人才匮乏

现有的传承人能够被群众普遍公认的很少，一些项目要找到传承人很艰难。同时，由于市场需求的萎缩、传承人年老多病或离世、青年人外出务工的增多，导致许多民间技艺难以传承，创新、发展更是后继乏人。如福安大林畲族村仅有的一个会制作畲族服饰的师傅已80多岁，但没有培养传承人；畲族传统头饰银凤冠，整个霞浦县会制作的只有两个人，一位是70多岁的老人，只有孙子在跟着他学手艺；连江县已经没人会做传统头饰，永安青水畲族乡传统服饰中的犬王帽只有一位老太太会做；畲族妇女的重要装扮凤凰头只有 50 岁以上的老人才会梳。福安畲族银器制作技艺，由于传统工艺耗时费力且经济效益低，难以应对市场需求，众多银匠改用注模、车花等机械工艺来提高效益，使传统手工技艺队伍日渐萎缩。民族企业"珍华堂"对挖掘、保护、研究、传承畲家银饰文化发挥着巨大的推动作用，但由于银雕工艺技术难度大，学艺周期长，年轻人多不愿学，工艺后继乏人。虽然福安市政府从 2008 年扶持开办了全国唯一一个银雕班，对少数民族学生、贫困学生学费全免，但是每年只能招到名额一半左右的学生，少数民族学生更少。

三、加强少数民族非物质文化遗产保护的对策

2005 年 12 月，国务院《关于加强文化遗产保护的通知》中明确提出："加强少数民族文化遗产和文化生态区的保护。重点扶持少数民族地区非物质文化遗产保护工作，要发现、鼓励和培训这方面的人才，把扶持与抢救工作落到实处。对确属濒危的少数民族文化遗产和文化生态区，要尽快列入保护名录，落实保护措施，抓紧进行抢救和保护。"2007 年 10 月，党的十七大报告中强调指出要"加强对各民族文化的挖掘和保护，重视文化和非物质文化遗产保护"。少数民族非物质文化遗产保护是一项长期而紧迫的任务，是一项复杂的系统工程。要进一步做好非物质文化遗产保护工作，应从推进福建省少数民族文化大发展大繁荣、提升海西文化软实力的战略高度出发，坚持"政府主导、社会参与、明确职责、形成合力、长远规划、分步实施、点面结合、讲求实效"的工作原则，遵循"保护为主、抢救第一、合理利用、传承发展"的指导方针，统筹考虑，稳步推进。

（一）增强少数民族非物质文化遗产保护意识

一要各级地方政府切实把少数民族非遗保护工作摆上重要议事日程，纳入社会发展的整体规划和考核体系。要克服少数民族文化特别是畲族非物质文化遗产早晚要消亡的意识，克服那种认为非遗保护传承没有意义的思想，解决地方政府保护力度不够、不易摆上位置的问题。要制定非遗保护规划，做好非遗申报保护的基础性工作，搭建非遗展示平台，制作非遗音像资料。非遗保护不是一个部门能够做好的，需要调动社会力量共同参与。要建立联席会议制度，协调保护工作涉及的各职能部门和群众团体，广泛吸纳有关学术研究机构、大专院校、企业单位、社会团体等各方面力量，共同做好非遗保护工作。民族工作部门要有所作为，而不能缺位。二要加大对少数民族非物质文化遗产保护的宣传，营造保护少数民族非遗的良好舆论氛围和社会环境。充分利用广播、电视、书籍、影碟、

报纸杂志、互联网等各种媒体和传播形式,充分利用文化馆、图书馆、科技馆、展览馆、博物馆等公共文化服务场所,充分利用"文化遗产日"和少数民族传统节日,集中、全面、深入地进行少数民族非物质文化遗产的传播和展示,把非遗保护意识延伸到青少年一代,普及广大群众对少数民族非遗项目的认识和欣赏,培养全社会对少数民族非物质文化遗产保护工作的参与意识,也使少数民族群众了解本民族文化、认识本民族文化的重要作用,增强民族自信心和自豪感,自觉加入保护本民族非物质文化遗产的行动中来。三要加大对少数民族非物质文化遗产保护的教育,积极推进少数民族非物质文化遗产进课堂、进教材、进校园。组织力量编写生动有趣、可读性强的非物质文化遗产教材纳入中小学教学内容,聘请传承人及民间艺人进课堂展示非物质文化遗产项目,丰富青少年学生的非物质文化遗产常识,培养学生学习、研究非物质文化遗产的兴趣,建立非物质文化遗产传承教学基地和场所,为开展传播、展示技艺、讲学、创作研究、交流合作、项目操作提供必要条件。鼓励和支持各种优秀少数民族文化遗产的教学和研究活动,充分发挥少数民族非物质文化遗产传统文化教育和爱国主义教育的载体作用,提高全社会保护少数民族非物质文化遗产的自觉性。

(二)健全少数民族非物质文化遗产保护机制

一要发挥政府的主导作用,统筹协调,建立健全责任明确、协调配合、监管制约、督查考核、责任追究和退出的保护工作机制,促进政府各部门和社会各界的普遍关心和共同参与,引导各地将工作重点从申报转移到保护。加大非物质文化遗产保护工作领导小组和非物质文化遗产保护中心的工作力度,完善省、市、县(区)三级工作网络。政府不仅要注意防止以市政建设、开发旅游等名义给少数民族非物质文化遗产造成破坏,还要注意避免通过行政行为把丰富多彩的"民俗"变成千篇一律的"官俗"。二要强化文化部门的职能作用,切实担负起组织、实施和协调的职能,主动与宣传、发改、财政、民族、教育、文物、旅游、体育等部门加强联系、沟通和协调,成立保护协调机构,统一协调和指导普查、抢救和保护工作,形成少数民族非物质文化遗产保护工作的合力。三要建立少数民族文化保护组织,设立少数民族文化保护基金,开展艺术扶贫,建立传承机制,促进少数民族特别是畲族的文化自觉。要发挥各类民族研究会、联谊会等民间团体和民族网站等平台的作用,参与到少数民族非物质文化遗产的宣传和保护中来。四要尽快建立少数民族非遗研究机构,建立畲族文化生态保护区,配备相关专题博物馆,提高社会认知度,更好保护畲文化;要发挥专家学者的专业作用,对少数民族非物质文化遗产进行抢救和保护规划的制定、项目评估和业务指导等工作。五要建立持续有效的长期保护机制,定期召开少数民族非物质文化遗产保护工作现场会、研讨会，及时总结成果，推广典型经验，研究探索解决出现的新问题，并对保护工作中做出显著成绩和贡献的单位和个人进行表彰和奖励。要充分发挥人大代表、政协委员的作用，通过提案、议案反映非物质文化遗产保护存在的问题，扩大宣传报道力度，促进问题的解决。

（三）增加少数民族非物质文化遗产保护投入

应调动政府、社会两方面的力量，建立相应的投资渠道和资金扶持机制，确保少数民族非物质文化遗产的保护有必要的经费支持。一要建立省级少数民族文化发展专项资金。国家财政2002年至2008年非物质文化遗产保护经费有四分之一用于少数民族地区非物质文化遗产的保护。云南省从2010年起每年安排2000万元专项资金设立世居少数民族传统文化抢救保护经费，湖北省按少数民族人口人均2元的标准设立少数民族文化发展专项资金，湖南省从2009年起安排700万元设立民族文化专项资金（按全省少数民族人口人均1元以上的标准设立），并且随着省财政的增长而逐年增加。建议福建省财政每年安排500万元设立少数民族文化发展专项资金，从中切出一块资金专门用于少数民族非物质文化遗产的申报、保护及传承人的补助。二要将少数民族非物质文化遗产保护经费列入各级财政预算。各级政府要设立少数民族非物质文化遗产保护专项资金，明确各级财政分担比例。少数民族非物质文化遗产保护传承，政府要支持，要有所作为。培养传承人要有经费保障，对传承人要予以经费补贴。重点补助扶持濒危项目及生活困难的重要代表性传承人，并对优秀传承单位予以奖励。福鼎市政府投入在江滨公园建设畲族文化广场，定期举办少数民族文化活动；在该市硖门畲族乡每年举办一次列入国家级的非物质文化遗产项目畲族"四月八"牛歇节活动，效果很好，畲汉两族融合越来越好，促进了民族团结。三要引导社会各界参与非物质文化遗产保护工作。本着"政府主导，社会参与"的原则，积极引导社会各界尤其是有条件、有资质的团体、企业和个体参与到保护工作中来，抓紧制定完善有关社会捐赠和赞助的政策措施，鼓励通过捐赠等方式设立少数民族非物质文化遗产保护社会基金，筹集社会资金用于少数民族非物质文化遗产的保护。罗源县以提供活动经费的方式鼓励传承人传授畲族女性服饰饰品水巾（腰带）和凤凰冠的枇、穗、帕纺织等技艺。在顺昌县，畲族文化研究联谊会为鼓励制作畲族服饰，给予裁缝每套50元的补贴。

（四）加强少数民族非物质文化遗产保护工作队伍建设

保护少数民族非物质文化遗产是一项专业性强的工作，需要有一支稳定的专业队伍，共同承担起少数民族非物质文化遗产的保护义务。一要重点培养代表性传承人。大力挖掘、培养和利用传承人才，给予传承人应有的荣誉和待遇，对偏远贫困地区、濒危的少数民族非物质文化遗产项目代表性传承人，给予重点关注和倾斜照顾，为他们生存和传习活动创造切实的空间和条件。要建立传承人培训基地。传承人要发挥作用，带好徒弟，培养人才。进课堂是最好的传承，要从娃娃抓起，给孩子上台表演的机会，克服文化自卑心理，克服与汉族不同的文化心态，培养少数民族学生的自豪感、自信心、自尊心。要解决好代表性传承人的生活补贴和传承经费问题。现在国家级代表性传承人每人每年补贴8000元，而省以下传承人则没有补贴。据了解，福建省正在出台省级传承人的补贴办法，补贴标准比较低。因为没有补贴，有的省级传承人说：（畲歌）"唱了回来还要干活，早就不想唱了。"要尽快出台省级以下传承人的补贴办法，各级民族工作部门要制定相应办法，对少数民族传承人进行补贴，解决传承人的生活补贴和传承经费问题。要定期慰问传承人，举办传承人座谈会，听取他们的要求、意见和建议，以改进少数民族非物质文化遗产工作。二要大力培养非遗管理人才。一方面要加大对固有工作队伍的培训力度，分级、分期、分批进行培训，充分发挥各级文化站工作人员和文化协管员的作用；另一方面要在本科、专科教育层面大力培养非物质文化遗产保护和管理所需的专业人才，组建起一支热爱传统文化、专业知识丰富的相对稳定的专兼职管理工作队伍。三要积极培养非物质文化遗产研究人才。要在高等院校设立专门学科培养研究人才，进行非物质文化遗产及保护工作的研究，对非物质文化遗产项目进入市场进行跟踪调研，为少数民族非物质文化遗产的保护工作提供智力支持和理论依据。宁德市畲族歌舞团是畲族非物质文化遗产传承的重要载体，创作了一批优秀作品，但现在发展遇到了一些问题，如高素质人才难以引进，创作水平受到制约，还面临生存问题，建议将畲歌升格为福建省畲族歌舞团，划归民族工作部门管理，以解决发展和人才引进的问题，促进非物质文化遗产传承保护发展。畲医畲药在治疗不孕症、骨科等方面有独到之处，但畲族中草药传承人越来越少，很多单方失传，要成立畲族医药研究所，加大经费投入，扶持畲医畲药发展；建议通过办畲族医药培训班，开发畲族医药人才，解决畲族中草药医生的执业资格问题，在处方权上明确只限中医药，给予有限处方权。民族医院要突出畲族医药，打成品牌，走特色专科路子。

（五）促进少数民族非物质文化遗产保护科学化规范

非物质文化遗产作为一种文化传统存在，有着不能随便改变的特质，但又随时代改变而在变化中传承。科学保护最重要的是遵循非物质文化遗产传承的基本规律，按照基本规律来制定保护措施，充分发挥少数民族非物质文化遗产在当代社会发展中的重要功能和作用。要继续建立健全国家、省、市、县（区）四级名录体系，保护传承人，建立文化生态保护区，重视生产性保护，以及运用现代科技手段保护等方式，科学、全面、系统地抢救、保护和利用现存的少数民族非物质文化遗产，在保护、传承和发展中寻找到最佳结合点。

1. 树立正确的非物质文化遗产保护观

首先，我们要保护的少数民族非物质文化遗产，应是具有文化价值、历史价值和科学价值的文化遗产。其次，申遗只是保护少数民族非物质文化遗产的一种途径，本身并不具备保护功能，不能错误地认为只要申遗成功，非物质文化遗产就得到了"有效保护"。第三，少数民族非物质文化遗产保护应该坚持"保护为主、抢救第一、合理利用、传承发展"的方针，把抢救和保护放在第一位，在保护的前提和基础上进行合理利用，以保护带动发展，以发展促进保护，在不改变少数民族非物质文化遗产自然衍变的生长过程、不影响其未来发展方向的前提下，探寻保护与开发的共赢局面。第四，要警惕保护性破坏和建设性破坏，避免那些刚被确定为保护对象的少数民族非物质文化遗产项目，在保护工作还没做到家时，就被片面地开发和利用。避免过度开发少数民族历史文化名村、名镇，尽量保存其原始、真实的历史面貌。第五，少数民族非物质文化遗产是由少数民族群众创造、传承的，任何保护与开发都不能将少数民族群众排除在外，而是要让少数民族群众在参与保护和开发中得利，从而更加乐于保护他们的文化传统。

2. 加大少数民族非物质文化遗产普查力度

福建是少数民族特别是畲族非物质遗产的富矿，许多畲族习俗、技艺都可以成为非物质文化遗产项目。由于领导重视程度和工作人员专业素质以及时间要求紧等原因，各地第一次普查普遍存在着不同程度的漏查现象。要抓住贯彻十七届六中全会和国务院 29 号、省政府 14 号文件以及海西规划关于畲族文化保护的机遇，深入开展二次普查，对全省少数民族非物质文化遗产进行更加翔实的摸底调查，严格按照国家有关规范和标准推进普查工作，全面了解，善于发现。少数民族非物质文化遗产调查摸底，民族与文化部门要联合发文、联合调查，要综合运用文字、录音、录像等各种形式，抓紧征集具有历史、文化和科学价值的少数民族非物质文化遗产实物和各种资料，全面掌握少数民族非物质文化遗产的种类、数量、分布状况、生存环境、保护现状以及存在的困难和问题，建立健全少数民族非物质文化遗产的详细目录及资料档案，为以后的保护工作打好基础。

3. 做好少数民族非物质文化遗产的申报和代表性传承人的认定工作

福建少数民族非遗项目和少数民族代表性传承人所占比例明显与其应有的地位不相适应，这说明，少数民族非物质文化遗产的申报和代表性传承人的认定工作明显滞后。非物质文化遗产申报是传承保护的基础性工作，要进一步做好申报工作，要抢抓快报，加强申报项目地域之间、保护单位之间的协调，捆绑申报少数民族非物质文化遗产项目，避免申报项目地域之间相互排异的问题，使更多的少数民族非物质文化遗产项目列入相应级别的非物质文化遗产保护名录，推动这个项目的保护。政府要加大非物质文化遗产申报经费的投入，解决申报经费问题，申报经费不足也是制约少数民族非物质文化遗产申报的重要因素之一。非物质文化遗产项目代表性传承人的认定直接关系非物质文化遗产项目的传承保护和发展。鉴于少数民族非物质文化遗产传承人年纪普遍比较大，文化程度普遍不高的实际，要放宽对少数民族非物质文化遗产项目代表性传承人的认定条件，抢救非物质文化遗产传承人，并改善他们的生活条件。

4. 促进少数民族非物质文化遗产资源的合理保护

非物质文化遗产保护中最重要的三种模式是抢救性保护、整体性保护和生产性保护。我国首部聚焦非物质文化遗产保护发展的《中国非物质文化遗产保护发展报告（2011）》指出："作为弥补，静态、消极的抢救性保护方式便显示了重要性。整体性保护则着眼于整个生态区域的文化遗产保护，而不是单一项目，区域内每一个单项加起来，就形成了整体的态势。所以，这三种保护方式应综合利用，才能制定出最佳的保护方案。"少数民族非物质文化遗产的保护主要也是这三种办法，因此需要分别对各少数民族非物质文化遗产项目进行分类，提出保护传承的办法。一是对于那些注定要消亡的少数民族非物质文化遗产，可以采用相对活态的方式在博物馆、民俗馆或文化馆中加以保存、展示。二是对于可以开发利用的少数民族非物质文化遗产，要充分尊重文化遗产的文化价值和特定内涵，通过合理的开发和利用将其转化为生产力，实现文化保护与经济开发的良性互动。如福安天下民族的企业化运作，畲族银雕对接旅游，结合畲族开发，进入国际国内市场，解决了非遗的产业化发展问题。三是在少数民族文化形态比较完整、文物比较集中的地区，如永安青水畲族乡、霞浦白露坑行政村等，提倡建立将自然生态资源与民族传统文化资源相结合实行整体性保护的民族文化生态村（区）；结合新农村建设和特色村寨建设，规划建设民族风情园、民族文化陈列室、民族歌舞表演、民族特色餐饮等项目。除了对非物质文化遗产项目区分类别按不同模式进行保护外，各地各民族应结合自身条件，发挥优势，精心策划，集中力量，打造出一、两个特色强、影响广的少数民族非物质文化遗产保护品牌项目，使这些品牌项目能够成为展示当地和本民族形象的重要平台和载体。如在国家级文化生态保护实验区——闽南文化生态保护实验区中，漳州市通过举办海峡两岸（福建漳州）少数民族族谱对接恳亲会、蓝氏与台湾关系学术研讨会暨海峡两岸少数民族乡镇发展交流会，参加海峡两岸少数民族丰收节等活动，打响了对接保护发展闽南文化、高山族文化、畲族祖居地文化等文化品牌，在深化两岸民族文化的交流合作以及促进两岸关系方面发挥着重要作用。

需要注意的是，一些少数民族非物质文化遗产项目因蕴含特定的宗教因素，不宜四处展演。如宁德畲族奶娘催罡巫舞，是闽东畲族巫师进行驱鬼镇妖活动中的一段祭祀舞蹈，塑造的是陈十四娘（又称"奶娘"，即民间传说中的妇幼保护神陈靖姑）驱妖镇魔的女神形象，蕴含许多原始神秘色彩，有其特定的信仰内涵。国家非物质文化遗产保护工作专家委员会委员、中国社科院民族文学研究所所长朝戈金认为：具有神圣意义的祭祀，如果沦落为一种演出，将使我们失去对文化传统的敬畏感，长此以往，一个民族必须具有的神圣不可侵犯的价值观将会逐渐消退，尤其在多民族的国家，这种人为造成的消退将引起不安和动荡。

5. 产业化利用是少数民族非物质文化遗产保护的有效途径

少数民族非物质文化遗产中所蕴含的体现文化差异性的独特内涵，使其具有相当高的经济价值，部分可以通过生产、流通、销售等方式转化成为独具民族特色的优秀文化产品，进入文化产业，走向市场，走进人们的日常生活，这种生产性保护是最具文化延续性和创造力的保护。《中国非物质文化遗产保护发展报告（2011）》中指出："生产性保护是最具争议，也是最具开发潜力的一种保护方式，它是动态的保护方式，体现了积极保护的意识。但从某种意义上来说，生产性保护由于与经济利益密切挂钩，又可能是具有破坏性的保护方式。"我们认为，对少数民族非物质文化遗产项目的保护传承要区别对待、分类指导，不能一概而论，有的项目通过市场化运作、产业化利用，就有利于非物质文化遗产项目的保护传承和发展。如畲族银雕是列入国家级非遗的项目，福安"珍华堂"和宁德"盈盛号"金银饰品有限公司充分挖掘传统畲族银饰文化内涵，着力打造知名品牌，促进非物质文化遗产保护传承，企业不断发展壮大。"盈盛号"年产值从2007年3126万元提高到2010年的1.15亿元，成为全省乃至全国最大的畲族银饰品生产企业，也带动了非物质文化遗产的保护传承。再如畲族斗笠工艺精细、做工精美，堪称畲族工艺品，其制作技艺属于非物质文化遗产，作为生产生活工具，已退出历史舞台，但作为工艺品进行产业化生产，却是少数民族非遗保护传承的有效手段。又如畲族乌米饭和畲族服饰制作技艺都是福建省的非物质文化遗产项目，其可以开发成为旅游纪念品，畲族乌米饭可开发成旅游小吃食品，畲族服饰可开发成像海南的沙滩服装一样作为旅游纪念品，促进传承，扩大影响。少数民族非物质文化遗产项目的产业化利用，一要政府引导给政策，二要企业对接市场展示，将非物质文化遗产项目开发成市场可以接受的产品，推动非物质文化遗产项目的展示、传承和发展。2008年，宁德市在畲族非物质文化遗产全面调查摸底的基础上，把畲族银器制作列为畲族文化保护和传承的重要内容之一，将"盈盛号"金银饰品有限公司确定为市级重点扶持的民族特色文化企业，积极帮助申报全国民族特需商品定点生产企业。在省民宗厅和国家民委的大力支持下，2009年该企业被确定为全国民族特需商品定点生产企业，2010年12月被省文化厅评为省级文化产业示范基地。2011年5月，"盈盛号"畲族传统制作技艺被列为省级非物质文化遗产。该企业通过参加国内各种推介活动和大型博览会，宣传产品和品牌，荣获各类奖项，产品销往全国各地和新马泰等东南亚国家，成为宣传畲族文化的重要窗口。

（六）创造少数民族非物质文化遗产传承保护的条件

少数民族非物质文化遗产的传承保护要营造氛围，积极引导，创造条件，促进传承，打出特色，创出品牌。一要举办大型传承活动。支持各地举办畲族"二月二""三月三""四月八"歌会和文化节活动，实现畲族歌会活动常态化。福安市计划在市文化馆音乐厅每周开放一个晚上供畲族群众唱畲歌，丰富少数民族文化生活，促进畲歌传承；二要着力改善传承条件。现在许多少数民族聚居的地方，缺乏非物质文化遗产传承的基础设施条件，如全国畲族人口最集中的福安市没有一个可供畲族同胞唱畲歌的场所，少数民族进城务工人员长年自发在地下室唱畲歌；福鼎双华"二月二"畲族歌会也缺乏活动场所。要设法解决非物质文化遗产传承的基础设施条件，政府和民间组织要共同行动。三要成立传承创作中心。支持宁德中华畲族宫设立传习中心、有关县乡和学校设立建立少数民族非物质文化遗产项目传习所，成立畲族歌舞传承创作中心，开发畲语畲歌教材，编写畲族民族民间舞蹈教材，开展畲族山歌比赛，促进畲族文化进校园，举办少数民族学生夏令营，推广畲族语言、文化。四要推动畲语片区形成。畲语是畲族文化传承的重要载体和基础，也是重要的非物质文化遗产。针对畲语掌握人群越来越小，政府要营造畲语传承的氛围。造福工程通过集中搬迁，让少数民族相对集中，有利于形成畲语片区，对畲族文化保护有益，建议少数民族重点地区在集镇划出一块建设用地用于少数民族造福工程建设。五要做好非物质文化遗产开放展示。现在非物质文化遗产展示大部分为平面化，要采取立体化方式展示，要为民族地区配备必要的专业工具，促进少数民族非物质文化遗产普及展示；要解决宁德市畲族歌舞团的具体问题，做大做强"畲歌"品牌，发挥其非物质文化遗产开放展示作用。畲族服饰是畲族的重要标识，畲族妇女出嫁至少要有6套衣服，不同衣服有不同的文化内涵，但现在自发穿畲族服装的已很少，只有在本民族传统节日和婚庆时才有人自发的穿戴。要用发展的眼光看待民族服装问题，畲族服装成本高，穿戴不方便，推广难，建议全省畲族乡干部都配置畲族服装，上班定时穿戴，展示畲乡特点，体现畲民特色，传承畲族文化。

（七）扩大少数民族非物质文化遗产对台对外影响空间

闽台两地非物质文化遗产有许多相同和相似之处，台湾绝大多数非物质文化遗产来自福建。因此，保护好福建非物质文化遗产，充分发挥福建省海峡西岸文化的独特优势，有助于两地在文化上开展可持续性的交流合作，更有利于促进两岸文化交流合作的深化。闽台少数民族非物质文化遗产也是两岸交流往来不可缺少、极为重要的内容和载体，发挥着在对台交流合作中的独特作用，更好地展示海峡西岸文化形象。一要实施少数民族非物质文化遗产走出去战略。福建是我国著名侨乡、台湾同胞祖籍地，仅祖籍漳州漳浦的台湾蓝姓畲族就有5.6万人。要以非物质文化遗产为媒，大力推进少数民族非物质文化遗产走出去战略，为少数民族传统文化增添更大活力，让世界知道福建少数民族、了解畲族。二要扩大福建少数民族非物质文化遗产对外交流。政府要大力支持省级少数民族非物质文化遗产赴台赴外交流表演，大力加强少数民族非物质文化遗产的对台对外交流，扩大影响，使其在深化文化交流方面发挥重要作用。如极具技巧性和观赏性的"长乐琴江台阁"的赴台交流表演。三要拓展非物质文化遗产产业化的海外文化市场。扶持珍华堂、盈盛号以及宁德畲族歌舞团等有能力开展对外交流的民族企业和表演团体走向海内外文化市场，培育非物质文化遗产文化品牌，展示独特民族文化魅力，不断扩大对外影响空间。

结　语

作为少数民族传统文化重要组成部分的少数民族非物质文化遗产，在新的历史时期能否得到应有的保护，在构建和谐社会中发挥积极作用，取决于全社会的普遍认知和共同参与，取决于政府部门的积极引导和自我约束，取决于少数民族对本民族传统文化的情感需求。党的十七届六中全会关于推动文化大发展大繁荣的重要决定，为少数民族传统文化的进一步繁荣发展提供了空前的好时机，也给少数民族非物质文化遗产保护带来新的机遇。

课题组成员：刘培芝（审稿）　张忠发
钟成梅　赖龙娣　詹建同
夏仕锦　郭筱彦（执笔）

如何促进外来少数民族人口融入城市生活[*]

高静

流动人口的增加是改革开放以来我国人口流动的一个重大趋势，伴随着传统经济结构的转型和社会空间的释放，更多的劳动力从土地中解放出来，并拥有了自由选择生活地的制度可能，人口向经济发达地区、资源集中地区流动成为一种不可阻挡的社会趋势，大大地改变了以往的社会构成。逐渐从土地中走出来的农民、剩余劳动力在城市劳动力就业格局中有着很强的互补作用，他们在建筑业、服务业、企业中生产一线，都担当了重要的角色，发挥着难以替代的作用。少数民族流动人口正是这只流动大军中的一员，这一全国性的普遍趋势也深刻地影响了他们。为了寻求更多的就业机会，他们不得不从祖辈世居的土地中走出来，参与到更广阔的社会环境中来，与其他的流动人口一样，他们面临着诸多的生存困境和适应难题，但同时，他们又是流动人口中特殊的一员，不同民族成分的背后是不同的文化背景，而不同的民族文化在与当代经济社会结合过程中也呈现出了显著的差异性。

一、普遍现象中的特殊对象

在以汉族为主体的东南沿海地区，并非所有的外来少数民族流动人口都出现了社会融入难题，相反，他们的情况出现了两极分化。即一小部分外来少数民族人口经济地位较高，收入情况较好，他们的社会融入情况乐观，与汉族同胞交往频繁，未有排斥感和受歧视感，除饮食等特殊的习俗外，他们的生活内容与一般的市民没有太大差异。然而，大部分人则在劳动力市场中从事着较为低端的工作，经济收入低，社会地位低，社会融入感较

---

[*] 原文载《海峡通讯》2014 年第 6 期。

差，甚至有一小部分人在遇到问题时还表现出了社会越轨行为。

我们可以发现，在个人职业地位获取的过程中，受教育程度起着重要的决定性影响。所以，要真正实现机会均等，就必须在制度上保证每一个人都能享受到基础教育，并能比较容易地接受高等教育。没有教育机会的相对平等，社会流动过程中的机会均等是不可能实现的。而目前，我国教育资源的不均衡、受教育条件的不平等使得处于城市之外的人口在获得优质教育资源上还存在着不小的障碍，尽管随着国家对教育的日益重视和公共教育资源的不断重组，户籍壁垒对教育和就业所产生的差异在不断缩小，但是目前来看，这种影响在一定的时期内还将长期的存在。

从这一分析可以看出，在看待和解决外来少数民族城市融入这一问题时，始终无法忽略资源配给对个人生存状况的影响，也就是说，在强调外来少数民族流动人口与普通流动人口民族文化差异的背后，更应该关注的是他们在城市资源获取中处于弱势、劣势，经济地位低下，安全感极度缺乏的这些共同现象，并且从保护弱势群体权益的角度出发，在社会政策、社会关怀、社会管理方面给予他们更多的便利，通过疏导而不是围追堵截来帮助他们提高生存能力，以弥补这种先天的不足。

二、社会问题而非政治问题

外来流动少数民族人口所处的这种弱势地位，从本质上来看是一种经济现象和社会现象，是经济结构变化的一种市场化反映，这种社会流动虽不是政府层面推动的，但它的解决却需要政府力量的推动，也因此需要民族工作部门的大力呼吁和呐喊。在以往的社会管理中，城市对待外来少数民族的态度表现为"经济吸纳，社会排斥"，城市管理者竞相追求高端发展路线，将农业转移人口看作是低素质、低端就业、低收入人口输入的过程，认为外来人口的进入会与"民"争利，加剧城市的住房、交通、环境负担，分享公共服务和社会福利，增加财政负担，这种认知导致城市管理者在应对和处理外来少数民族人口的诸多问题上走了不少的弯路。事实上，城市是可以通过一系列的社会政策和措施来引导和改造他们适应城市生存法则的，使他们成为城市的公民，实现从职业的转换到身份的转换，这对双方都是有所助益的。同时，外来少数民族本身也要发挥自身的主动性，积极融入城市生活。移民需要以积极的心态和行动主动迎接各种挑战，增强自身的能力来适应职业的要求。

当前，在做好城市外来少数民族工作的过程中，又要特别注意避免泛政治化的倾向，即将所有涉及外来少数民族人口的问题都看作是政治问题，不宜赋予其超越一般公民的特殊权利,成为特殊公民,尤其不应当人为建立特殊的少数民族社区、少数民族聚居地,将本地居民与外来少数民族人口区隔起来。对少数民族"一味"地实行保护政策并不能真正地实现民族平等和民族团结,在某种意义上,保护实际上成了一种"隔离",渐渐地从政策性"隔离"向自愿性"隔离"转变。城市民族政策应该着重考虑区域因素,减少单纯民族因素,避免因民族优惠产生新的不平衡心理,使城市的汉族群众对少数民族身份产生既羡慕又抵触的情绪,要根据实际环境和具体情况适时调整政策,防止产生负面作用,使民族关系向着更健康的方向发展。

三、管理方法要创新

(一)形成共识,搭建工作平台

首先,制度建设要与时俱进,完善的制度是做好城市民族工作的基础性保障,要在发挥好现有民族工作网络的基础上,继续向下延伸和向外拓展工作力量。如以基层社区、居委会为单位,建立考核评价体系,将城市民族工作的重心下沉到基层;建立与输出地的联络通报制度,目前一些城市民族工作的重点城市如厦门、广州等地都已开始尝试与输出地政府建立相对稳定的联系机制,通过联络机制互通情况,调派输出地人员进入输入地工作,借助他们同地域、同文化背景的优势参与城市社会管理工作,既减少了摩擦和矛盾,又有利于建立与城市外来少数民族群体的良性互动;建立相关政府部门参加的协作联动机制,与统战、城管、卫生、民政等部门保持密切的联系,增强信息收集和联合工作的能力,及时发现问题,及时沟通,协调处理好涉及外来少数民族流动人口的相关问题。其次,要注意发挥少数民族代表和少数民族团体的作用,利用他们在身份上亲近少数民族群众的影响力和说服力帮助政府部门协调相关事宜。

(二)服务管理,改善软环境

服务管理就是要以服务为目标,达到规范管理的效果,这就要求社会管理者要注意从人文关怀的角度去了解外来少数民族人口的困难,帮助他们适应城市的生活。城市越排斥外来流动人口,他们融入城市的进程就越缓慢,而这其中要付出的社会管理成本就会越高,流动人口越认同城市环境和生活方式,就越有可能融入城市,社会环境对他们的接纳度在一定程度上也决定了外来人口与城市联结、配合的紧密程度。因此,创造一个人人共享的社会软环境是未来的发展趋势。我们的管理方式要逐渐由刚性向柔性过渡,通过定期召开座谈联络会、开辟专门的少数民族服务窗口、开展专项社会服务等方法塑造一个利于人生活和发展的软环境。

一方面，要在满足外来流动少数民族日常生活的基本需求上做好服务：如针对少数民族外来工提供各种形式的就业指导和就业咨询，完善少数民族的就业服务机制，对就业技能低、就业面狭窄、文化素质不高的情况，开展就业指导、技能培训、就业推介等服务；针对达到就学年龄的流动少数民族子女，要及时了解情况，保障他们接受基本教育、本民族教育的权利，为他们提供相关政策咨询，确保孩子们都能够有学可上；针对外来少数民族经商的特点，加强法律法规的宣传，总结经验教训，制定灵活变通的管理办法，比如在特定时段、特定地点允许流动摊贩行商，引导其合法经营。另一方面要考虑如何满足少数民族群众的特殊需求，如穆斯林群众的三入需求。为了适应当前及今后西部人口向东部沿海城市流动的发展前景，沿海城市需要认真考虑本市清真餐饮业的布点与发展，并给予一定的政策性扶持，为穆斯林民众创造必要的饮食场所。在穆斯林人口较多的城市或周边规划公墓用地、宗教场所用地，满足穆斯林群众的宗教生活需求。

（三）社区管理新举措：提高社会参与度

学者们已经意识到，个体的主观心理融入是社会融入的最高境界，只有在文化心理层面上融入一个社会，社会融入的过程才算完成。长期以来，社会福利资源偏向城市居民，形成了他们先天的身份优势与外来者的身份劣势，也产生了二者不同的社会心态。这种特性要求民族工作要从基层做起、从细微小事做起，并由此向上延伸，慢慢积累和塑造良性的互动关系，使外来少数民族流动人口逐渐形成族群之外的新共识，在生活实践中能够创造超越民族的社会记忆。社区就是培养和孕育这种感情的最好基地，也是在日常生活中建立和谐民族关系的关键所在，因此做好以社区为单位的民族工作，对维护社会稳定和谐意义重大。

一是建设组织，加强联系。每个人都生活在一定的组织里，发挥组织的作用可以达到调节剂的作用，广泛发展的社区自治组织与第三部门组织，有利于在边缘群体与主流社会未能融合之前形成化解矛盾的缓冲机制。如浙江的社区成立了"民族工作协调小组"和"民族联谊小组"。前者侧重研究社区民族工作的方向性问题和相对重大事务；后者侧重反映少数民族居民心声，并承揽社区民族工作的具体事务，对社区内少数民族居民的家庭情况进行登记造册，建立完整的信息资料。还有的社区充分发挥基层党组织的作用，成立"民族之家""少数民族支部"，让少数民族外来人口感觉到自己与生活的社区有着一定的感情和联系，在遇到问题的时候知道有哪些组织哪些人可以倾诉，帮助他们建立归属感、信任感。

二是深化宣传，注意培训。社区中的社会工作者是直接面向外来少数民族群体的人员，因此要对他们进行有意识的民族基础文化知识、城市民族政策法规方面的培训和宣传，培养少数民族先进工作者队伍。以往的培训中很多人只知道政策的内容是什么，却不清楚执行的重点在哪里，应该采取什么样的方式去落实，缺少实践操作的指导意义，现在的培训则更具有实践意义。宣传的方式和手段也越来越多样化，除了传统的图片展览、讲座等形式外，还通过文艺演出、社区网站、社区简报、打造少数民族文化街区等形式宣传民族团结进步的成果，营造良好氛围。

三是利用外力，借助项目。民族工作部门的力量是十分微弱的，而要在社区中配备专人负责民族工作也是不太现实的，因此，借助外力整合各种资源和力量来掌握信息、改善条件、解决实际问题是社区工作中颇有实效的方法。如依托社区事务受理中心、社区警务室、社区文化中心、社区共建组织等细化民族工作，提高辖区单位参与民族工作的积极性，营造和谐共建的良好局面。同时，开展城市民族工作进学校、进企业等活动，开辟新的活动载体，借助各种社会力量组织活动、开展服务。

四是开展活动，增加互动。很多社区以传统节日为依托开展活动，邀请社区内的外来少数民族同胞共同参与春节、中秋节、端午节等举办的民俗活动，促进民族间的相互了解，培养团结和谐的民族氛围。通过组织社区文艺晚会、游玩，开展不同层次的教育、文化交流、体育竞技等活动，促进外来少数民族与本地居民的良性互动。在满足少数民族居民多元文化的需求方面，以少数民族传统节日为契机，开展文化活动，宣传少数民族文化知识，并邀请汉族同胞共同参与。还有很多社区开展了有针对性的特色活动，体现社区的关怀温暖，如东莞市长安镇政府连续两年帮助新疆籍员工举办集体婚礼，等等。

五是开设绿色通道，特事特办。广州多个街道设立外来少数民族服务管理中心和少数民族法律援助工作站，有效维护少数民族的合法权益。一些城市还对企业中的流动人口开展个性化的一站式服务，建立综合服务中心，对外来流动人口进行统一的服务和管理。针对穆斯林群众三入问题难的困境，很多城市都在采取特殊措施加以弥补，着力解决穆斯林群众的宗教生活问题。

社区管理的这些新举措大大提升了社区少数民族居民参与社会活动的积极性，加深了与汉族同胞的感情，增强了他们的主人翁意识，让他们感受到了城市的温暖和人文关怀，产生了良好的社会效果。社区作为社会组织的基层单元，必将在未来的城市民族工作中做出更大的贡献。

完善行政事业单位内部控制制度研究*

杨德伟

近年来,一些行政事业单位违反国家财经法规及其他有关规定,侵占、截留、隐瞒、转移国家和单位收入及本单位管理的资金,私设"小金库",为广大人民群众深恶痛绝。行政事业单位私设"小金库"的行为屡禁不止、屡查屡犯,其主要原因是目前许多单位内部控制制度不健全。这就要求我们认真研究行政事业单位内部控制制度问题,切实从管理体制上逐步完善,建立标本兼治的长效机制,从源头上铲除"小金库"滋生和蔓延的土壤。

一、行政事业单位内部控制制度的现状

内部控制制度是指单位为了提高经营管理效率,保证信息质量真实可靠,保护资产安全完整,促进法律、法规有效遵循和发展战略得以实现而由单位治理层、管理层及员工共同实施的一个权责明确、制衡有力、动态改进的管理过程。

(一)行政事业单位内部控制制度

行政事业单位内部控制制度是行政事业单位管理制度的组成部分,是指行政事业单位为履行职能、实现总体目标而建立的保障系统,它由内部控制环境、风险评估、内部控制活动、信息及其沟通和内部控制监督等要素组成,并体现为与行政、管理、财务和会计系统融为一体的组织管理结构、政策、程序和措施等,是行政事业单位为履行职能、实现总体目标而应对风险的自我约束和规范的过程。

---

* 原文载《福建财会研究》2010年第12期。

(二) 我国行政事业单位内部控制制度现状

2001年6月财政部颁发《内部会计控制规范——基本规范》《内部会计控制规范——货币资金》，2003年2月财政部颁布《内部会计控制规范——销售与收款》，2008年6月28日财政部、证监会、审计署、银监会、保监会五部委联合发布了《企业内部控制基本规范》。

《企业内部控制基本规范》合理借鉴了以美国COSO报告为代表的内部控制框架体系，结合我国具体国情进行了调整和改进，是我国内部控制研究的重大进步。但是，我国尚未建立一套完整的行政事业单位内部控制的制度体系，致使目前行政事业单位内部控制制度体系不健全、不完善。《企业内部会计控制规范》虽明确指出其适用范围包括企业以外的其他单位，但实际上是针对企业制定的。由于没有考虑行政事业单位的特点，也没有体现行政事业单位资金和经费管理体制上的特殊性，诸如收支两条线管理、部门预算、政府采购、国库集中支付等，实际上对行政事业单位的适用性是比较差的。长期以来，由于行政事业单位经济业务核算较企业来说相对简单，涉及环节较少，内部控制制度认识不到位、执行力度不够，从而在某种程度上出现了财务收支无法控制、会计信息失真、滋生"小金库"等问题。

二、行政事业单位内部控制制度存在的主要问题

(一) 内部控制制度不完善

许多行政事业单位并没有建立内部牵制制度、财务处理程序制度、财务分析制度等基本内部控制制度。有的单位甚至没有严格的复核审批制度，款项的支付手续混乱，给记账与对账造成一定困难；有的单位现金管理失控，坐支现金和大额现金支付现象严重；有的单位票据管理混乱，随便领用，使相当一部分预算外资金体外循环。

(二) 岗位分工控制不到位

由于不少行政事业单位受编制限制，人员紧张，岗位安排不尽合理，许多单位存在一人多岗、不相容岗位兼职现象。决策人、经办人、审核人、记账员，没有完全分离并相互制约；出纳与审核、出纳与会计档案的保管、出纳与制单、出纳与收款票据管理人、支票印章保管员与支票签发人、采购与保管等，没有完全分离。容易出现管理漏洞，发生舞弊行为。

(三) 资产管理和控制制度有待加强

1. 资产账实不符

由于固定资产入账不及时，低值易耗品和固定资产划分不清，又不定期进行固定资产盘点，致使行政事业单位普遍存在资产账实不符的现象。

2. 资产流失现象严重

很多低值易耗品等存货处于无人保管状态，捐赠的固定资产也不入账，已完工的基建项目未入固定资产账，私下低价处置固定资产等。

3. 资产转移未办手续

上下级单位之间的资产转移，未办理调拨手续。

(四) 预算控制缺乏刚性

实行财政科学化、精细化管理后，要求对预算编制比较细化，为加强预算控制提供了依据。实际工作中，很多单位对预算的刚性认识不足，尤其是单位负责人认为财政拨入本单位的资金理应由自己支配，专款专用的意识不强。2010年6月，审计署向社会公布56个中央部门单位的2009年度预算执行情况和其他财政收支情况审计结果表明：挤占挪用专项资金问题，较为突出。

三、完善行政事业单位内部控制制度的对策

(一) 制定内部控制制度

鉴于目前国家还没有独立的行政事业单位的内部控制制度，建议各单位以现有的行政事业单位管理制度为载体，制定适用于本单位的《行政事业单位内部控制制度》。通过制定内部控制制度，形成一个相对完善的内部控制体系，使各行政事业单位在内部控制方式、技术、手段等方面有章可循；形成内部机构和岗位设置合理，职责权限划分明确，不相容职务相互分离，各岗位之间相互制约、相互监督的完善的内部控制制度。

(二) 加强日常管理

1. 注重岗位之间相互牵制作用

只有相互牵制，才能预防发生错误和弊端，做到防患于未然，以保证会计记录的真实

与完整。

2. 认真抓好会计基础工作规范

把经济活动中与会计有关的重复出现的经济业务，按照客观要求来规定其处理程序，使会计业务处理规范化、标准化，避免会计工作手续不严与职责不清的现象发生。

3. 建立完善的会计处理程序

会计处理程序包括：会计科目的设置、会计凭证的审核传递、会计核算的方法、会计账簿设置与记账要求等内容。通过会计处理程序控制、手续控制和复核控制等措施，确保会计信息的真实性、及时性和完整性。

4. 严格经济业务内部核对制度

对已完成的经济业务记录进行复查核对，是强化内部控制制度的一项基本措施，是控制记录使其正确可靠的重要方法。会计复查核对主要在经济业务的合法性，会计资料的合法性、真实性和财产物资的安全性等方面加以控制。

5. 建立实物资产管理岗位责任制

对实物资产的验收入库、领用、发出及处置等关键环节进行控制，重点是控制各个角落和环节，不留漏洞，形成一个相对独立的系统。

（三）完善部门预算制度

1. 进一步扩大部门预算的实施范围

力争将各部门单位的全部财务收支事项纳入部门预算的实施范围，并严格预算的调整和追加程序。

2. 将部门预算与单位预算进行有机结合

要求各一级预算和二级预算的部门单位，按照财政下达的部门预算控制数，结合各部门单位内部的组织结构处室（科室）职责和工作任务等，编制内部处室（科室）的责任预算体系，并严格责任预算的考核机制。

（四）发挥财政审计作用

在健全完善行政事业单位内部控制体系的建设过程中，应发挥财政和审计部门的双重作用，加强对行政事业单位内部控制制度建设的监督和指导，不断完善行政事业单位内部控制体系，保证国家经济方针和政策法规的贯彻执行，促进廉政建设，控制和减少经济犯罪，提高会计工作效率和会计信息质量，维护国家财产的安全。

（五）强化内部审计作用

实践表明，建立健全内部控制制度当务之急就是必须强化行政事业单位的内审工作，使之规范化和制度化。同时，健全内部审计制度，是强化内部会计监督、提高会计信息的准确性和可靠性的有效手段。内部审计的审计对象，主要是原始凭证、记账凭证、会计账簿、会计报表等，实施内部审计是单位内部会计控制的基本内容和方式。内部审计的主要目标是对内控制度执行情况进行检查，监督单位内部的各项规定的落实和执行情况，了解执行中存在的问题，并及时反馈给单位领导，供领导决策时参考。

参考文献

［1］何岸．完善行政事业单位内部会计控制制度之浅见．中国集体经济，2009（11上）．

［2］包头市财政局会计科，包头市会计学会．关于包头市行政事业单位内部控制制度的调研报告．内蒙古会计，2009（1）．

我国会计信息失真原因与治理对策

杨德伟

一、会计信息失真的原因分析

(一) 经济利益驱动

一定的物质基础决定着人们的道德状况,良好的社会道德状况是与充裕的物质条件紧密相连的。春秋战国时期管子说过:"仓廪实而知礼节,衣食足则知荣辱。"德国哲学家费尔巴哈也认为:"德性和身体一样需要饮食、衣服、阳光、空气和住房,如果缺乏生活上的必需品,那么也就缺乏道德上的必要性。生活的基础也就是道德的基础。"人的需求是随着社会的发展而发展的,企业经营者也不例外。在我国,只有大力发展社会主义市场经济,提高综合国力,丰富人们的物质文化生活,才能为提高人们的道德意识提供物质基础。

(二) 政治利益驱动

企业经营者对虚假会计信息的出笼和蔓延有着较为复杂的心态。目前,我国部分地方企业主管部门对企业的考核还是采用"指标"与"政绩"挂钩的方式进行。在这种压力下,经营者不粉饰报表、不造假数字就难过考核关。有些上级领导作风不务实,习惯浮在上面听汇报,不察实情,听喜不听忧,也是助长会计造假的原因之一。

---

* 原文载《中外企业家》2014 年第 7 期。

（三）产权关系模糊，所有者和企业法人主体资格缺位

当前，我国产权制度不完善，主要表现在国有产权主体缺位，使国有企业的经营者不能很好地代表国有资本的长远利益；作为市场主体的国有企业并没有独立的财产权或财产所有权，它的最终所有者是国家，形成国家对企业全都负责而实际上又无人负责的状况，各类国有产权背后缺少所有者的真正严格的监督和硬性约束。在没有所有者监督和约束的情况下，国有产权代表就不可能像经营自己的资产那样管理和经营国有资产。

（四）激励和约束机制不健全

所有者和经营者实际上是一种委托与被委托的关系，而激励和约束机制是委托关系中最为重要的制度机制。经济体制改革以来，我国不断改革企业考核、分配和奖励制度，以促使企业经营者加倍努力，创造效益，在一定程度上确实起到了一定作用，但随着改革的深入、速度的加快、外资的引入和各种所有制结构的建立，对原有的激励机制造成了很大冲击。激励机制不完善可能导致经营者心理上的不平衡或物质上的不满足，成为实施违规行为的动机。在约束机制方面，随着《企业法》《公司法》的颁布实施，国家将许多权力下放给企业，但没有有效地指导企业用好各种权力，且监督企业经营者行为也缺乏相应制约措施，使得企业认为造假、虚报可以获得利益，而又不易被查处，必然会造成会计信息失真。约束机制的缺乏导致所有者给经营者让渡过多的权力且缺乏有效的监督，从而使经营者违规的边际收益大于边际损失，助长违规行为的发生。

（五）财务、会计责任与权利控制不合理

目前，我国部分公司中会计人员的责任和权利不对等，财务与会计的职能没有很好的定位，使得内部会计控制不能有效发挥作用：一是会计责任与权利不对等。会计的经济责任和义务确定大于其实际的功能和拥有的权利。二是公司财务与会计的组织机构设置不合理。公司财务监督和会计监督工作范围及服务对象不同，其中财务监督具体运作和操纵的是公司内部的事务，而会计监督服务对象是企业内外部利益关系人；将两者混在一起，必然影响会计信息的公允性。

二、会计信息失真的表现

(一) 收入不准

主要是企业的各项收入不能如实如数反映,有的企业经营者为了应付上级的考核,随意增加收入或隐瞒收入;有的出于避税或逃税的需要,采取收入不入账,或把收入直接转入"小金库"。

(二) 成本不实

有的利用应收、应付调节成本。有的虚开销售发票,事后冲回;有的采取不规范的成本结转方法,一年内多种计价方法并存。

(三) 乱摊费用

有的企业乱列名目,扩大费用开支范围,通过一些不适当的手段报销不合法的费用。同时,任意摊销待摊费用,该摊的不摊,该多摊的少摊、该少摊的多摊,导致企业费用支出很不稳定,缺乏可比性,不好考核。

(四) 债权债务不清

主要反映在债权债务各方未能及时对账和清理,时间过长,清收困难。

(五) 财产管理混乱

主要表现在未对企业各类财产进行盘点、清理,造成账实不符。在存货管理上,不讲质量,结构不合理,虚假记账,假账真做、真账假做,使库存体外循环,套取现金。对许多存货缺乏盘点制度,损益不处理,计量不恰当,任意调节库存数。

(六) 利润虚假

有些经营者为了获得更多的政治荣誉和经济利益,亏损的可以做成盈利,盈利的可以做成亏损,当年利润可以埋伏到下年度体现,应为下年度利润可以提前反映在当年,形成形形色色的"经理利润""厂长利润"。

三、会计信息失真的治理对策

（一）加大执法力度

《中华人民共和国会计法》（以下简称《会计法》）法律指向的一个重要方面就是遏制造假，从根本上解决会计信息失真问题，以维护社会主义市场经济的有效运转。

一是明确规定了单位负责人为本单位会计行为的责任主体。

二是进一步规范了会计监督制度，确立了内部监督、社会监督和国家监督三位一体的会计监督体系。三是加强会计打假力度。在法律责任方面规定具体、切实，加大了对会计违法行为的惩治力度。

（二）建立相应的约束制度，加大处罚力度，降低经营者的预期风险收益

经营者提供虚假会计信息不仅要承担声誉损失，还必须承担物质损失。根据经营者是"有限理性的经济人"和"追求效益最大化"的经济学假设，其行为必定遵循成本效益原则。能获得风险收益是经营者提供失真信息的主要动机。因此，就要制定严格的约束制度，并切实执法，加大处罚力度，使其风险成本大于风险收益，从而使其放弃提供失真信息。

（三）强化完善内部会计控制，必须进一步完善现代企业制度，理顺公司治理结构

首先，建立规范的法人治理结构。规范的法人治理结构由股东会、董事会、监事会和经理层组成，并产生了一整套有关权力、责任、义务、利益的各种安排，从而形成了相互制衡的法人治理结构。

其次，建立健全各项规章制度，明确各级管理机构的职员权限和激励机制，并建立严格的考评制度，赏罚分明。

（四）加强会计责权控制

1. 明确财务与会计的职责

首先，应对《会计法》中对会计人员的双重身份要求进行修改，使会计人员摆脱两难境地，只在公司管理者的指挥下工作。

其次，在已有的《会计法》和会计业务规范的基础上，加快制订颁布会计人员职业行为规范，细化会计人员的责权，以约束会计人员的行为。

2. 加强内部管理

按照内部牵制原则，重新设置财务与会计组织，本着物流系统和信息流系统相分离的原则，划分财务、会计部门的职责。

3. 采取薪金优惠与违法严惩相结合的内部激励机制

鉴于会计人员专业素质要求较高、承担的社会责任重大，在对会计人员赋以高薪待遇的同时，对于违反内部会计控制制度的规定，导致会计信息失真的会计人员，应进行严厉惩罚。

（五）重视公司内部审计

1. 合理设置内部审计组织机构

在规范的法人治理结构下，应在董事会下设置内部审计委员会来统一管理公司的内部审计工作和协调外部注册会计师的审计工作。

2. 扩大内部审计的职能及作用

发挥内部审计机构的作用，其不仅包括审核会计账目，还包括稽查、评价内部控制制度是否完善和公司内各组织机构执行指定职能的效率，并向公司最高管理部门提供报告，从而保证公司的内部控制制度更加完善严密。

参考文献

[1] 张晓光. 会计信息失真治理措施. 福建财会研究，2006（6）.

我国企业应收账款管理研究

杨德伟

一、应收账款管理存在的主要问题

（一）盲目赊销商品

企业为了追求销售额，往往盲目赊销商品，在没有进行任何资信调查的情况下赊销发货，使大量的资金积压在应收账款中，造成资金沉淀，影响资金循环周转。

（二）账款回收不力

许多企业在应收账款的回收问题上往往职责不明，业务部门和财务部门互相扯皮，造成应收账款回收不力。一些单位领导和业务部门没有把应收账款回收工作作为一项重要的工作来抓，采取坐等回款的做法，也是造成应收账款回收难的重要原因。

（三）呆账损失严重

许多企业没有按规定计提坏账准备，没有及时清理坏账，使企业应收账款中呆账损失严重。

（四）企业负担沉重

应收账款过大，直接影响到企业的资金周转，为了维护正常的生产周转，许多企业往

---

* 原文载《时代金融》2014年12月（下）。

往通过举债来解决问题,然而举债需要支付高额的资金占用费,使企业不堪重负。

(五)造成财产流失

一些企业应收账款管理方面存在漏洞,主要表现为:不及时催收账款,不及时对账,没有落实账款的责任人等。某些不法分子就利用管理上的漏洞,大肆侵吞国家集体财产,比如:有人把应收账款回收的款不及时交到财务部门,把款项挪用到其他地方,或公款私存侵吞利息。

二、应收账款管理问题形成的主要原因

(一)管理制度不健全

不完善的应收账款预警和控制系统是单位产生应收账款问题的温床。没有必要的应收账款预测、分析、控制系统,容易产生应收账款问题。没有必要的定期反映、分析应收账款发生情况的制度,没有必要的定期核对应收账款制度,没有健全的财务管理制度,往往给一些人利用应收账款问题犯罪提供条件。

(二)相互拖欠不归还

三角债问题导致许多单位回款难,造成许多单位资金紧张,无力偿还欠款,形成相互拖欠的恶性循环的局面。

(三)及时回款不重视

一些企业业务部门片面追求销售额,在没有进行必要调查的情况下,随意赊销商品。对及时回笼货款的重要性认识不足,相反,倒不敢加紧催收货款,怕影响客户进一步赊购商品。

(四)购货动机不单纯

个别客户不是通过银行等正常的融资渠道,而是通过赊购货物的方式来解决其扩大经营业务所需的资金,产生了应收账款问题。

三、加强应收账款管理的对策

（一）正确分析账龄

对应收账款明细账进行筛选，在筛选的过程中分出不同的类别，采取不同的方法进行分析管理。对期末余额是负数的、经常变动且余额较小的、账款流动性较强的、本期或分析期内刚刚形成的应收账款，不需要进行账龄分析。根据应收账款的流动性将客户进行分类，有争议的业务，应单独列示，写明原因，提出解决方法。对应收账款进行追溯性分析，每收回一笔货款，都要冲销最早的债权。

（二）重视信用调查

新客户，通过查阅客户的财务报表、信用资料，了解客户的生产经营状况、偿债信誉、偿债能力等。老客户，通过企业内部推销人员、收账人员提供的资料，分析其销售往来与还款情况，判断其信用的好坏。根据信用调查资料的分析评价，确定客户信用等级，要作为业务部门日常确定赊销对象的依据。制定信用政策时，应关注信用标准、信用条件和收款政策三者的变化对销售额、应收账款机会成本、坏账损失和收款费用的影响，通过具体的数字测算比较进行数量分析，也可以依靠管理经验来判断决定。

（三）控制赊销限额

企业应根据客户的信用等级确定其赊销额度，采用限额赊销的办法，控制不同信用等级的客户在一定时期内的不同最高限额。尤其是对于在一定时期内连续多次购货的客户，应将累计赊销额度严格控制在企业所能接受的风险范围内。企业要从成本和资金占用的角度来考虑赊销商品的余额管理。账龄短的、企业信誉好的应收账款，可用成本最少的正常催收方法，如打电话催收、上门催收等；偿还能力较差的、账龄较长的，采取打折扣的方式催收，规定一定的还款期限、给予一定的折扣金额，以利益驱动来催收货款；拖欠一年以上的应收账款，应加大力度或执行强制措施催收货款。

（四）披露逾期信息

应收账款属于速动资产，其变现能力强，而逾期的应收账款可能产生坏账、呆账，若不在会计信息中披露逾期应收账款，则不能正确分析企业的流动比率和速动比率，同时也会严重扭曲会计信息,有关财务指标也会失去应有的价值。在会计信息中披露逾期应收账款时,应将逾期应收账款单列反映,并在会计报表附注中明确披露,供报表使用人参考。

(五) 完善常规管理

1. 选择适宜的结算方式

为防止客户拖欠销售货款,企业在销售时应区别不同情况采用不同的结算方法。对暂不能付现、有偿付能力的客户可采用银行承兑汇票结算;对支付能力较差的客户实行付款提货,钱货两清;对信誉差的客户坚持款不清、货不发的原则。

2. 发展适销对路产品,防止赊销

适销对路的产品,因市场紧俏、竞争激烈,势必购买者居多,在这种情况下,企业可采用先付款后发货的形式销售。

3. 建立与客户的联系网络

产品赊销后,应经常与客户沟通联系,客户在资金不太紧张的情况下,会首先考虑归还与其有交情商家的赊购货款,达到收回应收账款的目的。

4. 年终验证购货企业利润的真实性

购货单位财务状况,对其偿还货款能力起决定性影响,很难想象一个财务状况恶化的单位能及时归还欠款。因此,年终对企业的会计报表进行确认,对企业的利润情况进行验证,以查明其是否属实,也是相当重要的一项工作。

5. 加强单位财务核算

应从财务核算制度方面抓起,只有加强了财务核算,才能有效地堵塞各种管理上的漏洞。比如:制定应收账款按月核对制度、定期催收制度,就可以防范回收的货款被长期挪用、侵吞情况的发生。

6. 建立坏账准备制度

建立坏账准备制度,是降低应收账款风险的一项有效措施,也是正确核算企业利润所必不可少的措施。

(六) 防范管理风险

1. 采取应收账款的风险转移策略

具体做法:一是资产流动性的转移。即将应收账款转为应收票据。二是方向上的转移。当应收账款难以收回时,企业可向客户购买自己需要的资产,以抵消这部分应收账款。三是对象上的转移。即应收账款出售。四是进行信用保险。信用保险虽要支付保险费，但可把企业无法预料的最大风险转移到保险公司，将应收账款损失降到最低。保险理赔可盘活资金，有利于提高资金使用效益。

2. 重视催收账款中"超过时效"的防范

企业在催收账款中，要想充分运用法律武器维护自己的权益，必须重视诉讼时效，按照《中华人民共和国民法通则》的有关规定，债权人向人民法院请求保护民事权利的诉讼时效为两年，超过这一时限，法律无法采取强制手段责令债务人清偿债务。

参考文献

[1] 王瑞玲. 论企业应收账款管理问题及对策. 财经界，2010（5）.

[2] 吴玉蓉. 加强企业应收账款管理的思考. 当代经济，2008（5）.

行政事业单位防治"小金库"长效机制建设研究*

杨德伟

2009年6月,中共中央办公厅、国务院办公厅印发《关于深入开展"小金库"治理工作的意见》,在全国范围内深入开展"小金库"治理工作。2011年3月,中央纪委、监察部、财政部、审计署、国务院国资委、民政部、银监会、证监会、保监会制定了《2011年"小金库"专项治理工作实施方案》,继续深入推进党政机关、事业单位、社会团体和国有企业"小金库"专项治理。2014年7月,财政部和审计署联合发文,决定从8月至10月,在全国范围内开展贯彻执行中央八项规定、严肃财经纪律和"小金库"专项治理工作,继续深入开展"小金库"治理工作。深入分析行政事业单位"小金库"形成的原因,深刻认识其存在的危害性,有效探索治理"小金库"的长效机制,是当前一项重要任务。

一、"小金库"的定义

"小金库"是指违反法律法规及其他有关规定,应列入而未列入符合规定的单位账簿的各项资金(含有价证券)及其形成的资产。其主要表现形式包括:违规收费、罚款及摊派设立"小金库";用资产处置、出租收入设立"小金库";以会议费、劳务费、培训费和咨询费等名义套取资金设立"小金库";经营收入未纳入规定账簿核算设立"小金库";虚列支出转出资金设立"小金库";以假发票等非法票据骗取资金设立"小金库";上下级单位之间相互转移资金设立"小金库"。无论何种形式形成的"小金库"都是国有资产的流失,都是滋生腐败的根源。

---

* 原文载《行政事业资产与管理》2014年12月(下)。

二、"小金库"形成的原因

（一）法纪意识淡薄

少数行政事业单位领导法制观念淡薄，财经纪律松弛，财务管理混乱，对财经政策、法律法规不熟悉，未认识到私设"小金库"的危害性。有些单位领导往往认为设立"小金库"给单位做事情，不是个人行为，涉及不到违法、犯罪。

（二）经济利益驱动

"小金库"具有"利益性、机会性和隐蔽性"特征，能给不法分子捞取好处带来方便。之所以叫"小金库"，就是因为这部分利益的受益者是少数人，而且是违反法律、法规的相关规定，利益驱动成为设立"小金库"的基本动机。

（三）内控制度不健全

长期以来，"小金库"一直挑战现行制度、机制和体制，不法分子利用制度、机制和体制中存在的缺失或漏洞，实现牟取私利的目的。

（四）制度执行不严

近年来，各级深入推进财政管理体制改革，加强从源头上预防和治理腐败力度，取得一定成效。但是各部门落实改革情况不平衡，部分单位执行财政国库等管理制度不严格，清理单位银行账户不到位，为私存部分资金、设置账外账创造了条件。

（五）预算执行不严格

由于预算缺乏刚性管理，因此给"小金库"的形成带来了可趁之机。如有的费用不需要那么多，但预算下了就想法把钱花完，不能"浪费了"预算，给个别人设置"小金库"找到了借口。

三、"小金库"的危害

（一）滋生腐败行为

"小金库"虽小，但其危害性却不小，是滋生腐败的温床。"小金库"不仅为少数领导者违规使用资金提供了条件，而且往往成为贪污挪用或集体私分的对象，致使一些部门、单位腐败问题层出不穷。

（二）导致国有资产流失

现在"小金库"的数额越来越大，有的单位"小金库"数额达到数十万元，有的达到数千万元，有的甚至更多。"小金库"的资金来源主要是对单位各种收入的截留或者转移，这给国家财产和集体利益带来了巨大的损失。

（三）损害党和政府的形象

一些领导干部私设"小金库"并大肆挥霍资金，群众对此意见很大，影响了干群关系，损害了党和政府的整体形象，不利于党风廉政建设。

（四）破坏社会经济秩序

私设"小金库"不仅造成国家和单位收入的流失，而且游离于财政监督之外，严重污染了社会风气，扰乱了社会经济秩序。

四、建立和完善防治"小金库"的长效机制

（一）加强警示教育

要加强宣传，通过典型案例，用发生在身边的人和事强化教育，增强廉政教育的经常性、针对性和实效性，引导广大干部职工在思想上充分认识"小金库"危害，增强遵纪守法意识，克服侥幸心理，自觉抵制"小金库"，为根治"小金库"创造良好氛围。特别要加大会计从业人员的培训力度，将"小金库"有关知识纳入会计教育范畴，列入会计人员继续教育计划，把"小金库"的危害、处理处罚讲清讲透，提高会计人员对于"小金库"问题的认识，抑制"小金库"的产生。

（二）加强内部控制制度建设

"小金库"之所以屡查不绝，其深层次原因是由于管理制度不健全、监督机制不完善等因素造成的，加强制度建设，是从源头预防和治理"小金库"的根本。所以各单位、各部门在实际工作中，要切实注重在治本上下功夫，严格执行财务管理制度，建立健全内部

约束机制,特别是加强内部审计控制力度,从源头上杜绝"小金库"、账外账问题的发生。行政事业单位严格执行"收支两条线"管理,规范收费行为;严格票据管理,严查虚假发票报账行为;加强现金管理,杜绝大额现金收付;严格账户管理,禁止多头开户和公款私存;定期开展国有资产清理检查等。严格预算管理,要把预算做准、做实,不给"小金库"留有余地,有了预算就要坚决执行,超预算的要履行审批手续,要始终把完善制度、制定措施、强化监督、规范管理作为遏制"小金库"产生的有效办法。

(三) 加强国有资产管理

建立从资产形成、配置、使用、产权变更到处置全过程管理的行政事业资产监控体系。解决经营性资产重复建设、资源浪费、资金缺乏监管等问题;对行政事业单位空闲办公用房、富余职工住房、招待所、闲置土地等经营性资产进行清查,实行集中管理,对资产的管理要定期公示,以切断"小金库"的资金来源。

(四) 加大监督检查力度

财政、审计、监察等监督部门,要积极沟通、加强协调、群策群力、各司其职地搞好监督检查工作。要建立经常性的监督检查制度,将财政监督、审计监督和执法监察以及政务公开、纠风工作中检查出的问题进行通报,沟通交流情况。要使"小金库"设立者,在经济上、党纪政纪上得到应有的惩罚,对比较典型的案例,要进行公开处理,向社会通报和曝光,达到查处一案教育一片的目的;要加大处罚力度,"小金库"之所以屡禁不止,有了规定也不执行,就是处罚的力度不够,要把"小金库"当作违反党性原则来处理。

(五) 执行内部控制规范

财政部印发《行政事业单位内部控制规范(试行)》,自 2014 年 1 月 1 日起在全国各级行政事业单位正式实施。行政事业单位要通过严格执行《行政事业单位内部控制规范(试行)》,实现对单位经济活动的风险进行防范和管控,提高单位内部管理水平,规范内部控制,有效遏制"小金库"现象的滋生和蔓延。

(六) 规范机关所属学会协会管理

行政机关学会、协会等各类社会团体和组织,在行业管理、行业自律等方面发挥了重要作用。但由于政府职能转变不到位,目前许多学会、协会的成立和运作,大部分是政府各部门主导的,导致社会团体丧失了独立运作的地位和作用,这种行政单位与协会职责不清的混淆状况容易提供"小金库"滋生的土壤。因此，必须规范理顺学会、协会等社会团体的管理，明确学会、协会等组织的社会团体地位，防止部门把学会、协会当作单位组织收入、随意花钱的"自留地"。

参考文献

[1] 朱萍. 以治理小金库为契机，完善内部控制. 会计之友，2010（3）.

[2] 中共中央纪委，监察部，财政部，审计署. 关于在党政机关和事业单位开展"小金库"专项治理工作的实施办法. 中纪发〔2009〕7号.

图书在版编目（CIP）数据

福建民族研究文集/福建省民族与宗教研究所编.—北京：民族出版社，2017.9

ISBN 978-7-105-15055-7

Ⅰ.①福… Ⅱ.①福… Ⅲ.①少数民族—民族历史—福建—文集②少数民族—民族文化—福建—文集 Ⅳ.①K280.57-53

中国版本图书馆CIP数据核字（2017）第265819号

福建民族研究文集

责任编辑：钟美珠
封面设计：金 晔
出版发行：民族出版社
地　　址：北京市东城区和平里北街14号　邮编：100013
网　　址：http://www.mzpub.com
电　　话：010-64228001（编辑室）
　　　　　010-64224782（发行部）
印　　刷：北京艺辉印刷有限公司
经　　销：各地新华书店
版　　次：2018年7月第1版　2018年7月北京第1次印刷
开　　本：787毫米×1092毫米　1/16
字　　数：499千字
印　　张：25.125
定　　价：85.00元
ISBN 978-7-105-15055-7/K·2626（汉1491）

该书如有印装质量问题，请与本社发行部联系退换